НИКОЛАЙ АЛЕКСАНДРОВИЧ БЕРДЯЕВ

ФИЛОСОФИЯ СВОБОДНОГО ДУХА

ПРОБЛЕМАТИКА И АПОЛОГИЯ ХРИСТИАНСТВА

ORTHODOX LOGOS PUBLISHING

ФИЛОСОФИЯ СВОБОДНОГО ДУХА
Проблематика и апология христианства

Николай Александрович Бердяев

© 2025, Orthodox Logos Publishing, The Netherlands

www.orthodoxlogos.com

ISBN: 978-1-80484-199-0

This book is in copyright. No part of this publication may be reproduced, stored in a retrieval system or transmitted in any form or by any means without the prior permission in writing of the publisher, nor be otherwise circulated in any form of binding or cover other than that in which it is published without a similar condition, including this condition, being imposed on the subsequent purchaser.

Николай Александрович Бердяев

ФИЛОСОФИЯ СВОБОДНОГО ДУХА

проблематика и апология христианства

ORTHODOX LOGOS PUBLISHING

СОДЕРЖАНИЕ

Вступление 7

Мятежный апостол свободы 9

Философия свободного духа
Проблематика и апология христианства . . . 26
  Введение 26
  Часть первая 39
    Глава I. Дух и природа 39
    Глава II. Символ, миф и догмат 88
    Глава III. Откровение, вера, ступени сознания . . 123
    Глава IV. Свобода духа 153
    Глава V. Зло и искупление 196

  Часть вторая 227
    Глава VI. Бог, человек и богочеловек 227
    Глава VII. Мистика и духовный путь 278
    Глава VIII. Теософия и гнозис 308
    Глава IX. Духовное развитие
    и эсхатологическая проблема 342
    Глава X. Церковь и мир 367
  Примечания 402

Биография: Николай Александрович Бердяев . . 417

ВСТУПЛЕНИЕ

«Философия свободного духа» Николая Александровича Бердяева – это уникальное произведение, которое раскрывает природу человеческой духовности и свободы. Эта книга является логическим продолжением размышлений автора, начатых в его предыдущих трудах, таких как «Философия свободы». В центре внимания Бердяева – поиск путей, которые ведут к подлинному освобождению духа, к преодолению ограничений, налагаемых внешними условиями и внутренними страхами.

Для Бердяева свобода – это не абстрактное понятие, а живая, сущностная категория, определяющая не только человеческое существование, но и его отношение к миру, другим людям и Богу. В «Философии свободного духа» он углубляется в темы, касающиеся творчества, метафизики зла, эсхатологии и роли личности в духовной трансформации мира. Его размышления пронизаны экзистенциальной глубиной и чувством неразрывной связи между свободой и духовной ответственностью.

Исторический контекст написания книги также играет важную роль в её понимании. Бердяев жил в эпоху глобальных потрясений: революций, войн и массовых миграций, которые ставили под сомнение традиционные ценности и принципы. Именно в этот период философ осмысливал не только судьбу России, но и универсальные законы человеческого бытия. В своей книге он стремился найти ответы на вопросы: как сохранить достоинство и свободу духа в условиях внешнего хаоса? Какова роль творчества в преодолении кризисов? Как духовная свобода соотносится с божественной волей?

Книга обращена ко всем, кто ищет ответы на глубокие философские и духовные вопросы. Её уникальность заключается в том, что Бердяев не просто анализирует категории, но и предлагает пути для личностного роста, духовного самопознания и достижения гармонии с окружающим миром. «Философия свободного духа» – это приглашение к размышлению, диалогу и поиску истины.

МЯТЕЖНЫЙ АПОСТОЛ СВОБОДЫ

Творчество Николая Александровича Бердяева (1874–1948) теснейшим образом связано с особенностями того нового направления в европейской философской мысли, которое получило широкое развитие еще со второй половины XIX века. Крупные представители этого направления провозгласили необходимость переоценки ценностей классической философии, отказа от ее традиционной проблематики. Отвергая господствовавшие в истории философии принципы рационализма, они обращались в своем творчестве к интуитивным, эмоционально-волевым и т. п. способам освоения духовного опыта человека, его конкретного существования.

Первые импульсы этого процесса проявились уже в 30–40-е годы XIX века, которые ознаменовались настолько важными событиями в европейской философии, что и поныне оказывают влияние на развитие философской мысли во всем мире. Казавшаяся многим вершиной философской мысли логизированная гегелевская школа распалась. Одной из причин этого явилась полемика по проблемам человека, точнее – отдельно взятого индивида, его соотношения с обществом и историей. Гегель высказал много ценных идей по этим вопросам в работах «Феноменология духа», «Философия истории», «Философия права» и др. Вместе с тем в грандиозной логической системе Гегеля («Наука логики» и др.) функции отдельного индивида выполняет саморазвивающееся логическое «понятие», которое философ наделял человеческой способностью к творчеству.

Истолкование человека как средства для «мирового духа», абсолютизация всеобще-абстрактного в ущерб индивидуальности вызвали в европейской философии прямо противоположную тенденцию – поворот к проблемам «живого», «конкретного» человеческого существования. В результате образовались антигегелевские течения различной мировоззренческой ориентации: от антропологическо-материалистической (Л. Фейербах) до экзистенциально-религиозной (С. Кьеркегор). Особая роль принадлежит Кьеркегору, оказавшему сильное влияние на всех видных последователей нового, неклассического типа философствования. К этой экзистенциальной линии развития философской мысли можно отнести такие течения, как «философия жизни» (А. Шопенгауэр, Э. Гартман, Ф. Ницше, В. Дильтей, А. Бергсон), экзистенциализм (К. Ясперс, Ж. П. Сартр, А. Камю, Г. Марсель), философская антропология (М. Шелер) и др.

В данном экзистенциальном ряду формировались и философские взгляды Бердяева, опиравшегося также на достижения писателей и философов XIX – начала XX века. Как признавался сам Бердяев, основное влияние на него оказал Ф. М. Достоевский, который всегда оставался его самым любимым писателем. Бердяев высоко ценил философов А. Хомякова, В. Соловьева, В. Розанова, Л. Шестова, К. Леонтьева и других. Ему глубоко импонировал основной пафос тех религиозных мыслителей, которые утверждали идею христианской свободы отнюдь не в традиционных формах богословия, выступали за подлинную свободу духа. Борьба с кризисом духовности, неустанное обоснование ценностей свободного духа стало лейтмотивом творческих исканий Бердяева. Что касается его социальных взглядов, то важную роль в их формировании сыграли К. Маркс, Т. Карлейль, Г Ибсен и Л. Блуа[1].

Многочисленные работы Н. Бердяева не образуют собой какой-либо законченной системы с разработанным понятийным аппаратом. К этому он и не стремился: «Я никогда не был философом академического типа и никогда не хотел, чтобы философия была отвлеченной и далекой от жизни»[2]. Философские размышления Бердяева как бы пропущены через личные чувства и переживания. Ему свойственна романтическая духовная установка – сосредоточенность на своих переживаниях и исканиях, жажда бескомпромиссного идеала. В «Автобиографии» он называл себя «человеком мечты». Реконструировать собственно философские взгляды Бердяева – задача довольно сложная. Это признавал и известный историк философии В. В. Зеньковский: «Излагать философские идеи Бердяева очень трудно – и не столько потому, что у него много противоречий, что он сам довольно презрительно относился к философской систематике, а потому, что его мышление, по его собственному признанию, «афористично» и «фрагментарно»[3].

Творческие интересы Бердяева охватывают широкий круг проблем философской антропологии, этики, познания, творчества, философии религии, философии истории, философии культуры и социальной философии. Но предмет и задачи философии он однозначно определяет с экзистенциально-антропологических позиций: философия призвана познавать бытие из человека и через человека, черпая содержание свое в духовном опыте и духовной жизни. Поэтому основной философской дисциплиной должна быть философская антропология. Бердяев не отрицает, что философия может учитывать результаты частных наук, но считает, что она не должна подчиняться наукам, ибо они исследуют лишь те или иные стороны природы, а не смысл мира как целого. Философия есть особая сфера духовной культуры, отличная от науки и религии, но находящаяся в сложном взаимодействии с ними.

Выступая против монизма в философии, Бердяев считает, что его философские взгляды в своей основе носят дуалистический характер, хотя и оговаривается, что речь идет о дуализме особого рода. Это – дуализм духа и природы, свободы и детерминации, субъекта и объективации, личности и общего, царства Бога и царства кесаря.

Бердяев подвергает критике теорию познания Канта, Гегеля и других представителей немецкого идеализма, которые задачу познания бытия сводят к чисто гносеологическому аспекту. Для них познает не живой человек, а абстрактный, универсальный субъект, оторванный от полнокровного человеческого бытия. Это приводит к объективации, к воссозданию такого объекта, в котором исчезает всякая жизнь, реальность духа. И хотя подобное понятие объекта имеет позитивное значение в нашем обыденном, разобщенном мире, оно тем не менее препятствует познанию духа и, прежде всего, человеческого существования. Из этого вытекает, что экзистенциальная философия является познанием смысла бытия через субъект, а не через объект. Смысл вещей раскрывается не в объекте, входящем в мысль, и не в субъекте, конструирующем свой мир, а в третьей, не объективной и не субъективной сфере – в духовном мире. Дух – это свобода и свободная энергия, прорывающаяся в природный и исторический мир. Духовная сила в человеке, по Бердяеву, изначально носит не только человеческий, но и богочеловеческий характер.

Понимание Бердяевым задач философии, ее специфики и соотношения с науками во многом идет в русле идей основоположников философии экзистенциализма. Но имеются и существенные отличия. Так, признавая Хайдеггера самым сильным из современных экзистенциальных философов и неоднократно на него ссылаясь в своих работах, Бердяев, вместе с тем подвергает критике его попытку построить еще одну онтологию, по сути дела, таким же путем, каким строит ее рациональная академическая философия. Это, по его мнению, коренным образом противоречит принципам экзистенциальной философии, не допускающей возможности какой-либо онтологии, которая ведь всегда основывается на объективации и рационализации. Хайдеггер развивает не философию «экзистенции», а лишь философию наличного существования, заброшенного в мир обыденности, заботы, страха, покинутости и неизбежной смерти. Бердяев упрекает Хайдеггера в том, что он не оставляет человеку возможности прорыва в бесконечность, в сферу божественного, в результате чего человек оказывается в положении «богооставленности». В противовес этому пессимизму он видит свою задачу в том, чтобы развивать философию духа – экзистенциальную диалектику божественного и человеческого, совершающуюся в самой глубине существования[4]. При этом используется метод творческой интуиции, интуитивного раскрытия универсального в индивидуальном, личностного выражения духовно-религиозного опыта. Не случайно Бердяев считает, что среди экзистенциальных мыслителей наиболее близок ему Ясперс – представитель религиозной ветви экзистенциализма протестантского типа. Впрочем, анализируя философию Хайдеггера, Бердяев не заметил, что сам Хайдеггер уже с 20-х годов неоднократно заявлял, что он не принадлежит к школе экзистенциализма. Немецкий философ считал (но уже по совершенно другим причинам), что и Сартр необоснованно называл свою философию «экзистенциализмом»[5].

Следующее отличие философии Бердяева от «классического» экзистенциализма заключается в том, что в ней не употребляется понятие экзистенции, а, с другой стороны, активно используется понятие личности, к которому теоретики экзистенциализма относятся явно негативно по принципиальным соображениям. По их мнению, бытующие определения личности как духовно-душевно-телесного существа хотя и не являются ложными, но не способствуют достижению собственного достоинства человека, его подлинной экзистенции. Всякое «личностное, – писал Хайдеггер, – минует и одновременно заслоняет суть бытийно-исторической экзистенции не меньше, чем предметное»[6]. В сочинениях экзистенциалистов понятие личности употребляется крайне редко, хотя, казалось бы, «философия существования» уже по своему определению должна была бы включить в свой категориальный аппарат и понятие личности. На деле же предпочтение отдается другим понятиям – «человек», «индивид», «самость», «я», «существование» и т. д. (кстати, этот на первый взгляд парадоксальный факт до сих пор проходил мимо внимания исследователей экзистенциализма). Бердяев же, напротив, разрабатывает весьма разветвленную концепцию личности.

Нам представляется, что ставшее уже стереотипным в нашей литературе безоговорочное причисление Н. Бердяева к школе экзистенциализма[7] нуждается в коррективах. Как показывает анализ, было бы точнее назвать его экзистенциально мыслящим философом, а не строгим последователем философии экзистенциализма как течения со сложившейся системой специфических категорий и проблем. И не случайно сам Бердяев в разных местах определяет свои взгляды не только как философию «экзистенциального типа», но и как персонализм, философию духа и эсхатологическую метафизику. Он никогда не отождествлял свои философские взгляды с экзистенциализмом как сложившимся течением. Ведь сами понятия «экзистенциальное мышление» и «экзистенциализм» – отнюдь не одно и то же. Первое понятие обозначает лишь специфический подход, метод познания, свойственный не только экзистенциализму, но и философии жизни, философской антропологии, творчеству Ф. М. Достоевского и других «экзистенциальных» писателей.

В центре исследований Бердяева – проблемы человека, его свободы, творчества и назначения, ибо загадка бытия, считает он, скрыта именно в человеке. Эти проблемы он анализирует в работах «Философия свободного духа» (1927–1928), «О назначении человека» (1931), «Судьба человека в современном мире» (1934), «Я и мир объектов» (1934), «О рабстве и свободе человека» (1939), «Опыт эсхатологической метафизики» (1947), «Царство Духа и царство Кесаря» (1948) и др.

Следуя дуалистическим позициям, Бердяев определяет человека как существо противоречивое и парадоксальное, совмещающее в себе противоположности, ибо оно принадлежит к двум мирам – природному и сверхприродному, в нем пересекаются все круги бытия. Духовная основа человека не зависит от природы и общества и не определяется ими. Частные науки могут исследовать лишь отдельные стороны человека как природного существа, но не его целостность. Эти взгляды Бердяева полностью перекликаются с позицией экзистенциалистов, которые, признавая роль социальных и естественных наук в познании отдельных сторон человека, отвергают значение научных методов для философского познания специфики человека, проявляющейся в его сокровенной экзистенции. Так, Ясперс считает, что человека, конечно, можно исследовать в качестве тела – в физиологии, души – в психологии, общественного существа – в социологии, т. е. исследовать его как продукт природы и истории. Но все это, по его мнению, «скорлупа», потому что человек – это всегда нечто большее, чем он о себе знает и может знать.

Человек, по Бердяеву, есть загадка не в качестве организма или социального существа, а именно как личность. Личность – важнейшая категория его мировоззрения (и в этом пункте, как уже отмечалось, он существенно отступает от канонов экзистенциализма). Это понятие он отличает от понятия «индивид» («индивидуум»). Индивид – категория натуралистическая, это – часть рода, общества, космоса, т. е. он связан с материальным миром. Личность же означает независимость от природы и общества, которые дают лишь материю для активной формы личности. Личность нельзя отождествлять с душой, это не биологическая или психологическая категория, а этическая и духовная. Личность не есть часть общества или универсума, напротив, общество есть часть личности, ее социальная сторона (качество), равно как и космос есть часть личности, ее космическая сторона. Этим объясняется, что в каждой личности есть и нечто общее, принадлежащее всему человеческому роду, тому или иному профессиональному типу людей и т. д. Но не в этом ее суть. Иными словами, личность – это микрокосмос, универсум в индивидуально-неповторимой форме, соединение универсального и индивидуального. Тайна существования личности – в ее абсолютной незаменимости, в ее однократности и несравнимости. Личность призвана совершать самобытные, оригинальные, творческие акты. Личность более индивидуальна, чем индивид.

Важно отметить, что в этих определениях личности просматриваются характеристики понятия индивидуальности, сформировавшегося в современной науке. А именно: индивидуальность – это неповторимый, самобытный способ бытия конкретной личности, единство уникальных и универсальных свойств человека. В бердяевском определении личности имплицитно содержится определение индивидуальности и тем самым подготовлена почва для вычленения его в качестве отдельного понятия.

Бердяев подчеркивает, что личность не есть некое застывшее понятие, готовая данность. Она есть неизменное в изменении, единство в многообразии. Она есть самосозидание. Личность формируется в борьбе со злом как внутри себя, так и вовне. Она призвана вести борьбу против рабства, за освобождение.

И тут мы приходим к пониманию причин, почему Бердяев, называя свои взгляды персонализмом, в то же время отмежевывается от «персонализма иерархического». Дело в том, что он не приемлет истолкование личности как монады, входящей в иерархию монад и ей соподчиненной. По его мнению, в монадологии Лейбница монада есть простая субстанция, входящая в сложное образование. Монада замкнута, не имеет ни окон, ни дверей. Принцип же личности означает, что она не может быть частью какого-либо целого и в своем самораскрытии устремлена к бесконечному содержанию.

Согласно Бердяеву, есть два противоположных пути преодоления человеком своей замкнутой на себе субъективности. Первый – раствориться в мире социальной обыденности, приспособиться к нему. Это приводит к конформизму, отчуждению и эгоцентризму. Другой путь – выход из субъективности через трансцендирование, которое означает переход к жизни в свободе, освобождение человека от плена у самого себя, экзистенциальную встречу с Богом. Нередко личность человека раздваивается. Бердяев приводит примеры из сочинений Л. Толстого, Ф. Достоевского и других, изображавших двойную жизнь человека – внешнюю, условную, исполненную лжи, неподлинную жизнь, приспособленную к обществу, государству, цивилизации, и внутреннюю, подлинную жизнь, в которой человек предстает перед глубинными первореальностями. «Когда князь Андрей смотрит на звездное небо, это более подлинная жизнь, чем когда он разговаривает в петербургском салоне»[8]. В духе известного высказывания Достоевского о нравственной цене слезинки ребенка Бердяев восклицает: весь мир ничто по сравнению с человеческой личностью, с единственным лицом человека, с единственной его судьбой.

В аспекте персоналистической проблематики очень важно выяснить неортодоксальное понимание Бердяевым христианской религии, взаимоотношений человека и Бога. Отношение христианства к человеку, отмечает Бердяев, всегда было двойственным. С одной стороны, оно как бы унижает человека, считая его существом греховным и падшим, призванным к смирению и послушанию. С другой же стороны, оно необычайно возвышает человека, представляя его как образ и подобие Божье, признавая в нем духовную свободу, независимую от царства кесаря. Бердяев твердо убежден, что только эта вторая сторона христианства может служить основой для переоценки ценностей и построения нового, экзистенциально-персоналистического учения о личности и Боге. Он считает, что Бог никогда не создавал так называемого «мирового порядка», «гармонии» мирового целого, превращающего личность в средство. Бог творит лишь существа, людей в качестве творческих экзистенциальных личностей. Бердяев подчеркивает, что Бог существует не как находящаяся над человеком объектная реальность, а как экзистенцийльно-духовная встреча с ним, и в этой встрече высшая ценность, Бог, выступает как личность. Бердяев отвергает постулат о том, что Бог сотворил человека для самопрославления. Отношение Бога и личности человека не должно пониматься как отношение между целью и средством. Личность не есть средство или простое орудие божественной силы, она самоценна. Бог хочет не человека, который должен его прославлять, а человека как личности, которая откликается на его призыв и с которой возможно общение в любви. Божественное обнаруживается не в универсально-общем, а в индивидуальном, в восстании страдающей личности против миропорядка, в восстании свободы против необходимости. Бог находится в ребенке, проливающем слезинку, а не в миропорядке, которым оправдывают эту слезинку. Бердяев возражает тем теологам, которые утверждают, что только Иисус Христос был богочеловеком, человек же есть тварное существо и не может быть богочеловеком. Между тем свобода и независимость человеческой личности от объектного мира и есть ее богочеловечность. Конечно, не в том смысле, что и Христос как единственный. Но в человеке, как пересечении двух миров, есть божественный элемент. Божественное трансцендентно человеку и в то же время оцо таинственно соединено с человеческим в богочеловеческом образе. Тайна богочеловечности – парадокс, рационально невыразимый. Эта истина открывается в экзистенциальном духовном опыте, который может быть выражен лишь в символах, а не в понятиях. Подлинное христианство – это не учение о бытии как иерархическом порядке «от Бога до козявки», не онтологизм, а персонализм. Личность – первичнее «бытия», которое есть результат категориального мышления и объективации. Раскрывая экзистенциальную диалектику божественного и человеческого, Бердяев приходит к выводу, что история движется к концу, который будет означать победу экзистенциального времени над историческим, личности над универсально-общим, творчества над объективацией. Поэтому конец, по Бердяеву, следует понимать не как смерть, а как преображение, переход человечества к новому измерению своего существования, к новому эону – эпохе Духа, где центральное значение получит любовь – творческая и преображающая. В противовес пассивной эсхатологии Бердяев развивает активную эсхатологию, подчёркивая, что мучительные противоречия жизни и страдания, которые под конец усилятся, перейдут в радость и любовь в результате развития активности и творчества человека.

Попытки Бердяева придать христианству персоналистический характер не встретили понимания со стороны официальной церковности и русских ортодоксально-религиозных мыслителей. В. В. Зеньковский отмечал, что Бердяев в своих построениях возвышал человека, но не считал нужным считаться с традициями церкви и двигался к ослаблению реальности Бога[9]. Иными словами, эти попытки расценивались как бунт против традиционного богословия. Сам Бердяев, считая себя «верующим вольнодумцем», неоднократно заявлял, что он принадлежит к верующим философам, но вера его «особенная» – не догматическая, а профетическая. Во введении к работе «Философия свободного духа» он со всей определённостью говорит: «Ни одного слова этой книги не следует понимать, как направленного против святыни Церкви. Я могу очень ошибаться, но воля моя не направлена на создание какой-либо ереси или к протесту, создающему раскол. Я сознаю себя вращающимся в сфере проблематического в христианстве и потому допускающего разнообразные мнения и требующего творческих усилий мысли».

Бердяев исходил из того, что «историческое» христианство находится в кризисе и движется к обновлению и возрождению. Важную роль во всей религиозной истории человечества играли пророческие индивидуальности. В пророчестве, подчёркивает Бердяев, всегда есть духовная революционность, пророк живёт в буре и мятеже. Пророческий дух свойствен был Зороастру, Лютеру, Кьеркегору, Ницше, а в России – Ф. Достоевскому, Вл. Соловьеву, Н. Федорову и др. По всему видно, что Бердяев хотел бы видеть себя в этом ряду. Он убежден, что без пророчества духовная жизнь в мире замерла бы. Поэтому способность христианства к возрождению зависит от того, будет ли признано в нем пророчество[10].

Стержневая тема всего творчества Н. Бердяева – тема свободы. Он исходит из того, что свобода не есть некая реальность природного мира, она не обусловлена ни природной, ни социальной необходимостью. Более того, она противостоит им, поскольку является первичной по отношению ко всякому бытию. Источник свободы находится не в душе и тем более не в теле человека, подчиненном природным закономерностям, а в духе. Из этого следует, что понятие духа Бердяев не отождествлял ни с душой, ни с психическим. Психическая причинность все еще есть разновидность природной причинности, ибо в ней одно душевное явление определяется другим душевным явлением, т. е. все еще действует необходимость, хотя и более сложная и внутренняя, чем необходимость мира материального. Душа человека – арена взаимодействия и борьбы духовного и природного, иными словами – свободы и необходимости. Человек самоопределяется изнутри – в меру победы в нем духа над душевно-природными стихиями. Бердяев согласен с гегелевским определением свободы как самоопределения. Но он не согласен с определением ее как познанной необходимости, ибо тем самым она оказывается подчиненной необходимости. Бердяев считает также, что его понимание духовной свободы не имеет ничего общего с традиционными учениями о свободе воли и свободе выбора.

Таким образом, свободу Бердяев понимает как свободу духа, т. е. как внутреннюю, глубинную, сокровенно-таинственную энергию духа. Но возникает вопрос: откуда же она берется, чем порождается? Бердяев отвечает: свобода – безосновна, коренится в «ничто». Она напоминает бездонный глубокий колодезь. Эта иррациональная бездна лежит глубже самого бытия.

Понятие «неисследимой бездны» (Ungrund), существующей до времени и бытия, Бердяев воспринял у немецкого философа-мистика XVII века Я. Бёме, которого считал гениальным провидцем. Он неоднократно ссылался на него в своих работах. Безосновная «бездна» истолковывается как «ничто», которое не хочет и не может быть просто небытием, оно жаждет стать чем-то. Вместе с тем в бездне коренится свобода как потенция – она не есть ни свет, ни тьма, ни добро, ни зло. Она возгорается как огонь во тьме и жаждет света.

В какой же связи находится эта свобода к свободе Бога и свободе человека? Вразрез с традиционной теологией Бердяев утверждает, что Бог не является творцом свободы. Традиционное учение о миротворении и грехопадении исходит из того, что человек, получив свободу от Бога, злоупотребил ею. Этим объясняется происхождение зла в мире. Однако это утверждение остается на поверхности и не может претендовать на объяснение. Ведь, согласно ему, свободу человек имеет не от себя, а от Бога, она в конечном итоге детерминирована им. Следовательно, с Творца не снимается ответственность за зло и страдания в мире. Он, как всеведущий, предвидел роковые последствия свободы, которую он сам же и придал человеку. Признать миф о грехопадении – значит признать бессилие Творца предотвратить зло. В этом, говорит Бердяев, кроется один из источников атеизма.

Таким образом, Бердяев приходит к выводу, что свобода не создана Богом, она коренится в том Ничто, из которого Бог сотворил мир. Именно в глубине этой свободы кроется возможность как зла, так и добра. Бог всесилен над сотворенным миром, но он не всесилен над несотворенной свободой. Тем самым, по мысли Бердяева, снимается ответственность с Бога за свободу, порождающую возможность зла. Истолкование свободы как коренящейся в ничто Бердяев использует и для решения проблемы возникновения нового в процессе творчества. Всякое действительно новое в мире возникает лишь через творчество, т. е. посредством свободы, коренящейся в небытии. Творчество есть переход небытия в бытие посредством акта свободы. Иными словами, оно означает прирост, прибавление, создание того, чего еще не было в мире, т. е. возникновение из ничто. Творчество предполагает небытие, подобно тому как у Гегеля становление предполагает небытие. Лишь из бездонной свободы возможно создание нового, небывшего. Из бытия же (которое вторично по отношению к свободе) возможно только истечение, рождение и перераспределение.

Признавая свободу величайшей человеческой ценностью, Бердяев вместе с тем подчеркивает, что это – нелегкое бремя, крест, так как принятие решений неизбежно связано с постоянным риском и личной ответственностью. Быть свободным значительно труднее, чем быть рабом, конформистом, равнодушным приспособленцем. Поэтому далеко не все хотят быть подлинно свободными, но все хотят слыть, казаться свободными, предпочитая имитацию свободы, растворяясь в массе, чтобы бремя личной ответственности переложить на других. «Человек, – пишет Бердяев, – легко отказывается от свободы во имя спокойствия и благополучия, он с трудом выносит непомерное бремя свободы и готов скинуть его и переложить на более сильные плечи»[11]. Эту же мысль, кстати, высказывает и К. Ясперс: «Основной чертой нашего времени является то, что хотя все жаждут свободы, но вместе с тем многие люди не переносят свободы. Они стремятся туда, где во имя свободы освобождаются от свободы»[12]. В условиях социального и духовно-нравственного кризиса, стандартизации и бюрократизации во всех сферах жизни, развития негативных последствий технического прогресса растет угроза массовизации культуры, «омассовения» человека, его обезличивания, растворения среди других, потери индивидуальной самобытности. Самым положительным и ценным во всей своей жизни Бердяев считал борьбу за свободу, которую он вел не только в чисто теоретическом, но и повседневно-практическом плане, в царстве Кесаря. И неслучайно многие зарубежные исследователи творчества Бердяева называют его то «пленником свободы», то «мятежным пророком», то «рыцарем свободного духа».

Главной задачей человеческой жизни, согласно Бердяеву, должно быть завоевание духовности. Многие мысли, высказанные им по этому вопросу, звучат и сегодня актуально. Духовность, считает он, надо понимать шире, чем обычно понимают. Дух есть не только свобода, но и смысл. Смысл мира духовен. Даже тогда, когда говорят, что жизнь и мир не имеют смысла, то этим признают существование смысла, возвышающегося над жизнью и миром, т. е. судят о бессмысленности жизни с точки зрения духа. Нужно преодолеть традиционно-христианское аскетическо-пренебрежительное отношение к телу, в котором усматривается враждебное духу начало. Ведь дух одухотворяет тело, сообщает ему иное качество. Дух придает форму душе и телу, приводит их к единству, а не подавляет. Если функции тела физиологичны, то форма тела связана с эстетикой. Лицо человеческое есть самое изумительное в мировой жизни, ибо через него просвечивает иной, духовный мир. Бердяев делает вывод, что форма человеческого тела, лицо человека – духовны и что дух конституирует личность, ее целостность как духовно-душевно-телесного существа.

Бердяев различает несколько типов духовности: христианская (православная, католическая и др.), внехристианская (мусульманская и др.), универсальные основы духовности (индусская, мистическая, профетическая) и др. Возможна и новая духовность – богочеловеческая (Бердяев выявляет ее в экзистенциальной диалектике божественного и человеческого, в идеях нового персонализма). В ней сильнее, чем до сих пор, будут проявляться творчество, свобода, любовь.

Исторически сложившееся христианство, считает Бердяев, было искажено социальными влияниями и приспособлениями. Господство общества над человеком ведет к превращению религии в орудие племени и государства и к отрицанию свободы духа. Всякая система социального монизма (а тем более тоталитаризма) враждебна свободе духа. Но из этого, подчеркивает Бердяев, не следует делать вывод, что он стоит на позициях индивидуализма и асоциальности. Наоборот, считает он, нужно признать, что человек есть социальное существо и что реализовать себя вполне он может лишь в обществе. Прорыв духовности в социальную жизнь возможен. Однако лучшее, более справедливое и человечное общество может быть создано лишь из духовного в человеке, из экзистенциального источника, а не из объективации, которая несет с собой порабощение. Наиболее духовно значительное в человеке вырастает не из социальной среды, ввергающей его в атмосферу «полезной лжи» и конформизма, а изнутри человека, призванного постоянно совершать творческие акты в отношении самого себя, т. е. формировать себя как личность. Таким образом, в обществе одновременно происходят два процесса: процесс социализации человека и процесс его индивидуализации.

По признанию Бердяева, в основе его размышлений лежит острое чувство царящего в мире зла и горькой участи человека в мире. Они отражают восстание личности против давящей объективной «мировой гармонии» и объективного социального порядка. Поэтому он выступал не только против коммунизма и фашизма, но и против либерализма, связанного с капиталистическим строем. Бердяев осуждал любые формы социальной лжи, тоталитаризма, насилия как «справа», так и «слева». Человеческой массой, говорит он, управляли и продолжают управлять посредством мифов, пышных религиозных обрядов и праздников, через гипноз и пропаганду, через кровавое насилие. В политике огромную роль играет ложь, и мало места принадлежит правде. К сожалению, замечает Бердяев, в истории еще не было революции, которая была бы направлена против неограниченной власти политики, во имя человека и человечности.

И все же Бердяев не считал себя пессимистом и абсолютным отрицателем. Он, сознавал, что борьба против объективации, т. е. власти Кесаря, происходит в пределах царства объективации, от которого человек не может просто отвернуться и уйти. Подвергая резкой критике доктринальное учение о социализме и его реальное воплощение в жизни, Бердяев все же объявлял себя сторонником «социализма персоналистического», который основывается на примате личности над обществом и тем самым радикально отличается от доктринального социализма, основанного на примате общества над личностью. Персоналистический социализм – это социальная проекция философии персонализма.

Бердяев сознавал себя мыслителем, принадлежащим к аристократически-радикальному типу (к этому ряду принадлежал и Ницше). Он стремился мыслить и познавать по существу, ни с чем не считаясь и ни к чему не приспосабливаясь. Высоко оценивая аристократизм духовной личности, гениев и великих людей, Бердяев отрицательно относился к самодовольству и брезгливой самоизоляции «культурной элиты». Он осуждал элитарное презрение к народным массам. В противовес гордыне культурной элиты Бердяев считал, что сам он «не имел в виду указывать пути для организации человеческих масс. Есть много охотников для этого и без меня. Гораздо менее охотников постигать смысл происходящего с миром и человеком»[13]. Оценивая творчество Н. Бердяева, можно сделать вывод, что, несмотря на некоторый налет утопизма и романтизма, не всегда оправданный радикализм, оно и сегодня вызывает большой интерес – своей незаангажированностью, неустанной борьбой с кризисом духовности человека, пафосом свободы, поисками смысла человеческой жизни и истории.

А. Мысливченко

ФИЛОСОФИЯ СВОБОДНОГО ДУХА[14]. ПРОБЛЕМАТИКА И АПОЛОГИЯ ХРИСТИАНСТВА

Но настанет время и настало уже, когда истинные поклонники будут поклоняться Отцу в духе и истине, ибо таких поклонников Отец ищет Себе; Бог есть дух, и поклоняющиеся Ему должны поклоняться в духе и истине[15].

ВВЕДЕНИЕ

Л. Блуа в книге «Le Pelerin de l'Absolu» говорит: «Souffrir passe, avoir souffert ne passe jamais»[16]. Смысл этого замечательного афоризма нужно расширить. Можно преодолеть то, что пережито в опыте жизни, но самый пережитый опыт навеки остается достоянием человека, расширенной реальностью его духовной жизни. Зачеркнуть самый факт испытанного нет никакой возможности. В претворенном и преображенном виде испытанное продолжает существовать. Опыт жизни, борения духа созидают образ человека. Человек не есть окончательно готовое и законченное существо, он образуется и творится в опыте жизни, в испытаниях своей судьбы. Человек есть лишь Божий замысел. Прошлое преодолимо и победимо, оно может быть искуплено и прощено. Этому учит нас христианство. Возможно рождение к новой жизни. Но во всякую новую преображенную жизнь входит испытанное, не исчезает бесследно пережитое.

Пережитое страдание может быть преодолено и может наступить радость и блаженство. Но и в новую радость и блаженство таинственно войдет пережитое страдание. Радость и блаженство будут иными, чем до пережитого страдания. Муки сомнения могут быть преодолены и побеждены. Но в обретенную веру таинственно войдет испытанная глубина сомнений. Такая вера будет иного качества, чем вера людей, не знавших сомнений, верующих по наследству, по рождению, по традиции. Человек, много путешествовавший по духовным мирам, много испытавший в своих блужданиях и исканиях, будет иметь другую духовную формацию, чем человек оседлый в своей духовной жизни, не встречавший в своем пути разных миров.

Человек связан своей судьбой и не властен уйти от нее. Моя судьба есть всегда особенная, неповторимая, единственная и единая судьба. В опыте *моей* жизни, в ее испытаниях и исканиях образуется формация моего духа. И в высшие достижения моей духовной жизни, в мою веру, в обретенную мной истину входит испытанное мной, я обогащен своим опытом, хотя бы опыт этот был мучителен и ужасен и я должен был победить разверзшуюся в нем бедну силами не только человеческими. Когда человек приходит к Богу после пережитого опыта богоотступничества, ему ведома бывает такая свобода в обращении к Богу, какой не знает тот, кто через всю жизнь прошел со своей безмятежной традиционной верой, кто послушно жил в наследственном родовом имении. Страдание проходит, но то, что страдание было пережито, не проходит никогда. Пережитый опыт проходит, но то, что он был пережит, не проходит никогда. Эта истина верна и в отношении к отдельному человеку, и в отношении к человечеству, к человеческим обществам.

Мы живем в переходную эпоху духовных кризисов, когда многие странники возвращаются к христианству, к вере отцов, к Церкви, к православию. Возвращаются люди, пережившие опыт новой истории, в котором дошли они до последних пределов. Души конца XIX и начала XX века – трагические души. Это – новые души, из которых нельзя искоренить последствий пережитого ими опыта. Как встречают странников, возвращающихся в Отчий Дом? Слишком часто не так, как встретил Отец блудного сына в евангельской притче. Слишком слышен голос старшего сына, который гордится тем, что всегда оставался при отце и служил ему. А ведь среди странников и скитальцев духа были не только распутные, но были и алчущие и жаждущие правды. И перед лицом Божьим они будут более оправданы, чем гордящиеся своей фарисейской праведностью, чем все неисчислимые христиане – буржуа, чувствующие себя собственниками больших имений в жизни религиозной.

Душа человека стала иной, чем была тогда, когда впервые принимала христианство, когда учили великие учителя церкви и догматизировали вселенские соборы, когда создавали монашество, когда господствовало средневековое теократическое государство и выковывался средневековый и византийский тип религиозности. Это изменение и уточнение психеи совершилось прежде всего под влиянием таинственного и часто незримого, глубинного действия самого христианства. Христианство изнутри побеждало варварство и грубость души, образовывало человека.

На мучения и вопрошания Ницше нет ответа в катехизисах и поучениях старцев, они требуют творческого восполнения в христианстве. Все наше религиозно-философское движение последних десятилетий прошло через опыт, который неизгладим, и который не может не обогащать христианства. И это не связано со степенью достижения личного совершенства или святости. Между тем как реакционная церковность (не Церковь) противится творческой религиозно-философской мысли, отрицает ее. Традиционно настроенный православный мир все еще не сознает, что христианство. перестает быть религией простецов по преимуществу и принуждено обратиться к более сложным душам и раскрыть более сложную духовность.

Те, которые познали безмерную свободу духа и в свободе вернулись к христианской вере, те не могут зачеркнуть и изгладить из своей души этот опыт, не могут объявить его не бывшим. Опыт свободы с его внутренней диалектикой, с трагической судьбой, которую он несет с собой, есть опыт особого качества внутри христианства. Кто на путях свободы, имманентно преодолел соблазны и искушения гуманизма, изобличал пустоту человекобожества, не может уже никогда, на веки веков отказаться от той свободы, которая провела его к Богу, от того имманентного опыта, освободившего его от диавола. Спор о религиозной свободе нельзя ставить на отвлеченную почву и обсуждать его статически. Я через свободу, через имманентное изживание путей свободы пришел к Христу. Моя христианская вера не есть вера бытовая, родовая, традиционно полученная по наследству, она есть вера, добытая мучительным опытом жизни, изнутри, от свободы. Я не знаю принуждения в своей религиозной жизни, не знаю опыта авторитарной веры, авторитарной религиозности. Можно ли возражать против этого факта догматическими формулами или отвлеченными богословскими теориями? Такой способ аргументации всегда будет для меня жизненно неубедительным.

Свобода привела меня ко Христу, и я не знаю других путей ко Христу, кроме свободы. Я не один в этом опыте. Те, которые ушли от христианства авторитета, могут вернуться лишь к христианству свободы. Это есть опытная, динамическая истина жизни, и ее совсем не нужно связывать с тем или иным пониманием отношения между свободой и благодатью. Это – вопрос совсем другого порядка. Пусть благодать привела меня к вере, но благодать эта пережита мной как свобода. Те, которые через свободу пришли к христианству, несут с собой в христианство особый дух свободы. Их христианство не есть уже бытовое, наследственно-родовое христианство, их христианство неизбежно более духовное христианство, в духе рожденное, а не в плоти и крови. Опыт свободы духа неизгладим, хотя своеволие может и должно быть преодолено. Люди авторитарного, наследственного типа религиозности всегда будут плохо понимать людей, пришедших к религии через свободу, через имманентное изживание трагического опыта жизни. Религиозная жизнь проходит через три типические стадии: 1) через стадию объективную, народно-коллективную, природно-социальную; 2) через стадию субъективную, индивидуалнстически-личную, душевно-духовную и 3) на вершине подымается до преодоления противоположности между объективным и субъективным и достигает высшей духовности. Появление христианства в мире предполагало переход от объективно-народной религии к религии субъективно-индивидуалистической. Но в дальнейшем христианство осело и кристаллизовалось, как религия объективно-народная, социально-коллективистическая. Ныне переживает кризис именно эта форма христианства. Религиозная жизнь проходит через субъективно-индивидуалистический фазис, который не может быть последним и должен быть тоже преодолен.

Есть два типа душевного устроения, которые сталкиваются на протяжении всей человеческой истории и с трудом понимают друг друга. Один из этих типов принадлежит коллективу, социальному большинству, и он внешне преобладает в истории; другой принадлежит духовной индивидуальности, избранному меньшинству, и значение его в истории более сокровенное. Условно можно было бы сказать, что это «демократический» и «аристократический» духовный тип. Социалисты говорят, что привилегированное меньшинство всегда в истории человеческих обществ эксплуатировало обездоленное большинство. Но есть другая истина, истина более глубокая и более сокрытая от внешнего взора: коллектив, количественное большинство всегда в истории эксплуатировало и насиловало, притесняло и гнало качественное меньшинство, духовные индивидуальности, имевшие эрос божественного, устремленные к горнему миру. История создавалась для среднего массового человека, для коллектива. Для него, для этого среднего человека, человека коллектива, создавались государство, семья, правовые учреждения, школа, бытовой уклад, даже внешняя организация Церкви, к нему приспособлялись познание, мораль, религиозные догматы и культ. Он, этот средний, массовый человек, человек коллектива, был господином истории, и он всегда требовал, чтобы все делалось для него, чтобы все считалось с ним, с его уровнем и его интересами. «Правые» и «левые», консерваторы и революционеры, монархисты и социалисты одинаково принадлежат этому коллективистическому «демократическому» типу. Правые, консерваторы, монархисты, защитники во всем авторитета не менее «демократичны», чем те, которые именуют себя «демократами». Для социального коллектива, для среднего массового человека создают монархии, укрепляют иерархический авторитет, охраняют старый бытовой уклад, так же как для него же делают революции, отрицают все авторитеты и разрушают старый бытовой уклад. Абсолютные монархии и социалистические республики одинаково нужны для масс, одинаково приспособлены для среднего человека. Этот средний массовый человек, человек коллектива так же господствовал в дворянстве, как господствует в буржуазии, в крестьянстве и в рабочем классе. Для духовной аристократии никогда не создавались государства, не вырабатывался быт, не создавались методы познания и творчества. Святым, пророкам и гениям, людям высшей духовной жизни, людям истинного творчества совсем не нужны монархии и республики, охранения и революции, быт и школа. Раса духовной аристократии несет бремя истории не для себя, она подчиняется государствам и революциям, быту и реформам, школе и методу, старому и новому во имя «народа», коллектива, для блага среднего, массового человека. О, конечно, и раса духовной аристократии, и избранные люди, живущие эросом божественного, принадлежат к грешному роду Адама и потому несут последствия греха и должны искупать грех. Люди, принадлежащие к «аристократическому» духовному типу, не могут выпасть из «мира», должны нести тяготу, должны служить делу всеобщего освобождения и просветления. Отвратительна гордыня тех людей, которые, сознавая себя принадлежащими к высшей породе и с презрением относясь к малым сим, не хотят помочь миру подняться. Но горька и трагична судьба в мире людей «аристократического» духовного типа, не от них зависят качества их породы, которая не приспособлена ни к какому строю жизни и строю мысли среднего массового человека. Раса эта бывает унижаема и гонима в истории.

Люди «демократического» типа, обращенные к массам, к созданию жизни для среднего человека, для коллектива, могут обладать, огромными дарованиями. Эта раса может иметь своих великих людей, своих героев, своих гениев и святых. И люди «аристократического» типа, обращенные к иным мирам, к творчеству ценностей не нужных для среднего человека, могут не обладать гением, могут быть ниже по своей силе и своему дару больших людей «демократической» расы. Но люди «аристократической» расы обладают иной духовной организацией, обращенной к иному духовно-творческому миру, организацией более чувствительной, сложной и тонкой, чем более толстокожие люди расы «демократической». Они более страдают от «мира», от его уродства, грубости и низменности, чем люди, обращенные к массам, к коллективу. Даже великие люди «демократического» типа обладают толстокожестью и упрощенностью психеи, которая охраняет их от «мира», в то время как «мир» наносит раны духовным организациям более тонким и сложным, менее приспособленным. Кромвель или Бисмарк были людьми, обладающими толстокожей и упрощенной психеей, как все активные люди дела, все великие государственные люди или великие революционеры. Эту толстокожесть и упрощенность психеи можно обнаружить и у многих учителей Церкви, которые нередко принадлежали к «демократическому» типу.

Для темы этой огромный интерес представляют гностики. Многие гностики могут быть причислены к «аристократическому» духовному типу. Они как будто бы не могли примириться с «демократизмом» церковного христианства, не принимали христианства для среднего массового человека, для коллектива. Вопрос совсем не в том, правы ли были гностики. Церковь имела глубокие основания бороться против гностиков и осудить их. Если бы восторжествовали гностики, то христианство никогда не победило бы в истории, оно превратилось бы в аристократическую секту. На самый вопрос, с которым связан гнозис, очень беспокойный и глубокий вопрос, вечный вопрос, который и для наших дней имеет значение. Абсолютная истина откровения по-разному преломляется и воспринимается в зависимости от духовной организации и духовного уровня восприемника. Нужно ли признать абсолютной и неизменной ту форму христианского откровения, которая обращена к среднему, массовому человеку, которая воспринимается средне-нормальной душевной организацией? Должен ли более духовный человек, более сложно и тонко организованный человек, получивший большие дары гнозиса, приспособляться к среднему уровню, понижать свой духовный уровень во имя всех, во имя общности со всем христианским народом? Можно ли соборность отожествлять с народным коллективом? Является ли единый путь стяжания благодатных даров Духа Святого и обретение совершенства духовного, путь святости – единственным мерилом духовного уровня и единственным источником религиозного гнозиса? Это – очень мучительный вопрос, вопрос о религиозном смысле человеческих даров и человеческой даровитости. Он стоял перед гностиками, стоял и перед такими учителями Церкви, как Климент Александрийский и Ориген, которые тоже ведь были своеобразными христианскими гностиками. Вопрос этот стоял перед Вл. Соловьевым и стоит перед религиозным сознанием наших дней. С ним связана проблематика христианского сознания. Должны ли решаться все вопросы христианского сознания и познания в духе христианства простонародного, «демократического» христианства для всех, для масс, или возможно и допустимо раскрытие более сокровенного, для всех недоступного и ненужного, и есть в христианстве сфера проблематического, область гнозиса более углубленного? «Я питал вас молоком, а не твердою пищей,, ибо вы были еще не в силах, да и теперь не в силах, потому что вы еще плотские» (Ап. Павел)[17]. «Демократическое» христианство питает молоком, потому что обращено к «плотским». И Церковь свято права, поступая таким образом. Но эта правота Церкви не решает самого вопроса о возможности иного питания, о духовном алкании, не удовлетворенном этим питанием. История человеческого духа и человеческого сознания свидетельствует о том, что качество запросов духа и одаренность духа совсем не прямо пропорциональны совершенству и святости, как их понимает господствующее церковное сознание. Существует естественная иерархия духовных организаций, естественная иерархия духовных дарований. Существуют люди более «духовные» и люди более «душевные» И это совсем не значит, что одни из них более совершенны, более святы, более стяжали себе благодатных даров, чем другие. Людям «духовным» совсем нечем гордиться и превозноситься перед людьми «душевными», – они не лучше и не имеют больше заслуг. В большинстве случаев они более несчастны в этом мире и на них возлагается большее бремя ответственности, они более раздираются внутренними противоречиями и с большим трудом достигают внутренней цельности и единства с окружающим миром. Они более одиноки. Но само различие духовных организаций и дарований определяется Богом, а не выдумано людьми. Неправда старых гностиков, людей замечательных й искавших высшего мира, неправда, обличенная Церковью, была 18 в их духовной гордыне. Они так и не могли принять и понять, что Христос принес благую весть о спасении и пришествии Царства Божьего для всего мира, для всех и для вся. Раса «пневматиков» оставалась для них на веки веков отдаленной от расы людей «душевных» и «плотских». «Душевные» и «плотские» не могли подняться до горнего духовного мира, они обречены были остаться в низинах, для них искупление и спасение не совершалось. Претворение и преображение низшего в высшее было недоступно гностическому сознанию. И потому они никогда не стали истинными христианами, остались полу христианами. В этом гностики родственны язычнику Плотину, хотя Плотин, последний великий представитель эллинского духа, и враждовал с гностиками. Вл. Соловьев очень хорошо сказал, что для гностика мировой процесс остался бесприбыльным, потому что в нем низшее не преображается в высшее. «Духовное», отделившись от остального мира, отлетает на вершины, «плотское» же ниспадает в низины. Но так ничего не достигается, потому что «духовное» и так принадлежит высшему миру, а «плотское» миру низшему. Гностики не познали тайны свободы, свободы во Христе, как не познали и тайны любви. Это есть безнадежный дуализм, нарушающий подлинный органический иерархизм бытия. Гностики неверно понимали иерархический принцип. Они не понимали истинного иерархизма, на котором покоится христианская вселенскость: самая высокая иерархическая ступень органически связана с самой низшей иерархической ступенью и служит делу всеобщего спасения и преображения. Высший гнозис людей «духовных» нужен для дела спасения и преображения людей «плотских». Люди «духовные» должны не гордо пребывать на вершинах, отделяя себя от «плотского» мира, а жертвенно служить одухотворению «плотского» мира, поднятию его на высшие ступени. Да и источник зла – духовный, а не плотский. Церковь справедливо осудила гордыню гностиков, их безнадежный дуализм, их небратское и нелюбовное отношение к миру и людям. Но церковное сознание было обращено, по преимуществу, к среднему, массовому человеку, было занято великим делом его водительства и его спасения, и, осудив гностицизм, оно утвердило и узаконило агностицизм. Самая тема, которая искренне и глубоко волновала гностиков, была признана как бы не христианской, в христианстве недопустимой и незаконной. Высшие запросы духа, жажда углубленного познания божественных и космических тайн, были приспособлены к среднему человеческому уровню. И гнозис Оригена, а не только Валентина был признан недопустимым и опасным, как ныне признан опасным и недопустимым гнозис Вл. Соловьева. Была создана система теологии, которая закрыла возможности высшего гнозиса. И только великие христианские мистики прорывались за укрепленные границы. Познание старых гностиков было замутненное, несвободно от демонолатрии, в нем христианство было смешано с языческими культами и языческой мудростью. Но возможно высшее христианское познание, более просветленное, познание не исключительно экзотерическое, приспособленное к интересам коллектива, к среднему человеку, как в господствующих системах официальной теологии. В христианстве возможен не только Святой Фома Аквинат, но и Я. Беме, не только митрополит Филарет, но и Вл. Соловьев. Из того, что люди «духовные» не должны гордиться и отделять от себя людей «душевных» и «плотских», не следует, что совсем нет «духовных» людей, нет их запросов духа, их мучительной жажды, нет путей высшего «духовного» знания. Это было бы с противоположного конца разрушением органического иерархизма, который разрушали гностики. Мир очень 19 легко отрицает и извергает высшую духовную жизнь, высшие запросы духа, высшее духовное познание, мир любит говорить, что все это не нужно ему и мешает его делу мироустроения. Мир справа и слева это провозглашает тысячами и миллионами голосов. И ужасно, когда и от церковного сознания исходит то же отрицание духа, которое исходит от государства и которое в предельном полюсе мира – в атеистическом коммунизме превратилось в окончательное истребление духа, духовной жизни, духовного аристократизма. Не угашайте духа. Отрицание проблематики христианского сознания есть угашение духа. Служение всеобщему просветлению мира не требует понижения качества духа. И прежде всего должна быть поставлена проблема духа и духовной жизни.

Я хотел бы, чтобы верно было понято то, что я хочу выразить в этой книге. Я сознаю, что чего-то самого главного я не умею объяснить и сокровенных мыслей моих не умею развить. Очень трудно найти форму для выражения главной идеи своей жизни. Все, что я пишу в этой книге, связано с мучительной проблематикой духа. По складу своего темперамента я облекаю разом в утверждающую и прикровенную форму свои мучительные вопрошания. Я вопрошаю и ставлю проблемы в форме утверждений. Но *мышление мое во внутреннем существе своем проблематическое*, не скептическое, а проблематическое. В решении этих проблем духа или этой единой проблемы отношения между человеком и Богом не может быть помощи извне. Никакой старец, самый духовный, не мог бы тут помочь. Вся проблема в том и заключается, что я должен сам раскрыть то, что Бог сокрыл от меня. Бог ждет от меня акта свободы, свободного творчества. Моя свобода и мое творчество есть мое послушание сокровенной воле Божьей. Бог иного и большего от человека ждет, чем обычно думают, когда говорят о воле Божьей. Быть может, следовало бы заняться не отвлеченной метафизикой Бога, а конкретной психологией Бога. Вероятно, Бог истекает кровью, видя, как внешне формально и рабски люди понимают Его волю и исполняют ее. Воля Божья должна быть до конца исполнена. Но откуда берется уверенность, что нет воли Божьей, чтобы человек был свободным творцом? Бог, вероятно, любит и тех, которые с ним борются, любит, напр., Ницше.

Книга моя не богословская и не по богословскому методу написана. Она и не школьно-философская. Она принадлежит к философии профетической в отличие от философии научной, если употреблять терминологию, предлагаемую Ясперсом[18]. Я сознательно избегал школьного языка. Это – свободно᾿ теософическая книга, книга, написанная в духе свободной религиозной философии, свободного религиозного гнозиса. В ней сознательно нарушаются границы философского, богословского и мистического познания, которые особенно любит устанавливать западная мысль в своих школьно преобладающих формах, как в школе академической философии, так и в школе католической и протестантской. Я признаю себя христианским теософом в том старом смысле, в каком могут быть названы христианскими теософами Климент Александрийский, Ориген, Св. Григорий Нисский, кардинал Николай Кузанский, Я. Беме, Сен-Мартен, Фр. Баадер, Вл. Соловьев. Все силы моего духа, все силы моего сознания направлены к целостному проникновению в мучающие меня проблемы. И цель моя не столько в систематическом решении этих проблем, сколько в обостренной их постановке перед христианским сознанием. Ни одного слова этой книги не следует понимать, как направленного против святыни Церкви. Я могу очень ошибаться, но воля моя не направлена на создание какой-либо ереси или к протесту, создающему раскол. Я сознаю себя вращающимся в сфере проблематического в христианстве и потому допускающего разнообразные мнения и требующего творческих усилий мысли.

Париж – Кламар, 1927 г.

ЧАСТЬ ПЕРВАЯ

ГЛАВА I. ДУХ И ПРИРОДА

Мы уже изверились в возможность и плодотворность отвлеченной метафизики. Отвлеченная метафизика была основана на гипостазировании или явлений психической жизни человека, или явлений мира материального, или категорий мышления, мира идей. Так получали спиритуализм, материализм или идеализм. И одинаково ускользала от этих метафизических учений конкретность бытия, бытие как жизнь. Отвлеченные части действительности или отвлеченные идеи познающего выдавались за сущность действительности, за ее полноту. Отвлечение и гипостазирование создавало натуралистическую метафизику, все равно – спиритуалистическую или материалистическую. Жизнь объективировалась, как природа, материальная или духовная, и основной категорией познания этой метафизической природы была категория субстанции. Бытие есть объективная, предметная субстанция, субстанция духовная или материальная. И Бог есть субстанция, предмет, объект, натура. И идея есть субстанция. Метафизика во всех своих преобладающих направлениях была натуралистической и субстанциальной. Она понимала реальность по образу материальных предметов. Бог и дух есть реальность того же порядка, как материальный предметный мир. Натуралистической метафизике противостоял феноменализм, для которого существовали явления, но не существовало являющегося. Он отрицал возможность познания самой первожизни. Германский идеализм XIX века был очень важным событием в освобождении от натуралистической метафизики и шагом вперед в познании духа. Но гегелевский идеализм гипостазировал категории мышления и не достиг истинной конкретности духа, хотя и притязал на это. Панлогистическая метафизика так же далека от конкретности духа, как и метафизика натуралистическая. Гипостазирование познающего субъекта не более достигает цели, чем гипостазирование познаваемого объекта, – сущность жизни ускользает и от абсолютизации мышления субъекта, как и от абсолютизации природы объекта. Но метафизика германского идеализма более динамична, чем натуралистическая метафизика докантовской философии. В этом ее несомненный успех. И динамизм этот коренится в освобождении от давящей субстанциальной статики природы материальной, природы духовной, природы божественной. Германский идеализм, при всех грехах своего монофизитства и своей отвлеченности, все-таки поставил задачу философии духа и духовной жизни, расчистил для нее почву. Он имеет осознание той истины, что бытие есть акт, а не субстанция, движение, а не застывший покой, жизнь, а не предмет. Натуралистическая метафизика, которая принимала самые разнообразные формы, означала подавленность «духа» «природой», и она оказывала подавляющее влияние и на религиозное сознание, на системы богословия. Богословские системы носят на себе роковую печать объективно-предметной, натуралистической метафизики, – они предполагают наивный реализм натуралистического миросозерцания, для которого Бог есть предмет, объективная реальность, в ряду других реальностей природы. Так Бог познается в категориях природы, а не в категориях духа, реальность Бога признается реальностью слишком подобной материальным субстанциям. Но Бог есть дух. Дух же есть активность. Дух есть свобода. Природа духа противоположна пассивности и необходимости. Поэтому дух не может быть субстанцией. Аристотелевско-томистская концепция Бога, как чистого акта, как раз и лишает Бога внутренней активной жизни и превращает его в застывший предмет. В Боге нет потенции, т. е. нет источника движения и жизни. И сколько бы томизм ни утверждал различие между «естественным» и «сверхъестественным», он находится во власти натуралистической метафизики Божества. «Сверхъестественное» есть то же «естественное», но только выше стоящее и большего размера. Слово «сверхъестественное» ничего положительного не дает, в нем большая часть совпадает со словом «естественное» и лишь меньшая часть обозначена ничего положительного не определяющим «сверх».

Напрасно философы думают, что возможна совершенно автономная философия, философия, независимая от религиозной жизни, свободная от всякой связи с «жизнью». Пустая гордыня, которая всегда терпит имманентную кару. Освобождаясь от подчинения религии, философия претерпевает самое рабское подчинение науке. Совершенно автономной философии, возвышающейся над «жизнью», никогда не было и никогда не будет. Философия есть функция жизни, самосознание и просветление жизни, она совершает свое дело в жизни и для жизни и всегда зависела от того, что совершалось в глубине жизни. Философия всегда была положительно или отрицательно религиозной, как бы она ни прикрывала эту свою природу. Греческая философия, которая считается образцом наиболее чистой и автономной философии, была религиозна по своим истокам и по своему пафосу и отражала религиозное миросозерцание грека. Натурфилософия ионийцев понятна лишь в связи с религиозным отношением древнего грека к природе. Философия Платона не может быть разгадана вне связи с орфизмом и исканиями избавления от зла и смерти в мистериях. Философия Плотина и неоплатоников сознательно утверждает себя как религиозная. Германский идеализм связан с протестантизмом и известной эпохой во внутреннем развитии христианства. И Кант, и Гегель не могли стать вне христианства, хотя сознание их очень уклонено от сознания церковного. Просветительно-рационалистическая философия XVIII века и позитивистическая и материалистическая философия XIX века отрицательно религиозна по своему пафосу, она отражает борьбу против Бога, против христианской веры, и никакой автономности, никакой чистоты и отрешенности в этих философских движениях нет. Рационализм, критицизм, эмпиризм ведут религиозную борьбу, а не освобождают от связей с жизнью. Неверие есть такое же состояние жизни и такая же религиозная борьба, как и вера. Вся почти объективная наука, посвященная библейской критике и историческим исследованиям о происхождении христианства, вела религиозную борьбу и двигалась отрицательным религиозным пафосом. Эта наука никогда не возвышалась до отрешенного, чистого познания. Неверие есть в той же степени жизненная предпосылка, как и вера. И позитивизм всегда имел свою веру, которая двигала его на путях познания. Философия есть самосознание духа, и она не может быть независимой от той или иной направленности духа. Философия определяется структурой духа, его качественностью, его обращенностью к высшему или низшему миру, его раскрытостью или закрытостью. А это значит, что философия определяется жизнью, потому что дух есть жизнь и самосознание духа есть самосознание жизни.

Направленность духа определяет структуру сознания, а структура сознания определяет познание. Познание есть духовная жизнь, активность духа. Зависимость философии от жизни менее всего означает релятивизм. В самом духе, в самой жизни раскрываются качества, из которых истекает свет познания. Качества духа имеют безотносительную природу. Познание – динамично, оно имеет свою судьбу, свою духовную историю, свои эпохи, этапы развития. И вот то, что мы именуем натуралистической метафизикой и натуралистическим богословием, есть выражение направленности духа, отражение религиозного миросозерцания, одна из внутренних эпох в судьбе познания. Натуралистическую метафизику, как и натуралистическое богословие, нельзя рассматривать просто как ошибку и заблуждение. Это была необходимая стадия в судьбе познания, в судьбе религиозной жизни. Таким путем шел человек к свету. Не сразу открылось, что дух есть творческое становление. Дух мыслился завершенным, т. е. субстанциальным. Натуралистическая метафизика с ее застывшими субстанциями и вещами относительно верно отражает некоторые стороны бытия при известной направленности духа и известной структуре сознания. Она есть обозначение пути и не может притязать на то, чтобы выражать последнюю и абсолютную истину бытия. Метафизическое и теологическое гипостазирование, объективирование и абсолютизирование известных моментов духовного пути и известных сторон духовной жизни не может иметь того безусловного значения, на которое притязают догматы веры. Догматы веры – не метафизика и не богословие, а факты духовного опыта и духовной жизни.

И вот возможно такое состояние и такая направленность духа, такой момент духовного пути, когда натуралистическая метафизика и натуралистическая теология с их застывшими субстанциями не выражает уже истины жизни, когда дух по-иному сознает себя и для иного открывается, когда дух стремится освободить себя от подавленности субстанциальной природой, от власти собственной объективации. Истины веры, догматы религии не могут от этого потерять своего абсолютного значения, но они принимаются в ином свете, раскрываются в иной глубине. Религия не может зависеть от философии, и философия не может ограничивать и по-своему изменять религию. Ошибка «модернизма» заключается в желании подчинить религию современному разуму, современному познанию. Об ином тут идет речь. В религии всегда ведь была своя философия, своя религиозная метафизика, и она выражала лишь эпоху духовного пути человека, а не последнюю и окончательную религиозную истину. В самом духовном пути, в самой первожизни могут произойти изменения, которые потребуют иной символизации в познании, иной структуры самосознания. Не философия будет вносить изменение в религию, а в самой первожизни могут быть события, которые требуют преодоления натуралистической, объективно-предметной стадии в понимании тайн религиозной жизни. И всегда, на протяжении всей истории христианства были люди, которые преодолевали натуралистическую метафизику и богословие, и по-иному раскрывались для них тайны христианства. Преодолеть натуралистическую метафизику и богословие, победить то статическое понимание тайн религиозной жизни, которое видит в ней субстанции и предметы, значит постигнуть, что такое дух и духовная жизнь и чем отличается дух от природы. Отвлеченная метафизика невозможна, но возможна философия или феноменология духовной жизни.

Не различие духа и материи, психического и физического является основным и последним прБтивоположением. На этом противоположении строила себя спиритуалистическая и материалистическая метафизика, одинаково натуралистическая. Внутри «природы» усматривается различие между психическим и физическим и происходит отожествление или смешение духа с душой. Религиозная метафизика и богословие идет глубже и устанавливает противоположение между Творцом и творением, между благодатью и природой. Но в противоположении этом, имеющем свой глубокий прагматический смысл, натурализируется и объективируется творение, а потому натурализируется и объективируется Творец. В тварном природном мире не оказывается духа, мир этот насквозь натуралистичен и не имеет глубины. Глубина есть лишь в противополагаемом ему Творце, и дух есть лишь в действии Божьей благодати, а это значит, что есть лишь Божий Дух. Человек мыслится натуралистически, в нем есть душа, но нет духа. Человек есть исключительно природное существо, а не духовное существо, и становится он духовным существом лишь от действия благодати. Христианское богословие обычно утверждало, что человек состоит из души и тела, и дух есть лишь их состояние, вызванное действием Духа Святого. Классически и четко выражена противоположность между «естественным» и «сверхъестественным» в системе Св. Фомы Аквината. Томизм окончательно натурализирует бытие тварного мира, бытие человека и философию делает естественным познанием естественного[19]. В таком сознании природной тварности есть своя истина о путях, которыми идет человек, истина подлинного опыта. Но религиозная метафизика и богословие, которые претендуют так выражать последнюю и окончательную истину о бытии, есть натуралистическая метафизика и богословие. Не только «природа», но и «благодать» натурализируется, потому что объективируется, опредмечивается, полагается как бы «вовне», а не «в глубине».

Основным противоположением должно быть признано противоположение *духа* и *природы*[20]. Противоположение это совсем не означает установки какой-либо дуалистической метафизики. Противоположение это утверждается в совсем ином плане, не в плане объективированного бытия, т. е. натурализированного бытия. Дух совсем не есть реальность и не есть бытие в том смысле, в каком признают реальностью и бытием природу. Так соединяет натуралистическое богословие крайний дуализм Творца и тварности, сверхъестественного и естественного, с крайним монизмом в понимании характера реальности и бытийственности. Сверхъестественное оказывается в одной восходящей линии с естественным, есть также естественное, но на дышей ступени, на безмерной высоте. Противоположение духа и природы не есть дуалистическая метафизика бытия, а есть различение в понимании самого характера реальности. Это есть прежде всего противоположение жизни и вещи, свободы и необходимости, творческого движения и пассивного претерпевания толчков извне. Самое первое и элементарное, что нужно установить для познания духа, – это принципиальное различие между «духом» и «душой». Душа принадлежит природе, ее реальность есть реальность природного порядка, она не менее природна, чем тело. Душа есть иное качествование в природном мире, чем тело, чем материя[21]. Но дух совсем не может быть противополагаем телу и материи, как реальность существующая наряду, в одном порядке с реальностью тела и материального мира. Изнутри, из глубины дух впитывает в себя и тело и материю, как и душу, но дух по-иному реален и принадлежит другому плану. Природа не отрицается, а просветляется в духе. Дух изнутри сращивается с душой, преображая душу. Различение духа и души не означает отделение духовного от душевного. Но всякий психологизм в философии есть лишь одна из форм натурализма. Спиритуализм не есть еще философия духа, – спиритуализм есть натуралистическая метафизика, которая пытается увидеть субстанцию бытия в психическом, в объективируемых душевных явлениях. Различение между духовным и душевным есть очень древнее различение. Его знал уже Платон. Апостол Павел выразил его с гениальным религиозным пафосом: «Душевный человек не принимает того, что от Духа Божия, потому что он почитает это безумием; и не может разуметь, потому что о сем надобно судить духовно, но духовный судит о всем, а о нем судить никто не может»[22]. «Сеется тело душевное, восстает тело духовное»[23]. Категории духовности и душевности – религиозные, а не метафизические категории. Гностики очень выдвигали различие между духовным и душевным и злоупотребляли им. Гегель знал различие между духом и душой и в познании духа видел самое конкретное из познаний. Различие между духовным и душевным свойственно всякой мистике. Все мистики учили о духовном человеке, о духовном опыте и духовном пути. И духовное у мистиков никогда не было отвлеченной метафизической категорией, всегда было истинной жизнью. Смешение же духовного и душевного в категориях объективированного метафизического бытия и было одним из источников ложного натурализма, ложного спиритуализма. Дух не есть субстанция, не есть объективно-предметная реальность в ряду других. Дух есть жизнь, опыт, судьба. Рациональная метафизика духа невозможна. *Жизнь* раскрывается лишь в опыте. Дух есть жизнь, а не предмет и потому он познается лишь в конкретном опыте, в опыте духовной жизни, в изживании судьбы. В познании духа субъект и объект не противостоят друг другу, нет объективации. Познающий дух и есть познаваемый дух. Духовная жизнь не есть предмет познания, она есть и самое познание духовной жизни. Жизнь открывается лишь самой жизни. Познание жизни есть сама жизнь. Жизнь духа не противостоит познанию, как объективный предмет, подобно природе. В жизни духа и в познании духа нет внеположности – все внутри, все в глубине. Все происходящее в духовном мире происходит со мной.

Духовная жизнь есть наиреальнейшая жизнь. Дух и природный мир несходны, различны, вовне нигде не встречаются и не взаимодействуют. Лишь в неизъяснимой глубине дух вбирает в себя мир и бросает на него иной свет. Духовная жизнь не есть реальность объективно-предметная, но она еще менее есть и реальность субъективная. Одинаково неверно и объективное и субъективное понимание духа. В природном мире вопрос о реальности обычно ставится как вопрос о соответствии, об истинном отражении объекта в субъекте. Соответствует ли воспринимаемому и познаваемому нами миру какая-либо реальность в себе, сама по себе? Подлинно ли существует физическое или психическое бытие? При натуралистическом мышлении о Боге также ставится вопрос о реальности Бога. Соответствует ли нашей идее Бога реальное бытие Бога? Онтологическое доказательство бытия Божьего пытается вывести реальность Бога из идеи Бога, идеи совершенного существа. В конце концов все доказательства бытия Божьего носят натуралистический характер и понимают Бога, как предметную реальность, подобную реальности природного мира. И все доказательства, направленные против бытия Божьего, также натуралистичны, также наивно-реалистичны. Наивный реализм и есть перенесение характера реальности природного мира на реальность мира духовного и божественного. И сила аргументов неверия, отрицания Бога и духовного мира, всегда связывались с этим наивным, натуралистическим реализмом. Есть мысль о Боге, есть чувство Бога. Соответствует ли этой мысли и этому чувству какая-либо реальность? Вот наивно-реалистический, натуралистический, душевный вопрос, который мучит многих людей и многих философов, и вокруг этого вопроса разыгрываются споры и борьба тех, кто доказывает, что Бог есть, и тех, которые опровергают существование Бога. Но реальность духовного мира и реальность Бога не соответствуют никакой реальности душевных переживаний и мыслей. Реальность духовного мира и реальность Бога есть и является не в соответствии и сопоставлении, а в себе самой, как реальность иного качества и реальность несоизмеримо большая, чем чувства и мысли душевного мира, чем явления мира природного. Лишь в душевном опыте и прикрепленном к нему мышлении можно спрашивать о соответствии реальностей, можно искать доказательства существования Бога и духовной жизни. В духовном опыте такой вопрос невозможен. Духовный опыт и есть самая духовная жизнь, самая реальность духа, самая реальность божественного. *В духовной жизни явлены сами духовные реальности и потому не может быть вопроса о соответствии реальностей тому, что в духовной жизни раскрывается. В духовном мире опыту не соответствуют предметные реальности, но самый опыт духовный и есть реальность высшего порядка. Духовная жизнь не есть отражение какой-либо реальности, она есть самая реальность.* Нельзя спрашивать о том, соответствует ли опыту великих святых, великих мистиков, людей высшей духовной жизни какая-либо реальность. Это душевный, натуралистический, наивно-реалистический, а не духовный вопрос. Духовный опыт святых, мистиков, людей высшей духовной жизни есть сама реальность, само явление и обнаружение духа и Бога. Дух есть, духовная жизнь явлена и обнаружена. Это – первичный факт. Он непосредственно усматривается, а не доказывается. Духовный опыт есть величайшая реальность в жизни человечества. В нем не доказывается, а показывается божественное. Бог и божественность, дух и духовное даны в жизни, в опыте, показываются и усматриваются, а не обосновываются рефлексией. Рефлексия о том, реален ли мистический опыт, не есть ли он иллюзия и самообман, есть рефлексия души, оторванной от духа, от самого духовного опыта, есть бессилие мысли, противоположившей себя самой жизни. Кто живет духовной жизнью и кто имеет духовный опыт, для того нет вопроса о духовных реальностях, для того реальность не означает соответствия, внеположности, внешней предметности. Ничто не соответствует моей духовной жизни, она сама есть. Моя духовная жизнь ограниченна, есть бесконечная духовная жизнь, но эта бесконечная жизнь не есть внешняя для нее реальность. И ничто в мире не может мне доказать, что моей духовной жизни нет. Может быть мира нет, но моя духовная жизнь есть. Мой опыт божественного есть, он есть обнаружение реальности божественного, он неопровержим. Высота духа, напряженность духа, горение духа есть, есть сама реальность духа, само обнаружение духовного мира. Ничего не значит утверждение, что эта высота, это напряжение, это горение есть иллюзия и самообман, кроме того, что нет этой высоты, этого напряжения, этого горения у тех, которые видят в них лишь иллюзии и самообман. Низость или отсутствие духовной жизни не может быть доказательством, что духовной жизни нет, что высота есть иллюзия. Эрос божественного во мне есть реальность самого божественного. Опыт божественного не требует доказательства реальности божественного, он сам и есть реальность. В духовном мире реальность не определяется внешней данностью, реальность зависит от направления и напряжения самой духовной жизни. Открытие реальности зависит от активности самого духа, от его напряжения и горения. Нельзя ждать, что духовные реальности откроются нам, как открываются предметы природного мира, что они дадутся нам извне, как даются камни, деревья, столы, стулья, как даются законы логики. В духовной жизни реальность определяется силой самого духа. В духе нет реальности, привходящей извне, – все идет изнутри самого духа. Вопрос об иллюзорности, нереальности духовной жизни и духовного опыта возникает от отождествления духовной жизни и духовного опыта с душевной жизнью и душевным опытом.

Не есть ли духовное лишь психическое, не есть ли духовный опыт лишь душевное переживание? Не субъективна ли духовная жизнь и в этой субъективности ни для кого не убедительна? Нельзя доказать человеку, которому ведом лишь душевный опыт, что возможен духовный опыт, нельзя извне принудить человека, погруженного в субъективную замкнутость, признать, что существуют духовные реальности. Лишь духовный опыт может убедить в существовании духовного опыта, лишь обнаружение духовных реальностей в самом человеке может доказать ему существование духовных реальностей. Кто не устремлен к Богу, тот не может требовать, чтобы ему доказали и показали реальность Бога. Реальность Бога не вкладывается извне и не доказывается извне. Никого нельзя принудить так признать реальность духовной жизни, как можно принудить признать реальность предметного природного мира. Нужно, чтобы открылась в человеке сама духовная жизнь. Но никакими способами нельзя доказать, что реальной духовной жизни нет, что дух и Бог – иллюзии, которым ничто не соответствует. Духовная жизнь есть внепредметная, внеприродная реальность, реальность, не связанная с определениями времени, пространства, материи, реальность, которая представляется идеальной по сравнению с реальностями мира предметного, реальность самой *первожизни*. Пространство и время, в котором нам дан природный мир, созданы духом и обозначают лишь состояния мира духовного. Реальность духовной жизни не определяется причинным рядом в физическом и психическом мире, она определяется из глубины, из недр собственной первожизни. Если бы у нескольких всего человек в истории мира возгорелась высшая духовная жизнь и пробудилась жажда божественного, то этим уже доказывалась бы реальность духа и Бога и мир природный перерос бы себя.

Как доказать и обосновать самое существование духовного опыта? Слишком многие отрицают своеобразную качественность духовного опыта и сводят его целиком на опыт душевный, на предмет психологии. Но возражения против возможности и существования духовного опыта всегда бывают основаны на том, что его нет у тех, которые его отрицают. Из того, что кому-то, хотя бы то было большинство человечества, недоступны качества духовного опыта, никак не следует, что этого опыта нет и он невозможен. Границы сознания какого-либо человека не дают ему права утверждать эти границы для всех людей, принуждать их к ограниченности. Что у X или Y никогда не было мистического опыта, доказывает только ограниченность опыта этих людей, но не дает им никаких прав отрицать мистический опыт у других людей. Настоящий, последовательный безграничный эмпиризм не дает права ставить границы опыту. Если мне что-либо в опыте жизни не раскрывается, то отсюда совсем не следует, что это не раскрывается другим. Большая скромность, большее сознание границ собственной природы, а не человеческой природы вообще, есть необходимое условие познания, это и есть docta ignorantia[24]. Между тем как люди, ограниченного опыта гордятся своей ограниченностью и возводят эту ограниченность в норму. Создается тирания «средне-нормального сознания», границы которого отождествляются с границами человеческой природы вообще. «Средне-нормальное сознание» нашего времени отрицает духовный опыт, отрицает возможность чудесного, отрицает всякую мистику. Даже в религиозную жизнь проникает «средне-нормальное сознание» и утверждает там свой позитивизм. «Средне-нормальное сознание» есть сознание природного человека, есть укрепление природного мира, как единственного реального, и есть отрицание духовного человека, духовного мира, духовного опыта. Это есть мещанское сознание этого мира, самодовление и самоуверение, ощущающее себя господином положения в этом мире. Существование духовного опыта и раскрывающегося в нем духовного мира и показывается теми, которые его имеют. Те, которые не имеют духовного опыта или не возвысились еще до его осознания в себе, лишены слова в этом деле. Говорить подобает лишь о том, что знаешь, а не о том, чего не знаешь. Позитивизм возводит незнание в самый принцип познания и утверждает преимущество познания за теми, которые лишены духовного опыта. В этом незнании и отсутствии опыта позитивизм видит гарантии научной объективности. Полагают, что наукой о религии, историей религии могут наиболее плодотворно заниматься те, которые никакого религиозного опыта не имеют и ни во что не верят. Это одна из самых чудовищных аберраций. Науки о духе тем и отличаются по своему характеру от наук о природе, что в них требуется родство и близость познающего со своим предметом. Науки о духе основаны на духовном опыте и в них ничего не может достигнуть тот, кто духовного опыта не имеет и изначально его отрицает. Духовный же опыт не есть опыт душевный, психологический, не есть замкнутый опыт личности, погруженной в себя. Духовный опыт есть опыт размыкающий, погружающий в сверхличный духовный мир, раскрывающий связь микрокосма с макрокосмом. Духовный опыт есть всегда прорыв в замкнутой душевно-телесной монаде, выход из себя через погружение в глубину себя, преодоление раздельности и внеположности.

Отрицание реальности духовного мира обычно связано с тем, что его мыслят по образу субстанциального метафизического бытия, как реальность объективно предметную. Но субстанция есть законченная и замкнутая монада. Субстанциальное понимание души замыкает ее от духовного мира и делает невозможным духовный опыт. Субстанция оказывается закупоренной в своем собственном душевном мире. Замкнутый мир всегда есть душевный, а не духовный мир. Дух для душевных субстанций оказывается как бы трансцендентной реальностью, извне и издалека им предстоящей. Это есть внедрение человека в природный мир и подчинение его законам. Спиритуалистическая метафизика, все еще натуралистическая, принуждена, в сущности, отрицать духовный опыт. Поэтому она обычно связана с рационалистической теорией познания. Душа понимается так же, как предмет материального мира. Это статический взгляд на душу и на мир, закрывающий для познания динамику жизни. В таком типе метафизики и Бог мыслится как неподвижная субстанция. Бог, мир и душа оказываются разделенными в такого рода субстанциальной метафизике, и потому духовный опыт невозможен. Духовный опыт возможен лишь при предположении, что человек есть микрокосм, что в нем раскрывается целая вселенная, что нет трансцендентных границ, отделяющих человека от Бога и от мира. Бог есть дух и потому не есть субстанция. Природа духа – гераклитова, а не парменидова. Дух есть огненное движение. Ошибочно предположение, что личность есть непременно субстанция и должна быть ограничена, раздельна и что отрицание субстанции есть отрицание личности. В действительности верно, что живая, конкретная личность нимало не походит на субстанцию. Природа личности – динамическая. Личность есть прежде всего качественно своеобразная духовная энергия и духовная активность – центр творческой энергии. Бытие личности совсем не предполагает принципиальной отделенности от Бога и мира. Сверхличное в личности не отрицает личности, а конструирует и утверждает ее. Бытие личности в подлинном смысле слова только и возможно при раскрытии в ней духовных начал, выводящих ее из замкнутого состояния и соединяющих ее с божественным миром. Личность есть Божья идея, замысел и задача. Понимание личности как натуралистической субстанции означает постановку границ для личности в духовном опыте и духовном пути. Всякий подлинный религиозный и мистический опыт свидетельствует о том, что личность не есть такая замкнутая субстанция, что в ней скрыты бесконечные возможности, что перед ней раскрыт бесконечный мир, что она есть резервуар духовной энергии. В духовной жизни личное и сверхличное антиномически соединены, сверхличное не снимает личного, личное перерастает в сверхличное, не отрицая там себя. Бытие во внутреннем существе своем раскрывается, как духовная жизнь, духовный опыт, как судьба, как божественная мистерия, а не субстанция, не объективно-предметная природа. Духовная жизнь в высшей степени динамична, она есть жизнь, во всем подобна жизни. Учение Лейбница о человеческой душе, как замкнутой монаде, и о Боге, как монаде высшего порядка, существующей наряду с другими монадами, есть образец натуралистической метафизики, хотя в нем и были элементы истинного духовного понимания. В духовной жизни нет абсолютной чуждости и субстанциальной непроницаемости, полагающей непереходимые границы. Субстанции создаются пространством, временем, материей, и их характер приобретают души, прикованные к телесному миру. Субстанциальность есть лишь состояние мира, а не его внутренняя сущность, лишь отвердение и окостенение мира, рабство мира. Этот природный мир есть дитя вражды и разделения, порождающих скованность и порабощенность. Дух есть свобода. Это определение Гегеля остается непреложной истиной. Истина эта подтверждается духовным опытом человечества. Принуждение и внешние границы создаются выбрасыванием жизни вовне, внеположным существованием вещей мира. Вещь и есть то, что находится вовне, а не в глубине. Дух всегда пребывает в глубине, дух и есть глубина, дух есть внутреннее, а не внешнее, и жизнь духа не порождает ничего совершенно внешнего, поверхностного, внеположного, ничего обладающего инерцией и непроницаемостью. Глубина всегда есть символ духа. Природный мир, взятый сам по себе, не знает глубины. И раскрытие глубины природного мира возможно лишь в духе, лишь в свете понимания прироного мира, как символа духа, как отображения духовной жизни, как внутреннего момента мистерии духа. Но понимание духовного мира прежде всего предполагает разграничение его от мира природного, преодоление всех смешений, недопущение натурализации духовной жизни, столь свойственной метафизическим системам. Подобно тому как нет в духовной жизни внеположности и раздельности, нет в ней и противоположности между единым и множественным, на которой покоится жизнь мира природного. Единое не противостоит множественному, как внешняя для него реальность, оно проникает множественное и создает его жизнь, не снимая самой множественности. «Я в Отце моем, и вы во Мне, а я в Вас», «Я уже не живу, но живет во мне Христос»[25]. На этом внутреннем преодолении внеположности единого и множественного основана духовная жизнь. Противоположность единого и множественного, внеположность одного для другого основана на пространстве, времени, материи, которые являются уже результатом грехопадения, отпаденья от Бога. Духовная жизнь совершается вне времени, вне пространства, вне материи, хотя и связана с ними, как с символическим отображением внутренних распадов духа. В духовной жизни, в духовном опыте дано внутреннее единство моей судьбы, судьбы мира, судьбы Бога. В духовном опыте моя судьба перестает быть раздельной и замкнутой судьбой. А это значит, что духовная жизнь есть в высшей степени конкретная, сращенная жизнь. Природная же действительность есть действительность абстрактная и раздельная. В ней никогда не дано цельности и полноты, совершенной соединенности. В духовной жизни дана цельность и полнота бытия, в нее претворенно и преображенно входят все ступени бытия, преодолевается рознь и чуждость, побеждается вещность. Духовная жизнь совсем не есть отвлечение от жизни мира природного, и смысл аскетики и очищения, необходимых для духовной жизни, совсем не в этом. Отвлеченная духовность есть очень несовершенная форма духовности. Неизмеримо выше стоит конкретная духовность, преображающая и просветляющая жизнь мира. Духовная жизнь совсем не есть реальность, существующая наряду с действительностью физической и психической, с действительностью природного мира, – она вбирает в себя всю действительность, сознавая, что вся действительность есть лишь ее символизация, лишь отображение ее состояний, ее внутренних событий, ее пути. Дух совсем не противоположен плоти, плоть есть воплощение и символ духа. Духовная жизнь есть историческая жизнь, ибо историческая жизнь есть жизнь конкретная. Но внешняя историческая действительность есть лишь отображение духовной жизни во времени, в раздельности. Все внешнее есть лишь знак внутреннего. Сама материя есть лишь символизация внутренних состояний духовного мира, его вражды и раздельности, а не субстанция, существующая сама в себе. Не спиритуализм, не отвлеченную духовность мы утверждаем, а символизм, конкретную духовность.

Духовная жизнь познается совсем не в психологическом исследовании душевных процессов. Психология есть наука о природе, естественная наука, а не наука о духе. Духовная жизнь, как особенное качество жизни душевной, обычно ускользает от психологической науки. Большая часть психологических процессов должна быть отнесена к явлениям природного мира, – эти процессы связаны с телом и материальным миром, происходят во времени, так или иначе относятся к пространству, они протекают в замкнутости, раздельности и внешней связанности. Психология исследует абстрактно духовную жизнь и имеет дело с абстрактной, а не конкретной действительностью. Духовная же жизнь конкретна и требует конкретного изучения. Духовная жизнь раскрывается в познании конкретной духовной культуры, а не абстрактных элементов души. Знание духовной жизни есть наука историческая, наука о культуре, а не естественная наука, если употреблять не вполне совершенную терминологию Риккерта[26]. Материалом философии духовной жизни является историческая духовная жизнь человечества, всегда конкретная, религиозная, мистическая, познавательная, – философская и научная, нравственная, творчески-художественная жизнь человечества, великие памятники духа, великие творения в духовной жизни. Этот исторический духовный опыт человечества должен быть сближаем и сопоставляем с духовным опытом познающего. Познающий размыкает свою душу до слияния с единой духовной жизнью, раскрывающейся в истории духа. В высших подъемах духовной культуры явлен подлинный духовный опыт, в них достигалась вневременная духовная жизнь. Познающий духовную жизнь должен быть вместе со всеми, кто совершал великий акт познания духа в истории. Вот почему философия духа неизбежно заключает в себе элемент традиционный, предполагает приобщение к преданию. Личность не может познавать духовную жизнь в состоянии изоляции и оторванности, не может начинать с себя. Исходная точка зрения Декарта не благоприятная для познания духовной жизни. Признание подлинной реальности духовной жизни прошлого человечества есть необходимая предпосылка философии духовной жизни. Платон для нас не только предмет исследования. Мы живем одной общей жизнью с Платоном, одним духовным опытом, мы встречаемся с ним внутри духовной жизни, в ее глубине. Духовный мир не раскрывается во внешнем природном мире, он раскрывается в человеческом духе, в духовной жизни человека и человечества. И познание его предполагает духовную соборность человечества. Эта духовная соборность совсем чужда психологии и спиритуалистической метафизике. Истинная духовная культура и есть духовная соборность. Биографии святых и гениев, творения религиозных учителей, великих мыслителей, великих, художников, памятники духовной жизни человечества имеют несоизмеримо большее значение, чем дедукции отвлеченной мысли. Духовная жизнь была подлинно конкретно явлена в духовном опыте человечества и оставила по себе творения и памятники. Это уже не есть явление природы, это – явление духа.

Глубокий смысл церковного предания заключается в раскрытии духовной жизни не во внешней природе и не в отвлеченной мысли, а в духовной соборности.

Религиозная жизнь есть духовный опыт, а не психологический опыт и не извне идущая реальность. Духовная жизнь есть пробуждение души, размыкание души. Вот почему религиозная жизнь есть обретение родственности, преодоление чуждости и внеположности. Религия может быть определена как опыт близости, родственности бытия. В религиозной жизни человек преодолевает ужас чужого и далекого. Но близость, родственность всего бытия раскрывается лишь в духовном опыте, в опыте душевном и чувственном, бытие разорвано и отчуждено. Когда бытие нам чуждо и далеко, когда оно нас давит, мы не в духе, мы в замкнутом душевном и телесном мире. Вот почему дух есть не только свобода, но и любовь, соединение и взаимопроникновение частей бытия в единой, конкретной жизни. Вот почему христианство и есть откровение жизни духа. В духовном мире и в духовном опыте, а не в природном мире и не в душевном опыте разыгрывается и развертывается драма бытия, отношения между Богом и человеком, Богом и миром. Духовная жизнь не значит еще – совершенная и безгрешная жизнь. В ней заложены источники греха и распадов, породивших наш природный мир. Духовная жизнь может отпадать от своей собственной природы. В духовной жизни открываются и совершаются все религиозные события, которые не видны в картине жизни природной. Духовная жизнь и есть жизнь символическая, т. е. соединяющая два мира, или Бога и мир, в ней даны встречи и пересечения. В духовном плане, в духовной жизни совершилось миротворение, Бог возжелал своего другого и ответной любви его, совершилось грехопадение и Новый Адам поднял падшую человеческую природу. Все эти события мира духовного лишь символически отображаются в мире природном и историческом. Натуралистическое богословие и слишком смешивающее и слишком разделяющее два плана бытия, представляет себе все события духовного мира как бы совершающимися на этой земле, в этом времени и пространстве. Мир сотворен Богом во времени, как натуралистический факт, как объективно-предметное событие, рай был между Тигром и Евфратом, на этой земле, и там же совершилось грехопадение и т. д. Так вытягивается все в один натуралистический ряд. Такова наивная библейская наука, отражающая первобытный натурализм, еще не сознавая различия между природой и духом. Школьное богословие усвоило себе эту детскую библейскую науку и потому понимает тайны духовной жизни как события природного порядка. Природный мир представляется миром столь затвердевшим, что за его границы религиозная мысль с трудом прорывается и нелегко приходит к тому сознанию, что самый этот природный мир есть лишь отображение мира духовного, лишь событие внутри духовной жизни, что самая затверделость мира есть лишь состояние духа, которое может пройти. Грехопадение не могло совершиться в природном мире, потому что сам природный мир есть результат грехопадения. Грехопадение есть событие мира духовного. В этом смысле оно предмирно, оно совершалось до времени и породило наше дурное время. Лишь интеллектуализм предполагает существование реальностей вне духа, внешних для духа. Но интеллектуализм есть ложная теория познания.

Религиозные идеи и верования совсем не походят на отвлеченные метафизические истины. Религиозные идеи и верования связаны с фактами и событиями духовного мира, раскрывающимися в духовном опыте. Эти факты и события духовного мира не имеют сходства с категориями отвлеченной мысли и с субстанциями природы. Религиозные идеи и верования могут быть выражены лишь в терминах духовного опыта, внутренней жизненной драмы, судьбы. Духовная жизнь воспринимается нами и познается как парадоксия. События духовной жизни, в которых раскрывается глубочайшее ядро бытия, парадоксальны и антиномичны для разума, для рационального сознания, они не выразимы в понятии. В религиозной жизни, как жизни духовной, а не природной, открывается нам тождество противоположностей – монизма и дуализма, единства и множества, имманентизма и трансцендентизма, Бога и человека. Все попытки преодоления парадокса духовной жизни в системах натуралистического и рационалистического богословия совершенно экзотеричны и имеют значение лишь временное и педагогическое. Это есть натуралистическая стадия в истории религиозного сознания, в восприятии христианства. Богословский натурализм есть наивный реализм, есть восприятие духа лишь объективированным в природе, опрокинутым в мир природно-предметный. Но откровение духовного мира есть преодоление натурализма. Глубочайшее преодоление натурализма совершается в религиозной мистике. Для мистиков все события совершаются в глубине, т. е. в духовном мире. Религии разделяют на религии духа и религии природы. Христианство есть религия духа, но совсем не в том смысле, в каком проповедует Э. Гартман религию духа[27]. Мы не можем не ценить высоко духовность Индии, но индусская духовность есть духовность отвлеченная, не знающая еще конкретной личности.

Натуралистическое отношение к Богу как к бездвижному, субстанциальному, трансцендентному метафизическому бытию и есть последняя форма идолопоклонства в истории человеческого духа. И единобожие может быть идолопоклонством. Порабощенный природным миром и Бога воспринимает как внешнюю, страшную силу, как «сверхъестественную» мощь, во всем похожую на мощь «естественную». Бог есть лишь высочайшая и совершеннейшая субстанция, т. е. проекция природного бытия. Эта высочайшая мощь должна быть умилостивлена. Трансцендентный Бог столь же мстителен, как боги и люди природного мира. Христианство явилось в мир как совершенное преодоление идолопоклонства и рабства, как религия духа и духовной жизни, как религия Св. Троицы, в которой Бог открывается, как Отец, любящий, близкий и родной, как обретение родины духа. Но природное человечество наложило печать натурализма на восприятие и раскрытие христианских истин. Самые догматы христианской веры, которые суть мистические факты и мистические встречи в духовном мире, были выражены в богословских системах на языке природного мира и приспособленного к нему разума. Но Бог есть жизнь, Он невыразим в категориях природного мышления и несходен с реальностями природно-предметного мира. Он немыслим даже как «сверхъестественное», ибо «сверхъестественное» слишком еще походит на «естественное». Бог есть жизнь, и потому Он открывается лишь в духовной жизни. И тайны Божественной жизни могут быть выражены лишь на внутреннем языке духовного опыта, на языке жизни и жизненного пути, а не на языке объективной природы и разума. Мы увидим, что язык духовного опыта есть неизбежно символический и мифологический язык, и в нем всегда говорится о событиях, о встречах, о судьбе, в нем нет никаких заставных категорий и субстанций. Самые идеи души и духа имеют мифологическое происхождение[28]. Все истины о Боге должны быть вобраны внутрь, в духовную глубину. Бог религиозного натурализма есть еще предмет идолопоклонства. Он есть последняя форма обоготворения природы, хотя бы сознание о Нем и принимало формы самого крайнего теизма и творение признавалось совершенно внебожественным. Отношение между Богом и человеком есть внутреннее отношение, раскрывающееся в духовной жизни, а не внешнее отношение между «сверхъестественным» и «естественным», раскрывающееся в природном мире. Так всегда понимали христианские мистики, и у них мы должны учиться познанию тайн духовной жизни. Духовная жизнь раскрывается не в богословии, которое никогда не освободилось вполне от натуралистического мышления, а в мистике, которая всегда была погружена в духовный мир. И христианство всегда было живо этой глубиной, в ней находило свое питание. Христианство падало и вырождалось, когда выбрасывалось вовне, на поверхность и уподобляло себя миру природному.

Вопрос о критерии истины, об источниках санкции в познании истины, об авторитете в вере – не духовный вопрос. Этот рефлекторный вопрос религиозной и научной гносеологии и возник лишь в природном бытии и для природного бытия, в душевном человеке и для душевного человека. Рефлексия, раздвоение, противоположение не свойственны духовной жизни. Душа может сознавать себя противостоящей объекту, предмету и может спрашивать о критерии в его познании. Для духа никакой объект, никакой предмет не противостоит и нет вопроса о критерии, всегда обусловленного внеположностью. Лишь чуждый предмет, лишь инобытие вызывает вопрос о критерии в его познании. В духовной жизни нет предмета познания и предмета веры, потому что есть обладание им, есть внутренняя близость и родственность с предметом, вбирание его внутрь, в глубину. Критерий истины в духе есть самое явление духа, интуитивное созерцание самой истины в духе, истины, как самой явленной реальности, как самой жизни. Истина в духовной жизни не есть отражение и выражение какой-то реальности, она есть самая реальность, самый дух в своей внутренней жизни. В духовной жизни нет объекта и рефлектирующего над ним субъекта в гносеологическом смысле слова. В духовной жизни все есть она сама, все тожественно ей самой. В духовной жизни нет мысли о Боге или чувства о Боге, а есть раскрытие самого Бога, явление божественного. И потому это так, что в духовной жизни нет замкнутой души, нет раздельного субъекта. Духовный опыт и есть опыт выхода из состояния, в котором всюду противостоят внеположные предметы и объекты. Истина в духовной жизни и есть самая жизнь. Познающий истину в ней делается истинным: «Я есмь путь и истина и жизнь»[29]. Это уже не есть отвлеченная истина, не есть отношение. Истина есть также путь и жизнь. Для такой истины нет вопроса о внешнем критерии, внешнем авторитете, нет требований гарантий. Истина раскрывается в пути и жизни. В духовной жизни раскрывается, что познание есть событие внутри самого бытия, событие пути и жизни, внутреннее просветление самого бытия, самой жизни. Познанию не противостоит бытие как предмет, но в самом бытии рождается свет, просветляется тьма бытия. В природном мире, который есть дитя разрыва и раздора, отделен познающий от предмета познания, от бытия. Качество духовности достигается, когда этой раздельности нет, когда познающий находится в глубине бытия. Духовный человек пребывает в глубине бытия, и через его познание свет рождается в глубине бытия. В духовной жизни достигается сама Истина, а не извне воспринимается и познается. Рефлексия есть целиком достояние объективно-предметного мира. Рефлексия эта мучительно ищет критериев истины вне самой истины, вне жизни в истине и обладания истиной. Но вне самой истины, ниже ее нельзя найти критерия истины. Сама Истина и есть ее единственный критерий. Можно ли найти критерий нашей веры в Бога и нашего познания Бога? Это есть вопрос душевного, а не духовного человека. Критерий веры в Бога и познания Бога не может находиться вне самого Бога, вне Его явления, вне общения с Ним. Критерий этот не может быть в низшем природном мире. Требуя авторитетного критерия для нашего убеждения в существовании Бога и нашего распознавания божественного в мире, мы всегда ищем опоры и твердости не в самом Боге и не в божественной действительности, а в низшей природной действительности, во внешнем мире. Это есть лишь обнаружение подавленности человека природным миром, власти природного человека над духовным человеком. Авторитарность в религиозной жизни и есть искание критериев для высшего мира, в низшем мире, критериев для духовного мира в природном мире, т. е. большее доверие к внешнему, чем к внутреннему, к принудительности природного мира, чем к свободе мира духовного. Непогрешимость папы и кантианская гносеология в известном смысле суть явления одного порядка – искание оправдания и критерия вне самого обладания истины. Папоцезаризм и цезарепапизм были крайним проявлением этой подавленности духа природой, исканием видимых признаков божественного в чувственной действительности, которой верили более, чем духовной жизни и духовному опыту. Так низшее становится критерием для высшего, и Истина воспринимается не через путь и жизнь, не через самую Истину, а через внеположное отражение Истины. Но в духовном мире сама Истина, сам Бог есть единственный авторитет, единственный критерий истины, и человек обладает истиной через жизнь в ней, через опыт о ней, через общение с ней. В духовном мире все по-иному происходит, чем в мире природном. Но два мира смешиваются и переплетаются. Человек есть смешанное бытие – духовное, сверхприродное и душевно-телесное, природное. Человек есть точка пересечения двух миров, место их встречи, он принадлежит двум порядкам. В этом бесконечная сложность и трудность человеческой жизни. Есть человек духовный, и есть человек природный. Один и тот же человек и духовный и природный человек. Духовный мир раскрывается в душевном, природном человеке, как особенная его качественность. Но природный человек не исчезает. Поэтому качественность духовной жизни не дана в чистом виде в человеке. И не дано человеку легко возвыситься над природным бытием и отказаться от него. Путь стяжания духовной жизни – трудный путь, и ни один человек не может почитать себя лишь духовным человеком. Каждый человек органически связан с состоянием всего мира, и каждый человек имеет обязанности в отношении к природному миру. Гордое сознание себя исключительно духовным человеком, подобное сознанию гностиков, есть неправда перед Богом. Человек не только духовное существо, но также душевное и телесное существо, и он должен работать над просветлением и одухотворением не только собственной души и тела, но также души и тела всего мира. Духовное не должно уходить от душевного и телесного, оно должно просветлять и одухотворять его. Вот почему христианство не могло быть только духовным христианством, оно должно было быть также душевным христианством. В этом была великая правда Церкви в ее исторической жизни, с ее нисхождением в грешный мир. Христианство действует в природном мире, и отсюда сложность и замутненность его в истории. Соотношение между духовным и душевным часто было ложным в истории христианства, и истина христианства была искажаема природным миром. Но это свойственно всякому делу в мире, всякой активности, всегда марающей и нередко извращающей самое существо духовной жизни. В богословских системах мы обычно не встречаем противоположения природы и духа. Там есть противоположение природы и благодати, естественного и сверхъестественного. Дух как бы не обладает самостоятельной качественностью. Он или внедрен в природу и тогда почти не отличается от души, т. е. натурализован, или отнесен к бытию Божьему и тогда является, как благодать Духа Св. Натурализация и заключается в том, что божественное и духовное как бы отнимаются от тварного мира и человек мыслится как исключительно природное, естественное существо, как психофизическая монада. Человеку оставляется душа и тело, но дух переносится в трансцендентную сферу, дух мыслится как достояние божественного бытия. Дух выбрасывается из глубины человека вовне, в трансцендентную даль, в потусторонний мир. Дух извне подается человеку; Человек лишь по благодати может быть духовным существом, по природе он исключительно душевно-телесное существо. Этим утверждается как бы крайний дуализм Творца и творения, благодатного порядка и природного порядка. Человек и мир не по грехопадению, а по существу внедуховны и внебожественны, исключительно природны. Человек становится духовным лишь по благодати, приходящей извне. Такого рода богословское и метафизическое учение, в сущности отрицающее образ и подобие Божие в человеке, никогда не было в христианстве исключительно преобладающим и последовательно додуманным до конца. Лишь в католичестве томизм выражает это учение в классически чистой форме. Христианские мистики всегда учили о духовном человеке и об имманентном духовном пути. Богословски-метафизическая система, основанная на крайнем дуализме Творца и творения, благодатного и природного порядка, отрицающая духовность человека, не есть единственно возможное в христианстве и окончательное учение о бытии. Это есть лишь антропологическое сознание, соответствующее известному моменту духовного пути человека, отражающее известное состояние духовного опыта и духовной жизни. Утеря человеком духа и духовной жизни есть греховное состояние человека, помрачение в нем образа и подобия Божьего, а не сущность человека. В этом духовном состоянии дух предстоит человеку как вне его лежащее трансцендентное начало. Эмпирическая личность, погруженная в природный мир, удаленная от Бога, обречена на раздельное существование. Дух для нее всегда есть что-то внеположное.

Сознание греховности превращается в сознание трансцендентности для человека духа. Иногда остается впечатление, что официальное богословие и официальные церковные наставления о путях человека не хотят признавать человека духовным существом, предостерегают от соблазнов духовности. Христианство души признается более истинным и более правоверным христианством, чем христианство духа. Сознание себя духовным существом признается гордыней, а смирение понимается как сознание своей недостойности обладать духом и духовной жизнью. На этой почве выработался своеобразный христианский позитивизм и мещанство, обращенное к средне-нормальному сознанию, к душевному человеку. Духовность признается лишь достоянием святых, подвижников, старцев. Духовность людей, не достигших высоких ступеней совершенства и не стяжавших себе благодати Духа Святого всегда представляется подозрительной духовностью, она не от Бога. Так берется под подозрение вся та духовная жизнь человечества, которая не вмещалась в рамки установившегося церковного понимания о стяжании благодатных даров Св. Духа. Дух и есть Св. Дух, Третья Ипостась Св. Троицы, никакого другого Духа нет и не должно быть. В человеке нет никакого Духа. Сознание в себе Духа есть гордыня, недостаток смирения. Более благочестиво погружение в душевную и телесную жизнь, более смиренно. Для богословов и иерархов Церкви обычно бывала более подозрительна высшая духовная жизнь, чем грехи жизни душевной и телесной. Тут есть какая-то очень тревожная проблема. Церковь прощала грехи плоти, была бесконечно снисходительна к слабостям душевного человека, но была беспощадна к соблазнам духа, к притязаниям духа, к взлетам духа. На этом основано беспощадное отношение церкви к гностическим и теософическим течениям в христианстве, осуждение христианских мистиков, подозрительное отношение к творцам духовной культуры, к философам, к поэтам, к духовным реформаторам. Так утверждался своеобразный христианский материализм и христианский позитивизм, так провозглашалось христианство прежде всего религией душевной, а не духовной. Таков был христианский экзотеризм. В богословских системах это нашло себе статическое выражение в учениях о благодати и природе, о Духе как исключительном достоянии благодатного порядка, о человеке и мире как исключительном достоянии природного порядка. Так тайны религиозной жизни, тайны религиозного опыта и религиозного пути объективировались, внешне символизировались, овеществлялись и материализовывались. Жизнь, опыт, путь, дух превращались в субстанции, в отвлеченные истины, в метафизико-теологические начала^. Бог и божественная жизнь мыслились неподвижно, статично. Христианство не мыслилось как мистерия духовной жизни. То, что есть моя духовная жизнь, мой духовный путь, предносилось как застывшие субстанции, как объективно-предметное бытие. В подозрительном отношении Церкви к духу и духовной жизни была своя правда, жизненная правда. Гордыня и самодовольство в духовной жизни есть великое зло и враждебны Христовой правде. Существует лжеименная духовность, ложная духовность, без истинного достижения духовности. Мы постоянно встречаем эту ложную духовность в среде современных теософов. Есть ложная мистика, есть ложное духовное знание. Есть духовность притязательная, но не прошедшая через очищение, замутненная и загрязненная природным миром. Такая замутненная духовность, не очищенная от демонолатрии духовность, была у гностиков. Есть мистика, в которой душевные и даже плотские состояния принимаются за духовные. Нужно испытывать духов. Не всякому духу можно верить. К духовному человеку должны быть предъявлены большие требования, чем к человеку душевному. Духовность налагает обязанности, она не может быть притязанием. Есть сферы духовной жизни, которые до времени должны быть закрыты, как непосильные душевному человеку. Нет ничего противнее, притязаний на ложную возвышенность и непрерывную духовность, сопровождаемых презрением к простой душевной жизни и простым душевным людям. Церковь свята в своем предписании простоты и смиренности. Бессильный духовный жест не доказывает существования духовной жизни. В практике Церкви была жизненная правда. Но богословская система, отрицающая самобытную качественность духовной жизни и присущность ее человеку, не может претендовать на абсолютную и непреложную истину. Эта богословская система экзотерична и может быть преодолена. Духовная жизнь есть победа над грехом. Закрепление греховной человеческой природы в неподвижной онтологии есть аберрация сознания. Человек делается достоин духовной жизни в меру подлинного своего приобщения к духовной жизни.

Все мистики учат о втором, духовном рождении. Первое рождение есть рождение природное, вроде первого Адама, прародителя природного человечества, рождение в раздельности и разорванности и вместе с тем в родовой связанности и необходимости. Второе рождение есть рождение духовное, вроде Нового Адама, начальника духовного человечества, рождение в единстве и вместе с тем в свободе. Второе рождение есть преодоление родовой и материальной необходимости, возрождение во Христе к новой жизни. В первом рождении все переживается как извне данное, во втором рождении все переживается как внутреннее и глубинное. Второе духовное рождение в своей чистой качественности ведомо мистикам, оно ими описано, и они учат путям, к нему ведущим. Но и каждому христианину доступно возрождение во Христе, открыты пути духовной жизни. Христианство есть религия духа, религия второго рождения. «Если кто не родится свыше, не может увидеть Царствия Божия». Значит, всякий христианин должен родиться свыше. «Дух дышит, где хочет, и голос его слышишь, а не знаешь, откуда приходит и куда уходит: так бывает со всяким, рожденным в духе». «Но настанет время, и настало уже, когда истинные поклонники будут поклоняться Отцу в духе и истине, ибо таких поклонников Отец ищет себе; Бог есть дух, и поклоняющиеся Ему должны поклоняться в духе и истине». И Апостол Павел говорит: «Как в Адаме все умирают, так во Христе все оживают». «Если же вы духом водитесь, то вы не под законом»[30]. Но христианское откровение о духовной жизни, о втором рождении, о поклонении Отцу в духе и истине действует в природном человечестве, вроде старого Адама, в среднем, массовом человеке и потому принимает формы духовно-душевного христианства. Христианство, религия не от мира сего, претерпевает кенозис, уничижение в мире и во имя массы человечества символизируется, а не реализуется духовная жизнь. Во имя спасения мира христианство, религия нездешней правды, изливающейся из иных миров, идет в мир и вечно подвергается опасности обмирщения, ослабления духа и угашения духа. В этом историческая трагедия христианства, источник его удачи и действенности в истории и его неудачи, его нереализованности в исторической жизни. Христианство должно нисходить в природный мир, и христианство должно оставаться истиной не от мира сего, истиной духа и духовной жизни. В этом страшная трагедия духовного человечества. Дух не от «мира», дух и есть то, что «не от мира сего». Жизнь в духе, духовная жизнь есть нелюбовь к «миру» и к тому, что от «мира». Но дух опрокинут в мир, исходит и нисходит в мир, символизирует себя в мире. Мир есть символ того, что происходит в духе, отображение совершающегося в духе отпадения от Бога. Жизнь в мире есть обреченность каждого разделять общую судьбу, связанность грехом, который живет в самом духовном человеке, невозможность выделить свою судьбу. Есть единство мирового процесса, единство судеб человечества. «Не любите мира, ни того, что в мире; кто любит мир, в том нет любви Отчей». Так говорит Апостол Иоанн. Но он же говорит: «Не любящий брата пребывает в смерти», «Кто не любит, тот не познал Бога, потому что Бог есть любовь»[31]. В этом есть мучительная антиномия христианства. Любовь к брату, а не только любовь к себе заставляет нас жить в мире и разделять в мире его судьбу. Любовь к брату может привести к порабощению миром, к подчинению духа миру. Христианский мир изживал эту трагическую антиномию, и нет гладкого, спокойного из нее выхода. Такова судьба человеческая, она обрекает на взаимодействие, притяжение и отталкивание духа и мира, духовного и природного человечества.

Духовное, мистическое понимание христианства – более истинное и подлинно реальное, бытийственнее, чем понимание душевное, объективированно-предметное, символизированное в плане природно-историческом. Христианской мистике открывается сокровенная глубина христианства, мистерия духовной жизни. Эта глубина прикрыта для богословских систем, для рационализированного христианского сознания, в которых тайны божественной жизни выброшены вовне, поняты по образцу природной жизни. Христианство есть откровение мистерии духовной жизни, в нем все мистериозно, в нем раскрывается глубина бытия, как божественная мистерия, в нем все есть жизнь, жизненная трагедия. Тайна Искупления, тайна Голгофы есть внутренняя мистерия духа, она совершается в сокровенной глубине бытия. Голгофа есть внутренний момент духовной жизни, духовного пути, – прохождение всякой жизни через распятие, через жертву. В глубине духа рождается Христос, проходит свой жизненный путь, умирает на кресте за грехи мира и воскресает. Это и есть внутренняя мистерия духа. Она раскрывается в духовном опыте, она ведома всякому рожденному в духе, и она описана мистиками, как путь внутренней жизни. Христос должен раньше раскрыться во внутренней жизни духа, чем он раскрывается во внешнем природно-историческом мире. Без внутреннего принятия Христа в духе, истины, которые раскрываются в Евангелии, остаются непонятными фактами внешнего эмпирического мира. Но христианская мистерия духа объективируется, выбрасывается вовне, в природный мир, символизируется в истории. Христос родился, умер и воскрес не только в глубине духа, но и в природно-историческом мире. Рождение Христа, Его жизнь, крестная смерть и воскресение – подлинные факты природного мира. То, о чем рассказано в Евангелии, подлинно совершилось в истории, в пространстве и времени. Но реальность совершающегося в истории, в пространстве и времени тут такая же, как и всякая реальность природного, пространственно-временного мира, т. е. реальность символическая, отображающая события духовного мира. Это нельзя понимать так, что события евангельской истории суть лишь символы, в то время как другие события истории, удостоверенные исторической наукой, суть реальности. Но все события истории, происходящие в объективированном природном мире, суть лишь символические реальности, лишь отображения духовного мира. – жизнь Александра Македонского и Наполеона, переселение народов и французская революция тоже лишь символические реальности и тоже носят лишь отображенный характер. Но жизнь Христа, открывающаяся в Евангелии, символизирует и отображает события духовного мира безмерно большей важности и значительности, единственности и центральности, чем все другие события всемирной истории. Эти события говорят о самом существе духовной жизни, о первичной мистерии жизни, о божественной значительности жизни. Можно сказать, что евангельская история есть метаистория. Евангельская история мифологична в том лишь смысле, в каком мифологична вся всемирная история, весь мировой процесс, т. е. в смысле символического отображения в объективно-природном плане внутренней мистерии духа. Такого рода понятие ничего общего не имеет с докетизмом, который не признавал реальности человеческой жизни Христа во плоти, считал кажущимися его страдания и смерть. Докетизм совсем не выходит из натуралистического понимания христианства, но в этом натуралистическом понимании берет сторону ложного спиритуализма, обедняющего и упрощающего полноту мистерии духовной жизни. Для докетизма, для монофизитства духовная и божественная природа обладает реальностью в натуралистическом, объективированном смысле этого слова, жизнь же плоти и природа человеческая были лишь кажущимися и иллюзорными. Мы же утверждаем, что жизнь плоти в этом мире обладает подлинной символической реальностью и человек столь же реален, как и Бог, не только в символическом отображении, но и в реальности духовного мира. Все ереси докетизма, монофизитства и пр. остаются в противоположении духа плоти, в то время как такого рода противоположение связано с натурализацией и объективизацией духа. В действительности плоть мира целиком вбирается в дух и символически отображает жизнь духа. Духовное понимание христианства, как внутренней мистерии жизни, совсем не отметает и не отбрасывает, как ложь, душевного, объективированного понимания христианства, а лишь внутренне его осмысливает и освещает, лишь познает его в большей глубине. Смысл эзотерического совсем не в том, что оно отметает и отрицает экзотерическое и борется против него, а в том лишь, что оно углубляет его и осмысливает. Эзотерическое, мистическое, сокровенное христианство совсем не отрицает христианства экзотерического, предметно-объективированного, выброшенного вовне, оно лишь стремится глубже постигнуть христианство и осмыслить все внешнее во внутреннем, оно признает иерархические ступени и смысл существования самых низких ступеней объективизации, всегда отражающих подлинные реальности духовной жизни. «Плоть» экзотерического, предметно-объективированного христианства не менее реальна, чем дух в этом христианстве, – и «плоть» и «дух» этого христианского сознания одинаково символически отображают подлинные реальности духовной жизни, божественной мистерии жизни. То, что происходит в духовном мире, – всевременно и всепространственно, но символически отображается в пространстве и времени, в материи. И потому материальное, плотское в истории христианства приобретает священное значение. Священное значение и есть символическое значение. Святая плоть есть как символическая плоть, но она не есть материя как субстанциальная реальность в наивно-реалистическом смысле слова.

Менее всего духовное, мистическое, сокровенное христианство благоприятно для иконоборчества. Ибо ересь иконоборчества отрицает символическое отображение духовного мира в плоти мира природного. Мистическое же, внутреннее христианство видит в плоти, в материальных предметах символическое отображение духовного мира, т. е. вполне согласно с тем, что фактически утверждает это церковное сознание. Весь культ церковный с его «плотью» есть подлинное, реально-символическое отображение мистерии духовной жизни и не может быть отрицаем духовным христианством. Ложное «духовное» христианство протестантского типа не знает реалистического символизма, оно знает лишь идеалистический и психологический символизм, который не связывает, а разделяет, — оно есть одна из сторон натуралистического христианства, противополагающего «дух» «плоти» и тем поставляющего их в одну линию. Истинное христианство духа знает конкретную, а не отвлеченную духовность, духовность, вмещающую все иерархические ступени символизаций и воплощений, все осмысливающую и углубляющую, а не отсекающую и отрицающую. То, что принято называть «духовным» христианством и что порождает разнообразные секты этого имени, есть отвлеченный спиритуализм и монофизитство, оскопление и урезывание полноты христианства, и живет оно отрицаниями и отсечениями. Подлинные и самые глубокие христианские мистики, возвышающиеся до христианства духа, никогда не были «духовными» христианами в ограниченно-сектантском смысле. И Мейстер Экхарт, один из величайших христианских мистиков, истолковывавший христианство как мистерию духа, как внутренний духовный путь, оставался благочестивым католиком и доминиканцем, признававшим все конкретные степени символизаций и воплощений. Мистика имела огромное влияние на Лютера, но сама по себе мистика еще не порождает протестантизма или сектантства. Самый дерзновенный из германских мистиков, Ангелус Силезиус, для которого христианство было, конечно, мистерией духа, который стремился к сверхбожественному и которому принадлежат слова о том, что без человека Бог не мог бы просуществовать ни одного мгновения, был фанатическим католиком и не думал разрывать с символикой и воплощениями церковного христианства.

Духовная жизнь не означает безразличного, бескачественного, отвлеченного единства. В ней раскрывается конкретное, т. е. обладающее качествами, единство. Монистическое понимание духовности, как оно дано в религиозной философии Индии и в некоторых формах германского идеализма, например в религии духа Э. Гартмана, есть монофизитская ересь, отрицание бытия двух природ – божественной и человеческой, признание лишь одной божественной природы. Но в духовной жизни, в духовном опыте даны две природы, даны Бог и человек. Духовный мир и есть место встречи природы божественной и природы человеческой. Эта встреча и есть духовный первофеномен. В глубине духовной жизни разыгрывается религиозная драма отношений между Богом и человеком. Духовной жизни нет без Бога, с одной человеческой природой. Качество духовной жизни есть в человеке лишь в том случае, если есть к чему возвышаться и куда углубляться, если есть высшая божественная природа. Человек, погруженный в свою собственную природу, был бы лишен духовной жизни. И если бы существовала одна божественная природа, если бы не было для Бога Ею другого, то не было бы первофеномена духовной жизни, то все погрузилось бы в отвлеченное безразличие. Божественное бытие должно выйти из бытия в себе в свое другое, в бытие человеческое. В конкретной духовности не снимается и не упраздняется личность человеческая, не тонет в бескачественном единстве. Две природы – Бог и человек – остаются в самой глубине духовной жизни. Человеческая личность не означает лишь ущемленности духа материей. Процесс индивидуализации не материей совершается, как учили об этом Фома Аквинат, делая отсюда одни выводы, и Э. Гартман, делая отсюда выводы совсем другие. Индивидуализация, раскрытие личности совершается самим духом, в недрах духовной жизни, она есть качествование духовной жизни. В духовной жизни действуют и раскрывают свои энергии существа, личности. Духовная жизнь есть арена встречи конкретных существ, в ней нет никаких абстракций, отвлеченных начал, есть лишь сама жизнь. Существа, а не субстанции раскрываются в духовной жизни. И христианское откровение есть откровение о духовной жизни существ, а не об отвлеченных началах бытия. В христианстве ничего и нет, кроме существ разных иерархических ступеней. Существа, человеческие личности со своей вечной судьбой непосредственно даны в духовном опыте. Но о природе существ, о природе личности не может быть построено никаких отвлеченных, метафизических, онтологических учений.

Тайна человеческой личности выразима лишь на языке духовного опыта, а не на языке отвлеченной метафизики. Плюралистическая метафизика так же абстрактна, так же рационалистична и так же не соответствует самой жизни духа, как и метафизика монистическая; спиритуализм в своем роде не менее дефектен, чем материализм. Дунс Скот очень основательно возражал против схоластического учения Фомы Аквината об индивидуальности и бессмертии души и доказывал, что учение это ведет к отрицанию бессмертия души и самого бытия человеческой индивидуальности. Но схоластическое учение самого Дунса Скота, в некоторых отношениях более тонкое, чем учение Фомы Аквината, и защищающее индивидуальность, подлежит столь же основательным возражениям. Тайна христианского откровения о человеческой личности и ее индивидуальной судьбе невыразима ни в схоластической метафизике Фомы Аквината, ни в схоластической метафизике Лейбница, в его монадологии, ни в монистической метафизике Гегеля или Гартмана. Мистики, а не схоластики и не метафизики выражали тайны богочеловеческой духовной жизни, тайны путей и судеб. Опыт святых дает нам большее знание о том, что такое человеческая личность, чем вся метафизика и богословие. Бессильны и неубедительны все попытки вывести из субстанциальности души ее бессмертие. Все это лишь формы натуралистического мышления о тайнах духовной жизни, и жизнь ускользает от этого мышления. Человеческая личность бессмертна не потому, что душа человеческая субстанциальна, не потому, что последовательное мышление о природе человеческой личности требует бессмертия, а потому, что есть духовный опыт вечной жизни, потому, что духовная жизнь есть богочеловеческая жизнь, потому, что есть Христос как источник вечной жизни. Бессмертие доказывается и показывается самим обнаружением бессмертия в духовной жизни. Бессмертие есть категория духовно-религиозная, а не натуралистически-метафизическая. Бессмертие не есть естественное свойство природного человека, бессмертие есть достижение духовной жизни, второе рождение в духе, рождение во Христе, источнике вечной жизни. Бессмертие человека не есть бесконечная длительность его метафизической природы. Бессмертие есть возрождение к новой высшей жизни, в духовном роде Нового Адама. Эта жизнь есть вечная жизнь, жизнь, победившая смерть. Бессмертие, вечная жизнь есть раскрытие Царства Божьего, а совсем не метафизическая природа бытия. Поэтому христианство учит не о бессмертии души, как учат разные формы натуралистической метафизики, а о воскресении. Воскресение есть событие духовной жизни, духовного мира, которое побеждает тленность и смертность мира природного. Христианская Церковь обличает ложь всякого монофизитства, т. е. неверность и извращенность того духовного опыта, который не вмещает тайны двух природ, божественной и человеческой, и рационалистически выражается в учениях об одной природе. Двуединство, единство двух природ, не сводимых на одну природу, есть тайна религиозной жизни, есть первофеномен духовного опыта, и она с трудом поддается выражению к какой-либо рациональной метафизике, которая всегда впадает или в отвлеченный монизм, или в отвлеченный дуализм, или в отвлеченный плюрализм. Тайна вечной жизни двух природ, вечной жизни не только Бога, но и человека, есть тайна Христа-Богочеловека. Она не переводима на язык какой-либо метафизической природы, она ускользает от него. Величайшие схоластики совершенно бессильно бились над выражением этой тайны на языке субстанциальной метафизики и богословия. Греческое языческое религиозное сознание учило о том, что бессмертны лишь боги, лишь божественное начало, человек же смертен. Бессмертие для эллинов могло быть еще достоянием героев, полубогов, но не обыкновенных людей. И этим выражена подлинная истина о природном мире, о природном человеке. Природный человек, природная душевно-телесная монада совсем не обладает бессмертием, как естественным своим свойством. Только духовная жизнь заслуживает бессмертия, только дух обладает качеством вечной жизни. И бессмертие человека есть вхождение в духовную жизнь, есть стяжание себе духовной жизни, возвращение себе отторгнутого духа. Источник бессмертия в Боге, а не в природе, и нельзя мыслить бессмертия без жизни в Боге и божественном. Путь бессмертной, вечной жизни раскрывается во Христе. Вечная, бессмертная жизнь есть Царство Божие, и вне Царства Божьего, вне Духа Святого нет бессмертия, нет вечной жизни. В Царстве Христовом раскрывается бессмертие человека, закрытое для сознания языческого, закрытое и для сознания древнееврейского. Дух возвращается человеку, человек перестает быть замкнутой душевно-телесной монадой. И возвращение духа, вхождение в жизнь духа не означает отсечения или умерщвления души и тела, но их преображение и просветление, их одухотворение, их вбирание в высшую жизнь духа. Поэтому христианство учит о воскресении плоти. Понимание этой тайны не требует материалистической метафизики, признания плоти, тела субстанцией. «Плоть» есть категория религиозная, т. е. духовная, а не натуралистическая. И попытки выразить тайну о плоти и ее воскресении в терминах натуралистической метафизики всегда экзотеричны, всегда притягивают тайну христианства к материальной природе, с которой так связан народный коллектив. Тайна воскресения плоти есть тайна духовной конкретности, и она выразима лишь на языке жизни, т. е. опыта духовного. Натурализм и даже материализм богословских систем означает только, что на известных ступенях духовного пути христианского человечества дух мыслится трансцендентным человеку, а человек мыслится лишь как природное, душевно-телесное существо.

Основное различение и противоположение духа и природы, как разнокачественных реальностей и разнокачественных порядков, не означает отрицания космоса, отделения духовного человека от жизни космической. Космос, божественный мир, божественная природа только и раскрывается в духовном опыте, в духовной жизни. Лишь в духе происходит подлинная встреча с космосом и человек не отделен от космоса, а соединен с ним. Конкретная духовность вмещает в себя всю полноту космической жизни, все иерархические ступени космоса. Во внутреннем духовном мире только и дан космос в своей внутренней жизни, в своей красоте. Во внешнем, природном мире, для замкнутого природного человека космос представляется, как внешний человеку, внеположный, непроницаемый, чуждый, как природа, изучаемая математическим естествознанием и подвергающаяся техническому воздействию человека, как связанность и порабощенность человека чувственными и низшими стихиями. Созерцание красоты и гармонии в природе есть уже духовный опыт, есть уже прорыв к внутренней жизни космоса, раскрывающейся в духе. Любовь к природе, к минералу, к растению и животному есть уже духовный опыт, прорыв к внутренней жизни космоса, преодоление разрыва и внеположности. Мистико-теософическое учение о природе Парацельса, Я. Беме, Фр. Баадера и отчасти Шеллинга видит и созерцает природу в духе, как внутреннюю жизнь духа, как преодоление разрыва, как принятие природы в дух и духа в природу. Космос созерцается, как ступень духа, как символика его внутренней жизни. Натурализация духа у Я. Беме есть лишь обратная сторона вбирания натуры в дух. Стихии природы, стихии космоса суть также и душевные стихии человека, они соединены в мире духовном. Микрокосм и макрокосм раскрываются в духовной жизни не в раздельности и внеположности, а в единстве и взаимопроникновении. Утеря рая человечеством есть отделение и отчуждение от космоса, от божественной природы, образование внешней природы, чуждой природы мира, разделение и порабощение. Обретение рая есть возврат космоса к человеку, а человека к космосу. Оно возможно лишь в. подлинной духовной жизни, в Царстве Божьем. Этот опыт начинается в опыте любви, в опыте созерцания красоты. Внешняя природа есть окостенение духа. Космос же есть жизнь, а не отяжелевшие материальные предметы и неподвижные субстанции. Акосмизм отвлеченной духовности совершенно чужд христианству. Христианство знает конкретную духовность, вмещающую всю полноту Божьего мира. Евангельская категория «мира», мира сего, который мы не должны любить, а должны победить, не означает Божьего творения, космоса, который мы должны любить, с которым должны соединиться. «Мир», «природа» в евангельском смысле есть отяжеление грехом, окостенение страстей, есть рабство низшей стихии, есть болезнь Божьего мира, а не самый Божий мир, не космос.

В борьбе, которая совершается в мире природном за высшую духовную жизнь, за Бога, за любовь, за свободу, за познание, образуются окружения, отвердения средств, орудий достижения духовных реальностей и духовных благ. Эти окружения духовной жизни и являются источником величайшей трагедии духовной жизни. В истории мира ничто не удавалось в наиреальнейшем, подлинно онтологическом смысле слова, потому что средства духовной жизни затмевали и закрывали цели духовной жизни и человечество увязало в окружениях духовной жизни, не доходя до нее самой. В путях достижения Бога нужны были безбожные средства, в путях осуществления любви нужны были ненависть и злоба, в путях осуществления свободы нужны были насилие и принуждение. Создавались цивилизации, государства, быт, внешний строй Церкви, в котором побеждали средства, противоположные целям духовной жизни, не похожие на божественный мир, в которых ненависть и насилие оправдывались высшими духовными целями. Бог забывался во имя окружений, выстроенных для достижения Бога. Ненавидели во имя любви, насиловали во имя свободы, погружались в материю во имя духовных начал.

Во внешнем строе Церкви, в канонах и богословских учениях нередко забывался и исчезал Бог, в строе государства погибала свобода, в строе быта хоронилась любовь, в строе наук и образованных для них академий погибал пафос познания и терялась цель познания. Окружения духовной жизни повсюду заменяли самую духовную жизнь и вели самостоятельное существование. Средства достижения духовной жизни, орудия охраны духовных начал мешали подлинной реализации духовной жизни. Затверделые символы подменяли собой реальности. Мир природный, царство кесаря с его средствами и орудиями борьбы, с его насилием и раздором побеждал мир духовный, Царство Божье, подчинял Его себе и уподоблял себе. Не духовно, а природно-материалистически хотели достигнуть царства духовности и в путях жизни забывали о царстве духа, перестали интересоваться им, потеряли способность чувствовать его. Л. Толстой, при всем ограниченном рационализме его бедного религиозного сознания, что-то остро почувствовал в этом мрачном ужасе несоответствия между средствами и целями жизни, между путями жизни и смыслом жизни, между тем, что оправдывалось в жизни, и тем, во имя чего оправдывалось. Устроение мира и человечества, основанное на забвении духовной жизни, и обращение духовных начал лишь в орудие этого устроения не может вести к духовной жизни и к победе духовных начал. Дух не терпит превращения его в средство, и дух не нуждается в средствах, противоположных и противных его природе. Между тем как христианское человечество живет погружением в средства и окружения жизни, противоположные и противные природе духа. В духовной жизни не может быть противоположности между средствами и целями жизни. Этот разрыв между средствами и целями жизни, между внутренним ядром жизни и ее окружением существует лишь в мире природном. Это – греховный разрыв. И нельзя принципиально оправдывать этот разрыв тем, что человеческая природа греховна и что он нужен для победы над грехом. В этом оправдании есть ложь и лицемерие, которые препятствуют достижению духовной жизни. Движение к духовной жизни есть уподобление, отожествление средств жизни и целей жизни. Средством осуществления божественной цели жизни является само божественное, средством осуществления любви является сама любовь, средством осуществления свободы является сама свобода, средством осуществления познания является самый свет познания в бытии. Средостение окружений духовной жизни должно быть разбито, чтобы расчистился путь к духовной жизни. Духовная жизнь закрыта для человека не только его грехом и его рабством у низшей природы, но также затверделыми средостениями, образовавшимися во имя охранения духовных начал не соответствующими им средствами. Ложная законнически-формальная церковность, ложная государственность, ложный морализм, ложная академическая научность, ложное освящение языческого быта стоят на путях осуществления духовной жизни, достижения божественной реальности.

Мир отраженных символов закрывает мир духа, мир самой реальности. И символизация теряет связь с тем, что она символизирует. Природный мир – символика духа. Но символика может быть принята за самую реальность, может затвердеть и материализироваться. И тогда центр тяжести жизни, и, что страшнее всего, жизни религиозной, переносится в эту символически освященную материалистическую затверделость. Человек не погружен в бесконечность духовного мира, а выброшен в ограниченность природно-материального мира, в нем полагает центр своей жизни, с ним скреплен незримыми узами. Образуется религиозный, христианский, церковный позитивизм, подозрительный и боязливый к миру духовному. Для позитивизма этого иной мир есть лишь способ укрепления и скрепления мира сего. Позитивизм этот боится разрыхления и размягчения этого мира, этого природного порядка, страшится всякой революции духа. Позитивизм этот не верит, что в духовном мире могут произойти события, которые потребуют новой символизации, новой «плоти», всегда лишь символизирующей дух. Позитивисты эти признают абсолютной и неизменной символику духа, признают священной старую символизацию, так как дух для них неподвижен и статичен, дух есть субстанция, а не жизнь. Но старая символика плоти может обветшать, старые средства и орудия духовной жизни могут прийти в негодность, ибо природа духа динамична. И тогда неизбежно искание новой символики, которая сделает средства более похожими на цели, приблизит символику к самим реальностям духа. Сам Бог был понят как конечное, ибо страх бесконечного преследует греховное человечество. Страх этот отразился в символике конечного.

Христианскому миру посланы страшные потрясения, чудовищные революции, неслыханные обнаружения зла, чтобы этот грешный мир, изменивший своей святыне, приблизился к осуществлению истинно свободной духовной жизни. Средостения и окружения рушатся, все разрыхляется и размягчается в природно-историческом мире и его затверделой символике. И это необычайно благоприятный момент для серьезного и сурового осуществления христианской духовной жизни, для приближения путей жизни к ее целям, символики жизни к реальностям. Это есть катастрофически совершающаяся в истории аскеза и очищение, без которых невозможна духовная жизнь ни для отдельного человека, ни для целого общества. От этого зависит судьба христианства в мире. Ибо в мире должен народиться новый тип духовности. Или будет новая эпоха в христианстве, будет христианское возрождение, или христианство обречено на смерть, чего допустить мы не можем ни на одно мгновение, ибо врата адова не одолеют христианства. К тому состоянию, в котором христианство находилось до постигшей мир катастрофы, нет возврата. Образ человека пошатнулся в вихрях, закруживших мир. И человеку должно быть возвращено его достоинство. Но достоинство человека определяется не его положением и могуществом в природном мире, а его духовностью, т. е. образом и подобием Божьим в нем, эросом, устремляющим его к Богу, к жизни в истине, в правде, в красоте, жизни духовной. Духовная жизнь и есть жизнь в Боге, в истине, в правде, в красоте, а не в своей природной, душевно-телесной замкнутости. Бог имманентен духу, но он трансцендентен душевно-телесному человеку, природному миру. Христианское человечество должно будет возлюбить Бога больше, чем те окружения, которые образовались в природно-историческом мире, как средства и орудия в осуществлении целей жизни, и самые цели закрыли.

Духовная жизнь бесконечна. В ней раскрывается многообразная качественность. Духовная жизнь шире того, что канонически в христианстве именуется «духовным». Дух нельзя просто отожествить со Святым Духом, с Третьей Ипостасью Св. Троицы. Дух есть сфера, соединяющая божественное и человеческое, он охватывает все устремления человека к Богу, всю высшую духовную культуру человека. Благодать Духа Святого в богословском смысле есть особого рода качественность в духовной жизни, высший подъем духовной жизни. Раскрытие последней глубины духовной жизни есть откровение Духа Святого, и упование грядущей духовной жизни, которая преобразит весь природный мир, есть упование на более сильное действие Духа Святого. Но духовная жизнь раскрывается по ступеням и разнокачественно. В нее входит вся познавательная, нравственная, художественная жизнь человечества, входит общение в любви. Природа Святого Духа догматически не была еще достаточно раскрыта в церковном сознании. И учение отцов и учителей церкви, и церковное сознание никогда не преодолели вполне субордоционализма в учении о Третьем Лице Св. Троицы. Особенно это нужно сказать про католическую теологию. Так и должно было быть в том периоде христианства, когда оно совершало первую свою работу среди природного человечества, над средним массовым душевным человеком. Нераскрытость до конца природы Св. Духа и есть нераскрытость в христианстве духовной жизни до последней, всеохватывающей ее глубины, есть ущемленность духа душой, есть несознание того, что всякая духовная жизнь, всякая подлинная духовная культура вкоренена в Боге, в Духе Святом. В Духе Св. Бог становится имманентным миру и человеку, Дух Святой ближе человеку, чем Бог-Отец и даже Бог-Сын, хотя богословский менее им познан. Лишь во втором, духовном рождении раскрывается подлинная природа духовной жизни, не субъективная и не психологическая ее природа. И природный человек обладает элементами духовной жизни, но она ущемлена душой, и не раскрывается ее смысл. Природный, душевный человек, погруженный в стихию рода, живущий прежде всего плотью и кровью, обладает религиозной жизнью и спасается. Но его родовому бытовому христианству не раскрывается глубина духовной жизни. Дух противоположен роду и родовому быту. Символическое освящение родового быта не есть еще подлинное раскрытие христианской жизни, жизни духа. И тот, кто более всего дорожит освящением своего родового быта, своей плоти и крови, тот еще не духовный человек. Подчинение бесконечности духа конечности природного мира есть пленение духа. В родовом, бытовом христианстве человек все еще более всего дорожит своей плотью и кровью, личной, семейной, национальной, государственной, бытовой. Человек дорожит религиозным освящением и религиозным оправданием традиционного родового быта. Но быт не есть бытие. Дух есть бытие, а не быт. Вхождение в жизнь духа есть выход из быта в бытие. Родовой, бытовой христианин переносит центр тяжести своей жизни в этот мир, в эту природно-историческую, родовую» жизнь. Он прежде всего хочет, чтобы его плоть и кровь была признана священной. Не родовая, не бытовая духовная жизнь представляется ему абстракцией, не жизнью, уходом от жизни. Такого рода христианин говорит о духовной жизни, о духовном человеке так же, как говорит позитивист. Это и есть позитивизм в религиозной жизни, пленение бесконечного духа ограниченной плотью и кровью природного мира, закрепощение божественного в стихии рода. Так абсолютизируется относительное и преходящее, известного рода символика, как единственная и окончательная. На этой почве признавалась священной монархия, и ей порабощалась жизнь Церкви. Там притягивается христианство вниз и отяжелевает. Христианство становится бескрылым, ползучим, превращается в религию закрепощения этого природного мира. Человек окончательно признается не духовным существом, и перед ним закрывается духовная жизнь с ее бесконечностью. Духовная жизнь предоставляется лишь святым. Все остальные люди должны оставаться природными, родовыми, бытовыми существами, лишь символически освящающими свою плоть и кровь от рождения до смерти. Религиозный позитивизм есть не меньшее препятствие на путях духовной жизни, на путях духовного возрождения человечества, чем позитивизм материалистический. И тот и другой позитивизм одинаково закрепощают человеческий дух. И великая революция духа, которая должна совершиться в мире, освободить человека от этой закрепощенности плоти и крови, от этой подавленности родом. Этой революции духа чаяли великие люди духа и пророчески ее предчувствовали. Это есть чаяние эпохи Духа в христианстве. Возвышение к духовности, к духовной освобожденности есть трудный путь очищения и творческого вдохновения. Путь духовности предполагает аскезу и жертву, не только личную аскезу и жертву, но и сверхличную, общественную, историческую. Мы живем в эпоху, когда все призывает христианский мир к такой аскезе и жертве. И мечтать в нашу эпоху о старом освящении плоти и крови – значит ставить выше Христовой правды свою ветхую и греховную плоть и кровь. То, что во мне рождается духовная жизнь, что я ищу Бога, хочу божественного в жизни и люблю божественное в жизни, есть высшее в мире, есть оправдание самого бытия мира. Никакие силы мира не убедят меня в том, что это иллюзия, самообман, не жизнь. Это есть единственная жизнь, без которой все есть тлен, призрак и небытие. Мы живем не в подлинном мире, в мире смешения бытия с небытием. И наше духовное пробуждение есть пробуждение к подлинному бытию.

Традиция платонизма более благоприятна для философии духа и духовной жизни, чем традиция аристотелизма. Аристотелизмом воспользовалась схоластика в лице величайшего своего представителя Св. Фомы Аквината, чтобы утвердить исключительную естественность, природность человека и мира и противоположить им сверхъестественное, сверхприродное. Человек и мир сотворены Богом, но не вкоренены в Боге. В творении не действуют непосредственно Божьи энергии. Воздействие Бога на мир совершается путем благодати, церковно организованными и официальными путями. Бог понимается как чистый акт, в Боге нет потенции. Потенциальность есть дефективность тварного бытия, признак смешанности с небытием. Так создается система закрепощения и замкнутости природного, естественного, тварного мира и отрицается духовная природа мира и человека. Восточная патристика в классическом своем выражении имела традицию платонизма. На этой почве легче было признать, что человек и мир вкоренены в Боге, в божественных идеях, что существует не только земной человек и земной мир, но и небесный человек и небесный мир. Аристотелизм очень неблагоприятен для символического миропонимания. Платонизм же может быть его обоснованием. Все земное есть лишь символ духовного, небесного мира. Человек есть не только земное, но и небесное существо, не только природное, но сверхприродное, духовное существо, точка пересечения двух миров. Духовность и духовная жизнь присущи человеческой природе, как образу и подобию природы Божественной. Дух и духовная жизнь имманентны, а не трансцендентны человеку. Христианское сознание не прикреплено обязательно к тем формам античной мысли, которые порождают натуралистическую метафизику и богословие. И философия духа может быть подлинно христианской философией.

ГЛАВА II. СИМВОЛ, МИФ И ДОГМАТ

> ...*Все видимое нами –*
> *Только отблеск,*
> *только тени*
> *От незримого очами.*
> Вл. Соловьев[32]

Символ (ο συμβολος) значит посредник, знак и вместе с тем связь. Συμβαλλειν – значит соединять, разделяя, связывать[33]. Символ и символизация предполагают существование двух миров, двух порядков бытия. Символ не может иметь места, если существует лишь один мир, один порядок бытия. Символ говорит о том, что смысл одного мира лежит в другом мире, что из другого мира подается знак о смысле. Плотин под символом и понимал соединение двух в одно. Символ есть мост между двумя мирами. Символ говорит не только о том, что существует иной мир, что бытие не замкнуто в нашем мире, но и о том, что возможна связь между двумя мирами, соединение одного мира с другим, что эти миры не разобщены окончательно. Символ и разграничивает два мира, и связывает их. Сам по себе наш природный, эмпирический мир не имеет значения и смысла, он получает свое значение и смысл из другого мира, из мира духа, как символ духовного мира. Природный мир не имеет в самом себе источника жизни, дающего смысл жизни, он получает его символически из мира иного, мира духовного. Логос заложен в духовном мире, и в мире природном он лишь отображается, т. е. символизируется. Все, что имеет значение и смысл в нашей жизни, есть лишь знак, т. е. символ иного мира. Иметь значение – значит быть знаком, т. е. символом иного мира, несущего смысл в себе самом. И все значительное в нашей жизни есть знаковое, символическое. Символическая связь в нашей жизни и жизни нашего мира, полного бессмыслицы и ничтожества, дается лишь как связь с иным миром, миром смысла и значительности, миром, духовным. В природном мире и природной жизни, замкнутых в себе, нельзя открыть смысловой связи, нельзя обнаружить значительности. Все случайно в этом мире, лишено связи, значения и смысла. Человек, как образ и подобие природного мира, как природное существо, лишен значительности и глубины, и природная жизнь его лишена смысловой связи. В жизни человека, как отрывка природного мира, нельзя обнаружить логоса, и самый разум его есть лишь приспособление к круговороту природного мира. Сознание, обращенное исключительно к замкнутому в себе природному миру, поражено бывает бессмыслицей, случайностью и незначительностью бытия. Такое сознание есть сознание подавленное, бессильное внести смысл в окружающую его со всех сторон тьму природного мира, в котором не видно знаков мира иного, мира смысла. Но человек безмерно значителен и полон смысла, как образ и подобие божественного бытия, т. е. как символ Божества. Сознание, обращенное к миру божественному, повсюду открывает смысл, связь и значение, ему даны знаки иного мира. Такое сознание есть сознание освобожденное, и оно вносит смысл в кажущуюся бессмыслицу природного мира. Доказать существование смысла мировой жизни нельзя, его нельзя разумно вывести из рассмотрения природного мира. Телеологичность процессов природы сомнительна. Обнаружить смысл можно, лишь пережив его в духовном опыте, лишь обратившись к духовному миру. Смысл доказывается лишь жизнью, исполненной смысла, он показывается сознанием, обращенным к миру смысла, сознанием символическим, ознаменованным, связывающим, означающим.

Символическое миросознание и миросозерцание есть единственное глубокое, единственное ощущающее и сознающее таинственную глубину бытия. Вся наша здешняя, природная жизнь полна смысла лишь тогда, когда она символически освящена. Но это символическое освящение жизни, символический смысл жизни могут быть осознанными и неосознанными. Символический смысл природной жизни может переживаться наивно, может в сознании объективироваться и постигаться наивно-реалистически. Люди могут жить символами и принимать эти символы за реальности в себе, могут не сознавать символической природы всего священного и осмысленного в их жизни. Тогда они погружены в природный, объективно-предметный мир, но в нем видят непосредственное воплощение святыни, скрепляют в наивно-реалистическом сознании дух с плотью этого мира. Наивному материализму и наивному реализму, которые свойственны не только сознанию безрелигиозному, но и сознанию религиозному, нужно противопоставлять не спиритуализм и не идеализм, не отвлеченную духовность и не отвлеченные идеи, а символизм. Спиритуализм и идеализм – не религиозные состояния сознания и не религиозные направленности духа, а метафизические теории. Символизм же религиозен по существу своему. Но нужно отличать символизм реалистический от символизма идеалистического. Идеалистический символизм, столь свойственный верхнему культурному слою современного человечества, не есть подлинный символизм, символизм, соединяющий и связывающий два мира. Это – символизм безнадежной разобщенности двух миров, безнадежной замкнутости нашего внутреннего мира. Философия Канта лучше всего обосновывает такого рода символизм, философия эта выражает болезнь отрыва человека от глубины бытия и погруженности человека в свой субъективный мир. Это есть символизм глубокого духовного одиночества современного человека, глубокой его раздвоенности и разорванности. Он находит себе блестящее отражение и в современном искусстве. Средневековью было свойственно символическое миропонимание. Характерное выражение средневекового символизма можно найти в мистике Hugues Saint Victor'a и Richards Saint Victor'a. Новое время утеряло смысл являющегося. Идеалистический символизм есть символизм субъективный и условный, он во всем видит лишь отражение душевных переживаний, лишь состояния субъекта, оторванного от духовного мира, от первоисточника жизни. Шлейермахер был выразителем субъективного, идеалистического символизма. Таков и фидео-символизм Сабатье. Символизм этот не онтологичен, в символах его нет онтологической обязательности, и он в сущности глубоко противоречит природе символа, как связи и соединения, как знака иного мира, подлинно сущего. Когда идеалистический символизм пытается истолковать истины религии, он всегда склонен придавать им лишь субъективное значение, он в религиозном опыте оставляет человека замкнутым в себе, в своих переживаниях, отделенным от реальностей духовного мира, он не понимает природы духовного опыта и духовной жизни. Реалистический символизм есть единственный подлинный символизм, связывающий и соединяющий два мира, ознаменовывающий подлинно сущий духовный мир, Божественную действительность. В символах даны не условные знаки душевных переживаний человека, а обязательные знаки самой первожизни, самого духа в его первореальности, даны связующие пути между миром природным и миром духовным. Для реалистического символизма плоть мира не есть феномен, лишенный всякой реальности, не «есть субъективная иллюзия, а есть символическое воплощение духовных реальностей, одеяние существ, вкорененных в духовном мире. Реалистический символизм есть символизм размыкающий, а не замыкающий, соединяющий, а не разъединяющий. Реалистический символизм глубоко противоположен реализму наивному, реализму объективному, но он также противоположен идеализму субъективному, символизму идеалистическому. Реалистический символизм лежит по ту сторону гносеологического разрыва субъекта и объекта, по ту сторону вбирания действительности в мир субъекта или мир объекта. Духовный опыт, на котором обосновывается реалистический символизм, лежит вне противоположения субъекта и объекта, вне их гипостазирования. Духовная жизнь так же несубъективна, как и необъективна. Символизация духовной жизни, ее воплощение в знаках и образах природного мира может быть понята как объективация, но именно потому она и необъективна в рационалистическом смысле этого слова. Символическое сознание вбирает и субъект и объект в несоизмеримо большую глубину. Если объективация есть лишь символизация, то этим преодолевается всякий объективно-предметный рационализм, всякое наивное гипостазирование объекта. Так называемые объективные реальности суть реальности вторичного, а не первичного порядка, реальности символические, а не реальности в себе. Но субъективные реальности, реальности душевных переживаний, реальности субъекта и его субъективного мира не более первичны, столь же вторичны, столь же символичны. И это не есть возобновление в новой форме старого различия между вещью в себе й явлением, которое ведь целиком есть гносеологическое учение, основанное на противоположении субъекта и объекта. Очень неточно было бы сказать, что духовный мир есть вещь в себе, а мир природный есть явление. В такого рода различении и противоположении вещь в себе мыслится натуралистически, она есть достояние натуралистической метафизики, реальность вещи в себе представляется реальностью, подобной реальностям объективно-предметного, природного мира. Вещь в себе не есть жизнь, она не дана в живом опыте, она есть вещь, предмет. Духовная жизнь нимало не напоминает вещи в себе метафизиков и гносеологов. Само учение о вещах в себе не предполагает существования духовного опыта как первичного опыта жизни, оно возникло в лоне рационалистической метафизики как одно из выражений бессилия рационалистически разгадать загадку жизни. И когда Фихте устранил самое понятие вещи в себе, как ненужное, он сделал большой шаг вперед. Он искал первичного акта жизни, акта, а не вещи. Но его подстерегала опасность гипостазирования субъекта. Субъективный идеализм не может быть учением о духовной жизни.

Символизм же обращен к самой духовной жизни, к духовному опыту. Классические образцы символизма даны у мистиков и художников, а не у философов, в описаниях духовного опыта, а не в учениях.

Есть два мироощущения, которые кладут подавляющую печать на формы религиозного сознания. Одно из этих мироощущений повсюду видит в мире реальности в себе, заключает целиком бесконечное в конечное, дух в плоть этого природного мира, божественное прикрепляет к конечной плоти, в относительном и преходящем всегда готово видеть абсолютное и непреходящее, процессы жизни превращает в застывшие онтологические категории. Этот тип мироощущения создает доктрины религиозного позитивизма и религиозного материализма, определяет влиятельные и господствующие богословские системы. Опыт, лежащий в основе этого мироощущения, является источником консервативно-инертных и реакционных настроений. Люди этого типа во всем любят авторитет и подозрительно относятся к творчеству. Это наивно-реалистическое, материалистическое (хотя и в религиозной форме), позитивистское мироощущение подавлено конечным, в конечной природно-исторической плоти, относительной и преходящей, видит абсолютное и божественное, боится бесконечного. Это – статическое, враждебное всякой динамике мироощущение. Оно является результатом перенесения центра тяжести жизни в этот природный мир, оно дает абсолютное освящение сложившейся исторической плоти. Формы национального быта, формы монархии, формы церковного строя, скрепляющие Церковь и государство, формы богословских систем приобретают абсолютное, неизменное, священное значение, к ним прикрепляется божественное. Образуется священная плоть, нередко закрепощающая дух и угасающая дух. На этой почве рождается и безбожный, антирелигиозный материализм и позитивизм. Дух отходит, исчезает, плоть же сама по себе остается священной. Проходится школа, которая скрепляет дух с плотью мира сего и приучает видеть реальность прежде всего и более всего в конечном, в природно-историческом мире. Наступает час, когда священная плоть монархии разваливается, но образуется священная плоть социализма, на которую переносятся те же чувства, которые раньше вызывала священная монархия. Эти две плоти будут вести между собою смертельную борьбу, но духа уже не будет ни там, ни здесь. Дух не допускает закрепощения конечному, абсолютизации относительного. Дух бесконечен, дух дышит, где хочет. Дух меняет свою символику в соответствии с динамикой духовной жизни. Дух динамичен по своей природе и не допускает статического закрепощения. Дух не может вместиться ни в каких формах родового быта. Органический процесс и есть соответствие внешнего с внутренним, символики природно-исторической плоти с жизнью духа. Когда внешняя, плотская символика не выражает уже внутренней жизни духа, ее священность разлагается, падают царства и цивилизации, падают жизненные уклады, на ней основанные. Нужна новая символика, выражающая иное состояние духа, по-новому органическая, т. е. соответствующая реальности внутренней жизни. Плоть мира может постареть и сморщиться, дух может отлететь от нее. И тогда угашением духа, грехом против Духа Святого является отстаивание этой разлагающейся плоти и закрепощение ею духа. Духовная жизнь не допускает закрепощенности ее природной плоти, ее бесконечная реальность никогда не переходит целиком в природный и исторический мир, она лишь символически присутствует в этом мире.

И есть другое мироощущение, которое выражает динамическую природу духа. Это другое мироощущение повсюду в мире видит лишь знаки и символы иного мира, божественное ощущает прежде всего как тайну и бесконечность, за всем конечным, всегда преходящим ощущает бесконечное, ничто относительное и преходящее не почитает за абсолютное и непреходящее. Это символическое мироощущение переносит центр тяжести жизни в иной мир, в мир духовный, динамический и бесконечный, не видит последних реальностей в этом мире, в его природной плоти. Стремление к бесконечному нашло себе замечательное выражение в драме Ибсена «Женщина с моря». Бесконечность, безмерность и таинственность мира божественного и духовного только и допускает символическое понимание всего конечного и природного. Это мироощущение допускает и требует освящения природной и исторической жизни, но освящения символического. Символическое же освящение не может почитать никакую плоть мира абсолютной реальностью и абсолютной святыней, вмещающей полноту божественного. Вся творческая духовная жизнь человечества, вся динамика христианства связана была с этим вторым типом мироощущения. Вся жизнь Церкви Христовой была творимым в истории мифом, реалистической символикой, выражающей и воплощающей динамику духа. Жизнь и дух были напряжены и сильны в Церкви, лишь поскольку совершался этот мифотворческий процесс, эта вечно обогащающаяся символизация. Догматы Церкви, культ Церкви, жизнь святых и подвижников, все предания Церкви были такой символической динамикой духа. Родовой быт в Церкви, скрепление жизни Церкви с царством кесаря, закрепление богословских систем, абсолютизация церковных канонов, образование неизменной святой плоти – все это слишком часто бывало окостенением духа в Церкви, угашением духа и прекращением творческой динамики, жизнью отраженной, насчет творчества прежних поколений. Лишь символическое миросозерцание раскрывает пути творческой жизни духа, лишь оно делает возможным продолжение мифотворческого процесса, продолжение жизни предания, связывающей прошлое с будущим. По Крейцеру[34], символика есть видение бесконечного в конечном. Символика есть видимое изображение невидимых, таинственных вещей. Символ по природе своей не закрепощает бесконечного конечному, но делает все конечное прозрачным. Через конечное просвечивает бесконечное. В мире конечного нет абсолютной замкнутости горизонта. Плоть, символически освященная, есть плоть, не знающая тяжести, инертности, замкнутости природного мира. Истинная реальность всегда лежит дальше и глубже того, что явлено в природной плоти. Творческое движение духа не может быть остановлено непроницаемой плотью, притязающей на абсолютную реальность. Воплощение Бога в мире, явление Сына Божьего в плоти этого мира есть вместе с тем размыкание плоти, а не замыкание ее, есть просвечивание бесконечного в конечном, а не закрепощение конечного. Боговоплощение есть символическое событие по преимуществу, единственный и неповторимый прорыв мира бесконечного в мир конечный, мира духовного в мир природный, божественное обнаружение связи между двумя мирами, благодатная победа над тяжестью природного мира, расколдование этого заколдованного мира. Явление Христа Сына Божьего в природной плоти этого мира, в роде Адама есть кенезис, уничижение и нисхождение Бога, которое совершается для освобождения от тяжести и закрепощенности природной плоти, для просветления и преображения плоти мира, для воскресения в духовной плоти, а не для закрепощения и абсолютного освящения этой плоти мира. Религиозный материализм, закрепляющий и абсолютизирующий плоть мира, есть извращенное и искаженное понимание тайны боговоплощения, отрицание ее символического характера. Рождение в мире, жизнь, крестная смерть и воскресение Сына Божьего есть символ, единственный по своему значению, центральный, абсолютный символ события духовного мира, сокровенной духовной жизни. Этот символ освобождает от власти мира, а не порабощает власти мира. То, что Сын Божий жил в природной плоти, и есть источник надежды нашей, что природная плоть может быть побеждена в своем кошмарном реализме, может быть просветлена иным миром и преображена в плоть духовную. Вся плоть мира есть символ духа, отображение и изображение, знак иной реальности, чего-то лежащего безмерно дальше и глубже. Все, что мы именуем тварной природой, есть не реальность в себе, а реальность символическая, символическое отображение путей духовного мира. И отвердение плоти мира есть лишь знак совершающихся ниспадений в духовном мире. Явленное в земной жизни Сына Божьего просветление плоти есть знак совершившегося в духовном мире возвышения и восхождения. Плоть не есть иллюзия и самообман, плоть есть символическое отображение реальностей духовного мира. Связь двух миров, возможность их взаимопроникновений, переливание энергии из одного мира в другой даны в символическом ознаменовании. Символ обнаруживает божественную жизнь, подает знак перехода божественной энергии в жизнь этого природного мира, но всегда охраняет бесконечную таинственность божественной жизни, утверждает несоизмеримость жизни мира с жизнью духа. Символизм не допускает того окончательного затвердевания и замыкания природного мира и природной плоти, в силу чего этот мир и эта плоть превращаются в реальности в себе, непроницаемые для бесконечности Бога, для бесконечности духа. Субстанциальное понимание природного мира как совершенно внебожественного, как неизменного в своей основе порядка тварной природы и есть религиозный натурализм, который породил натурализм материалистический и позитивистический, когда Бог окончательно был отдален от природного мира и дух совершенно угашен. Дуалистический теизм, отрицающий символическую связь мира божественного и мира природного, в последовательном развитии натуралистической метафизики ведет сначала к атеизму в отношении к миру, а потом и к атеизму в отношении к Богу. Этому пониманию противостоят понимание символическое, для которого существует связь между двумя мирами, для которого мир природный не внебожествен в своей субстанциальной реальности, а полон знаками божественного мира, отображающими события духовной жизни, события ниспадения и возвышения. Природный порядок не есть вечный и неизменный порядок, он – лишь момент, символизирующий жизнь духа. И потому из глубины духа могут явиться силы, преображающие его и освобождающие от порабощающей власти.

Возможны три типа понимания отношений между миром божественным и нашим природным миром: 1) дуалистический разрыв между Богом и миром, агностицизм, субъективный идеализм, замыкающийся в субъекте, идеалистический символизм, допускающий лишь символизацию субъективного мира душевных переживаний, оторванных от ядра бытия; 2) рационалистическое допущение, что тайна божественного бытия выразима в рациональном понятии, объективный реализм, абсолютизирующий реальности природного мира; 3) символизм, допускающий переход божественной энергии в этот мир, размыкающий и связывающий два мира и признающий, что божественное бытие лишь символизуется, оставаясь неисчерпаемым и таинственным. Дуализм и рационализм, ложный дуализм и ложный монизм одинаково отдаляют человека от божественного мира, закрывают его для человека, уготовляют позитивизм и материализм. Нет таинственного общения между двумя мирами, переливов энергии из одного мира в другой, нет знаков, подаваемых из миров иных. Мир божественный одинаково закрывается и исчезает и в том случае, когда его считают вполне выразимым в рациональных понятиях и конструируют объективную реальность внебожественного, предметно-природного мира, и в том случае, когда замыкают субъективный мир от божественного бытия и обрекают человека на одиночество его душевных переживаний. Субъективный идеализм и объективный реализм – гносеологические направления, одинаково отражающие с противоположных концов разрыв между миром божественным и миром природным, прохождение духа человеческого через раздвоение. Объективирование божественной жизни, уподобление ее миру природному есть отрицание таинственности и бесконечности

Божества. И такое же отрицание таинственности и бесконечности Божества мы находим в субъективировании божественной жизни, в отожествлении ее с душевными переживаниями. Дуализм порождает агностический позитивизм и психологизм. Рационализм порождает натурализм и материализм. Но эти две формы понимания отношений между двумя мирами преобладают в современном сознании. И религия при таком состоянии сознания превращается в исключительно психологическую категорию. Разум новой истории восстал против насилия, пытавшегося в рациональных понятиях выразить божественное бытие. Через деизм, через естественную религию разум пришел к атеизму и к отрицанию религии. Деизм есть роковое порождение рационалистического теизма, который соединяет в себе отвлеченный дуализм с отвлеченным монизмом. И лишь символизм подлинно выражает и охраняет глубину, таинственность и бесконечность божественного мира, отличность его от мира природного и связанность его с миром природным. Духовная жизнь раскрывается в этом мире и постигается лишь через символизм. Этот символизм органически присущ религиозной жизни, хотя может не сознаваться или искажаться чуждыми началами, рационалистическими и дуалистическими.

Божество постижимо лишь символически, лишь через символ можно проникнуть в его тайну. Божество непостижимо рационально, невыразимо в логическом понятии. Это всегда утверждали великие религиозные мыслители, великие мистики и христианские теософы. И никакая схоластическая теология и метафизика не может погасить эту великую истину. За религиозной идеей Бога всегда скрыта бездна, глубина иррационального и сверхрационального[35]. Существование этой таинственной бездны, этой глубины иррационального и обусловливает собой символизм, который есть единственный путь богопознания и богомудрия. Все рациональные понятийные категории о Боге и божественной жизни, все категории катафатической теологии не выражают последней истины о божественном, все они относительны и обращены к природному миру и природному человеку, обусловлены ограниченностью этого мира. Вся организация нашего разума, весь аппарат логических понятий образованы для природного мира, для ориентации человека в этом мире. Рациональное понятие есть позитивистическая реакция человека на природный мир. И позитивистическая реакция человека, образующая рациональное понятие о Божестве, есть лишь преломление Божественного в границах природного мира. Божественная жизнь в себе, в своей неисчерпаемой таинственности, совсем не есть то, что утверждается о ней в рациональных понятиях. Логика не есть Логос, между логикой и Логосом лежит бездна, прерывность. Нельзя вместить бесконечное в конечное, божественное в природное. Апостол Павел дал вечное выражение истинного символизма в познании Божества: «Теперь мы видим как бы сквозь тусклое стекло, гадательно, тогда же лицом к лицу: теперь знаю я отчасти, а тогда познаю, подобно как я познан»[36]. Мы познаем Божество сквозь тусклое стекло, гадательно, т. е. символически. Окончательное познание Божества лицом к лицу дано лишь в ином плане, в мистической жизни в Божестве. Рационализм в богопознании не хочет знать о тусклом стекле, 6 гадательности, он считает рациональное понятие чистым стеклом, в котором Бог отражается в своей подлинной сущности. Рационализм признает Божество проницаемым для понятия. Этому противостоит апофатическая теология Дионисия Ареопагита. Величайшие религиозные мыслители приходят к истине, выраженной Николаем Кузанским. истине о том, что Божество есть cbincidentia oppositorum, тождество противоположностей. Тождество противоположностей антиномично для разума, невместимо в понятии. Понятие выработано не для той действительности, которая совмещает в себе противоположности. Понятие подчинено логическим законам тождества и противоречия. Но эти логические законы никогда не могут выразить природу Божества. И все догматы христианства, выражающие мистические факты и события духовного опыта, носят сверхлогический и сверхразумный характер, нарушают закон тождества и закон противоречия. Религиозное познание всегда было символическим, вопреки всякой рациональной теологии и метафизике, вопреки всякой схоластике. Где кончается компетенция понятия, там вступает в свои права символ. Богопознание никогда не было и не могло быть отвлеченно-интеллектуальным, рациональным познанием, оно всегда питалось из иного источника. И все системы рациональной схоластической теологии и метафизики носят ограниченный характер, все они приспособлены к природному миру и природному человеку и имеют по преимуществу прагматическое, юридическое значение. Абсолютны в христианстве лишь мистические факты, мышление же об этих фактах всегда относительно.

Символизм утверждает и познаваемость и непознаваемость Божества. Божество есть бесконечный и неисчерпаемый предмет познания, вечно таинственный в своей глубине. Поэтому познание Божества есть динамический процесс, не имеющий завершения ни в каких застывших, статических категориях онтологии. Нет границ, которые устанавливает агностицизм, возможен гнозис, ищущий все дальше и дальше в глубину, познание Божества есть бесконечное движение духа. Но всегда остается Тайна, она никогда не может быть исчерпана до дна. И это выражается в символе, это не может быть выражено в понятии, которое всегда замыкает, всегда требует конца, за которым нет уже тайны. Где кончается сфера рационального познания и логического понятия, применимого лишь к ограниченному природному миру, там начинается сфера символического познания и символа, применимого к миру божественному. Об абсолютном бытии нельзя выработать никакого положительного понятия, все положительные понятия раздираются тут непримиримыми противоречиями. Нельзя мыслить внутреннюю жизнь Божества по аналогии с человеческими аффектами. Атрибуты Божества, о котором учит катафатическая теология, логически совершенно противоречивы и вызывают возражения разума. Понятие по природе своей должно восстать против мышления о Боге по его закону, и оно неизбежно атеистично, если не допустить существования других путей познания. Школьное религиозное богословие беззащитно против возражений разума, против реакции рационального мышления. Рационализм и натурализм будут перенесены из сферы религиозной, богословской и утверждены окончательно в сфере природного бытия. Тогда возникает непримиримый конфликт между знанием и верой, между наукой и религией. Здесь наука будет торжествовать победы и захватит себе все большие и большие области. Этот процесс нельзя остановить искусственно, нельзя положить ему предел средствами и орудиями натуралистически-рационалистического богословия. Кант будет пытаться отстоять область веры и религии через утверждение дуализма двух миров, через перенесение веры и религии в сферу субъекта. На этом пути вера будет угасать и религия все более утесняться и загоняться в тесный и темный угол. Лишь символизм, разграничивая сферы духа и природы, ограничивая компетенцию рационального познания через понятие, открывая новые пути познания, спасает вечные права и вечные истины религиозной жизни. Школьное рациональное богословие и бесконечно расширяло пределы своей компетенции, признав для себя вполне проницаемыми тайны божественной жизни, и поставило границы для духовного опыта и духовных путей богопознания, укрепив агностицизм. Система школьной догматической теологии наивно-реалистическая, а не символическая, никогда не выражает последней онтологической истины о божественной жизни. За понятиями и формулами догматической теологии лежит бесконечность и таинственность божественной жизни, постижимой лишь в духовном опыте и его символическом выражении. Символизм ограничивает притязание рационального познания с его господством понятия, но не ставит никаких границ самому духовному опыту, не утверждает никакого принципиального агностицизма, т. е. допускает бесконечность иных путей познания. Богомудрие и богопознание Я. Беме идет глубже в тайны божественной жизни, раскрывает гнозис, не знающий границ, но это символическое, а не понятийное богопознание. Знание имеет огромное значение в духовной жизни, оно светоносно. Мы должны любить Бога и всем разумением своим. И знание должно быть освобождено, ему не может быть поставлено никаких границ извне. Знание одинаково может бесконечно развиваться и в сторону положительной науки, и в сторону религиозно-философского гнозиса.

Символическое богопознание имеет в христианстве глубокую и древнюю традицию. Все так называемое отрицательное, апофатическое богословие, раскрываемое в ареопагитических творениях, символично. Апофатическое богословие, символическое и мистическое, учит, что Божество непознаваемо в понятии и никакие положительные определения не выражают тайн божественной жизни. Лишь отрицательным путем можно приблизиться к тайне Божества. Божество не есть нечто, что-то, Божество есть ничто. Отрицательному богословию учат величайшие мыслители – язычник Плотин в той же мере, как и христианин Николай Кузанский. Отрицательное богословие и говорит о том, что божественное бытие совсем не есть бытие в том смысле, в каком признается бытием природный мир, в котором все положительно и ограничительно определяемо. Божественное бытие есть реальность иного порядка, и если природный мир есть бытие, то Божество есть небытие, ничто, Божество выше бытия, есть сверхбытие. Отрицательное богословие признает таинственность и бездонность Божества, невозможность исчерпать Его природу какими-либо положительными определениями, противоречивость, антиномичность Божественной природы для нашего разума. Отрицательное богословие не допускает натурализации и рационализации Божественного бытия. Но положительное, катафатическое богословие есть господствующая форма школьного богословия. Положительное богословие рационалистично и антисимволично. Оно признает возможность в положительных определениях, в понятиях достигнуть завершенной системы богопознания. Оно натуралистически понимает Божественное бытие и реальность Божественного бытия считает схожей с реальностью природы мира, т. е. почитает Божество за нечто, а не за ничто. Оно не хочет знать сверхбытийственности Божества, т. е. отрицает таинственность и бездонность Божества. Положительное богословие есть богословие конечного, а не бесконечного, экзотерическое богословие, выдающее отражение и преломление Божества в природном мире за природу Божества в себе. Положительные определения этого богословия взяты из природного мира и перенесены на мир божественный. Положительное богословие принимает символы за реальности. Знание положительного богословия – прагматически-юридическое, экзотерически-социальное, оно организует коллективную религиозную жизнь масс. Но оно не есть подлинный гнозис. Мистический гнозис глубже проникает в тайны Божественной жизни, но вместе с тем признает тайну там, где ее отрицает положительное богословие. Символическое познание мистического богословия идет в глубь тайны и охраняет ее. Положительное школьное богословие не есть познание, ибо результат познания в нем дан заранее, предшествует процессу познания, оно есть лишь кодификация догматических истин откровения. Богопознанием является лишь богословие духовно-опытное и символическое. Все подлинные достижения в богопознании бывают всегда основаны на духовном опыте и на символическом выражении духовного опыта. Богословие христианских мистиков всегда и было опытным богословием, символическим выражением духовного пути. Символизм предполагает бездну, Ungrund в Божественной жизни, бесконечное, скрытое за всем конечным, эзотерическую жизнь Божества, не поддающуюся логическому и юридическому оформлению. Абсолютное философов также не есть Бог религии. Бог Библии совсем не есть Абсолютное в смысле философского понятия.

В основе мистико-символического знания лежит не философема, а мифологема. Понятие порождает философему, символ порождает мифологему. На высоких ступенях гнозиса философское и религиозное познание освобождается от власти понятий и обращается к мифу. Религиозная философия всегда насыщена мифом и не может себя от мифа очистить, не упразднив себя и своей задачи. Религиозная философия сама по себе есть мифотворчество, имагинация. От Платона и Плотина до Шеллинга и Гартмана все мыслители гностического типа оперируют с мифологемами. Весь гнозис Я. Беме – мифологичен. Философия бессознательного Гартмана и Древса, пытающихся кабинетным путем построить чистую религию духа, свободную от мифа, мифологична насквозь. В основе ее лежит миф о бессознательном Божестве, которое в порыве безумия создало горе бытия и освобождается от страданий бытия через самосознание человека. Платон в величайших и совершеннейших своих диалогах: в «Федре», в «Пире», в «Федоне и др. утверждает миф как путь познания. Философия Платона насыщена орфическими мифами. В основе христианской философии, сколько бы она ни оперировала понятиями, лежит величайший, центральный миф человечества, миф об Искуплении и Искупителе. Самая сухая, школьная рациональная теология и метафизика питается религиозными мифами. Чистая, отвлеченная метафизика, совершенно свободная от всякой мифологемы, есть смерть живого знания, отрыв от бытия, прекращение питания. Живое знание – мифологично. Это должно быть признано сознательно, сопровождаться осознанием того, что такое миф. Миф есть реальность, и реальность несоизмеримо большая, чем понятие. Пора перестать отожествлять миф с выдумкой, с иллюзией первобытного ума, с чем-то по существу противоположным реальности. Так ведь мы употребляем слова «миф и «мифичность» обыденной речи. Но за мифом скрыты величайшие реальности, первофеномены духовной жизни. Мифотворческая жизнь народов есть реальная духовная жизнь, более реальная, чем жизнь отвлеченных понятий и рационального мышления. Миф всегда конкретен и более выражает жизнь, чем абстрактное мышление. Природа мифа связана с природой символа. Миф есть конкретный рассказ, запечатленный в народной памяти, в народном творчестве, в языке, о событиях и первофеноменах духовной жизни, символизированных, отображенных в мире природном. Сама первореальность заложена в мире духовном и уходит в таинственную глубь. Но символы, знаки, изображения и отображения этой первореальности даны в природном мире. Миф изображает сверхприродное в природном, сверхчувственное в чувственном, духовную жизнь в жизни плоти. Миф символически связывает два мира.

Великий арийский миф о Прометее чувственно, на природном плане изображает, т. е. символизирует, некоторые события в духовной жизни человека, в его судьбе, в его отношении к природе. Прометеевское начало есть вечное начало духовной природы человека. То же нужно сказать о мифе о Дионисе. Дионисизм тоже есть вечное начало духовной природы человека. Оно мифологически изображается в чувственном мире. Миф о грехопадении Адама и Евы, основной для христианского сознания, есть вместе с тем величайшая реальность духовного мира. Отпадение человека и мира от Бога принадлежит к первофеноменам духовной жизни, самой глубине духа, предмирной его глубине. Но это предмирное, глубинное духовное событие символизируется в чувственном природном мире. Смысл грехопадения дается и раскрывается в духовном опыте. Но оно мифически изображается в конкретном рассказе об Адаме и Еве, как событии, совершившемся на нашей земле, в нашем времени. Миф всегда изображает реальность, но реальность мифа символическая. Гениально учение Шеллинга о мифологии, как первоначальной истории человечества, как отражении в человеческом сознании теогонического и космогонического процесса[37]. Философия мифологии во многих своих частях устарела с точки зрения новейших исследований в области мифологии и истории религии, она связана была с работами Крейцера. Но философское ядро учения Шеллинга о мифологии имеет непреходящее значение.

Когда познание претендует окончательно освободиться от мифов религиозных, оно подчиняется мифам антирелигиозным. Материализм есть тоже своеобразное мифотворчество, он живет мифом о материи и материальной природе. Позитивизм живет мифом о науке как всеобъемлющем знании. Эти мифы не выражают глубоких реальностей духовной жизни, но все же выражают какие-то этапы в духовном пути человека. Христианство насквозь мифологично, а не понятийно. Христианская религия мифологична, как всякая религия, и христианские мифы выражают и изображают глубочайшие, центральные, единственные реальности духовного мира и духовного опыта. Мифологичности христианства пора перестать стыдиться и пора перестать освобождать христианство от мифа. Никакая богословская и метафизическая система понятий не может скрыть мифологичности христианства. Именно в мифологичности своей христианство и есть величайшая реальность. Оно превращается в абстракцию, когда освобождается от мифа. Но должно духовно постигнуть внутренний смысл мифа и символа. Тогда только наступит освобождение от наивно-реалистической власти мифа и символа, которая рождает суеверие и рабство духа, тогда раскроется путь к духовным реальностям. Мифология образовывалась на заре человеческого сознания, когда дух был погружен в природу, когда природный мир не был еще таким затверделым и границы двух миров не были ясно намечены. Человек жил в дремотном сознании, и трезвый день сознания еще не наступил. Наш язык, наши идеи носят печать этого первичного мифологического сознания. Существо человека было еще погружено в бессознательное и подсознательное, и мифотворческий процесс проистекал из его недр. Разграничение духа и природы есть плод более позднего развития. И возврат к мифотворчеству может быть лишь на почве новой духовности.

Чистая философия, освободившая себя от мифа и от религиозного опыта, не может познать Божества. Также не может познать Божества богословие, работающее с помощью понятий. Отвлеченный монизм или отвлеченный дуализм подстерегает всякую попытку рационального познания Божества. Всякое непротиворечивое, непарадоксальное понимание природы Божества безнадежно далеко от тайн божественной жизни. Ни дуалистический теизм, резко противополагающий Творца и творение, ни монистический пантеизм, отождествляющий Творца и творение, одинаково не выражают тайн божественной жизни, ибо отношение между Творцом и творением противоречиво и парадоксально для разума. Естественный, непросветленный разум не может охватить и выразить в понятии природу Божества и Его отношение к миру. Божественная жизнь, эзотеризм Божественного бытия, не допускает ее рационализации. Но разум имеет силу постигнуть, эту парадоксальность и антиномичность для него Божественного бытия, разум может опознать существование для него сверхразумного. Таков смысл учения Николая Кузанского об ученом незнании. Великая заслуга германской мысли, связанной в этом с германской мистикой, и заключалась в том, что она познала божественную бездонность, божественную иррациональность, лежащую в первооснове бытия.. Это есть Gottheit[38] Экхарта, лежащая глубже Бога, Ungrund[39] Я. Беме. Божество постигается не в категориях разума, а в откровениях духовной жизни. Троичность Божества совершенно недоступна для рационального мышления, для логического понятия. Разум не может выработать никакого логического понятия о Троичности Божества. Разум, не просветленный верой, естественно стремится к монизму или дуализму, и его беспокоит и даже возмущает мифологичность христианской Троичности, он готов увидеть в ней политеизм. Христианская Божественная Троичность есть мифологема. О Троичности возможен лишь миф и символ, но не понятие. Но этот миф и этот символ отображает и изображает не мои религиозные чувства и переживания, не мои внутренние душевные состояния, как думают новейшие символисты субъективно-идеалистического типа, а самую глубину бытия, глубочайшие тайны сущей жизни. Лишь в Троичном Божестве есть внутренняя жизнь, ускользающая от понятий[40]. Также невозможно составить себе никакого понятия о богочеловеческой природе Христа. Разум естественно всегда склоняется к монофизитству, к признанию лишь одной природы, ему не дается тайна соединения двух природ в единой личности. О богочеловеческой природе Христа возможен лишь миф и символ, а не понятие. Но и этот миф и символ отображают и изображают глубочайшую тайну сущей жизни.

Мышление о последних тайнах божественной жизни может быть лишь прерывным, в нем не может быть рациональной непрерывности. Познание Божества предполагает прохождение через катастрофу сознания, через духовное озарение, изменяющее самую природу разума[41]. Просветленный, озаренный разум есть уже иной разум, не разум мира сего и века сего. Божество имманентно просветленному, озаренному, духовно-целостному разуму, но оно остается трансцендентным, недоступным для ветхого разума, для разума природного человека, старого Адама. Лишь Христов разум делает возможным имманентное постижение Божества. По обретение Христова разума есть катастрофа старого нашего сознания, прерыв в природном нашем мышлении. Прерывность в мышлении о божественном и есть переход от понятия к символу и мифу. Самое мышление наше становится мифологическим с точки зрения нашего естественного разума, но мифологичность эта означает, что сознанию начинают открываться истинные реальности. Троичность Божества, Богочеловечество Христа – первореальности духовной жизни. Эти первореальности открываются, когда сознание катастрофически обращается от природного мира к миру иному, когда мышление наше, в соответствии с изменением сознания, перестает быть сдавленным понятием. Тогда открывается жизнь. О жизни же, всегда неисчерпаемой и бездонной, возможен лишь миф. В духовном опыте, в духовной жизни возможно бесконечное движение в глубь божественной жизни, и это движение никогда не может быть завершено в понятии, в застывших богословских и метафизических категориях. Это не значит, что философское и религиозно-философское познание невозможно и не имеет никакого значения и что прав агностицизм. Docta ignorantia, согласно гениальному учению Николая Кузанского, есть знание о незнании[42]. Возможно познание через парадоксию и антиномию. Все, что мы говорим о недоступности Божества понятию, о невозможности рационального познания Божественной жизни, есть также познание, есть также религиозная философия. Негативное богословие есть богопознание. Утверждение границ разума предполагает обострение и напряжение разума. Разум озаренный, погруженный в дух, есть высший разум, а не смерть разума. Но чтобы ожить, нужно умереть, нужна жертва. Религиозный гнозис всегда был, есть и будет гнозис символически-мифологический. И задача христианского гнозиса заключается в том, чтобы выразить христианскую символику и найти источник питания в христианском мифе. В гнозисе Валентина и Василида христианский миф был еще слишком подавлен мифами языческими, дух был еще погружен в природу, в космическую бесконечность. В этом был источник мути гнозиса. Но в наши дни когда говорят о символизме религиозных истин, то является опасность другого рода. То модернистское религиозное направление, которое называют символо-фидеизмом (Сабатье), видит в символах лишь отображение религиозной веры человека, нашего субъективного чувства. Уже Шлейермахер видел в догматах символику религиозного чувства. Это сознание обозначает разрыв между двумя мирами, замыкание человека в своем субъективном мире, в своей вере и своих чувствах. Но символы и мифы отображают совсем не веру и религиозное чувство человека, а самую Божественную жизнь, самую глубину бытия в духовном опыте, и в этом его отличие от опыта душевного, в нем дана не вера человека в божественное, а само божественное. Когда же символ принимают за последнюю реальность, тогда происходит закрепощение духовного мира миру природному.

Нельзя смешивать и отожествлять догматы Церкви с догматическим богословием, с богословскими доктринами. В догматах есть абсолютная и непреходящая истина, но истина эта не имеет обязательной связи с какой-либо доктриной. Истина догматов есть истина религиозной жизни, религиозного опыта. Смысл догматов не морально-прагматический, как думают некоторые католики-модернисты, а религиозно-мистический, он выражает существо духовной жизни. Лишь в богословских доктринах догматы приобретают характер рационалистический и скрепляются нередко с наивным реализмом и натурализмом. Спасительны и нужны для жизни догматы, потому что они обозначают духовный путь, который есть истина и жизнь, а совсем не потому, что для спасения и жизни нужно исповедание каких-либо доктрин и учений. Для моей жизни, для моей судьбы совсем не безразлично, существует ли или не существует близкий, любимый человек. Также не безразлично для моей жизни, для моей судьбы, существует ли или не существует Христос, мой Спаситель. Но Христос, мой Спаситель, существует лишь в том случае, если Христос есть Сын Божий, единосущий Отцу (homoousios). Догмат об единосущии Сына Отцу есть обозначение мистического факта, спасительного для моей жизни, а не учение и доктрина. Догматы – мистические факты, факты духовного опыта и духовной жизни, обозначение религиозно-реальных встреч с божественным миром, а не богословские доктрины. Догматы – символы, обозначающие духовный путь и совершающиеся на этом пути мистические события. Догматы – мифы, выражающие абсолютные по своему значению события духовного мира. Мне не может быть безразлично, свершилось ли или не свершилось в духовном мире событие, от которого зависит вся моя жизнь и вся моя судьба не только во времени, но и в вечности. Есть ли Бог или нет Бога, есть ли Бог живая реальность или отвлеченная идея, это для меня вопрос жизни и смерти, а не вопрос исповедания того или иного богословского и метафизического учения. Если нет Бога, то нет и человека, нет и меня, то вся моя жизнь превращается в бессмысленную иллюзию, порожденную мигами непросветимого природного процесса. Если Христос не воскрес, то нет и у меня надежды на победу над смертью и на вечную жизнь. Для моего воскресения к вечной жизни нужно не исповедание учения о Воскресении Христа, а нужно, чтобы само событие Воскресения Христа совершилось. Я не могу быть безразличен к тому, совершился или не совершился этот мистический факт, к богословско- же метафизическому учению о Воскресении могу быть и безразличен. Тот, кто отрицает самое мистическое событие Воскресения Христова, отрицает для меня вечную жизнь, и я не могу к этому относиться спокойно. Нет, догмат – не учение и не доктрина, а символ и миф, выражающие абсолютные и центральные по своему значению события духовного мира. Догмат символизирует, выражает в мифологемах, а не в понятиях духовный опыт и духовную жизнь. Но этот духовный опыт, духовная жизнь не есть душевные переживания человека, не есть его религиозная вера и религиозное чувство, а есть сама онтологичная реальность, сама первожизнь, первобытие. Св. Афанасий Великий боролся с Арием не за доктрины и учения, а за жизнь и за истинный путь, за подлинные встречи в духовном мире. В истории человеческого духа была потрясающая встреча в духовном пути человека – встреча Савла со Христом. Рассказ об этой мистической встрече со Христом, превратившей Савла в Павла, и есть основа христианской веры в Искупителя и искупление. Эта встреча возможна для всякого человека. Превращение Савла в Павла есть новое рождение, второе духовное рождение. Но подлинная встреча с божественной реальностью не есть душевное переживание, не есть психологический опыт. Душевное переживание оставляет человека замкнутым в себе, со своими чувствами и верованиями, отделенными от божественных реальностей. Только духовный опыт, духовная жизнь размыкает человеческую душу и превращает субъективное человеческое чувство в онтологически реальные встречи с духовным миром. Догматы имеют не натуралистическую и не психологическую природу, а духовную природу.

Догматические формулы в истории церковного сознания имеют прежде всего отрицательную, а не положительную задачу. Догматические формулы изобличают не ложные учения, а ложную направленность духовного опыта, извращение духовного пути. Догматические формулы говорят о том, что несет с собой жизнь, а что несет смерть. Догматы имеют прежде всего прагматическое, а не доктринально-гностическое значение. Беда не в том, что ереси суть ложные учения, беда в том, что они означают извращение духовного опыта. Отрицание той истины, что Христос есть Сын Божий, единородный Отцу, что во Христе – Богочеловек, в единой личности совершенно соединились две природы и две воли, божеская и человеческая, т. е. арианство, монофизитство, монофелитство, несторианство, есть извращение духовного опыта, есть ложный путь человеческого духа, на котором человек не может в совершенстве соединиться с Богом, есть ложная символика событий духовного мира. Беда не в том, что гностические учения суть ложные учения, что они не дают истинного знания, беда в том, что они обозначают духовный опыт и духовный путь, на котором не может быть просветления и преображения низшего мира в высший мир. Символ важен, как знак того, что в духовном мире совершаются события, которые приводят к Царству Божьему, к соединению человека с Богом, к преображению и обожению мира. Но догматы не выражают последнего и окончательного знания о божественном бытии, не дают еще последнего гнозиса. Догматы сами по себе не есть еще гнозис, хотя и имеют огромное значение для гнозиса, который должен питаться фактами духовного опыта. Согласовать гнозис с догматами не значит подчинить внешнее знание каким-либо богословским доктринам, но значит обращаться к духовному опыту, жизненному источнику богопознания. Гнозис свободен, но свобода знания должна привести его к источникам жизни. Догматы – символы духовного мира. Но события духовного мира имеют огромное значение для познания духовного мира. Догматы указывают на события духовного мира, которые имеют всеобщее значение, в них открывается единство и целостность духовного мира, в противоположность разорванности и случайности событий мира душевного и природного. Пусть догматические богословские системы экзотеричны, для целей социального водительства организуют духовный опыт человечества. Остается и эзотерической истиной, что духовный мир есть мир соборный, что духовный опыт не есть опыт индивидуалистически изолированный, что в духовной жизни происходят встречи с одной и той же божественной реальностью, что открывается в нем единый Христос. Соборность вытекает из природы духа. Догматы остаются антиномическими и парадоксальными для разума, сверхразумными. И менее всего соответствует истине теория Гарнака о том, что образование догматов Церкви есть процесс эллинизации христианства, внесение в христианство эллинской философии. Догматы о Троичности Божества, о богочеловеческой природе Христа, об искуплении через тайну креста были и останутся безумием для эллинского разума. Ничего рационального, для разума понятного, т. е. выразимого в понятии, в догматах нет. Более разумны, т. е. вместимы в понятие, как раз ереси. Арианство было вполне рационально, и за ним следовали те, которые были подавлены эллинским разумом и эллинской философией. Легче утверждать одну природу и одну волю во Христе, как утверждают монофизиты и монофелиты, чем утверждать антиномически и парадоксально совмещение двух природ и двух воль, как утверждает догмат. Христианство учит безумию креста, несоизмеримого с разумом природного мира. Поэтому оно есть откровение иного мира, оно открывает нездешнюю правду. Приспособление христианства к разуму мира сего есть экзотерическая сторона христианства, связанная со сложными путями действия христианской истины в среде природного мира, в средней массе человеческой. Для нее организовались богословские системы, создавались неподвижные каноны. Авторитарные формы религиозного сознания неизбежны на путях религиозного водительства народных масс. Гетерономное и авторитарное религиозное сознание имеет социальную природу и социальное значение, оно не выражает религиозной истины в себе, оно экзотерично. Не все находятся на той духовной ступени, на которой даны непосредственные встречи с божественными реальностями. Глубина духовного опыта раскрывается по ступеням и предполагает иерархизм. Религиозная жизнь христианских народов предполагает существование и таких, которые живут чужим духовным опытом, не имея своего духовного опыта. Это есть также форма религиозного опыта, хотя и низшая. Эзотеризм всегда предполагает и оправдывает экзотеризм. Церковное сознание организованно выражает и охраняет единство духовного опыта христианского человечества всех поколений, дает гарантии одной и той же встречи со Христом и открывает путь спасения для всей массы человечества, для всех малых сих, стоящих на низших ступенях духовности. Поэтому в церковном сознании всегда есть серединность, всегда есть соблюдение меры, есть откровение и прикровение. И потому так сложно всегда соотношение консервативного и творческого начал в церковном сознании.

Борьба против гностиков была борьбой против языческой мифологии и демонолатрии, а не борьбой против мифа вообще, борьбой против лжеименного знания, а не гнозиса вообще, борьбой во имя истинного и чистого выражения событий духовного мира. Но церковное сознание всегда боится упреждения времен и сроков для масс человеческих, всегда поддерживает равновесие, не допуская слишком больших повышений и понижений. Церковный консерватизм имеет демократическую природу, он охраняет во имя среднего человека, во имя масс. Творческий дух в религиозной жизни имеет аристократическую природу, он дерзает утвердить то, что открывается избранному, качественно возвышающемуся меньшинству. Первый дух есть по преимуществу сакраментальный, второй дух есть по преимуществу профетический, первый обнаруживает себя через коллективы, второй дух обнаруживает себя через личности. Творческое развитие в Церкви всегда совершается через моменты нарушения равновесия между меньшинством и большинством, через выделение творческих личностей из средней церковной среды. Священство есть начало консервативное в религиозной жизни, пророчество же есть начало творческое. Пророческое служение всегда осуществлялось через выделение религиозных индивидуальностей, через индивидуальные харизмы и вдохновения. Пророческий дух противится всякой теологии и метафизике конечного, всякому закрепощению духа природой плоти, всякой абсолютизации относительного. Отрицание творческого развития в церковной жизни, в догматике, есть отрицание профетического духа, есть закрепощение религиозной жизни исключительно священству. Дух Божий по-иному действует через священника, по-иному действует через пророка. В пророческом сознании и пророческом служении разверзается бесконечность духовного мира, разбиваются грани этого конечного природного мира. Догматы, в которых нашли себе адекватное символическое выражение абсолютные и центральные по своему значению события духовной жизни, не могут быть перерешены и изменены. Троичность Божества, Богочеловечество Христа – вечные мистические факты. Христос – Единородный Сын

Божий от века и до века. Но смысл догматических формул может быть по-новому углублен, может предстать в свете нового гнозиса, но иные события духовной жизни могут найти себе символическое выражение в новых догматических формулах. Мифотворческий процесс в религиозно-церковной жизни есть непрерывный процесс, он не может прекратиться. Это есть процесс жизни. Нельзя жить засчет чужой жизни, жить исключительно мифотворчеством былых поколений, нужно жить собственной жизнью. Наша жизнь и наше мифотворчество не могут быть оторваны от жизни и мифотворчества былых поколений, наших отцов и дедов. Это — одна непрерывающаяся, длящаяся, творческая жизнь, жизнь индивидуальная и сверхиндивидуальная, соборная жизнь, в которой прошлое и будущее, охранение и творчество соединены в вечности.

Лишь символическое сознание остается верным абсолютным событиям и встречам в духовном мире, лишь оно соответствует неизъяснимой глубине и бездонности самой первожизни. Лжереалистическое сознание не хочет знать этой глубины и бездонности, оно закрепощено ограниченному миру. Символическое сознание имеет освобождающее значение для духа, оно и есть достижение внутренней свободы духа от подавленности магией природы, конечного мира. Все преходящее есть лишь символ. И потому я не могу быть порабощен ничему преходящему. Центр тяжести подлинной жизни переносится для меня в иной мир. Я прохожу через жизнь этого мира со взором, обращенным в неизъяснимую глубь, я повсюду прикасаюсь к тайне и вижу отсветы иных миров. Ничто не завершено, не закончено, не закреплено окончательно в этом мире. Мир прозрачен. Грани его раздвигаются, он входит в иные миры, и иные миры в него входят. В мире нет непроницаемой твердости. Тяжесть, непросветленность мира не есть объективно-предметная реальность, а лишь знаки чего-то совершающегося в глубине. Все, что совершается вовне, в объективном, предметном, природном мире, совершается и внутри, в глубине духовной жизни, совершается и со мной, как существом духовным, и потому не есть невыносимо чуждое мне инобытие. Весь природный, и исторический мир вбирается внутрь, в глубину духа и там получает иной смысл и иное значение. Все внешнее есть лишь знак внутреннего. Весь мировой и исторический процесс есть лишь символическое отображение вовне внутреннего события моего духа, события, со мной происшедшего, не субъективно-душевного события, а духовного события, события духовного мира, в котором нет раздельности и внеположности меня и всего бытия, в котором я в бытии и бытие во мне. Тогда и христианство постигается во внутреннем свете как мистерия духа, лишь символически отображающаяся в природном и историческом мире. Мистическое христианство не отвергает и не устраняет внешнего христианства, а лишь в ином свете постигает его и осмысливает его. Весь природный мир есть лишь во мне отображенный внутренний момент совершающейся мистерии духа, мистерии первожизни. Природный мир перестает быть чужеродной, извне давящей дух реальностью. Мистико-символическое миросозерцание не отрицает мира, а вбирает его внутрь. Память и есть таинственно раскрывающаяся внутренняя связь истории моего духа с историей мира. История мира есть лишь символика первоначальной истории моего духа. Космогонический и антропогонический процесс происходит во мне и со мной, со мной, как духовным существом. Нет для моего духа ничего совершенно внешнего, наружного, чужеродного, все для него внутреннее и свое.

Чуждость, инородность, наружность есть лишь символика раздвоения духа, внутренних процессов распадений в духовной жизни. Все, что совершается в горнем мире, совершается и в дольнем мире. Сама Божественная Троичность повсюду повторяется в мире. Глубина полагает из себя поверхность и внешность, внутреннее полагает из себя внешнее, чужеродность полагается раздвоенностью внутренней жизни. Мир, природа, история есть лишь путь духа, лишь момент его внутренней таинственной жизни. Жизнь духа есть моя жизнь, но также всеобщая жизнь, жизнь божественная и жизнь всего мира. В жизни духа, в духовном пути своем выбрасываюсь вовне, в объективированный мир, мир символов, и вновь возвращаюсь внутрь, в глубину, к первожизни и первореальности. Так совершается мистерия жизни. И необычайно парадоксально на первый взгляд соотношение между символами и реальностями. Именно символическое сознание ведет к реальностям. Сознание же наивно-реалистическое закрепощает символам и закрывает первореальности. Символическое сознание и есть победа над абсолютной властью символики, освобождение от символов, принятых за извне давящие реальности.

Символическое сознание делает различие между символом и реальностью и именно потому обращает нас к реальностям, к реализации духовной жизни. Подлинный символизм и означает переход к подлинному духовному реализму, к замене символов реальностями, жизни вторичной жизнью первичной, к преображению жизни, к духовному совершенству, совершенству Отца Небесного. Именно символизм и хочет реализма. Реализм же остается в царстве символов. Реалистическое сознание, смешивающее символы с реальностями и выдающее символы за реальности, закрепощает символам и мешает достижению реальностей духовной жизни, реального преображения жизни. Это парадоксальная по видимости истина очень существенна для понимания духовной жизни. Наивный, объективный реализм обречен на жизнь в природной символике, он не верит в возможность достижения реальной духовной жизни, он признает дух трансцендентным человеку. Религия в культуре, в истории носит символический характер, а не мистико-реалистический, она символизирует в природно-историческом мире духовную жизнь. Религиозные догматы, религиозный культ символичны по своей природе. Символизм этот – реалистический, за ним скрыты реальности духовной первожизни, но все же это – символизм, отображение одного мира в другом, а не мистический реализм. Последний реализм достигается лишь в мистике, погруженной в мистерию духа, в самую первожизнь. Вся духовная культура символична по своей природе, в этом ее значительность, просветы иного мира в этом мире. Но культура не есть еще преображение жизни, не есть еще достижение высшего бытия, она дает лишь знаки иного, высшего бытия, преображения жизни. И для символизма культуры особенно показательно искусство, которое символично по преимуществу. Так называемое реалистическое искусство и есть искусство, которое не ищет достижения реальностей и наивно, бессознательно порабощено символами. Сознательно символическое искусство стремится к мистическому реализму, к достижению первореальной жизни. Искусство Данте или Гете более приближает нас к первожизни, чем реалистическое искусство XIX века. Сознательный символизм культуры хочет разбить грани символики, хочет прорваться к первореальностям. Истинная цель и есть преображение культуры в бытие, символов в реальности, т. е. наиреальнейшее преображение жизни, просветление мира. Наша жизнь в культурах, включая сюда и культуру религиозную, есть условно-символическое достижение высшей жизни, есть символическое освящение жизни, и символизация эта нередко принимала форму симуляции. Даются знаки первожизни, но не дается сама первожизнь. В природном мире, в мире сем, и не может быть вмещена первожизнь, не может быть реально достигнуто преображение жизни. Лишь в духовном мире достижимо реальное, последнее преображение жизни, оно есть принятие природы в дух, победа над тяжестью, инерцией, непроницаемостью и разорванностью природного мира. В природном мире дух принимает формы культуры, т. е. символики, мистерия духа символически объективируется в религиозном культе. В таинстве евхаристии хлеб и вино претворяются в тело и кровь Христову. Но это есть реалистически-символическое претворение. За ним лежит мистерия духа, мистерия самой первожизни, в самой глубине бытия Агнец приносится в жертву за грехи мира. Таинство есть точка, в которой происходит прорыв из иного мира в этом мире, но божественная энергия является в этой точке Отображенной на плоскости этого природного мира, тело и кровь Христовы подаются в форме хлеба и вина. Претворение хлеба в тело и вина в кровь должно быть понято в духе реалистического символизма, а не символизма идеалистического и субъективного. Это есть отображение события духовного мира, имеющего абсолютное значение, не события в моем субъективном духовном мире, а события в абсолютном духовном мире, в самой первожизни. Но таинство не может быть понятно в духе наивного объективированного реализма. В духовном мире вечно совершается жертва Христова, и искупаются грехи мира. Это – первофеномен духовной жизни мира. Он отображается в таинстве. Материя таинства не случайна. Она символически связана с самим духовным первофеноменом. Символическое постижение таинства ничего общего не имеет с тем современным символизмом, который отрицает реальность таинств и видит в них лишь условное выражение религиозных переживаний души. Символ не есть аллегория. Таинство имеет космическую природу, оно совершается не только для души человека. Символика таинства – абсолютная и реальная символика. Но первореальность таинства совершается в духовном мире, а не в нашем природном мире. Вся священная плоть мира, все освященное в мире не есть первореальность в себе, а есть лишь символическая реальность.

Священная плоть теократического царства, теократическая монархия, была лишь символика священного, но не реальное преображение жизни в Царство Божие. Подлинная первореальность дана в Царстве Божием, в преображенной жизни духа. И когда преходящая символика выдается за вечную реальность, когда святыня прикрепляется к плоти природного мира, тогда закрывается путь к реальному преображению жизни, к достижению духовных реальностей. Ложный консерватизм, угнетающий творческий дух, и есть подмена реальности символикой, и есть закрепощение духа природной плоти. Но когда символика перестает выражать события духовного мира, когда в символах уже не присутствует энергия духа, тогда символика разлагается, тогда происходят катастрофы, старый лад рушится. В требовании правдивого освобождения от внешней симуляции священного заключается правда секуляризации. Нужна новая символика. И может наступить момент, когда обнаружится воля к реальному, наиреальнейшему преображению жизни, к достижению подлинного бытия. Тогда происходит кризис государства и культуры, тогда совершаются великие революции духа. Символически-условное осуществление совершенной жизни невозможно, оно достижимо лишь реальным преображением природного мира в мир духовный. В нем сохранится идеальная форма плоти, но исчезнет ее сковывающая тяжесть, ее материальность. Никакая символическая теократия, допускающая лишь внешние знаки Царствия Божьего, не может уже утолить воли к реальному достижению Царства Божьего. Нужно осуществлять самое Царство Божие, самое совершенство, подобное совершенству Отца Небесного. Тогда кончается символизм. Мир вступит в иной период. Для наступления новой эпохи духовности, нового реализма, символизм должен освободить дух человека от ложного реализма, прикрепленного к природному миру символом. Символическое сознание придает значительность жизни, ибо повсюду видит знаки иного мира и вместе с тем символическое сознание помогает достигнуть великой отрешенности от суеты, пленности, ничтожества «мира». Ничто абсолютное, ничто священное не может быть приковано к «миру», и дух не может целиком вместить себя в «мире». Царство Божие не от мира сего, Царство Божие не есть природное царство, и оно не может осуществиться в границах этого природного мира, в котором возможны лишь символы миров иных. И вместе с тем Царство Божие осуществляется в каждом мгновении жизни.

ГЛАВА III. ОТКРОВЕНИЕ, ВЕРА, СТУПЕНИ СОЗНАНИЯ

Традиционное деление религий на «откровенные» и «естественные» не идет вглубь, оно остается экзотерическим. Все религии, в которых есть отблеск божественного, – откровенные. Откровенно все, в чем открывается божественное. Божественное же открывается и в религиях языческих. Через природу открывается божественное в религиях природы. Старое школьно-семинарское учение о том, что откровение Божества в мире дохристианском было лишь у еврейского народа, в Ветхом Завете, а язычество было погружено в совершенную тьму и знало лишь демонов, не может быть удержано. Вся многообразная религиозная жизнь человечества есть лишь раскрытие по ступеням единого христианского откровения. И когда научные историки религий говорят о том, что христианство совсем не оригинально, что уже языческие религии знают страдающего бога (Озирис, Адонис, Дионис и т. п.), что уже тотемистический культ знает евхаристию, приобщение к плоти и крови тотемистического животного, что уже в религии персидской, в религии египетской или в орфизме можно найти большую часть элементов христианства, то они совсем не понимают смысла того, что открывается. Христианское откровение есть универсальное откровение, и все, что в других религиях открывается схожего с христианством, есть лишь часть христианского откровения. Христианство не есть одна из религий, стоящая в ряду других, христианство есть религия религий (выражение Шлейермахера). Пусть в самом христианстве, взятом дифференциально, нет ничего оригинального, кроме явления Христа, личности Христа. Но в этой оригинальной особенности христианства осуществляется упование всех религий. И откровения всех религий были лишь упреждением и предчувствием откровения христианского. Египетская религия была полна потрясающей жажды воскресения мертвых, и в таинствах Озириса даны были прообразы смерти и воскресения Христа[43]. Но онтологически-реальное воскресение совершалось в Воскресении Христа, и через Него побеждена смерть и открыта возможность вечной жизни. И в египетской религии, в мистериях Озириса было откровение божественного, было отраженное в природном мире предчувствие и прообраз. Христианство и явилось в мир, как реализация всех предчувствий и прообразов. Когда говорят о естественных религиях в противоположность религиям откровенным, то хотят сказать, что в естественных религиях ничто не открывается из иных миров, что в них даны лишь человечески-природные состояния, иллюзии первобытного мышления и языческого творчества мифов, отражение страха и подавленности человека грозными силами природы или раскрытие сил природы внебожественной в человеческом сознании. Но совершенно внебожественной природы не существует, и весь природный мир есть лишь символика миров иных. Откровение природы есть лишь стадия откровения Божества. Глубже и точнее различение религий природы и религий духа. Религии природы и религии духа – различные стадии откровения божественного в мире. И они соответствуют основному различению между миром природным и миром духовным. Божество открывается в природе и в духе, открывается человеку, как существу природному и существу духовному. Откровение Божества в природе есть лишь отображение, проецирование и объективирование события, совершающегося в мире духовном. Ибо по существу своему откровение есть событие духовной жизни и религия есть явление духа.

Религия есть откровение Божества и божественной жизни в человеке и мире. Религиозная жизнь есть обретение человеком родственности и близости с Богом, выход из состояния одинокости, покинутости и отчужденности от первооснов бытия. Но в жизни религиозной происходит не только откровение, но и прикровение Божества. Откровение не снимает тайны, оно обнаруживает бездонность тайны, указывает на неизъяснимую глубину. Откровение противоположно рационализации, оно не означает, что Божество становится проницаемым для разума и для понятия. Поэтому откровение всегда оставляет сокровенное. Религия означает парадоксальное сочетание откровенного с сокровенным. Всегда остается эзотерическое наряду с экзотерическим. Религиозный экзотеризм стремится к закреплению конечного. Религиозный эзотеризм всегда предполагает бесконечное. Наивно-реалистическое и натуралистическое понимание откровения всегда есть экзотеризм. Но в этом понимании не раскрывается, не постигается глубина откровения. Откровение Божества не есть событие внешне-трансцендентное, совершающееся в объективно-природной действительности, в природном мире, не есть свет, идущий извне к миру внутреннему. Откровение есть событие, совершающееся во внутреннем мире, в мире духовном, есть свет, идущий из глубочайшей глубины. Откровение есть событие духовной жизни, совсем не похожее на восприятие внешних реальностей. Откровение дано в духовном опыте, как событие, совершающееся с тем, кому открывается божественное. Откровение совсем не идет от объекта к субъекту, и вместе с тем природа откровения совсем не субъективная. Противоположение субъекта и объекта совсем не характерно для первофеномена религиозной жизни, оно снимается в глубине духовного опыта. Объективно-предметное, трансцендентно-реалистическое понимание откровения есть выбрасывание, проецирование откровения вовне, натурализм в понимании откровения. Откровение совершается не в объективном мире. Но оно совершается и не в субъективном, психическом мире, который есть лишь часть природного мира. Откровение совершается в духе. Оно есть прорыв из духовного мира в наш мир, в нашу природную жизнь. Но духовный мир, в котором зажигается свет откровения, совсем не есть какой-то объективный мир в отношении и к нашему субъективному миру, равно как и не есть состояние нашего субъективного мира. Эти соотношения совсем нельзя мыслить по образу состояний, существующих в природной и душевной действительности. Эти состояния поддаются лишь символическому мышлению. В событии откровения нет того, что извне, и того, что внутри, того, что от объекта, и того, что от субъекта, – все вобрано в глубину и вовне может быть лишь символизировано. Откровение не может быть мыслимо лишь трансцендентно, как не может быть мыслимо лишь имманентно, оно трансцендентно и имманентно или оно и не трансцендентно и не имманентно, ибо само это различие вторично. Бог раскрылся Моисею в глубине духа, он услыхал голос, идущий из неизъяснимой бездонной глубины. Но натуралистическое проецирование и объективирование откровения, отображение его в ветхой природе Адама представляет событие так, как будто бы голос Божий раздался с горы Синай, как будто свет откровения пришел извне. На первых ступенях религиозного сознания человечества откровение понимается натуралистически, как событие, разыгравшееся в объективном природном мире. Отец открывается в объективной природе раньше, чем Он открывается через Сына в глубине духа. Он раскрывается прежде всего как мощь, а не как правда. Мощь есть категория природная, правда же есть категория духовная. Лишь в Сыне, лишь в Христе открывается внутренняя природа Отца Небесного. Натуралистическому мышлению о Боге Он раскрывается как властелин, как монарх, и следы этого древнего понимания не стерты еще и в христианстве. Но христианское откровение Св. Троицы не есть откровение небесной монархии, что есть ересь, а есть откровение небесной любви, божественной соборности. В Сыне открывается иной образ Отца, чем образ Бога, не знающий Сына. Узнать же Сына, возвещающего волю Отца, узнать Христа в объективных, природно-исторических событиях Евангелия можно, лишь если Он раскрывается в глубине духа, в событиях духовного опыта, а раскрытие Христа в духе предполагает действие Духа Св. Природный мир, природный человек кладет печать ограниченности, конечности на откровение Духа в духе. Преломление в ограниченности природного мира, в ветхой природе человека создает ступени откровения, ограничения откровения порождают экзотеризм. Абсолютная истина и свет преломляются в природном человеке, проходят через темную среду, делающую свет тусклым. Не совершенны и не до конца адекватны все слова, выражающие истину откровения. Абсолютность откровения ограничивается соотношением субъекта и объекта, которое отражает известное состояние духовного мира, но не выражает самого духовного первофеномена откровения. Бог принужден скрывать себя от природного мира. Свет Божий ослепил бы природный взор, если бы излился на него в полной силе. Ветхозаветный человек не мог видеть Бога. Свет изливался по ступеням, свет ослаблялся от неподготовленности воспринимающего[44]. Бог ветхозаветный, Ягве, не был откровением Бога в его внутренней, сокровенной природе, Он был лишь экзотерическим обращением Божьего Лика к ветхозаветному сознанию еврейского народа. Ярость ветхозаветного Бога есть лишь экзотеризм, выражающий ярость еврейского народа, рода старого Адама. Ярость не выражает эзотерической жизни Бога. Бог-Отец открывается в Сыне как бесконечная любовь. Языческий политеизм тоже был откровением, но Божество дробилось в языческом сознании древнего человечества. Единый Лик Бога не мог быть увиден по внутреннему состоянию человеческой природы. Эзотерическая жизнь Бога лишь экзотерически раскрывается в религиозной жизни природного мира и природного человечества. И лишь в одной точке мира приоткрылась эзотерическая, сокровенная жизнь, жизнь Божественной Троичности, приоткрылась в Сыне, как бесконечная Любовь, как драма любви и свободы*. Но и приоткрывавшееся в христианстве сокровенное остается до времени подавленным законом, экзотерическим пониманием христианства, ограничивающим бесконечное в конечном. И абсолютное христианское откровение продолжает действовать в относительном природном мире, оно воспринимается природным человеком и получает печать его ограниченности. И в самом христианстве свет изливается по ступеням и преломляется в темной воспринимающей среде. Потому христианство имеет свои эпохи, свои возрасты, свои иерархические ступени. Христианство не может быть вмещено ни в какую законническую систему, не может быть покрыто никакой доктриной, никаким конечным строем. Духовная организация человека подвижна, динамична, и не может быть признано последней истиной то, что соответствует лишь средне-нормальной духовной организации, лишь сознанию, закрепощенному конечным. Закрепощение конечному и есть мещанство в религиозной жизни.

Внутреннее, духовное откровение принципиально, в идеальной (не хронологической непременно) последовательности предшествует внешнему, историческому откровению. Нельзя понять и нельзя принять религиозных откровений, идущих от внешнего исторического мира, если не совершается откровение в глубине духа, если самое историческое не постигается как явление духа. Все внешние события, внешние слова и жесты для нас мертвы и непроницаемы, если они не означают внутренних событий, внутренних слов, если они не расшифровываются из глубины духа. Открывается для меня лишь то, что открывается во мне. Имеет смысл для меня лишь то событие, которое происходит со мной. Религиозное откровение есть событие, происходящее не только для меня, но и со мной, есть внутренняя духовная катастрофа во мне. Если внутренней духовной катастрофы со мной не произошло, то для меня ничего не значат события, о которых мне рассказывают как об откровениях Божества. Расшифровать Евангелие можно лишь в свете духовных событий моего внутреннего опыта. Вне этих внутренних событий Евангелие значит не более, чем все остальные события истории. Более того, историю можно понять и осмыслить лишь в своем духовном опыте, лишь как отображение явлений духа. Без этого внутреннего, духовного осмысления история превращается в лишенную всякого смысла и связи груду эмпирического материала. Откровение есть всегда откровение смысла, а смысл есть лишь в духе, его нет во внешних событиях, если они не расшифрованы в духе. Вот почему вера всегда духовно предшествует авторитету. Понимание откровения как авторитета есть форма материализма. Когда мы принимаем христианские догматы нашей религиозной совестью и религиозным сознанием, то мы предполагаем, что совесть и сознание, т. е. дух в своей внутренней жизни, предшествуют раскрытию догматов извне. Когда возражают против свободы религиозной совести с точки зрения объективно-предметной обязательности откровения, то забывают, что Бог может открываться лишь религиозной совести, что Дух открывается лишь духу, что Смысл открывается лишь смыслу, что откровение предполагает внутреннее просветление. Куску непроницаемой материи, камню не может открываться Божество. Откровение есть двусторонний, богочеловеческий процесс, встреча двух внутренне родственных природ. Должна быть благоприятная среда для принятия откровения, среда, которой не чуждо божественное. Природа совершенно внебожественная не могла бы воспринять откровение Божества. Нельзя мыслить внешне трансцендентно отношений между открывающимся Божеством и воспринимающим это откровение человеком. Божество не может открываться тому, в ком ничто не идет навстречу божественному. Откровение предполагает веру в человека, в его высокую природу, которая и делает возможным религиозное потрясение откровения, рождение Бога в человеке, встречу человека с Богом. А это значит, что откровение предполагает имманентность Божества человеческому духу, духу, а не душе. В откровении трансцендентное становится имманентным. Отрицание высшей, духовной, богоподобной природы человека ведет к отрицанию самой возможности откровения. Тогда было бы откровение без того, кто мог бы его воспринять. У

Бога не было бы Его другого, Бог был бы одинок. Католические богословы говорят, что человек богоподобное и духовное существо лишь по благодати, а не по природе, но это терминология условная, и различие это существует лишь во внешнем природном плане. Человек сотворен по образу и подобию Божьему. Откровение, как феномен духа, как внутреннее, а не внешнее событие, можно осмыслить лишь в свете духовного имманентизма, который и утверждает образ и подобие Божие в человеке. Полное отрицание имманентности и признание чистой трансцендентности ведет к деизму и отрицанию откровения, т. е. внутреннего общения между Богом и человеком. Чистый трансцендентизм есть дуалистический разрыв между божественным и человеческим миром, он делает невозможным Богочеловечество. И потому нужно начинать богословствовать и философствовать не с Бога и не с человека, а с Богочеловека, с Богочеловеческой природы, преодолевающей разрыв. Откровение и есть как бы возвращение человеку его духа, который был закрыт для сознания, ущемленного материальной природой, и утерялся человеком. Откровение есть раскрывшаяся глубина духа, прорыв между этой глубиной и поверхностью души. Мой собственный религиозный опыт есть всегда имманентный религиозный опыт. Трансцендентность для меня лишь то, что пережито не мной, что мной самим не испытано. Такая трансцендентность существует лишь для душевного опыта. В духовной жизни, в духовном опыте нет непереходимой грани между моим опытом и чужим опытом. Мой духовный опыт и духовный опыт Ап. Павла, как бы ни было велико различие между нами, есть пребывание в одном и том же духовном мире. Опыт мистический, который есть высшая форма опыта духовного, есть окончательное преодоление трансцендентности и достижение совершен74 ной имманентности. Трансцендентизм в религиозном сознании есть форма натуралистической объективации, ограничивающей внутреннюю жизнь духа. Имманентизм совсем не характерен для современного сознания. Наоборот, современное сознание в предельных своих формах и есть крайний трансцендентизм, т. е. бесконечное отделение и отдаление Бога от человека, уединение человека в себе, разрыв между духом и душой, агностицизм. Духовный, мистический имманентизм ничего общего не имеет с имманентизмом современной философии, которая утверждает имманентность бытия сознанию, сознание же мыслит, как средне-нормальное, трансцендентальное, статическое сознание. Это есть феноменализм и позитивизм. Но есть другой имманентизм. Сознание имманентно бытию, бытие же есть бесконечная духовная жизнь. Познающий погружен в бесконечную жизнь духа. Границы сознания раздвигаются. Грань между духом и душой снимается. Два мира входят один в другой. То, что совершается в субъекте, в познающем, в моем сознании, то совершается в бытии и с бытием, в глубине духовной жизни. Трансцендентное есть лишь часть имманентного, лишь событие в духовном пути, лишь раздвоение самого духа, который себя же себе противопоставляет. Откровение представляется трансцендентным в этом раздвоении и объективируется. По внутренней же своей природе откровение совершенно имманентно духу, есть внутреннее в нем событие.

Откровение есть изменение состояния сознания, изменение его структуры, образование новых органов сознания, обращенных к иному миру, катастрофа сознания. Откровение не есть эволюция сознания, это – революция сознания. Откровение есть изменение соотношения между подсознательным или сверхсознательным и сознательным, вступление сферы подсознательного и сверхсознательного в сознание. В свете откровения разрываются границы сознания, в огне откровения расплавляются затверделость и закаменелость сознания. Сознание бесконечно расширяется и углубляется, переходит в сверхсознание. Замкнутая психофизическая монада размыкается, пробуждается дремлющий дух. Откровение всегда означает пробуждение духа, и оно сопровождается обращением сознания к иному миру. Откровение есть внутреннее событие духовного мира, которое означает катастрофическое изменение направления духа и изменение организации сознания. Организация сознания и выработка его органов определяются всегда направленностью духа, духовной волей, избирающей и отметающей. Границы сознания ставятся объемом духовного опыта. Формы сознания вторичны, а не первичны, они определяются сужением и расширением миров для первичной духовной воли. То, что совершается в самой первожизни, определяет самую направленность сознания, раскрывая его для одного мира, закрывая его для другого. Самый факт откровения и самая возможность религиозного опыта, прорывов из мира иного в наш мир могут быть поняты лишь при динамическом, а не статическом понимании природы сознания. Между тем как большая часть философских и богословских направлений статически понимает природу сознания и боится динамизма. Средне-нормальное, рационализированное сознание замкнутой в природном порядке психофизической монады не есть единственное возможное и неизменное сознание[45]. Сознание личное не есть лишь ущемленность духа телом, как думает Э. Гартман, Древе и др. Границы между сознанием и бессознательным не являются неизменными и неподвижными, абсолютно статическими границами. Духовный опыт изменяет границы сознания, вводит бессознательное в сознание, вырабатывает новые органы. Бытие первичнее сознания, и то, что происходит в бытии, изменяет и структуру сознания. Абсолютен Логос, Смысл мира, сознание же относительно в своих границах и изменчиво. Разум средне-нормального, рационализованного сознания не тождествен с Логосом мира. Сознание актуально и динамично, потому что актуален и динамичен дух, создающий сознание, актуальна и динамична первожизнь. В первожизни, в духовной воле может быть такое обращение к новому миру, которое выработает новые органы сознания. Позитивизм, материализм, рационалистический натурализм – формы статического понимания сознания, отожествления ограниченных и суженых форм сознания с бытием, закрытие бесконечности духовного мира. Малый объем сознания, связанный с ограниченными сферами бытия, представляется тожественным со всем объемом бытия. Сознание, наложившее границы на восприимчивость бытия, понимает себя как отражающее весь объем бытия. Кантианство, более утонченное направление мысли, чем позитивизм и материализм, пытается закрепить незыблемые и непреложные границы сознания и именует это абсолютно статическое сознание сознанием трансцендентальным. Трансцендентальное сознание есть уже безысходно замкнутое сознание. Для него бытие или становится вещью в себе, или совершенно исчезает. Духовный опыт не может прорвать границы трансцендентального сознания, не выйдя из сферы общеобязательных форм. Но трансцендентальное сознание не есть виновник ограниченности, в которую ввергнута духовная жизнь человека, оно лишь отражает состояние самой жизни, самого опыта, самой направленности первичной воли[46]. Ведь и богословское сознание, враждующее с кантианской философией, в сущности, вращается в той же замкнутой сфере трансцендентального, общеобязательного сознания и не признает безграничности духовного опыта, возможности расширения сознания. Безграничность духовного опыта и возможность расширения сознания до сверхсознания признают лишь мистики. Официальные богословы принижают тайны божественной жизни до уровня средне-нормального сознания, т. е. в конце концов общеобязательного трансцендентального сознания. Трансцендентальное сознание и есть статическое сознание. Но ошибочно было бы думать, что эволюционизм динамически понимает сознание. Натуралистический эволюционизм допускает изменение и развитие в пределах застывших форм сознания, закрепощенных природному порядку. Эволюция человека не выходит из затверделости, окаменелости, совершенной статичности сознания. Эта затверделость, закаменелость, статичность сознания гарантирует, что все будет происходить в пределах порядка природы, что все будет натурально. Натуралистичность всей эволюции, всякого изменения в мире гарантирована тем, что неизменное сознание определяет неизменные границы природного порядка, не допускает переливов энергии иных миров в мир природный. Эволюционизм натуралистический совершенно не допускает раздвижения границ сознания и границ бытия. Он заранее и навсегда знает, что может быть и чего не может быть в бытии, которое для него есть природа, закрепощенная нормальным сознанием. На этом пути принципиально невозможна эволюция к мирам иным. Теософы, в отличие от эволюционистов натуралистического типа, допускают возможность принципиальной эволюции сознания, т. е. раскрытия сознания для иных миров. И эта сторона теософии заключает в себе несомненную долю истины, хотя истина эта не открыта теософами и ими вульгаризирована. Возможно изменение сознания индивидуально замкнутого и возникновение *сознания космического и сверхсознания*. О существовании космического сознания свидетельствует духовный опыт человечества. Космическое сознание, раскрывающееся для иных миров, имеет иные органы, чем сознание индивидуальное. Обычный эмпиризм так же мало динамичен в своем взгляде на сознание, как и обычный эволюционизм. Эмпиризм заранее ставит границы опыту и знает, что в нем возможно и что невозможно. Эти границы определены не самим опытом, который имеет безграничную природу, а рационалистическим сознанием. Эмпиризм носит резко рационалистический характер и допускает лишь рациональный опыт, опыт же первичный, безграничный в своих возможностях, для него закрыт. Эмпиризм не знает духовного опыта, погружающего в бесконечный духовный мир, он знает лишь душевный и чувственный опыт, обращенный к природному миру и ограниченный рациональным сознанием. Эмпиризм, как и эволюционизм, совершенно статически смотрит на организацию сознания, он уверен, что границы бытия совпадают с границами застывшего сознания, он так же, как и рационализм, вращается в замкнутом кругу[47]. Лишь мистический эмпиризм допускает возможность всей полноты и безграничности опыта и обращает к первожизни[48]. Но мистический эмпиризм очень мало общего имеет с тем господствующим эмпиризмом, который закрывает духовный мир, перерезывая все пути сообщения между двумя мирами. Рационализм, трансцендентальный идеализм, эмпиризм, эволюционизм, богословский позитивизм – все эти направления подавлены статическим застывшим сознанием и не допускают возможности расширения сознания, раскрытия его к жизни космической и жизни божественной, т. е. отрицают возможность духовного опыта, опыта первожизни. Это все разные выражения одного и того же процесса, того же пути, отражение того же ограниченного опыта. Отсюда возникает и наивно-реалистическое, натуралистическое, внешне-транцендентное истолкование откровения.

Динамическое понятие сознания допускает существование ступеней сознания. Откровение означает новую ступень сознания, динамическое изменение его объема. Сознание не пассивно определяется действительностью и отражает действительность, а активно направлено на ту или иную действительность. Для разных направлений сознания существуют разные действительности. Зиммель очень хорошо говорит о том, как мы создаем разные действительности – наука свою действительность, искусство свою, религия свою. У Зиммеля это положение носит релятивистический характер, но оно сохраняет свою силу независимо от какого бы то ни было релятивизма. Мы вращаемся в разных мирах, в зависимости от того, на что направлена наша избирающая духовная воля. И обыденный мир, мир повседневного житейского опыта создан активным направлением нашего сознания, фиксированием одного и отметанием другого, он не может претендовать на большую реальность, чем другие миры. Средне-нормальное, обыденное сознание определяется своей прикованностью к обыденной действительности, неспособностью сосредоточиться на иной действительности, направить себя к иному миру. Мир религиозный создается иной направленностью духа, иным избранием воли, фиксированием сознания на том, от чего отвращено сознание обыденное, и отметанием того, на чем обыденное сознание сосредоточено. В организации сознания всегда происходит процесс отбора. Организация сознания определяется той действительностью, на которую сознание направлено, оно получает то, чего хочет, оно слепо и глухо к тому, от чего отвращено. Организация нашего сознания не только открывается целым мирам, вырабатывая соответствующий орган восприимчивости, но и закрывается для целых миров, вырабатывая заслоны от них. Мы всегда окружены бесконечным миром, для которого мы закрыты. Мы не готовы для его восприятия, боимся его и защищаемся от страшащей нас бесконечности глухотой и слепотой. Боимся быть ослепленными и оглушенными и защищаемся ограниченностью сознания, затверделостью его и неподвижностью. И нужно, чтобы огонь сошел с неба, чтобы расплавить затверделость нашего обыденного сознания. Ложно то широко распространенное предположение, что действительность сама по себе дана статическому и пассивному сознанию. Бытие предшествует сознанию и определяет сознание совсем не в этом наивно-реалистическом смысле, всегда предполагающем пассивность и статичность сознания. Бытие определяет сознание изнутри и из глубины, а не извне. Сознанию предшествует не тот ограниченный отрыв бытия, который раскрывается малому и суженному сознанию, как объективная действительность по преимуществу, а полнота бытия, т. е. бесконечная духовная жизнь. Эта полнота бытия, эта бесконечная духовная жизнь не может восприниматься и отражаться в пассивном и статическом сознании. Полнота бытия, как духовная жизнь, может раскрываться лишь самой духовной жизнью, лишь сознанию, направленному на духовную жизнь, образовавшему новые органы восприимчивости, сверхсознанию. Способность к интуитивному созерцанию есть такой новый орган сознания. Его нет в сознании обыденном. Он раскрывается лишь напряженной активностью духа. Нельзя говорить о существовании объективной действительности с точки зрения статического и пассивного сознания. Такого рода действительности самой по себе не существует. Действительность есть бесконечная жизнь, всегда активная и динамичная, и открываться она может лишь жизни активной и динамической. Реальность бесконечного духовного мира не может прийти извне, она приходит лишь изнутри, как сама духовная жизнь в глубине. Я сам должен обнаружить реальность духовного мира, раскрыть ее в своей жизни, в своем опыте, а не ждать, что извне она будет мне показана. Опыт зависит от границ сознания, границы же сознания полагаются направлением духа, т. е. процессом, совершающимся в самой первожизни. Целые миры недоступны нашему опыту, потому что мы отвернулись от них, отделены от них стеной нашего сознания, избрали себе другой ограниченный мир. Нужна катастрофа сознания, чтобы раскрылись нам целые миры. Огонь духовной лавы должен расплавить наше сознание. В неизъяснимой духовной глубине, в которой исчезает грань между мною и духовным миром, происходит событие, потрясающее все мое существо, изменяющее структуру моего сознания. В этом событии, которое есть первофеномен религиозной жизни, встречаются два движения – движение, идущее ко мне от божественной жизни, и движение, идущее от меня к божественной жизни. Откровение есть огонь, исходящий от божественного мира, опаляющий нашу душу, расплавляющий наше сознание, сметающий его границы. Откровение исходит из божественного, а не человеческого мира, но оно идет к миру человеческому и предполагает внутреннее в нем движение. Откровение предполагает созревание человеческой природы для его принятия, предполагает духовную жажду и алкание человека, искание человеком высшего мира, горькое недовольство миром низшим. Божественная жизнь открывается двойным движением, движением в двух природах, божественной и человеческой, через изменение сознания, происходящее от движения сверху и снизу, предполагающее действие божественной благодати и человеческой свободы. Феномен откровения имеет обратной своей стороной феномен веры. Откровение невозможно без события в духовном опыте человека, которое мы именуем верой, как и вера невозможна без события в духовном мире, которое мы именуем откровением. Реально-предметная вера предполагает откровение, движение из божественного мира, но откровение может войти в мир, потому что его встречает вера как событие духовной жизни человека.

Феномен веры в духовной жизни человечества также предполагает динамизм сознания, возможность катастрофического отрыва сознания от нашего природного мира и обращения к миру иному. Можно отрицать предмет веры, но сам факт веры во внутренней жизни человека отрицать невозможно. И вот этот факт, занимающий огромное место в истории человечества, свидетельствует о том, что возможно изменение структуры сознания, что застывшее, обыденное, средне-нормальное сознание не есть единственно возможное сознание. Что мир религиозный открывается и создается известной направленностью нашего духа, есть в не меньшей степени факт, чем то, что открывается и создается мир «эмпирический» при другой направленности духа. Религиозный опыт есть в не меньшей степени опыт, чем опыт «эмпирический». Мир «эмпирический» не может претендовать на какую-либо особую реальность. Люди живут в гипнозе «эмпирической» реальности, и обращение к реальностям иного мира есть пробуждение от гипнотического сна. Направленность человеческой воли загипнотизировала человека, создала непреодолимое магнетическое притяжение к затвердевому, уплотненному «эмпирическому» миру, миру очень узкого отрывка опыта. «Мир» и есть затвердение и уплотнение известного рода опыта. В основе феномена веры лежит поворот, обращение первичной воли, воли, заложенной в первожизни духа, в иную сторону, к иному миру, т. е. необычайное расширение объема опыта. Первичная воля всегда избирает и отметает, избирает один мир и отметает другие миры, делает перестановки в объеме опыта. В основе веры лежит первичная духовная воля, а не воля душевная. Это событие лежит в духовной, а не в душевной жизни. Определяется направленность сознания и объем опыта не в психической сфере, а в сфере духовной. Вера обращена не к той действительности, которая есть уже результат затвердения и закрепления опыта, опыта обыденного и бесконечно повторяющегося. Вера не есть принуждение и насилие со стороны действительности, раскрывшейся и для веры привычной. Вера, согласно вечному определению Апостола Павла, есть обличение вещей невидимых, внешне нас ничем не принуждающих себя признать. Вера всегда обращена к миру таинственному, скрытому, сокровенному. Знание же действительности, раскрывающееся средне-нормальному сознанию, есть обличение вещей видимых. Окружающий меня «эмпирический» мир нудит меня признать себя, он принудительно входит в меня, и я не могу уклониться от его признания. Мир видимых вещей, обличаемых в обыденном опыте, познаваемых в опыте научном, не оставляет мне свободы выбора. Выбор был сделан раньше. И в принудительности моего восприятия и моего познания видимых вещей я несу последствия этого раньше сделанного выбора. Вера есть акт свободы духа, она есть дело свободного избрания и свободной любви. Никакая видимая, объективно-предметная действительность не принуждает меня к акту веры. Вера есть обращение к таинственному, сокровенному духовному миру, который открывается свободе и закрыт для необходимости. Восприятие и познание «эмпирического», природного мира, мира вещей видимых, не требует коренного сдвига и поворота сознания, не требует переизбрания мира в первичной духовной воле. Это восприятие и познание совершается не в первичном, а во вторичном, оно протекает в сфере, заранее определенной в первожизни духа. Вера есть событие, совершающееся в первичной сфере избрания себе мира, в первожизни духа. Восприятие и познание открытой, видимой, со всех сторон нас обступающей действительности не требует свободного напряжения духа для установки самого предмета, самой реальности. Мы должны в свободной активности духа оторваться от одного мира, чтобы обратиться к другому миру. Мы должны освободиться от давящего гипноза мира видимых вещей, закрывающих для нас мир вещей невидимых. Когда мы замкнуты в застывшем средне-нормальном сознании, для нас открыт уплотненный видимый «эмпирический» мир и закрыт мир духовный, иной мир. Никакое принуждение и насилие, не исходит от невидимого, таинственного мира. Поразительна сама возможность атеизма, состояния сознания, отрицающего реальность Бога, источника всякого бытия. Я не могу отрицать реальность стола, на котором пишу, и стула, на котором сижу, но могу отрицать реальность Бога. Солипсизм остается игрой ума, атеизм же определяет всю жизнь человека. Бог не заставляет, не принуждает себя признать, Он совсем не походит на видимые предметы. Он обращен к свободе духа, раскрывается в свободной жизни духа. «Блаженны невидевшие и уверовавшие»[49]. Этого блаженства не знают те, которые верят лишь в видимый мир, верят лишь в то, что принуждает их в себя поверить. Но блаженны те, которые поверили в мир невидимый, поверили в то, что не принуждает в себя поверить. В этой свободе выбора, свободе духа – подвиг веры. Вера предполагает тайну, и без тайны нет веры. Знание видимой действительности – безопасное знание, знание, обезопасенное силой принуждения. Вера в действительность невидимую и таинственную заключает в себе риск, согласие броситься в таинственную бездну. Вера не знает внешних гарантий. Я говорю о вере как первичном опыте жизни духа. Во вторичной, экзотерической сфере религиозной жизни гарантии веры являются и организуется общеобязательность веры.

Требование гарантий и доказательств в вере есть непонимание ее природы, есть отрицание вольного подвига веры. В подлинном и оригинальном религиозном опыте, свидетельство о котором осталось нам в истории человеческого духа, вера рождается без гарантий, без обязательных доказательств, без принуждений извне, без авторитета, рождается из внутреннего источника и сопровождается согласием на безумие перед разумом мира сего, на величайшую парадоксальность и антиномичность. Вера сопровождается жертвой малым разумом, и лишь путем этой жертвы стяжается большой разум, открывается Логос, Смысл мира. «Если кто из вас думает быть мудрым в веке сем, тот будь безумным, чтобы быть мудрым. Ибо мудрость мира сего есть безумие пред Господом»[50]. «Мудрость мира сего» связана со средне-нормальным сознанием, обращенным к миру видимых вещей. Это сознание расплавляется в том огненном опыте духа, который именуется верой, и человек проходит через безумие. Феномен веры иногда описывается как состояние совершенной пассивности человека, как умолкание и замирание человеческой природы, как исключительное действие Божьей благодати. Такое описание феномена веры особенно свойственно некоторым формам протестантизма и квиетической мистики. Но это не есть последняя истина о феномене веры. Это есть описание явления веры в сфере психической – умолкание и замирание природного, душевного человека. Но за этим скрыта величайшая творческая активность духовного человека. В первожизни духа вера предполагает величайшую активность и величайшее творческое напряжение человека. Замирает душевный человек, отрешается от своей природной воли. Но духовный внутренний человек доводит свою духовную активность, свою первичную свободу до величайшего напряжения. Внешняя пассивность иногда бывает лишь выражением внутренней активности. Действие Божьей благодати предполагает действие человеческой свободы. Лишь учение Кальвина о предопределении в крайней форме отрицает это действие человеческой свободы, эту двусторонность, двуприродность феномена веры. В глубине духа, в сокровенных тайниках духовной жизни и духовного опыта всегда есть встреча и действие друг на друга природы Божественной и человеческой. Подавленность одной природой, природой Божественной, как и природой мира видимых вещей, свойственна лишь психической сфере, лишь душевному человеку. И взаимодействие двух природ в мире духовном менее всего означает трансцендентность одной природы для другой. Эта внешняя трансцендентность не существует в мире духовном, она всегда экзотерична, душевна. Вера есть акт свободы духа, вне свободы нет веры. Этим вера отличается от знания. Но знание также предполагает веру, т. е. первичную интуицию действительности, к которой направлен дух, и которую дух себе избирает. В эмпирический природный мир, мир видимых вещей, мы тоже поверили раньше, чем стали познавать его. Мир видимых вещей нас насилует и принуждает себя признать, потому что мы избрали себе этот мир, связали с ним свою судьбу. Мы отпали от Божьего мира и попали в природный мир, который стал для нас единственным видимым, непосредственно доступным и принуждающим нас к своему признанию миром. Мы слишком поверили в этот мир, и потому он так открыт нам. Мы отвернулись от Божьего мира, и он закрылся для нас, стал невидимым миром. Мы как бы утеряли собственный дух, оставили себе лишь душу и тело, организовали свое сознание в соответствии с природным миром, выработали органы для его восприятия. Мы утеряли дух и перестали познавать дух, ибо подобное познает подобное. Через веру, через новое свободное избрание мы вновь обращаемся к духовному миру, к Божьему миру. Бог изобличается лишь в опыте свободы и свободной любви. И Бог ждет от человека этой свободной любви. Вера идет из глубины подсознательного или высоты сверхсознательного и опрокидывает установившиеся формы сознания. После этого события духовного опыта открывается новая возможность знания, знание мира духовного, мира Божественного. Новый, высший гнозис не отрицается верой. Вера расчищает опытный путь для гнозиса. Но гнозис этот совсем не есть рационально-логическое доказательство бытия Божьего. Такое доказательство бытия Божьего уподобляет Бога принуждающим предметам видимого природного мира. Бог есть Дух, и открывается Он в интуитивном созерцании духа. Гнозис и есть духовное знание, основанное на жизненном созерцании духовного мира, совсем несходного с миром природным.

Логическая общеобязательность и доказательность есть вопрос степени духовной общности, соборности сознания. Когда к религиозной вере подходят с требованиями логической общеобязательности и доказательности, то веру хотят принизить до самой низшей ступени духовной общности. Научная общеобязательность, как и общеобязательность юридическая, есть низшая ступень духовной общности, есть показатель разобщенности, свойственной природному миру. Взаимно научно доказывать и юридически обязывать друг друга должны лишь люди далекие по духу, внутренне разобщенные. Родному по духу, другу моему я не должен доказывать и не должен обязывать его, мы видим одну и ту же истину и общаемся в истине. Но и для распавшегося, разделенного, отчужденного в своих частях природного мира должна существовать общность в истине, какая-то возможность взаимного понимания и взаимной жизни. Логическая, научная общеобязательность и есть утверждение минимальной общности в истинах, дающих возможность ориентироваться в природном и историческом мире. Истины математики, истины наук естественных и наук исторических имеют характер общеобязательности и доказательности, потому что они одинаково должны быть признаны людьми самого противоположного духа, совершенно внутренне разобщенными. Научно-логическое общение на почве истин математики или физики возможно между людьми враждебного духа. Общеобязательное признание этих истин предполагает лишь самую элементарную, самую низшую форму общности. Логические законы – идеальное бытие Гуссерля – тоже ведь принадлежит к общеобязательному, видимому миру. Верующий и атеист, консерватор и революционер одинаково принуждены признать истины математики, логики или физики. Так и юридическая общеобязательность существует для элементарной, низшей формы общности. Не нужно собранности, соборности, общности духа для того, чтобы признать минимум права в отношении друг к другу. Духовное общение в любви не нужно для признания общеобязательных истин науки и права. Общеобязательность науки и общеобязательность права и существует для общества, в котором люди не любят друг друга, враждуют друг с другом, не общаются в духе. Доказывать нужно врагу и врага нужно обязывать. С другом же я общаюсь в созерцании единой истины, в осуществлении единой правды. Общеобязательность и связанная с ней доказательность имеет социальную природу. Это есть путь связывания разорванного душевно-природного мира, поддержание принудительного единства, не допускающего окончательного распада. Позитивная наука, позитивное право родились в атмосфере распавшегося мира, и они имеют миссию поддержания единства в атмосфере вражды и отчуждения. Научная и юридическая общеобязательность никогда не возникли бы в атмосфере духовного единения и любви. В такой атмосфере познание было бы общим, соборным созерцанием сущей истины и общение между людьми определялось бы не юридическими нормами, а самой любовью, самой общностью духа. Ничего никому не нужно было бы доказывать, ни к чему никого не нужно было бы обязывать, ибо каждый встречал бы лишь духовно близкого, родного, нигде не встречал бы далекого и чужого. Уже истины порядка нравственного, уже учения характера философского предполагают большую степень духовной общности и носят менее общеобязательный характер, чем истины математики, истины положительной науки, элементы права. Общение в философском познании предполагает бо́льшую духовную близость, чем общение в познании научном. В философском познании чужие и далекие уже друг друга убедить не могут, не могут обязать друг друга к признанию единой истины. Тут нужна общность интуиций, единство созерцаний духа. Так, платоники всех времен составляют как бы одно духовное общество, в котором одинаково созерцается мир идей. Они не могут доказать находящимся вне их духовного общения существование мира идей. Истины нравственного порядка покоятся на общем духовном опыте, на видении единой правды, и к ним трудно бывает принудить тех, которые находятся вне опыта духовного общения и единой правды не видят. Истины религии, истины откровения предполагают максимум духовной общности, самую высшую его ступень, предполагают соборность сознания. Эти истины открываются общению в любви. Они существуют лишь для духовно близких и родных. Они неубедительны, недоказательны, необязательны для чужих и далеких, для стоящих вне круга духовной общности. Вне единого, общего духовного опыта эти истины мертвы. Нельзя доказать чужому и далекому реальности того, что открылось в духовной жизни. Логизация и юридизация религиозных истин имеет социально-экзотерическое значение. Так, мир духовный принижается до мира природного и приспособляется к формам общения этого разорванного мира. Природному человеку нужна еще логическая и юридическая общеобязательность, он уподобляет религиозную жизнь жизни этого мира и Царство Божие представляет себе по образу царства кесаря. Но в духовном мире все иное. Учение об авторитете, как о высшем критерии истины, рождается из уподобления порядка мира иного порядку мира сего, из потребности удержать твердую почву в этом мире. Учение об авторитете может быть нужно на известных стадиях для душевно-природного человека и душевно-природного мира, но оно отражает слабость в вере, недостаток духовного опыта, неспособность созерцать истину и видеть реальность.

Вне самого Бога не может быть никаких критериев знания о Боге. Духовный опыт может опираться лишь на собственную глубину, он не может искать критериев вне себя. Духовный опыт есть личный и сверхличный опыт разом, он никогда не есть только мой опыт. Искание трансцендентных критериев есть результат замкнутости душевного мира. В феномене веры дана моя свобода, моя активность, мое избрание любви, и это таинственно соединяется с действием Божьей благодати, Божьей любви, Божьего движения ко мне. Вера есть стяжание благодати. Благодать же не знает общеобязательности в логическом или юридическом смысле слова. Благодать открывает общение иного порядка. Благодатное противоположно логическому и юридическому. Теофания дана прежде всего в свободе, а не в авторитете.

Откровение связано со структурой сознания и ступенями сознания. Уже этим определяется существование ступеней откровения. Ступени откровения, излияние божественного света соответствует изменениям в структуре человеческого сознания, разным направлениям духа и разным ступеням раскрытия духа. В раскрытии ступеней откровения меняется не только человек, но меняется и мир, наступают новые эпохи в самой первожизни, во вселенской жизни духа. Откровение ветхозаветное, ограниченное сферой жизни еврейского народа, соответствует ступени ветхозаветного древнееврейского сознания. Свет откровения изливается лишь в соответствии с вместимостью сознания, с раскрытостью природного человека для духовного мира. Я. Беме говорит, что Божья любовь в темной стихии преломляется как Божья ярость, как испепеляющий огонь. Бог в себе, в Божественной Троичности, есть бесконечная любовь, но Он может быть воспринят как ярость стихией, отпавшей от Бога и не вмещающей любви. Древнееврейский, ветхозаветный образ Ягве есть лишь экзотерическое откровение Божьего образа в темной природной стихии. Но и внутри самого ветхозаветного откровения существуют свои стадии. Первоначальное, натуралистическое откровение Божества еврейскому народу было политеистическим, как и у всех языческих народов. Монотеизм есть плод более позднего периода духовного развития еврейского народа. Лишь впоследствии и задним числом было закреплено для прошлого монотеистическое сознание. Но и внутри откровения единого Бога существуют разные стадии и ступени. Откровение Моисея есть совершенно другая историческая эпоха, чем откровение пророков. Сознание Единого Бога национальным еврейским богом есть совершенно иная стадия откровения, чем сознание Единого Бога Богом вселенной, Богом всех народов. И ветхозаветное еврейское сознание прошло через стадии языческого политеизма и натуралистического национализма. Должен будет совершиться глубокий духовный кризис у пророков, еврейское сознание должно будет пройти через индивидуализм, через отрыв от национальной родовой религии, через те духовные процессы, которые отразились в книге Иова, в книгах Соломона, и наряду с затвердением религии закона и торы должна будет возникнуть напряженная апокалипсическая атмосфера, и на почве индивидуализма должно будет народиться чувство вселенскости в эллинистическую эпоху, прежде чем образуется духовная почва для излияния света новозаветного откровения. Это есть очень сложная история сознания, сложная история духа, отражающая борения духа, углубление и расширение духовного опыта. Все динамично тут, нет никакой статики. И всегда в высшую стадию откровения входит духовное творчество предшествующей стадии. Откровение всегда предполагает процессы развития в мире и человечестве, динамическое движение сознания снизу.

Такие же процессы духовного развития происходили и в мире языческом. И там человечество в изменениях структуры своего сознания, в расширениях и углублениях своего опыта готовилось к принятию Христова света – центрального события в духовной жизни мира. В великих духовных событиях эллинского язычества, в дионисизме, в орфизме, в мистериях, в греческой трагедии, в греческой философии, у Гераклита, Пифагора, Платона, совершалось преодоление языческого натурализма, развивалось сознание, раскрывался дух. И в язычестве были прорывы духовного мира. Язычество имеет свои стадии откровения божественного. Жажда воскресения у египтян, дуализм персидского религиозного сознания, обличение зла, неправды и тщеты природного мира в религиозном сознании Индии – все это очень важные моменты в истории духа, в развитии сознания, моменты откровения божественного в мире. Но и в самом христианстве есть ступени откровения, возрасты, эпохи христианства, разные зоны в судьбах христианского мира. Разная глубина и полнота христианской истины вмещается разными структурами сознания и разными ступенями духовности. И это не может быть отожествляемо со степенью достижения христианского совершенства и христианской святости. Есть не индивидуальные, а всемирно-исторические возрасты христианства, есть разные ступени развития сознания и раскрытия духовности, которые совсем не покрываются индивидуальным достижением святости. Есть духовное и душевное совершенство, духовная и душевная святость, есть эзотерическое и экзотерическое сознание. Христианская истина открывается в динамическом, творческом процессе, и этот процесс не закончен еще в мире и не может быть закончен до конца мира. Раскрытие христианской истины в мире и человечестве предполагает вечную динамику человеческого сознания, вечное творческое напряжение духа. И новозаветное откровение все еще подавлено природой ветхого Адама, ветхозаветно-языческими формами сознания. Мир духовный не окончательно прорвался в мир природный. Бесконечное ущемлено конечным. Сокровенное и таинственное раскрывается экзотерически. Потому и христианство в мире все еще долго, слишком долго остается как бы ветхозаветным христианством, языко-христианством. Библейское откровение и символически изображенный в нем космогонический и антропогонический процесс понимаются все еще ветхозаветно, а не новозаветно. Христианство в огромной своей части все еще остается законническим христианством, оно преломлено в природном человеке, как религия закона, а не религия благодати и свободы, оно приняло подобие природной жизни этого мира с ее неотвратимыми законами. Самая тайна изливаемой благодати натурализируется, объективируется, рационализируется, понимается по аналогии с действующей в природном мире силой. Это мы видим в очень яркой и организованной форме в католическом богословии. Христианство проходит как бы через законнический, ветхозаветно-языческий фазис своего развития и раскрытия. Пророческий дух в христианстве отрицается. Христианство превращается в статическую, застывшую систему в богословских доктринах, в канонах, во внешнем церковном строе. Церковь представляется достроенным зданием, с возведенным на вершине куполом. Бесконечность духовного мира закрывается. Господствовать начинает христианское законничество и фарисейство. Творческий динамизм сознания вызывает страх, и ему ставятся преграды. Церковные христиане нередко сходятся с позитивистами в статическом понимании природы сознания и в постановке непреодолимых границ сознания.

Ступени и эпохи откровения обозначают не только изменение в человеческом сознании и человеческой восприимчивости, они отражают также божественный, теогонический процесс. Эпохи откровения обозначают и внутреннюю жизнь Божества, внутренние отношения в Божественной Троичности. В нашем человеческом мире отображается таинственная, сокровенная жизнь Божества. Что наверху, то и внизу. Принципиально существенные, основоположные моменты в развитии человеческого сознания, т. е. эпохи процесса антропогонического, означают и внутренние моменты в жизни божественной. В откровении рождается человек, раскрывается не только божественная, но и человеческая природа. Ступени откровения означают и ступени развития человека. Откровение есть всегда откровение Бога и откровение человека, т. е. откровение богочеловеческое. В христианстве этот богочеловеческий характер откровения находит себе окончательное выражение. В Христе-Богочеловеке дано откровение не только Бога, но и Божьего другого, т. е. Человека. Вторая Ипостась Св. Троицы есть Абсолютный Человек, и откровение Второй Ипостаси есть откровение Абсолютного Человека, т. е. раскрытие нового духовного человека, вечного человека. Но новый духовный человек не раскрылся еще окончательно. И в христианстве принципиально возможно новое откровение. Против возможности нового откровения никаких существенных возражений не может быть приведено. Возражать можно лишь против того, что новое откровение отметает старое откровение. Новое откровение может быть лишь продолжением и исполнением старого откровения. Но творчески-динамический процесс в мире не может остановиться. Остановка творчески-динамического процесса есть окостенение и угасание духа. Откровение есть жизнь, жизненный богочеловеческий процесс, обращенный к бесконечности духовного мира, а не преподание отвлеченных истин и застывших формул. Сознание человека поистине может размыкаться в божественную и космическую бесконечность. Человек становится на ноги и защищается от власти космической бесконечности, от власти природных стихий, через замыкание и ограничение своего сознания. В мире языческом – человек был более разомкнут и раскрыт к внутренней жизни природы, к тайнам космоса. В мире христианском – человек освобождает свой дух от власти природных стихий через установку границ сознания. Но если в известном возрасте человека необходимо оградить его от бесконечности космической жизни, если дух его этим путем освобождается и обращается к Богу, то может наступить момент, когда этими границами сознания человек закрепляет свою уединенность и оторванность от мира божественного. Естественный, природный мир образовался сначала через отвержение откровения. Но ныне происходит кризис натуралистического миропонимания и возврат к откровению, к духовному миру.

Существует очень оригинальное соотношение между Востоком и Западом. На Востоке, в Индии, утверждается большая подвижность организации человеческого сознания и не представляется столь необычайным, как на Западе, возникновение сознания космического. Этим погружается человек в космическую безмерность. Исторический же динамизм Запада был связан с утверждением неподвижности организации человеческого сознания. Западная культура основана на чрезвычайно напряженном историческом динамизме и на статизме человеческого сознания. Культура Востока не знает исторического динамизма, но допускает возможность динамизма человеческого сознания, т. е. изменение его в сторону раскрытия духовных миров. Такое соотношение не может остаться вечным. На Западе вырабатывался человек через установку статики сознания, защищающей от космической безмерности, динамики истории, устремляющей в даль. Но на пути этом человечество пришло к кризису. Самое христианское откровение, превышающее все, что было в мире, слишком застыло, и иногда казалось, что дух отлетел от христианского мира. И должен образоваться единый духовный мир, в котором динамизм сознания, образование сознания космического, не сделает человека игралищем космической безмерности. Верность христианскому откровению о человеке дает гарантию того, что человек не подвергнется распылению. Это будет дальнейшим шагом в раскрытии духовного человека, новым духовным периодом в христианстве, когда самое откровение христианское будет понято более внутренне, более эзотерично, более сокровенно. Истинное просвещение, подлинное знание помогает наступлению этого периода. Существует лжепросвещение, просветительство, всегда разрушительное по своим последствиям для религиозной жизни, и есть истинное просвещение, истинный свет знания, подлинное просветление сознания, преодоление того обскурантизма, который задерживает христианство на низшем уровне и скрепляет его с суевериями и предрассудками. Истина откровения должна быть освобождена от тисков обскурантской ограниченности, порабощенности сознания конечному, и должно совершиться излияние более яркого света из мира духовного.

ГЛАВА IV. СВОБОДА ДУХА

Дух есть свобода. Дух не знает внеположности, не знает принуждающих его объективных предметов. В духе все определяется изнутри, из глубины. Быть в духе значит быть в самом себе. И необходимость природного мира для духа есть лишь отражение его внутренних процессов. Религиозный пафос свободы есть пафос духовности. Обрести подлинную свободу значит войти в духовный мир. Свобода есть свобода духа, и иллюзорно, призрачно искание свободы исключительно в мире природном. Порядок свободы и порядок природы противостоят друг другу. И глубочайшие мыслители сознавали различие этих двух порядков. Природа всегда есть детерминизм. И моя собственная природа не может быть источником моей свободы. Очень поверхностны попытки обосновать и укрепить свободу в натуралистической метафизике. Эти попытки совершенно аналогичны попыткам обосновать и укрепить бессмертие на почве натуралистической метафизики. В природном мире, в природном человеке, в природной душе так же трудно найти свободу, как и бессмертие. Свободу нужно обнаружить и показать в духовной жизни, в духовном опыте, ее нельзя доказать и вывести из природы вещей. Во всяком предмете, познаваемом нами как природа, свобода исчезает, делается неуловимой. Всякая рационализация свободы есть ее умерщвление. Религиозно-духовная проблема свободы не тождественна со школьным вопросом о свободе воли. Свобода коренится не в воле, а в духе, и освобождается человек не усилием отвлеченной воли, а усилием целостного сознания. В доказательствах существования свободы воли обычно заинтересованы были совсем не из пафоса свободы. В свободе воли нуждались для укрепления нравственной вменяемости и ответственности человека, для оправдания заслуг, связанных с добрыми делами, для обоснования наказаний в этом мире и мире загробном. Заинтересованность в существовании свободы воли была педагогически-утилитарной, а не духовно-существенной. Спиритуалистическая метафизика, которая нередко бывала господствующей официальной философией, всегда вводила в свою программу защиту свободы воли, но она совсем не была философией свободы[51]. Субстанциальное учение о душе притязало обосновать и бессмертие и свободу воли. Но это была форма натурализма, натуралистически-рационалистического понимания духовной жизни. Субстанциальная природа является источником детерминизма, а не свободы[52]. Менее всего, конечно, удовлетворяет учение о свободе выбора, как о свободе безразличия. Очень интересно, что в спорах о свободе воли и отношениях ее к благодати, которыми раздиралась западная религиозная мысль, начиная с Бл. Августина и Пелагия, крайними сторонниками свободы воли были иезуиты, у которых менее всего было пафоса свободы духа, и которые отрицали свободу религиозной совести. Янсенисты, как и Лютер, отрицали свободу воли и все сводили на благодать, но они более иезуитов признавали религиозную свободу. Пелагий, крайний сторонник неповрежденной, естественной свободы воли человека, был рационалистом, не способным понять тайны свободы. Самое противоположение между свободой и благодатью заключало уже в себе порочность и ошибочность, рационализацию и натурализацию свободы, т. е. отнесение ее к порядку природного мира. На этом ложном противоположении свободы и благодати, произошло острое столкновение протестантизма и католичества. При этом столкновении обнаружилось очень парадоксальное соотношение. Протестантизм изначально провозгласил принцип свободы религиозной совести, защищал религиозную свободу и отрицал свободу воли, естественную свободу человека во имя начала благодати, не хотел признать свободы человека в отношении к Богу[53]. Католичество отрицает свободу религиозной совести (принцип свободы совести был формально осужден Ватиканом как либерализм) и защищает свободу воли, естественную свободу человека наряду с действием благодати. На этой почве разыгрался спор о вере и добрых делах. И протестантизм и католичество одинаково, в сущности, разрывали и противополагали свободу и благодать, добрые дела и веру. Так религиозная проблема свободы духа получает ложную постановку и ложное освещение. Вопрос о свободе совсем не есть вопрос о свободе воли в его натуралистически-психологической и педагогически-моралистической постановке. Это есть вопрос о первооснове бытия, о первооснове жизни. От свободы зависит самое восприятие бытия, и свобода предшествует бытию. Свобода есть категория духовно-религиозная, а не натуралистически-метафизическая. На вопросе о свободе разделяются философские направления и религиозные учения. Во всей глубине и остроте поставлена проблема свободы духа у Достоевского[54]. И конечно, Достоевского мучил не школьный вопрос о свободе воли, а несоизмеримо более глубокий вопрос.

Идея свободы центральна в христианстве. Без свободы непонятно ни миротворение, ни грехопадение, ни искупление. Без свободы нельзя понять феномена веры. Без свободы невозможна теодицея. Без свободы нет смысла мирового процесса. Дух бесконечной свободы разлит в Евангелии и в апостольских посланиях. Свобода не должна быть лишь предметом нашего исследования, но мы должны обнаружить свободу духа в исследовании свободы, мы должны ставить вопрос о свободе в духовной атмосфере свободы. «Итак сыны свободны» (от Матфея). «Если Сын освободит вас, то истинно свободны будете» (от Иоанна). «И познаете истину, и истина сделает вас свободными» (от Иоанна). «Я уже не называю вас рабами, ибо раб не знает, что делает господин его, но Я назвал вас друзьями, потому что сказал вам все, что слышал от Отца Моего» (от Иоанна). «Кто вникнет в закон совершенный, в закон свободы» (пос. Иоанна). «Вы куплены дорогою ценой, не делайтесь рабами человеков» (Ап. Павел). «Где дух Господен, там свобода» (Ап. Павел). «Ты уже не раб, но сын» (Ап. Павел). «К свободе призваны вы, братия» (Ап. Павел)[55]. «Он никого не хочет иметь своим рабом против воли или принуждением; а хочет, чтобы все свободно и добровольно служили Ему и познавали сладость служения Ему» (Св. Иоанн Златоуст). «Но не желающего Я никогда не принуждаю, а хочу, чтобы служение повинующихся Мне было свободным, самопроизвольным» (Св. Симеон Новый Богослов). У Достоевского Великий Инквизитор говорит Христу: «Ты возжелал свободной любви человека, чтобы он свободно пошел за Тобой, прельщенный и плененный Тобой». Это не есть дифференциальная постановка вопроса о свободе воли, это есть интегральная постановка вопроса о свободе духа. Тут свобода есть целостная атмосфера духовной жизни, ее первооснова. С свободой связано особое качество жизнеощущения и жизнепонимания. Христианство предполагает дух свободы и свободу духа. Вне этой духовной атмосферы свободы христианства не существует и оно лишено всякого смысла.

Религиозная проблема свободы духа не может быть разрешена рационально-философски. Бездонную тайну свободы сознавали лучшие мыслители. Бергсон говорит, что все определения свободы делают ее рациональной, т. е. ведут к исчезновению свободы. Нельзя выработать положительного логического понятия о свободе, для которого тайна свободы стала бы вполне проницаемой. Положительные определения свободы рационализируют ее и умерщвляют ее внутреннюю жизнь. Свобода есть жизнь, жизнь же постижима лишь в опыте жизни, она неуловима в своей внутренней таинственности для категорий разума. Рациональная философия приходить к статическому учению о свободе, в то время как свобода по существу своему динамична и может быть лишь динамически постигнута. Свободу нужно исследовать в ее внутренней судьбе, в ее трагической диалектике, в ее разных духовных возрастах и в ее переходах в свою противоположность. Свобода не есть застывшая, статическая категория. Свобода есть внутренняя динамика духа. Свобода есть иррациональная тайна бытия, тайна жизни и судьбы. Это не значит, что свобода совсем не может быть познаваема и что тут нужно примириться с агностицизмом. Но пути познания свободы более сложны и несходны с теми путями, которыми идет натуралистическая метафизика, порождающая и учение о детерминизме и учение о свободе воли. В сущности, прав детерминизм в физике и метафизике природного мира. Опровергнуть детерминизм рациональным путем почти невозможно. Вне христианства нет свободы, вне христианства детерминизм всегда одерживает победу. Свобода духа не есть естественное состояние человека, как природного существа, так же как и бессмертие не есть его естественное состояние. Свобода духа есть новое духовное рождение, раскрытие духовного человека. Свобода раскрывается лишь в духовном опыте, в духовной жизни. Источник свободы не в душе и тем менее в теле человека, не в природном существе человека, всегда подчиненном природной закономерности и со всех сторон ограниченном внешними определяющими силами, а в духе, в стяжании духовной жизни. Свобода есть вхождение в иной порядок бытия, порядок бытия духовного, а не природного. Есть классическое определение свободы, которое остается бесспорно верным, но положительного постижения тайны свободы не дает. Свобода есть самоопределение изнутри, из глубины, и противоположна она всякому определению извне, которое есть необходимость. Гегель так определяет свободу: «Freiheit ist bei sich selbst zu sein»[56]. Самоопределение изнутри и есть определение из глубины духа, из духовной силы, а не из силы внешней природы и не из моей природы. В свободе я ничем не определяюсь извне, из чужой мне природы, и даже не из моей природы, но определяюсь изнутри собственной духовной жизни, из собственной энергии духа, т. е. нахожусь в своем собственном, родном мне духовном мире. Физическая причинность не дает нам понимания внутренней связи между причиной и ее порождением.

Физическая причинность остается внешней закономерностью. И не без основания Мах предлагает заменить понятие причинности, как мифологическое, понятием функционального соотношения. Физическая причинность, которую раскрывают науки естественные, не вводит нас во внутреннюю связь вещей. Творческая энергия внутренней жизни мира остается закрытой. Науки о мире физическом не доходят до внутреннего ядра бытия, они ищут причин всего происходящего во внешней среде. Природный мир представляется лишенным внутренней энергии, нигде нет бытия, действующего из собственных недр, из глубины. Мы идем все дальше и дальше вовне, в искании причин происходящего в физической действительности. Необходимость, царящая в физическом мире, и есть эта определяемость всегда извне, а не изнутри. Явление потому и относится нами к физическо-материальному миру, что оно определяется через внешнюю причинность, что в нем не открывается внутренне действующая творческая энергия. Когда в природе откроется нам внутренняя сила и мы поймем ее события как проявление внутренней творческой энергии, она перестанет быть физически-материальной, она будет введена в мир духовный. Физическая, материальная природа, с ее тяжестью, непроницаемостью, внеположностью частей, есть отхождение от внутренних центров бытия, распадение на части внешние и инертные друг для друга и принуждающие друг друга. Материальный мир и есть утеря свободы духа. Поэтому в нем действует внешняя физическая причинность, которая и создает необходимый порядок природы, детерминизм. В причинности психической, которую мы раскрываем в явлениях душевных, все еще принадлежащих к миру природному, уже более приоткрывается внутренняя связь вещей, связь между причиной и ее порождением. Но душевная действительность все еще скреплена с действительностью материальной, с жизнью тела, и в ней продолжают еще действовать внешние причины, она все еще есть замкнутая и разорванная действительность и потому повсюду встречает внеположность, инобытие, т. е. подвергается действию необходимости. В душевной действительности раскрывается свобода в меру раскрытия в ней духовного мира. Душа человека есть арена взаимодействия и борьбы свободы и необходимости, мира духовного и мира природного. В душевном действует духовное, и тогда раскрывается свобода духа. В душевном же действует и природное, и тогда необходимость вступает в свои права. Человек самоопределяется изнутри, из глубины в меру победы в нем духа над душевно-природными стихиями, в меру вбирания души в дух и внедрения духа в душу. Свобода ведома лишь тем явлениям душевной жизни, которые могут быть названы явлениями духовными. Психическая причинность все еще есть разновидность природной причинности, в ней одно душевное явление определяется другим душевным явлением, т. е. все еще действует необходимость, хотя и более сложная и внутренняя, чем необходимость мира материального. Психическая причинность еще не раскрывает глубины внутренней энергии бытия, она делает одно явление душевной жизни внеположным для другого явления. Так как оба явления, связанные психической причинностью, принадлежат моей душевной жизни, то связь тут более внутренняя, чем в связи физических явлений через физическую причинность, но свобода духа не раскрывается еще в этой связи. Внутренняя, глубинная, сокровенно-таинственная энергия, творящая жизнь, раскрывается через духовную причинность. В духовной причинности исчезает уже противоположность между свободой и причинностью, нет уже внеположности в определении событий и порождений жизни. В духовной жизни причина действует изнутри, есть самоопределение, раскрывается таинственная связь мировой жизни, обнаруживается внутреннее ядро бытия, скрытое за символами природного мира. Свобода духа, из себя порождающая последствие, творящая жизнь, раскрывается нам как бездонность, безосновность, как сила, идущая в бесконечную глубину. Дна, основы свободы мы не можем ощутить, не можем нигде упереться в твердыню, извне определяющую свободу. Свобода духа есть бездонно глубокий колодезь. Наша субстанциальная природа не могла бы быть основой свободы[57]. Наоборот, всякая природа есть порождение свободы. Свобода восходит не к природе, а к Божьей идее и к бездне, предшествующей бытию. Свобода коренится в «ничто». Первичен акт свободы и вполне иррационален. Рациональное понимание акта свободы есть уподобление его явлениям природы. Мир детерминированный, мир физической и психической причинности, есть уже вторичный мир, порождение и дитя свободы. Не свобода есть результат необходимости, как думают очень многие мыслители, а необходимость есть результат свободы, есть последствие известной направленности свободы. Природный, душевный и физический мир есть порождение событий и актов мира духовного. Все внешнее есть результат внутреннего. Отпадение от Бога, от первоисточника жизни в мире духовном, внутренний раздор и распад бытия, порожденный направлением иррациональной свободы, и отображается в затверделом, подчиненном необходимости, природном душевно-материальном мире. Мы живем во вторичном, отраженном мире, и необходимость, сковывающая наш мир, есть детище нашей злой свободы. В свободе открывается и постигается внутреннее движение мировой жизни. Опыт свободы ведом каждому существу, обладающему духовной жизнью. Тайна действия, тайна причинения и порождения, не раскрывается нам через причинность физическую и лишь отчасти приоткрывается через причинность психическую. Первофеномены действия, творчества, динамики жизни даны в жизни духа, и они даны лишь во вторичном своем отображении в мире природном, мире детерминированном, мире внешней причинности. Это значит, что свобода носит характер в высшей степени динамический. Свобода постижима лишь во внутреннем движении, она неуловима в состоянии застывшем. Застывшая свобода перерождается в необходимость. А это приводит нас к тому, что есть несколько пониманий свободы и что свобода имеет разные стадии.

Уже Бл. Августин говорит о двух свободах – libertas minor и libertas major[58]. И поистине сразу же можно увидеть, что свобода имеет два разных смысла. Под свободой понимается то изначальная иррациональная свобода, свобода, предшествующая добру и злу и определяющая их выбор, то последняя, разумная свобода, свобода в добре, свобода в истине; т. е. свобода понимается то как исходная точка и путь, то как конечная точка и цель. Сократ и греки признавали существование лишь второй свободы, свободы, которую дают разум, истина и добро. И в евангельских словах «познайте истину и истина сделает вас свободными» говорится о второй свободе, свободе в истине и от истины. Когда мы говорим, что человек достиг истинной свободы, победив в себе низшие стихии, подчинив их высшему духовному началу или истине и добру, то мы имеем в виду свободу во втором смысле. Когда мы говорим, что какой-нибудь человек или народ должен освободиться от духовного рабства и достигнуть истинной свободы, мы имеем в виду все ту же вторую свободу. Это есть свобода, к которой идет человек, вершина и увенчание жизни, цель устремления; свобода, которая должна быть, которая получится от торжества высших начал жизни. Но есть другая свобода, свобода, от которой исходит человек, через которую он избирает путь свой и принимает самую истину и самое добро. Есть свобода, как темный исток жизни, как первичный опыт, как бездна, лежащая глубже самого бытия и из которой бытие определяется. Эту бездонную иррациональную свободу человек чувствует в себе, в первооснове своего существа. Свобода связана с потенцией, с мощью потенции. И томизм со своим аристотелевским учением о потенции и акте, в конце концов принужден отрицать свободу, признавать ее несовершенством. Гениально выражена свобода у Достоевского в словах героя «Записок из подполья»[59]. Человек есть иррациональное существо, и он дорожит более всего тем, чтобы по своей вольной воле жить. Он согласен на страдание во имя своей вольной воли. Он готов опрокинуть всякий разумный порядок жизни, всякую гармонию, если она лишает его свободы выбора, и если она будет принудительной. Признание лишь той свободы, которую дает истина, дает Бог, и отрицание свободы в избрании и принятии истины ведут к тирании. Свобода духа заменяется организацией духа. Пусть истинная высшая свобода возможна лишь во Христе и через Христа. Но Христос должен быть свободно принят, к Христу должен привести нас акт свободы духа. Христу нужна наша свобода в Его принятии. Христос возжелал свободной любви человека. Христос не может никогда и ни к чему принудить, и Лик Его всегда обращен к нашей свободе. Бог принимает лишь свободных. Бог ждет от человека свободной любви. Человек ждет от Бога свободы, то есть что Божественная истина освободит его. Но и Бог ждет от человека свободы, ждет свободного ответа человека на Божий зов. Подлинная свобода и есть та, которую Бог требует от меня, а не я требую от Бога. На этой глубине обосновывается свобода человека, свобода, заложенная в его бездонности. Истина дает нам высшую свободу. Но нужна свобода в принятии самой истины. Истина никого не может насиловать и принуждать, она не может насильственно дать свободу человеку. Мало принять Истину, Бога, нужно свободно принять. Свобода не может быть результатом принуждения, хотя бы то было Божье принуждение. Нельзя ждать свободы от организованного, гармонизованного, совершенного строя жизни, сам этот строй жизни должен быть результатом свободы. Спасение придет от Истины, которая нам дает свободу, но принудительное спасение невозможно и не нужно. Спасение человека не может совершиться без свободы человека. Спасение человека есть освобождение человека в Истине, в Боге. Но принудительно, без свободы самого человека, не может совершиться освобождение человека. Когда утверждается свобода в Истине, свобода в Боге, т. е. вторая свобода как свобода единственная, то утверждается божественная свобода, а не свобода человеческая. Но свобода духа есть не только свобода Бога, она есть также свобода человека. Свобода же человека есть не только свобода в Боге, но и свобода в отношении к Богу. Человек должен быть свободен в отношении к Богу, к миру и к собственной природе. Свобода в принятии Истины не может быть свободой, полученной от самой Истины, она существует до Истины. Свобода не тождественна с добром, совершенством, истинной жизнью. От этого смешения и отожествления происходит непонимание свободы и отрицание свободы. Добро, совершенство, истинная жизнь должны быть свободно достигнуты. Добро, совершенство, Истина, Бог не могут и не захотят насильственно к себе привести. И в том, что они свободно принимаются и достигаются, лежит источник достоинства и своеобразной качественности духовной, религиозной, нравственной жизни. В духовном мире, в духовной жизни не может свобода быть получена от необходимости, хотя бы то была Божья необходимость. И великая тайна свободы скрыта совсем не там, где ее обычно ищут и на чем ее обыкновенно обосновывают. Свобода человека совсем не есть требование и претензия человека. Человек легко отказывается от свободы во имя спокойствия и благополучия, он с трудом выносит непомерное бремя свободы и готов скинуть его и переложить на более сильные плечи. Часто, слишком часто человек и в своей индивидуальной и в своей исторической судьбе отказывается от свободы, предпочитает спокойствие и благополучие в необходимости. И в старой теократической идее и в новой социалистической идее мы видим это отречение человека от свободы и это предпочтение жизни в принуждении. Свобода духа предполагает горение духа. Горение же духа не так часто встречается, и не на нем обычно основываются человеческие общества. Человеческий быт и человеческое общество обычно оседали и кристаллизовались в результате потухания духовного огня. Человек может обойтись без свободы, и требование свободы духа, порождающей трагизм жизни и страдания жизни, не есть человеческое требование. Требование свободы духа есть божественное требование. Не человек, а Бог не может обойтись без свободы человека. Бог требует от человека свободы духа, Богу нужен лишь человек свободный духом. Божий замысел о мире и о человеке не может быть воплощен без свободы человека, без свободы духа. Свобода человека обосновывается на требовании Бога, на воле Божьей. Человек должен исполнить волю Божью, но воля Божья в том, чтобы человек был свободен духом. Мало сказать, что человек должен исполнить волю Божью, нужно угадать, в чем воля Божья. И если воля Божья в том, чтобы человек был свободен, то утверждение свободы человека есть исполнение воли Божьей. И во имя Бога, во имя исполнения Божьего замысла о человеке и мире, во имя Божьей идеи должно утверждать свободу человека, не только вторую, но и первую свободу, не только свободу в Боге, но и свободу в признании Бога. На этой глубине обосновывается свобода – как первооснова бытия, как предшествующая всякой организованной, гармонизованной, усовершенствованной жизни. Свобода связана не с формой жизни, а с содержанием жизни, с иррациональным содержанием жизни. Свобода связана с бесконечностью бытия, бесконечностью жизни, с бездной бытия. Эта бесконечность и бездонность бытия была еще закрыта для сознания эллинского, и потому оно не выработало идеи свободы. Эта бесконечность и бездонность развернулись в мире христианском, в духовном мире, раскрывшемся в христианстве. Свобода связана с бесконечными потенциями духа. Отрицание же свободы есть всегда порабощение конечному.

Бл. Августин, в сущности, признавал лишь вторую свободу, которую дает Истина, Бог. Первая свобода была для него окончательно утеряна в грехопадении. Он ставил проблему свободы лишь в отношении к греху: posse non peccare, non posse non peccare, non posse peccare[60]. Борьба против рационалистического натурализма Пелагия склонила его к умалению свободы. Так, потом полупелагианство иезуитов вызвало реакцию Паскаля и янсенистов. Самая постановка проблемы свободы была суженной и неверной. Когда вас принуждают к ложной постановке вопроса, то вас толкают на путь ложного ответа на этот вопрос. Для Пелагия вопрос о свободе был поставлен рационалистически. И Бл. Августин отказался от свободы. Свобода и благодать оказались противоположными. Более рационалистически настроенные стали за свободу, более мистически настроенные стали за благодать. Но есть мистика свободы, есть ее иррациональная тайна, тайна бесконечности и бездонности духа. Свободе противоположна не благодать, а необходимость. Царство духа есть царство свободы и благодати – в противоположность царству природы, царству необходимости и принуждения. Ошибка Бл. Августина в решении проблемы свободы имела роковые практические последствия. Она привела к оправданию насилия в делах веры, отрицанию свободы религиозной совести, допущению возможности казни еретиков, дала санкцию тому пути, которым потом пошла инквизиция. Опыт борьбы с динатистами[61] толкнул Бл. Августина на этот опасный путь. Он соблазнился о свободе. И Св. Фома Аквинат в конце концов отрицал свободу. В его схоластической системе нет места для свободы. Любовь к Богу для него есть необходимость. Свобода связана с несовершенством. Такое понимание свободы вело к практическим последствиям – к отрицанию свободы духа в жизни религиозной и общественной. Пусть скорее прекратится несовершенство, связанное со свободой, и скорее наступит необходимая любовь к Богу. Вторая свобода тут понимается как тожественная с божественной необходимостью. На путях отрицания свободы духа всегда подстерегает опасность соблазниться духом Великого Инквизитора. Католическая и византийская теократия, подобно атеистическому социализму, склонна к отрицанию свободы человека, к принудительной организации человеческой жизни в добре, т. е. к отожествлению свободы с необходимостью, или необходимостью божественной организации жизни, или необходимостью социальной организации жизни. Отрицание свободы в христианском сознании связано с крайними выводами из учения о грехопадении, с отрицанием того, что в человеке осталась его духовная природа, его богоподобие. Католическое богословие склоняется все же к тому, что человек не был сотворен богоподобным существом и Адам получил свои высшие качества от особого действия благодати. В отпадении от Бога утерял человек свою изначальную свободу, и он может получить ее обратно лишь через действие благодати. Благодать действует на человека организованно, и через это организованное действие благодати человек получает свободу, т. е. получает ее от Бога, от Истины. Это и есть исключительно второе понимание свободы. Первая человеческая свобода находится в состоянии, которое Бл. Августин характеризовал словами «non posse non рессаге». Человеческой свободы нет, есть лишь божественная свобода. Устанавливается принципиальное противоположение свободы и благодати, потому что благодать представляется действующей извне на человека, представляется трансцендентной силой, действующей на человека как на объект. Благодать как бы объективируется и изымается из внутренней жизни духа. Устанавливается пропасть между творческим актом Бога, созидающим тварную природу, и действием Бога, посылающим благодать. Эта проблема никогда не была до конца додумана в христианской мысли. Если бы человеческая природа была окончательно искажена и свобода духа без остатка истреблена в грехопадении, то в человеке не осталось бы органа для восприятия истины откровения, то он был бы мертв для действия благодати. Но человек остался духовным существом, хотя и больным и надломленным, у него осталась религиозная совесть. К существу, лишенному свободной религиозной совести, не могло бы быть обращено слово Божие. В человеке есть свобода, которая предшествует действию на него откровения и благодати.

Действие благодати предполагает свободу человека, в этом можно видеть его отличие от акта миротворения. Последовательно доведенный до конца трансцендентизм в религиозном сознании немыслим, он приводит к отрицанию возможности религиозной жизни. Юридическое понимание отношений между Богом и человеком является последствием трансцендентизма. Самый факт религиозного опыта уже предполагает некоторый имманентизм, т. е. признание наличности религиозной совести в человеческой природе, сохранение в человеке свободы духа[62]. Человек несет в себе знак богоподобия, образ Божий, он есть Божья идея, Божий замысел. Но человек небожествен по природе, ибо тогда он не был бы свободен. Свобода человека предполагает возможность обожения и возможность загубления Божьей идеи, Божьего образа в человеке. Человек, лишенный свободы зла, был бы автоматом добра.

Свобода динамична по своей природе. Свобода имеет свою судьбу. Внутренне понять свободу можно, лишь проникнув в ее трагическую диалектику. Нам раскрылось существование двух свобод, свободы в двух разных смыслах. И вот каждая из этих свобод, и первая и вторая свобода, имеет свою роковую диалектику, в которой свобода переходит в свою противоположность, в необходимость и рабство. Поистине трагична судьба свободы, и трагизм ее и есть трагизм человеческой жизни. Первая, изначальная, иррациональная и бездонная свобода сама по себе не дает гарантий, что человек пойдет путем добра и придет к Богу, что Истина победит в его жизни, что последняя и высшая свобода восторжествует в мире. Бесконечные потенции открывают возможность самых разнообразных и противоположных актуализаций. Первая свобода не предполагает непременно определения к жизни в Истине, в Боге. Первая свобода, может повести путем раздора и злобы, путем самоутверждения одной части бытия против другой, путем распада духовного мира, т. е. путем зла. Первая свобода легко перерождается в злую свободу, а злая свобода роковым образом перерождается в необходимость и рабство. Первая свобода не облагодатствована в любви, не просветлена внутренним светом Истины. Когда ввергает свобода человека в мир раздора и самоутверждения, человек подпадает под власть природной необходимости, он становится рабом низших стихий. Свобода из собственных недр порождает это рабство и необходимость. Она таит в себе разрушительные яды. Мы знаем это по опыту индивидуальной человеческой судьбы. Мы знаем, как иррациональная свобода наша ввергает нас в рабство, подчиняет нас неотвратимой необходимости. Мы знаем это и по исторической судьбе народов. Разрушительные революции, порожденные иррациональной свободой, ввергают в анархию, анархия же порождает рабство и тиранию. Рок необходимости тяжело ударяет по народам. Мы знаем по опыту, что анархия наших страстей и наших низших расходившихся стихий порабощает нас, лишает нас свободы духа, подчиняет необходимости низшей природы. Опасность анархии, т. е. окончательного распада, подстерегает первую свободу, предоставленную самой себе. В первой свободе заложены и потенции бесконечного добра и потенции бесконечного зла. В темной бездне, предшествующей и добру и злу, заложена энергия, актуализируемая первой свободой. Миф о грехопадении связан с первой свободой, и без нее невозможно осмыслить этот миф. Первая свобода и порожденное ею отпадение от божественного центра жизни есть одна из первичных стадий динамики духа, один из моментов мистерии духа, мистерии первожизни. Этот процесс совершается в самых сокровенных глубинах духовного мира, и он лишь отображается в нашем вторичном природном мире. Природный мир, подчиненный законам необходимости, мир раздора и распада и вместе с тем механического сцепления и сковывания, есть уже вторичное порождение внутренней диалектики свободы в мире духовном. Диалектика первой свободы порождает трагедию мирового процесса, из которой нет выхода ни через эту свободу, ни через порожденную ею необходимость. Есть ли выход во второй свободе?

Вторая свобода, взятая сама по себе, также имеет свою роковую судьбу. Она имеет свою неотвратимую внутреннюю диалектику. И ее подстерегает опасность перехода в свою противоположность, в необходимость и рабство. Вторая свобода, взятая без первой свободы, ведет к принуждению и насилию в истине и добре, к принудительной добродетели, т. е. к отрицанию свободы духа, к тиранической организации человеческой жизни. Если первая свобода порождает анархию – в которой она погибает, то вторая свобода порождает авторитарный строй жизни, теократический или социалистический, в котором свобода духа, свобода совести истребляется без остатка. Авторитарный тип общества есть порождение отвлеченно взятой второй свободы. Человеческая жизнь, индивидуальная и общественная, принудительно организуется в подчинении истине и добру. Будет ли эта истина и добро теократическое, в смысле папской или императорской теократии, или коммунистическое, одинаково отрицается свобода духа, свобода совести, одинаково не остается возможности свободного выбора истины и добра. Признается лишь та свобода, которая дается принудительной организацией человеческой жизни в истине и добре. И коммунисты признают, что будет достигнута для всего человечества высшая и окончательная свобода, но через коммунистическую муштровку человеческой природы, через подчинение коммунистической истине и добру, вне которых нет свободы. Так думают и католики, отрицающие свободу совести. Они отрицают свободу зла, но утверждают свободу добра, свободу в добре. Свобода есть результат необходимости, для одних необходимости божественной, необходимости организованной благодати, для других необходимости социальной, необходимости организованного, рационализованного и регулированного общества. Добро оказывается автоматическим. Вторую свободу подстерегает соблазн Великого Инквизитора, который может являться и в очень правом и очень левом обличье. Снимается с человека бремя свободы выбора во имя спокойствия и счастия людей, во имя организации и регуляции человеческой жизни. Бесконечность духовного мира закрывается, замыкается. Весь пафос перемещается в конечное, в организацию конечного. Социализм есть такое же порождение трагизма свободы, как и анархия. Если революции в жизни народов начинаются с утверждения ничем не ограниченной первой свободы, то они кончаются утверждением ничем не ограниченной второй свободы. А это значит, что свобода в своей динамике, в своей внутренней диалектике приводит к тирании, к самоистреблению. Первая свобода ведет к раздору и распаду. Вторая свобода хочет подчинить этот раздор и распад организующей истине и добру и этим привести мир к порядку во что бы то ни стало, к принудительному, насильственному соединению и сцеплению, хочет создать необходимую свободу, свободу в необходимости и от необходимости. Выхода из трагедии свободы не видно, свобода обречена на гибель, в недрах самой свободы скрыт яд ее разрушений. Диалектика и первой и второй свободы происходит уже в мире, отпавшем от духовного центра. И страшнее всего – то, что само христианство постоянно соблазнялось о свободе (пелагианство, Августин, янсенизм, кальвинизм, церковное отрицание свободы совести). Трагедия мирового процесса есть трагедия свободы, она порождена внутренней динамикой свободы, ее способностью перейти в свою противоположность.

Естественного, природного выхода из трагедии свободы нет. Никакая натуралистическая метафизика не может указать выхода из той трагедии свободы, в которой она сама себя истребляет. Природный человек переходит от первой свободы ко второй и от второй к первой, но и там и здесь внутренний яд истребляет его свободу. Конфликт свободы и необходимости непреодолим. Свобода из собственных недр порождает необходимость. Необходимость не уничтожает внутреннего яда свободы, она сама есть лишь его последствие. Как преодолеть яд свободы, не ограничив свободы никаким насилием извне? Как избавить свободу от порождаемого ею зла, не истребив самой свободы? Это и есть мировая тема, которая находит разрешение в явлении Христа. Только явление Нового Адама, Духовного Человека находит выход из трагедии свободы, преодолевает конфликт свободы и необходимости. Сын Божий нисходит в «ничто», т. е. в изначальную свободу. Только Духовный Человек, Новый Адам вынимает яд из свободы, не уничтожая самой свободы. В роде старого Адама и это недостижимо. Там преодоление зла в свободе посягает на самую свободу. В Христе открывается третья свобода, совмещающая в себе обе первые. Благодать Христова есть просветление свободы изнутри, без всякого насилия и принуждения извне. Истина Христова, которая делает людей свободными, никого не насилует и не принуждает; она не походит на те истины мира сего, которые насильственно организуют и лишают свободы духа. Свет Христов просветляет иррациональную тьму свободы, не ограничивая ее извне. Благодать Христова есть преодоление злой свободы и доброй необходимости. Тайна христианства, как религии Богочеловечества, и есть прежде всего тайна свободы. Рациональные метафизические системы бессильны обосновать и оправдать свободу двух природ, Божьей и человеческой природы, не могут понять встречу двух свобод. Слишком многие учения о свободе грешат монофизитским уклоном, учат о Божьей свободе, но от них ускользает человеческая свобода. Только христианское откровение примиряет свободу Божью со свободой человеческой, только религия Богочеловека и Богочеловечества совмещает в себе Божью свободу со свободой человеческой. Искупление и есть избавление человеческой свободы от истребляющего ее зла не путем необходимости и принуждения, а путем благодати. Благодать же есть сила, действующая изнутри, а не извне, действующая внутри самой человеческой свободы. И потому христианское учение о благодати и есть истинное учение о свободе.

Источник свободы человека не может быть в самом природном человеке, ибо человек не есть самодовлеющее, абсолютное бытие, в самом себе имеющее источник жизни. Источник всякой жизни восходит к первоисточнику бытия, к Богу. Таким путем приходят к тому выводу, что в Боге лежит источник свободы человека. Человек черпает свою свободу оттуда, откуда получает всю свою жизнь. Отходя от Бога, т. е. от первоисточника жизни, человек теряет и свою свободу. Но если дальше идти по этому пути размышлений о свободе, то мы приходим к монофизитству, к признанию свободы Бога и отрицанию свободы человека. Человек получает свободу от Бога, но он не имеет той свободы, через которую он должен обратиться к Богу. Свободный ответ человека на зов Божией любви невозможен, Бог сам себе отвечает. Трагедия, в которой действуют два лица, превращается в трагедию, в которой действует одно лицо. Самый первофеномен религиозной жизни непонятен при таком понимании свободы. Как же спасти свободу человека? Может ли человек, как тварное существо, иметь бездонный источник бытия в самом себе? Или человек не только тварь? Или жизнь человеческая имеет значение события, совершающегося в недрах самой божественной жизни? Пантеистическое учение о человеке, как проявлении Божества, не только не поможет нам, но приведет к окончательному упразднению свободы. Пантеизм есть чистейшее монофизитство, для него существует лишь свобода Бога, тожественная с необходимостью,, для человеческой же свободы пантеизм не оставляет места. Свобода человека отрицается и при теистическом дуализме, который видит в человеке лишь тварь, не имеющую в себе самой источника бытия; и при пантеистическом монизме, который видит в человеке лишь частицу Божества. Мышление как будто бы отказывается найти точку опоры для обоснования свободы человека. Трансцендентный дуализм так же принужден отнести свободу к Богу, как первоисточнику бытия, как и имманентный монизм. Только христианство знает тайну обоснования свободы человека, тайну, связанную с двуединством природы Христа-Богочеловека, тайну соединения природ при сохранении различения этих природ. *Источник свободы человека лежит в Боге, но не в Боге-Отце, а в Боге-Сыне, Сын же не только Бог, но и человек, абсолютный человек, духовный человек, извечный человек.* Свобода Сына и есть та свобода, в которой (и через которую) возможен свободный ответ Богу, свободное обращение к Богу. Свобода Сына и есть источник свободы всего человеческого рода, ибо род человеческий есть не только род природного Адама, но и род духовного Адама, род Христов. В Сыне совершается свободный ответ на Божий зов любви, на Божью потребность в своем другом. Это совершается в небесном, духовном мире и отображается в земном, природном мире. Свобода Сына Божьего имеет источник в себе самой, в нем самом, это есть свобода абсолютной духовности, не знающей никакого определения извне. Но в Сыне Божьем пребывает весь род Адама, в Нем он имеет внутренний источник своей свободы, не только Божьей свободы, но и свободы в отношении к Богу, свободы обращения к Богу. Получить свободу от Христа не значит только получить свободу от самого Бога, но значит также получить свободу для обращения к Богу, для ответа на Божью потребность в любви, свободу быть истинными сынами. Это уже не есть ни монизм, ни дуализм, это есть тайна Богочеловечества, тайна двух природ во Христе, а потому и двух природ в человеке. Тайны свободы человека и разрешения трагедии свободы нужно искать в христологическом догмате о богочеловеческой природе Христа. Только христологическое сознание преодолевает монофизитство, к которому имеет естественную склонность наше мышление. Христос-Богочеловек – Абсолютный Человек, а не только Бог, и потому в Нем действует свобода человеческой природы, а не только природы божественной. В деле, совершенном Христом-Богочеловеком, действовала не только Божья природа, но и человеческая природа, природа Небесного Адама, Адама Кадмона[63]. Спасение мира есть акт, совершенный не только Богом, но и человеком и человеческой свободой, свободой Христа – Абсолютного Человека, в котором пребывает весь человеческий род. Все соборное человечество через Христа участвует в деле спасения и освобождения мира. В Христе весь человеческий род дает свободный ответ Богу. Мы род Христов, род Небесного Адама, и через Него, через Его человечество мы приобщены к Его свободе, к свободе человека, к истинно человеческой свободе. Через Христа Абсолютного Человека мы соучастники второй Ипостаси Св. Троицы, божественной мистерии, совершающейся в недрах Божественной Троичности. Духовный человек имеет свободу, потому что он принадлежит к роду Сына. В нем раскрывается источник свободы человека, свободы во Христе, не божественной только, но и истинно человеческой свободы. Свобода сына есть человеческая свобода, она опирается на бездонность человеческой Ипостаси в Божественном бытии. Свобода принадлежащих к роду Небесного Адама соединена с любовью, есть свободная любовь, есть свобода в любви, в ней вырвано жало зла из свободы, побежден ее смертельный яд. Постигнуть тайну человеческой свободы значит одинаково преодолеть монизм и дуализм, значит приобщиться к тайне единства двух природ, что и есть тайна христианства. *Бог хочет, чтобы человек был*, чтобы была и человеческая, а не только божественная природа. Человеческая природа была сотворена Богом не для того, чтобы уничтожиться. Бог томится по своему другому, по любящему и любимому, ибо Бог есть бесконечная любовь. Любовь же не может оставаться в замкнутости, она всегда выходит к другому. В Сыне Бог находит своего друга, любящего и любимого. В Сыне совершается ответ Богу другого, Небесного Человека, на Божью любовь. Но любовь может быть только свободной, и только в свободной любви нуждается Бог. Акт свободной любви, исходящий из бездонного источника, совершается в Сыне, в Христе – Абсолютном Человеке. И через Сына, через Христа – Абсолютного Человека этот опыт совершается во всем духовном роде

Адама. В Сыне, в Абсолютном Человеке, единый духовный человек и множество духовного человеческого рода таинственного совпадают. Индивидуалистическая обособленность тут неприменима. Абсолютный, Небесный Человек есть единый Человек и соборное человечество разом. В Сыне, в Христе-Богочеловеке, не только восстанавливается подорванная и утерянная свобода ветхого Адама, но и открывается высшая свобода нового духовного Адама. Свобода духовного Адама есть уже иная свобода, свобода соединенная с любовью, изнутри просветленная любовью и потому победившая яд свободы, яд, заложенный в ее иррациональной тьме. Свобода духовного Адама, нового духовного человека есть облагодатствованная свобода. Через Сына получает человек свободу, внутренне соединенную с благодатью. Эта благодать не есть насилие над свободой человека, она приходит не извне к человеку. В благодати, которая идет от Сына, в Христе-Богочеловеке, действует не только Божья энергия, но и энергия человеческая, энергия Абсолютного Человека, энергия вечной, небесной человечности. Благодать действует как третья, высшая свобода, свобода небесной, духовной человечности. Тайна благодати в христианстве и ее внутреннего единства со свободой и есть все та же тайна богочеловечности, тайна единства двух природ. Благодать исходит не только от Божественной природы Христа, но и от его человеческой природы, от его небесной человечности. В ней действует и просветляется свобода человека, третья свобода. Третья свобода и есть свобода, соединенная с благодатью, с благодатной любовью. Происходящее во времени и на земле происходит и на небе и в вечности. Боговочеловечение экзотерически совершается на земле, во временном процессе, но эзотерически оно совершается на небе, в вечности, в плане духовном. Это и есть мистерия духа, в которой Сын извечно рождается от Отца. Благодать есть царство Третьей Ипостаси, есть благодать Духа Святого. В царстве Духа Святого нет противоположения между свободой Бога и свободой человека, между свободой и благодатью. Благодать действует внутри самой свободы. Божественная мистерия жизни завершается. Бог встречает любимого, и его ответная любовь есть любовь бесконечно свободная. Тайна двух природ, двуединства разрешается в Троичности. Отношения между Богом и человеком разрешимы лишь в Третьем, в Духе, который есть осуществленная Любовь. Тайна соотношения между Богом и Его Другим окончательно разрешается в Третьем. Царство любви в свободе есть царство Троичности. Опыт свободы и ее имманентной трагедии приводит к Троичности. Только в христианстве остается полнота человеческой свободы, она ничем не поглощается извне. Отвлеченный монотеизм всегда есть тирания и деспотия, всегда есть понимание Бога как самодержавного монарха и нигде не оставляет места для свободы. Лишь религия конкретной Троичности окончательно преодолевает монархически-империалистическое понимание Бога, раскрывает жизнь Бога как Божественную Троичность и потому обосновывает свободу.

Тайна креста, тайна Голгофы есть тайна свободы. Сын Божий, принявший зрак раба и распятый на кресте, не принуждает внешней силой и мощью признать себя. Он остается невидимым в своей божественной силе для чувственного взора природного человека. Божественная сила и слава Распятого обличается в акте свободной веры и любви. Распятый обращен к свободе человеческого духа. Он ни в чем не насилует. Нужен свободный подвиг духа, чтобы узнать в Распятом своего Бога. Бог, распятый на кресте, не только открывается, но и сокрывается. Исчезает всякое насилие природного, чувственного мира в откровении Божества, все обращено лишь к духовному взору, к внутренней свободе. Для чувственного взора природного человека, подавленного силами внешнего мира, виден в Распятом лишь униженный и растерзанный, видимо лишь поражение и гибель правды в мире. Божественная правда представляется бессильной и немощной. Может ли Бог явиться в мире не как сила и мощь, побеждающая и преображающая всю жизнь, а как крестное страдание, как кажущееся бессилие и немощь перед силами мира? Об этом соблазнился еврейский народ, который отказался увидеть в Распятом ожидаемого Мессию, Сына Божьего. Подлинный Мессия, Сын Божий, должен явиться в силе и славе, должен основать могущественное царство Израиля, должен положить конец страданиям и злу жизни. Крест, Голгофа были соблазном для иудеев. И для наших дней крест остается соблазном для иудеев, хотя бы и арийского племени, так как ждут они явления божественной правды в силе, ждут внешней победы правды в мире. Соблазн этот и есть отречение от свободы духа, нежелание и неспособность увидеть за видимым чувственным унижением и поражением Божьей правды ее невидимое, духовное торжество и мощь. Если бы Сын Божий, Мессия явился в силе и славе, если бы он явился как царь мира и победитель, то свободе человеческого духа наступил бы конец, то Царство Божие осуществилось бы путями необходимости, насилия и принуждения. Атеистический социализм, идущий на смену христианства, хочет осуществить царство правды на земле, осуществить на земле Царство Божие, не веря в Бога, без креста и распятия. Но религия распятой правды есть религия свободы духа. Распятая правда не обладает ни логической, ни юридической принудительностью. Распятая правда явилась миру как бесконечная любовь. Но любовь не насилует меня, она делает меня бесконечно свободным. В любви все становится для меня родным по духу, близким, в любви освобождаюсь я от чуждого и враждебного инобытия, и потому обретаю я высшую свободу. Свобода должна привести меня к любви, и любовь должна сделать меня свободным. Благодать Христова и есть тайна любящей свободы и свободной любви. Она явлена была на кресте. В свободном страдании Богочеловека, обращенном к свободе человека, скрыта тайна христианской любви.

В экзотерически-социальной, внешнеисторической жизни Церкви огромную роль играет авторитет. Авторитарные, гетерономные формы религиозного сознания преобладают в исторической жизни христианских народов. Но как осмыслить авторитет в христианстве, в религии свободы? С точки зрения феноменологии религиозного опыта, авторитет есть феномен вторичный, а не первичный, он всегда предполагает раньше себя феномен веры и акт свободы. Авторитет, авторитет папы или собора, не есть внешнепредметная реальность, материальным принуждением заставляющая себя признать. Материальное принуждение в делах веры было явной изменой существу христианства. Если я не верю в папу или собор, не вижу в них духовных реальностей – то они никаким авторитетом для меня не обладают, и притязания папы или собора совершать надо мной насилие я буду рассматривать лишь как насилие внешнего, материально-природного мира, как удар палки или падение камня. Я должен в акте веры наделить собор или папу атрибутами авторитета для того, чтобы они стали авторитетными для меня. Если папа осуждает какую-нибудь книгу или какое-нибудь мнение верующего католика, то этот акт имеет для этого католика внутренний смысл и значение, он авторитетен. Но если папа осуждает книгу или мнение человека, в католическую церковь не верующего, то такой акт лишен всякого смысла и значения для этого человека, не имеет для него никакого авторитета. Совершенно невозможно додумать до конца и оправдать наивно-реалистическое понимание авторитета, которое дало бы ему примат над свободой духа. Авторитарное сознание, отрицающее свободу, всегда есть наивно-реалистическое сознание, для него авторитет есть внешняя, предметная реальность, подобная реальностям мира материального. Авторитарное сознание есть всегда своеобразный религиозный материализм. Авторитет папы для этого сознания обладает принудительностью, похожей на принудительность материальных предметов. Дух остается пассивен в восприятии и приятии авторитета. Но дух бывает пассивен лишь в восприятии и приятии предметов внешнего эмпирического мира. Свободная активность духа не нужна, чтобы воспринять и признать предметы внешнего эмпирического мира. Но дух активен, когда речь идет о восприятии и приятии реальностей духовного мира. В отношении к духовным реальностям, к духовному миру совершенно невозможно наивно-реалистическое понимание. Папа не есть внешняя эмпирическая реальность, он не может быть воспринят в своей авторитетной качественности вне активных событий духовной жизни. Авторитет папы есть невидимая вещь и, как все невидимые вещи, обличается верою. Авторитет папы остается невидимым и необличенным для тех, которые не верят в него по-католически. Авторитет собора есть такая же невидимая вещь, обличаемая лишь верой, и собор не имеет внешних, материально уловимых признаков своей подлинности. Лишь тот собор подлинный и авторитетный, в котором есть действия Духа Святого, а действия Духа Святого нельзя определить ни по каким внешним, принудительно на нас действующим признакам. Собор признается подлинным и авторитетным – соборным духом христианского народа. И в католичестве, представляющем наиболее авторитарную форму сознания, непогрешимость папы все же провозглашается Ватиканским собором, т. е. должна быть признана католическим миром, для того чтобы обладать авторитетностью. Это есть внутреннее противоречие в самом понятии авторитета и непогрешимости, над которым и католическое сознание бессильно возвыситься. Свобода духа внутренне и идеально (но не всегда психологически и социально) предшествует авторитету. Свобода первичнее, изначальнее всякого авторитета, и она из своих недр создает авторитет. Источник авторитета не в объекте, а в субъекте. Авторитет означает или мое свободное принятие известного принципа, или мое духовное рабство.

Авторитет не дает никакой внешней незыблемости, никаких материально уловимых и принуждающих признаков истины, он не снимает бремени свободы. Авторитарные, т. е. извне наивно-реалистически и эмпирически подаваемые и понуждающие, признаки и критерии религиозной истины есть всегда самообман и иллюзия, отражение внутренних событий духовного опыта. Нет и быть не может материально принудительных признаков религиозной Истины. Критерий лежит во мне, внутри, а не вне меня. Авторитет вселенских соборов, как источник истины православия, также требует моей санкции, моего акта свободы, моего акта веры, моего духовного опыта и духовной жизни. Всегда и повсюду в мире духовном мы приходим к свободе, как первичной основе всякой жизни и всякого бытия. Авторитет есть лишь проекция событий духовной жизни во внешний природный мир. Вселенский собор есть для меня истина лишь как внутреннее событие моего духовного мира, лишь как опыт во мне самом, в глубине моего духа. Вселенский собор, как проекция во внешнем историческом мире, есть уже что-то вторичное, отраженное. Авторитетом для меня обладает лишь то, что видится в моем духовном мире как Истина, что есть встреча с первореальностью, порожденная свободой моего духа, всегда первичной и изначальной. Папизм лишь иллюзорно выходит из непреодолимых трудностей, связанных с идеей внешнего авторитета, обладающего материально уловимыми признаками истины. Папизм вращается во вторичном, а не в первичном мире. Пусть папская непогрешимость есть твердый и незыблемый критерий всех религиозных истин. Но истина о самой папской непогрешимости не может опираться ни на какой внешний незыблемый авторитет, она порождается из недр свободы, она свободой избирается. В сферу авторитарных критериев я могу войти лишь во вторичном плане. Истина о примате свободы над авторитетом не есть истина психологическая, психологические процессы бывают разнообразны и запутанны, это есть истина духа, истина о самой первожизни, о ее первофеномене. Последний и первый критерий Истины лежит в самой Истине, последний и первый критерий познания Бога лежит в самом Боге. Авторитарное сознание ищет критериев для Бога в низшем природном мире, не верит в критерии, заложенные в самом божественном мире. Это сознание во всем уподобляет мир духовный миру природному, Царство Божие царству кесаря. И практики авторитарного сознания всегда предполагают скрепление Церкви с государством, большую веру в государство, чем в Церковь. В православии не было последовательно продумано и до конца доведено авторитарное сознание. В этом великое преимущество православия перед католичеством, большая в нем свобода духа. Хомяков, как известно, совсем отрицал авторитет в православии и свободу полагал в его основу. Самая идея свободы в православии не связана с индивидуализмом, с утверждением права на свободу отдельной личности, свобода понимается соборно, как свобода в любви. Но в православии был силен авторитет быта, была крепка связь Церкви с государством, порабощавшим Церковь. Авторитет почиет на всей Церкви, но Церковь есть духовный мистический организм, и потому авторитет ее не есть внешне-материальный, а есть внутренний авторитет соборной духовной жизни. Внутренний духовный авторитет покоится на свободе и предполагает свободу. И отказ от свободы духа в христианском мире есть дьявольский соблазн, одно из искушений, отвергнутых Христом в пустыне. Истина должна быть соизмерима с моей духовной природой, с моей духовной жизнью. Она не может быть для меня внешней, деспотически меня насилующей. В духовном мире нет деспотии и невозможно насилие. Тайна должна быть родной мне, внутренне близкой. Истина о божественной жизни не может быть насилием надо мной, потому что смысл этой истины предполагает мою свободу. Самое рабство духа, отраженное в чисто авторитарных формах религиозного сознания, есть лишь вторичное порождение больной, пораженной внутренним злом свободы. Вне свободы нет духа, и вне духа нет свободы. Авторитарный тип религиозности есть лишь выражение низшей стадии духовности, есть тип религиозности душевной. Высшие стадии духовности преодолевают авторитарное сознание. Но это не значит, что авторитарные формы религиозности не имеют смысла в исторических судьбах христианских народов и должны быть внешне отрицаемы. Внешне нельзя преодолеть авторитарных форм религии, насильственно нельзя их отрицать, – возвышение над ними есть внутренний духовный процесс. Свободу нельзя получить извне. Свободная наука, свободное искусство, свободное общество, свободная любовь могут быть достигнуты лишь свободным духом. Рабьи души не могут создать ничего свободного.

Человек как душевно-телесное существо не может претендовать на чистую автономность. Автономия не может быть претензией человека, в каком бы состоянии он ни находился, автономия должна быть явлена духовным состоянием человека. Претензия к свободе вообще есть ложь, свобода должна быть обнаружена и явлена в духовном опыте, в духовной жизни, она не может быть предметом внешних деклараций. Вот почему революционные требования свободы обычно приводят к новым формам тирании и рабства. Нельзя требовать насилием свободы духа, нужно иметь свободу духа, раскрыть ее изнутри. Переход от гетерономных форм религии к формам автономным может быть лишь результатом духовного роста. Христианский религиозный опыт не есть опыт исключительно личный, индивидуальный, это есть опыт соборный, коллективный. Христианский мир представляет целостный духовный организм и, как всякий организм, имеет иерархическое строение. То, что происходит на высших ступенях духовной жизни, имеет значение и для того, что происходит на самых низших ступенях, питает все ступени духовной жизни. Гетерономия имеет прежде всего социальное, историческое значение, она всегда относится не к самой Истине в себе, а к действию Истины в истории, в общественной среде. Гетерономия также должна быть понята в свете автономии, как необходимость должна быть понята в свете свободы. Но самое понятие автономии выработано уже философией, пораженной болезнью индивидуалистического отщепления, – автономия утверждает себя против гетерономии, как восстание религиозной личности против религиозного общества. Это есть момент духовного пути, прохождение через расщепление, отхождение от старой принудительной органичности. Утверждение религиозной свободы в протестантизме заключает в себе несомненную правду, но испорченную ошибочной направленностью духа. Свобода утверждалась в протестантском бунте по преимуществу отрицательно, а не положительно, и сама проблема свободы не ставилась на последней глубине. Протестантское сознание поражено индивидуализмом, т. е. не понимает той истины, что жизнь духа есть жизнь разомкнувшейся души, души, вошедшей в духовный мир, не знающей раздельности и внеположности. Беда не в том, что протестантизм слишком утверждает свободу человеческого духа, беда в том, что он недостаточно ее утверждает. Свободу нужно утверждать в несоизмеримо большей степени, более радикально и на большей глубине. Протестантизм имеет уклон к монофизитству, отрицанию человека и человеческой свободы, резкому противоположению свободы и благодати. Германский идеализм, выросший на духовной почве протестантизма, имеет огромные заслуги в борьбе за свободу духа, в раскрытии и обосновании идеи автономии (Кант, Фихте, Гегель), Но германский идеализм также был поражен ересью монофизитства, он знает свободу божественную, но не знает свободы человеческой. Заслугу же великих германских идеалистов нужно видеть в том, что они понимают под свободой плод высшей духовности, а не внешнюю претензию пораженных рабством духа.

Во всяком случае нужно признать, что спор автономного и гетерономного сознания ведется не в первичной, а во вторичной сфере. Автономия соотносительна гетерономии. В глубине духовной свободы не существует формальной автономии, там нет различия между автономией и теономией. Теономическое сознание, свободное теономическое сознание возвышается и над автономией и над гетерономией. Автономное сознание есть еще формальное понимание свободы, оно утверждает свободу для природного Адама, не ведая, для чего свобода нужна. Автономия и гетерономия – юридические, законнические, а не духовные категории, они сложились для мира раздора, в котором совершается насилие. Свобода же есть категория духовная, а не юридическая, она лежит глубже спора о своезаконности и чужезаконности. В мире, в котором автономия утверждается против гетерономии, утеряна свобода духа. Автономное сознание есть сознание формалистическое. Оно соответствует той стадии духовной жизни, когда свобода еще беспредметна, ни на что не направлена, когда я хочу быть свободным от всякого принуждения и насилия извне, хочу определиться только собственной вольной волей, хочу жить по своему закону. Автономия противополагается не только гетерономии, в чем ее правда, но и теономии, в чем ее неправда. Положительная, более глубокая истина заключается в том, что я не могу жить только по собственному закону, что свобода моя не может оставаться отрицательной, формалистической и беспредметной, что свобода нужна мне для великого ответа на Божий зов, для обращения моего к божественной жизни. Свобода ветхого Адама, природного человека есть еще формальная, беспредметная свобода, детская свобода, желание освободиться от пеленок. Свобода Нового Адама, духовного человека есть уже содержательная, положительная, внутренняя свобода, желание жить для Бога и в Боге. В сущности, гетерономное сознание и автономное сознание есть еще незрелое сознание в разных стадиях незрелости, и там и здесь нет еще подлинной свободы духа, нет сознания того, что свобода есть не претензия и не право, а бремя и обязанность, что свобода человека нужна Богу для осуществления Божьего замысла о человеке. Свобода есть собранность, а не распущенность духа, свобода сурова и трудна, а не легка. Свободная жизнь есть самая трудная жизнь, легкая же жизнь есть жизнь в необходимости и принуждении. Свобода порождает страдание и трагедию. Отречение от свободы порождает кажущееся облегчение страданий и трагизма жизни. Гетерономное сознание представляет себе Бога восточным деспотом, требующим себе рабской покорности невольника. Так отражается Бог в природном человеке, в стихии греха. Это представление о Боге глубоко вошло и в мир христианский и отравляет его. Человек – раб Божий, подданный самодержавного властелина, который должен исполнять волю Господина, в чем бы воля эта ни заключалась, должен исполнить закон Хозяина. Грехопадение есть формальное нарушение самодержавной воли Господина, неисполнение закона Хозяина жизни. Такое формально-юридическое понимание грехопадения ведет к формально-юридическому пониманию искупления. Бог, как самодержавный и ничем не ограниченный деспот, требует от человека не исполнения правды и истины, которые осмысленны для человека, соизмеримы с его духовной природой, а исполнения своей формальной воли, своего повеления, хотя бы оно было бессмысленно и совершенно трансцендентно его духовной природе. Человек должен исполнять волю Бога, но не должен задаваться вопросом о том, в чем эта воля заключается, каков смысл того, что требует Бог. Но ведь исполнение воли Божьей еще ничего не говорит о том, в чем эта воля заключается. Это есть формально-юридическая постановка вопроса. Я согласен исполнить волю Божью, если Бог есть бесконечная любовь, хотя и нелегко это мне. Но если Бог есть бесконечная злоба, то я не согласен исполнять волю Божью, хотя это, может быть, было бы и легче мне. В моем постижении Бога я не могу отделить Бога от Идеи Бога, от Смысла, от Любви, от Истины и Правды, от Красоты. Это отделение есть рабство духа, превращение Бога в ассирийского деспота. Спор о том, подчинен ли Бог истине и правде, как думал Платон, или Бог совершенно свободен и истина и правда есть лишь то, чего хочет Бог, как думал Дунс Скот, есть неверно поставленный спор, основанный на ложном разделении того, что нераздельно. Нельзя сказать, что Бог подчинен истине и добру, как началам, над ним господствующим, и также нельзя сказать, что истина и добро есть лишь то, чего захочет Бог. Такое расчленение совершенно неприменимо к природе Божества, и так же нельзя мыслить Бога моралистически, как нельзя его мыслить деспотически. Бог не может захотеть лжи, зла и уродства не потому, что Он ограничен истиной, добром и красотой, а потому, что Он есть Истина, Добро и Красота, что свобода и необходимость Истины, Добра и Красоты в Нем совершенно тожественны. Бог не может захотеть бессмыслицы, потому что Он есть Смысл, Смысл есть Его имманентная идея. Премудрость присуща Богу. Бог не может захотеть рабства, потому что рабство есть зло. Он может хотеть только свободы, потому что свобода есть Его идея, Его замысел о мире. Бог не может хотеть формального исполнения и подчинения своей воли, в чем бы эта воля ни заключалась, потому что у Бога не может быть темной воли, отделенной от идеи Бога, от Смысла, от Истины и Правды, от Свободы, без которой нет Смысла и нет Правды. Бог прежде всего хочет от человека свободы – такова воля Божья, неотрывная от идеи Божьей, и воля Божья должна быть исполнена. Во имя исполнения воли Божьей, идеи Божьей я не смею быть рабом, я должен быть свободен духом. Я и волю Божью не могу и не должен исполнять, как раб, я должен исполнять ее, как свободный духом, как духовное существо. Мы не рабы уже, а сыны, свободные, и свобода наша куплена дорогой ценой. В Сыне Отец открылся, как бесконечная любовь. Образ Бога, как властелина, требующего исполнения своей воли, требующего формальной покорности своей силе, исчезает, как порождение подавленности природного человека грехом. Если свобода не может быть противополагаема благодати, то она также не может быть противополагаема смирению. Смирение, как явление духа, есть сокровенный акт духа, оно есть явление внутри свободы, без свободы не может быть смирения и не имеет цены смирение. Смирение не есть внешняя покорность. Внешняя покорность и послушание не имеют цены. Ценно только просветление человеческой природы. Смирение есть внутреннее просветление духовного существа человека, вольная, свободная победа над всякой гордыней самоутверждения, над всякой злобой нашей низшей стихии. Смирение есть путь к новому рождению, перенесение центра тяжести жизни извне в глубину. Смирение совсем не есть внешняя покорность, внешнее подчинение своей воли чужой воле. Смирение, как религиозный факт, совсем не походит на покорность и подчинение членов коммунистической партии партийной дисциплине и центральному комитету партии. В этой покорности и подчинении природа человеческая остается неизменной, старой и отношения между человеком и той силой, которой он подчинен, остаются ветхими отношениями. В подлинном же смирении изменяется и просветляется природа человека. Смирение есть акт человека, направленный на самого себя, и оно предполагает великое напряжение свободы духа. Смирение есть путь освобождения от власти внешнего, чуждого, насилующего человека, обретение освобожденности духа, отреченности от власти порабощающих стихий, внутренней свободы от зла жизни. Рабье понимание смирения есть искажение христианства и извращение духовного пути. Смирение есть приобретение духовного мира, единение с высшими духовными силами, а не рабья покорность, всегда основанная на отсутствии этого мира и единения, на разрыве и отчуждении. Смирить свою волю значит проявить величайшую свободу, освободить свою волю от власти темных стихий. Смирение есть один из путей свободы. Смирение совсем не есть гетерономия, и явление смирения в жизни величайших святых и мистиков есть обнаружение совершенно «автономного» религиозного опыта. В акте смирения действует не чужая воля, а моя собственная воля, но воля просветленная и преображенная в высшую духовную природу: Смирение перед старцем* подчинение своей воли его духовному руководительству есть совершенно вольный акт, акт свободы, а не подчинение принуждающей силе. В самоутверждении я разрушаю собственную свободу, ввергаю свою природу в небытие. Смирение есть переход от эгоцентризма к теоцентризму. Автономия морали, науки, искусства, права, хозяйства, которую утвердила новая история, совсем не есть автономия самого человека. Все освобождалось, кроме самого человека. Человек делался рабом автономной морали, науки, права, хозяйства и пр.

Признает ли христианство свободу совести и веротерпимость? Этот вопрос имеет кровавую и трагическую историю, о нем соблазнялся христианский мир. Горели костры, лилась кровь, кипели злобные страсти, совершались величайшие насилия во имя религии любви, религии свободы. Защищали свободу совести и веротерпимость люди, равнодушные ко всякой религии, всякой вере. Легко быть терпимым ко всякой вере тому, кто ни во что не верит, кто равнодушен к истине. Но как соединить горячую веру и преданность единой Истине с терпимым отношением к ложной вере и к отрицанию Истины? Не есть ли веротерпимость всегда признак индифферентизма? Так и думают те христиане, которые отрицают свободу совести и веротерпимость. Защита свободы совести и веротерпимости стала прерогативой либерализма и гуманизма, никакой религиозной веры не держащегося. Свобода совести и веротерпимость защищаются, как совершенно формальные принципы, безотносительные к какой-либо положительной истине. Люди религиозные, верующие в положительную Истину, исключающую всякую ложь, защищали свободу совести лишь в таком месте и в такое время, где и когда вера их была гонима и утесняема. Так, католики, которые менее всего склонны были признавать принцип свободы совести, апеллировали к свободе совести в России, когда католическая вера была утеснена и ограничена в правах. Христианство в период гонений, до Константина Великого, защищало свободу религиозной совести в лице ряда апологетов и учителей Церкви. Но после Константина Великого, когда христианство стало господствующей религией, мы уже не слышим аргументов в защиту религиозной свободы, уже раздаются голоса в защиту насилия против еретиков и инакомыслящих, призыв к вмешательству меча государственного в дела веры. Так внешне, исторически стал этот вопрос и породил много лжи, неискренности, грубого утилитаризма. Но как внутренне поставить для христианского сознания вопрос о свободе религиозной совести, поставить его по существу, отрешившись от мирских выгод, от позитивизма и утилитаризма, примешанного к христианству в истории? Христианство эксклюзивно, и оно не может терпеть рядом с собой лжи, оно не может признавать равноценности Истины и лжи, не может быть равнодушно к тому, что люди ложь предпочитают Истине. Христианству чужд формальный либерализм, равнодушный к Истине, и христианское сознание не может защищать свободу религиозной совести аргументами формального либерализма. Христианская свобода не есть формальная, бессодержательная свобода природного Адама. В христианстве свобода не есть право, как в гуманистическом либерализме, свобода есть обязанность, долг перед Богом. И если христиане должны защищать свободу совести и веротерпимость, то совсем не по тем либеральным, формально-правовым основаниям, по которым защищает их мир, равнодушный ко всякой вере и всякой истине, дорожащий свободой заблуждения, лжи и зла. Люди, отрицающие самую религиозную совесть, могут лишь совершенно внешне защищать свободу религиозной совести, она нужна им, чтобы отстоять свое право на неверие и на ложь, она нужна им, чтобы их оставили в покое. Но только внутри христианства свобода религиозной совести и веротерпимость приобретают внутренний смысл и религиозное оправдание. Христианство признает свободу совести и требует терпимого отношения к человеческой душе, к ее интимному духовному опыту и духовному пути, потому что свобода входит в содержание христианской веры, потому что христианство есть религия свободы. Сам Бог бесконечно терпим к злу мира. Он терпит во имя свободы самых страшных злодеев. Не формально, а материально утверждает христианство свободу религиозной совести, утверждает свободу не из-за равнодушия к истине и согласия на ложь, а из веры в истину, которая есть откровение о свободе человеческого духа. Для христианского сознания свобода есть содержательная, предметная истина. Христос открыл нам бесконечную свободу духа и кровью своей укрепил ее на веки веков. Вера в Голгофу есть вера в свободу. Требование свободы религиозной совести в христианском сознании ставится на несоизмеримо большей глубине, чем в сознании либеральном, гуманистическом, внерелигиозном. Насилие над человеческой душой в делах веры есть измена Христу, отрицание самого смысла христианской религии, отрицание самой природы веры. Человек должен свободно пройти через испытания и свободно их преодолеть. Человек должен искать истину и исследовать истину. Отрицание религиозной свободы, фанатическая нетерпимость и насилие в духовной жизни родились из идеи принудительного спасения, идеи, противоположной смыслу христианства. Бог сам мог бы насильственно спасти весь род человеческий, мог бы лучше и вернее это сделать, чем насилие церковной иерархии или государственной власти. Но Бог не хочет насильственного спасения, ибо оно противоположно Его замыслу о мире и человеке, ибо Бог ждет свободного ответа человека на свой зов, ищет свободной любви своего другого. И Бог, как и человек, может сказать: насильно мил не будешь. Нельзя насильно вогнать в рай. Идея принудительного спасения, столь роковая по своим последствиям в истории, есть ложное уподобление Царства Божьего царству кесаря, есть принижение мира духовного до уровня мира природного. В мире природном, в царстве кесаря, царят насилие и принуждение. Мир духовный, Царство Божье, есть порядок свободы. Насилие никого не может спасти, потому что спасение предполагает акт свободы, спасение есть просветление свободы изнутри. История христианства полна насилий, но эта история не принадлежит духовному миру, не связана с сокровенной историей христианства, она принадлежит внешней социальной истории человечества, она определяется состоянием природного человека. Если средневековое христианство полно кровавых насилий, то повинно в этом не христианство, а то варварское природное человечество, которое с таким трудом проходило свой путь христианизации. То, что обыкновенно ставится в вину католической церкви, должно было бы быть поставлено в вину варварству человеческой природы. Но вопрос о религиозной свободе не есть исторический вопрос, это есть вопрос самого существа христианской веры. И вот с точки зрения существа христианской веры, веротерпимость не есть терпимость к человеческим заблуждениям и ложным верованиям, а есть любовно-бережное отношение ко всякой человеческой душе, к ее внутренней духовной жизни, к ее индивидуальному пути. Человеческая душа приходит к Богу сложными и многообразными путями, тяжкими страданиями, трагическим опытом жизни, борением духа. Человек проходит путь испытаний, изживает свой неповторимо индивидуальный опыт. Никто не смеет сказать, что он обладает полнотой Истины, а другой находится целиком во тьме. Плерома[64] находится лишь в Боге, мы же вмещаем лишь те или иные стороны истины, воспринимаем лишь отдельные лучи света. Отрицание свободы религиозной совести, насилие и грубость в отношении к религиозной жизни человека есть механизация и материализация религиозной жизни, есть отрицание духа и духовной жизни, ибо дух и духовная жизнь есть свобода. Восстание и бунт человека новой истории против насилия в делах веры и религии, против уподобления жизни духовной жизни государственной есть праведное восстание и праведный бунт. Это восстание и бунт могут порождать и порождают ложные и роковые последствия, могут обозначать отпадение от веры, но в них есть внутренний момент истины, истины о свободе. Насильственно Царства Божьего создать нельзя, его можно создать лишь свободно. На этом рухнули все исторические теократии, и крушение их было провиденциально. Без человека, без человеческой свободы Бог не может создать своего царства и не хочет создать его. Царство Божье может быть лишь богочеловеческим царством. И человек должен до конца пройти путь свободы. Ничто в мире не может удержать его на этом пути, потому что сам Бог хочет, чтобы человек до конца исполнил свою свободу и в свободе пришел к божественной полноте. Человек должен пройти через трагедию свободы, чтобы найти выход из нее в свободе Христовой, в третьей свободе. Свобода есть судьба, фатум человека, как ни парадоксально это звучит. Фанатизм, дышащий насилием, есть лишь помешательство и безумие, порожденное неспособностью природного, варварского человека вместить в себе истину духа, небесную плерому христианства. Фанатизм есть ущемленность духа страстями души и тела, подавленность духовного человека человеком природным. Фанатизм есть всегда нарушение элементарных требований гигиены духа. Когда человек во имя любви пылает ненавистью и во имя свободы совершает насилие, он находится в состоянии помешательства, вследствие бессилия принять в себя истину о любви и свободе. Природное человечество часто находилось в состоянии помешательства и потери душевного равновесия вследствие бессилия принять в себя и вместить истину христианства. Нет ничего более трудного для человека, чем принять в себя истину о свободе и остаться ей верным. Голова его мутится, и сердце его пылает. И кажется человеку, что зло, которое он совершает, он совершает во имя добра. Мир эллинский находился в большем равновесии и менее склонен был к насилиям, чем мир христианский, потому что ему не пришлось еще вмещать в себя слишком высокую и головокружительную истину о свободе. Невмещенная, непонятая истина о свободе и породила насилия, которых раньше не знали. Истина христианства непосильна была человечеству.

Христианское возрождение в мире возможно лишь через пафос свободы. Будущее христианство есть христианство свободы духа, христианство, выдержавшее испытание свободы, преодолевшее соблазны отречения от бремени свободы. Наше христианство может быть лишь новым христианством, новым не в смысле противоположности его вечному христианству, а в смысле нарождения новой души, воспринимающей вечную истину христианства. Эта новая душа может принять лишь христианство свободы духа, ибо рабство духа, насилие над духом, тирания духа целиком отходят к царству антихриста. Русская религиозная мысль раскрывала свободу духа как основную свою тему. Славянофилы учили о христианской свободе. И величайшим глашатаем ее был Достоевский. Проблема свободы духа стоит в центре проблематики христианского сознания. С ней связана проблема зла и искупления, проблема человека и его творчества. Творчество невозможно при господстве авторитарного сознания. Творческая жизнь не может быть одним послушанием, подчинением авторитету. Творческая жизнь всегда предполагает свободу духа, она есть обнаружение этой свободы. В творчестве всегда есть не только смирение, которое есть неизбежный момент духовного пути, но и дерзновение свободы. Отрицание свободы есть калечение человеческой индивидуальности, угашение духовной жизни человека. И человеческая индивидуальность восстает против превращения ее в автомат. Последовательно продуманная идея христианской свободы предполагает утверждение свободы всех сфер человеческого творчества, свободы науки, философии, искусства, общественности, любви. Принудительная наука, принудительная философия, принудительное искусство, принудительная общественность, принудительная любовь не имеют цены с точки зрения христианского сознания и не могут быть названы христианскими. В глубине свободы всех сфер творчества должна раскрыться Христова правда. Свободная наука, как и свободное искусство, как и свободная общественность, как и свободная любовь мужчины и женщины, должны служить Христовой правде, должны обращать к Богу свою творческую силу, должны быть обнаружением свободной любви к Богу. Свободе мысли, свободе чувства не могут быть положены внешние, насильственные пределы, в них изнутри должен возгораться свет Христов, должна быть изобличена пустота и небытие зла, ничтожество всякого безбожия. Это есть путь имманентный, который только и остается человечеству, взошедшему на вершину испытаний и противоречий культуры. Последнее разделение двух царств произойдет на путях свободы. Свобода окончательно приведет к Богу или дьяволу. И наступит время и наступает уже, когда свобода будет только в христианстве, когда Церковь Христова будет защищать свободу человека против насилий царства мира сего, царства кесаря, ставшего окончательно безбожным царством. Мы это видим в коммунизме, который есть окончательное истребление свободы духа, отрицание образа человека. Отрицание свободы духа и есть дух антихриста. Предельная тирания, абсолютное самодержавие власти мира сего и будет явлением царства антихриста. И лишь в Церкви Христовой будет спасение от этой истребляющей тирании, от окончательного воплощения духа Великого Инквизитора. В царстве Христовом ограничивается всякая власть, всякое самодержавие одного или всех, ибо утверждается власть самой Истины, самой Божьей Правды. Дух Христовой свободы направлен против всякой тирании, тирании справа, слева или с середины, тирании монархической, аристократической или демократической, социалистической или анархической. Это не есть дух либерализма, всегда пустого, бессодержательного и равнодушного к Истине, это есть дух благодатной, просветленной свободы, свободы любви. Искание Царства Божьего и есть обнаружение свободы духа. Царство Божие, которого мы должны искать прежде всего, есть царство духа. В духовном мире преодолевается тирания и насилие всякой внеположности, всякой разорванности. Царство Божие есть переход в духовный мир, в котором все уже будет по-иному, чем в мире природном. Бог будет всячески во всем, и потому свобода победит всякое насилие. Чтобы войти в духовный мир, человек должен совершить подвиг свободы. Человек должен получить свободу не извне, а изнутри ее раскрыть.

ГЛАВА V. ЗЛО И ИСКУПЛЕНИЕ

Проблема зла стоит в центре не только христианского, но и всякого религиозного сознания. Жажда избавления от зла мировой жизни, от горя бытия создает все религии. В конце концов все религии, а не только религии искупления в точном смысле слова обещают освобождение от зла и порожденного им страдания. В религии ищет человек выхода из состояния покинутости и одиночества в чуждом злом мире, возврата на родину духа, к близкому и родному. Уже поклонение тотему было искание покровителя и избавителя от власти окружающего злого мира. Существование в мире зла и порождаемого им горя и муки рационалистическое сознание современного человека считает главным препятствием для веры в Бога, главным аргументом в пользу атеизма. Трудным представляется примирить бытие Бога, всеблагого и всемогущего Промыслителя, с существованием зла, столь сильного и властного в нашем мире. Этот аргумент стал классическим и единственно серьезным. Люди теряют веру в Бога и в божественный смысл мира, потому что встречаются с торжествующим злом, потому что испытывают бессмысленные страдания, злом порожденные. Но вера в Бога и вера в богов возникли в истории человеческого сознания, потому что человечество испытало великие страдания и почувствовало потребность освободиться от власти зла. Если бы не было зла, поражающего наш мир, то человечество довольствовалось бы природным миром. Природный мир, свободный от всякого зла и страданий, стал бы единственным божеством для человека. Если бы не было зла и порожденного им горя, то не было бы и потребности избавления. Страдание и мука жизни, свидетельствующие о существовании зла, есть великая религиозная школа, которую проходит человечество. Жизнь в этом мире, не ведающая зла, свободная от всякого страдания и муки, вела бы к самодовольству и самоудовлетворенности. Существование зла есть не только затруднение для нашей веры в Бога, – существование зла есть также доказательство бытия Божьего, доказательство того, что этот мир не есть единственный и окончательный. Опыт зла обращает человека к миру иному, вызывает священное недовольство этим миром. В основе религиозного опыта и религиозного сознания лежит пессимизм, а не оптимизм. Все религии избавления пессимистичны, а не оптимистичны в своем чувстве мировой жизни, пессимистичны в отношении к природному миру, – орфизм и буддизм в той же мере, как и христианство. Положительный смысл бытия лежит в ином порядке, в мире духовном. Наш природный мир по видимости находится во власти торжествующей бессмыслицы. В нем царят тление и смерть, злоба и ненависть, эгоизм и разорванность. Человек подавлен бессмыслицей и злом мировой жизни. В религии, в вере прорывается он к миру смысла и получает силу, исходящую от иного мира, в котором любовь побеждает ненависть, единение побеждает раздор, вечная жизнь побеждает смерть. Существование зла ставит проблему теодицеи, оправдания Бога. Почему Бог терпит такое страшное зло, почему допускает его торжество? Мир истекает кровью, разрывается на части. Дьявол, а не Бог представляется единственным господином мира. Где же действие Промысла Божьего? Известна гениальная диалектика Ивана Карамазова о слезинке ребенка, которая кончается возвращением билета на вход в мировую гармонию. Эвклидов ум, отказывающийся понять иррациональную тайну мировой жизни, притязает создать лучший мир, чем мир, сотворенный Богом, создать мир, в котором не будет зла и страдания, мир вполне рациональный. Человек эвклидова, вполне рационального ума не может понять, почему Бог не создал безгрешного, блаженного, не способного ко злу и страданиям мира. Но добрый человеческий мир, мир эвклидова ума отличался бы от злого Божьего мира тем, что в нем не было бы свободы, свобода не входила бы в его замысел, человек был бы добрым автоматом. Отсутствие свободы сделало бы невозможным зло и страдание. И человек готов отказаться от свободы, чтобы окончательно избавиться от мук и страданий. Эвклидов рациональный человеческий мир, в котором нет зла, поражен будет страшным злом отсутствия свободы, истреблением свободы духа без остатка. В нем не было бы уже свободных испытаний, свободных исканий. Божий мир полон зла, но в первооснове его заложена свобода духа, величайшее благо, знак богоподобия человека. Проблема теодицеи разрешима лишь свободой. Тайна зла есть тайна свободы. Без понимания свободы не может быть понят иррациональный факт существования зла в Божьем мире. В основе мира лежит иррациональная свобода, уходящая в глубь бездны. В глубине мира лежит бездна, и из нее льются темные потоки жизни. Все возможности скрыты в этой бездне. Эта бездонная, предшествующая всякому добру и всякому злу тьма бытия не может быть до конца и без остатка рационализирована, в ней всегда скрыты возможности прилива новых непросветленных энергий. Свет Логоса побеждает тьму,, космический лад побеждает хаос, но без бездны тьмы и хаоса, без нижней бесконечности нет жизни, нет свободы, нет смысла происходящего процесса. Свобода заложена в темной бездне, в ничто, но без свободы нет смысла. Свобода порождает зло, как и добро. Поэтому зло не отрицает существование смысла, а подтверждает его. Свобода не сотворена, потому что она не есть природа, свобода предшествует миру, она вкоренена в изначальное ничто. Бог всесилен над бытием, но не над ничто, но не над свободой. И потому существует зло.

До конца серьезное и ответственное отношение к жизни связано с видением зла, с признанием его существования. Невидение и неведение зла делает человека безответственным и легким, закрывает глубину жизни. Отрицание зла есть утеря свободы духа, сбрасывание с себя бремени свободны. Наша эпоха стоит под знаком страшного нарастания сил зла и вместе с тем отрицания самого существования зла. Человек остается безоружен перед лицом зла, когда он его не видит. Личность выковывается в различении добра и зла, в установлении границ зла. Когда стираются эти границы, когда человек находится в состоянии смешения и безразличия, личность начинает разлагаться и распадаться. Крепость самосознания личности связана с обличением зла, с рассекающим мечом. В смешении и безразличии, в утере способности видеть зло человек лишается свободы духа. Он начинает искать гарантированной необходимости добра и переносит центр тяжести жизни из глубины вовне, он перестает определяться изнутри. Рационализм отрицает иррациональную тайну зла, потому что он отрицает иррациональную тайну свободы. Рационалистическому сознанию в дьявола труднее поверить, чем в Бога. И люди рационалистического сознания придумывают разного рода учения, отрицающие существование зла, превращающие зло в недостаточное добро или во внутренний момент развития самого добра. Зло отрицается сознанием эволюционным и сознанием гуманистическим, зло отрицается сознанием анархическим, зло отрицается сознанием теософическим.

Внутренняя диалектика свободы из недр своих порождает зло. В первой иррациональной свободе, в бесконечной потенции лежит источник зла, как и источник всякой жизни. Изначальная свобода породила зло на высшей иерархической ступени бытия. Дух, стоящий на высшей иерархической ступени бытия, первый в свободе отпал от Бога, совершил акт самоутверждения в духовной гордыне, и от него пошла порча и извращение в иерархии бытия. На вершинах духа, а не в низинах материи совершилось первое явление зла. Первичное зло имеет духовную природу, и оно совершалось в духовном мире. Низменное зло, приковывающее нас к материальному миру, есть вторичное порождение духовного зла. Дух, возомнивший себя богом и гордо вознесшийся на высоты, ниспадает в самые низины бытия. Мир есть иерархический организм, в котором все части между собой связаны; в котором то, что совершается на вершинах, отражается и в низинах. Отпасть от Бога могла только вся душа мира, в которой заключено все человечество, вся тварь. Миф о дьяволе символически отражает событие, совершившееся на самой вершине духовного мира, в высшей точке духовной иерархии. Тьма первоначально сгустилась в высшей точке духовной иерархии, там впервые свобода дала отрицательный ответ на Божий зов, на Божью потребность в любви своего другого, там творение вступило на путь самоутверждения и самозамкнутости, на путь разрыва и ненависти. Человек отпал от Бога вместе со всем творением, со всей мировой иерархией, он искушен был высшими духовными силами. Гордыня есть искушение высшего духа, который сам себя хочет поставить на место Бога. Так и в опыте жизни каждого из нас зло первоначально зарождается в нас от высших духовных сил, а потом уже выражается в зависимости нашей от низших стихий, от плотских страстей. Зов Божий обращен прежде всего к высшему духу, к его свободе, и оттуда получается первоначальный ответ. Оплотенение и материализация человеческого существа, ввержение его в рабство низшим природным стихиям есть уже результат события, совершившегося в духовном мире. Гордыня духа не возносит человека к вершинам божественности, а низвергает его в низины материальности. Миф о грехопадении есть символический рассказ о событиях в духовном мире. В этом рассказе по образцам нашего природного мира дьявол и человек представляются внеположными реальностями. Но в мире духовном такой внеположности нет, – внутренняя иерархия бытия имеет совсем иное строение, чем строение природного мира, – в ней все внутренно, все заключено во всем. И потому в мире духовном дьявол, как высший чин иерархии духов, и человек, как центр творения и царь творения, внутренни друг для друга и включены друг в друга. Дьявол есть также внутренняя реальность духовного мира человека и внеположным представляется он лишь по образам природного мира. Дьявол есть реальность, но реальность духовного порядка, а не природного порядка, его нельзя мыслить наивно-реалистически. Дьявол не есть самобытный источник злого бытия, он есть лишь обнаружение иррациональной свободы на вершине духа.

Трудность для разума объяснить происхождение зла лежит в том, что ни монизм, ни дуализм, к которым обычно разум склоняется, не могут понять явления зла. Источник зла не4 может лежать в Боге, и вместе с тем нет никакого другого источника бытия и жизни, кроме Бога. Зло не от Бога, но нет наряду с Богом никакого другого бытия, из которого могло бы быть понятно происхождение зла. Зло абсолютно иррационально и безосновно и потому рационально непостижимо и необъяснимо. Нет и быть не может никаких разумных причин и оснований зла, нет никаких положительных, бытийственных его источников. Основа зла в безосновной бездне, которая не может быть названа бытием, в ничто. Зло есть абсолютно иррациональный предел для разума открывающего смысл[65]. Зло есть небытие, и оно коренится в небытии, в древнем ничто. Но небытие непостижимо для смысла, всегда онтологического. Зло постижимое для смысла превращается в добро. Чистый монизм принужден понять зло как момент добра, как недостаточно раскрытое или непонятое, неузнанное добро. Божественное бытие есть единственное бытие, в нем все и из него все. И зло имеет свой источник в божественном бытии, но оно представляется нам злом лишь потому, что мы видим и понимаем часть, а не целое. В видении и понимании целого зло исчезает, превращается в добро. Так монизм (или пантеизм) должен прийти к отрицанию существования зла. Последовательный монизм не может открыть источника зла и потому объясняет его неведением, нераскрытостью для нас полноты и целостности божественного бытия. Чистому монизму противостоит чистый дуализм. Дуализм признает, что источник зла лежит в другом бытии, существующем наряду с божественным бытием. Последовательный дуализм должен допустить, что есть злой бог наряду с добрым Богом. Таков персидский дуализм, таково манихейство, таков старый гностицизм. Зло имеет самостоятельный и положительный онтологический источник. Наряду с добрым бытием, бытием высшего духовного мира, существует злое бытие, низменный материальный мир, обладающий самостоятельной реальностью. Так ограничивает дуализм бытие Божие, допуская вне Бога и против Бога какое-то другое, низшее бытие, и на этом пути пытается объяснить происхождение зла. Дьявол превращается в самостоятельного злого бога. Ведь и в христианстве идея дьявола получена из персидского религиозного сознания. Материя мыслится порождением злого бога, она обладает самобытной реальностью и порабощает дух. И чистый монизм и чистый дуализм не понимают и отрицают тайну свободы,' и потому ко злу относятся внешне, не видят внутреннего источника зла. Или зло совсем исчезает, или оно представляется силой совершенно внешней по отношению к человеческому духу. Но если зло не может иметь своего источника в Боге и если нет никакого другого источника бытия, кроме Бога, то как понять явление зла, какой выход из этой дилеммы? Христианское сознание не есть ни манизм, ни дуализм, оно дает третье решение проблемы происхождения зла. Для христианского сознания проблема зла связана с проблемой свободы и вне свободы неразрешима. Монизм и дуализм, в сущности, одинаково отрицают свободу и потому не могут понять явления зла. Понимание тайны зла через тайну свободы есть сверхразумное понимание и представляет антиномию для разума. Источник зла не в Боге и не в положительном бытии, стоящем рядом с Богом, а в бездонной, иррациональной свободе, в чистой возможности, в потенции, заложенной в темной бездне, предшествующей всякому положительному определению бытия, лежащей глубже всякого бытия. Поэтому зло безосновно, оно не определяется никаким положительным бытием, оно рождается не из онтологического источника. Возможность зла скрыта в той темной основе бытия, в которой скрыты все возможности. Бездна (Ungrund Беме) не есть зло, она есть источник всякой жизни, всякой актуализации в бытии, в ней скрыта и возможность зла и возможность добра. Изначальная иррациональная тайна, бездна лежит в основе мировой жизни. И никакой логизм не может целиком покрыть этой иррациональной тайны жизни. Эту иррациональную, темную основу мира гениально понимали германские мистики — Экхардт, Я. Беме; понимала и германская философия начала XIX века. По замечательному учению Шеллинга о свободе, зло возвращается в состояние чистой потенции. В начале был Логос, Слово, Смысл, Свет. Но эта вечная истина религиозного откровения не значит, что в бытии изначально уже осуществилось царство света и смысла, что Логос изначально победил всякую тьму. Божественная жизнь есть трагедия. В начале, до образования мира, была также иррациональная бездна, свобода, которая должна быть просветлена светом Логоса. Эта иррациональная бездна* свобода, не есть бытие, существующее наряду с бытием Бога, с Логосом, со Смыслом. Свобода не есть особенное бытие наряду с бытием божественным, свобода есть то, без чего бытие мира не имеет смысла для Бога, через что только и оправдывается Божий замысел о мире. Бог сотворил мир из ничего. Но также можно сказать, что Бог сотворил мир из свободы. В основе творения должна лежать бездонная свобода, которая была уже до миротворения заключена в ничто, без нее творение не нужно Богу. Бог всемогущ в отношении к бытию, но это неприменимо в отношении к небытию. В начале был Логос, но в начале была и свобода. Свобода не противоположна Логосу, ибо без свободы нет Логоса мира, нет Смысла мира. Без тьмы нет света. Через испытание зла открывается и побеждает добро. Свобода делает возможным и зло и добро. Зла, вышедшее из недр свободы, без которой нет смысла мира, не есть самостоятельное бытие. Зло есть небытие, которое нужно отличать от первоначального ничто. Но небытие есть, и оно может иметь огромную силу, силу лжи. Зло есть изолгание бытия, карикатура бытия, извращение и болезнь бытия. Зло есть нарушение божественной 115 иерархии бытия, пришедшее из небытия, смещение иерархического центра, низвержение высшего и возвышение низшего, отпадение от того первоисточника и центра бытия, из которого всему определяется его место в мире. Зло есть прежде всего ложь. Оно всегда выдает себя не за то, что оно есть на самом деле, оно всегда прельщает обманом. Дьявол есть лжец, не имеет своего источника жизни, не имеет своего бытия, он все крадет у Бога и извращает, карикатурит. Сила дьявола есть лживая, призрачная, обманная сила. Нет царства зла, как положительного бытия, существующего наряду с Царством Божиим, с божественным бытием. Зло всегда носит отрицательный, негативный характер, оно истребляет жизнь и бытие, убивает само себя, в нем нет ничего положительного. Многие учителя церкви учили о зле как о небытии. Совершенно отрицательный, небытийственный характер зла открывается в нашем собственном опыте зла жизни. Все, что мы бесспорно считаем злом, носит отрицательный характер, не заключает в себе никакого положительного бытия. Злоба, ненависть, зависть, месть, разврат, эгоизм, корыстолюбие, ревность, подозрительность, скупость, тщеславие, жадность истребляют жизнь, подрывают силы человека, одержимого этими состояниями. Всякая злая страсть пожирает сама себя, несет в себе семя смерти для человека и для жизни. В злой страсти есть что-то пожирающее, в ней раскрывается дурная бесконечность. Зло ввергает человека в иллюзорную, призрачную, лживую жизнь. Ничего онтологического нет в этой жизни. Убийство и смерть скрыты в стихии зла, во всякой злой страсти. Злоба и ненависть есть убийство и смерть, истребление бытия. Любовь же есть утверждение жизни, бытия во всех и во всем. Положительное бытие может быть лишь царством любви. В любви утверждается лик всякого человеческого существа, всякого творения Божьего, всякой былинки. Любящий хочет вечной жизни для любимого. Ненавидящий же хочет прекращения жизни, смерти. От объема любви и объема ненависти зависит степень утверждения или отрицания бытия. И потому спасение от зла и смерти может явиться лишь как бесконечная любовь. Обетования зла никогда не могут исполниться. Оно не может создать царства жизни, ибо порывает с источником жизни. Зло прельщает добром. Маркс считал цели свои добрыми, но утверждал злые пути и злые средства для достижения этих целей. Через зло, через ненависть и злобу, через зависть и месть, через раздор и яростное истребление должно наступить царство гармонии, единение, братство людей. Но злые средства побеждают окончательно, становятся единственным содержанием жизни. Ненависть никогда не приводит к любви, раздор никогда не приводит к единению, убийство никогда не приводит к жизни, насилие никогда не приводит к свободе. Нет злых путей к добру. На злых путях торжествует зло. Когда злоба вошла в сердце человеческое и отравила его, оно будет совершать дело истребления жизни. И когда в сердце ваше вошла злоба к тем, которых вы считаете носителями зла, вы бессильны победить зло, вы находитесь во власти его. Борьба со злом сама легко может превратиться в зло. Победа добра всегда положительная, а не отрицательная, всегда утверждает, а не отрицает жизнь. И начинать борьбу со злом нужно с себя, а не с других. Между тем как наши злобные чувства к злым часто бывают лишь проявлением нашего самоутверждения. Причина зла – в призрачном, ложном самоутверждении, в духовной гордости, полагающей источник жизни не в Боге, а в самости, в самом себе. Такое самоутверждение всегда ведет к самоистреблению, к уничтожению человеческой личности как образа и подобия Божьего, оно 116 возвращает к той бездне ничто, из которой был сотворен мир. Гордыня и эгоизм ведут к зияющей пустоте, к небытию, к смерти. Замыкаясь в себе самом, оторванном от Бога и Божьего мира, полагая центр своей жизни не в центре бытия, а на периферии самого себя, человек лишается всех богатств бытия. Бытие иерархично, и оно утверждается лишь в сохранении иерархического лада. Самоутверждение и эгоизм разрушают иерархический лад и этим разрушают человеческую личность, лишают ее источников жизни. Человек не находит себе места в Божьем мире, он должен искать себе места вне Божьего мира. Но вне Бога и Божьего мира нет ничего, кроме небытия, царства призрачного и лживого. Утверждение жизни на гордости и эгоизме и есть утверждение ее на ничто, как того хотел Макс Штирнер. На этом пути человек выходит за пределы бытия и вступает в царство небытия. Каждый из нас знает по собственному опыту, как самоутверждение и эгоизм разрушают его жизнь, истощают его силы. Разверзается дурная бесконечность, пустая, бездна алкания и похоти жизни, жизнь же сама уходит, жизни нет. Злая похоть жизни истребляет жизнь. Эгоистическая, корыстолюбивая, сладострастная похоть жизни есть всегда результат утери истинных источников жизни, отрыва от подлинной, бытийственной первожизни. Зло есть отрицание любви, утверждающей всякую жизнь в Боге. Оно есть безумная похоть жизни вне истинной жизни, вне Бога, жажда небытию придать характер бытия. Зло начинается с непросветленной свободы, и оно пленяет свободой, но оно всегда кончается истреблением свободы духа, всегда находится во власти необходимости и создает тиранию. Последствием зла всегда является распад бытия, взаимное отчуждение распавшихся частей бытия и насилие одной части над другой. Мир атомизируется, все становится чуждым и потому насилующим. Свободным может быть лишь бытие, соединенное в любви, в котором устанавливается родство в Боге. Лишь в Боге и через Бога все становится родственным, близким. Вне Бога все чужое и далекое, насилующее и принуждающее. Дьявол, высшая духовная сила, соблазняет людей тем, что они станут как боги. Но вступив на путь зла, поставив себя на место Бога, человек не богом становится, а рабом низшей природы, теряет свою высшую природу, подчиняется природной необходимости, перестает определяться изнутри духа, определяется извне, свобода его подрывается. Зло есть перемещение в центре бытия, сдвиг в мировой иерархии, после которого низшее становится на место высшего, материальное начало овладевает гордым духом, материальное становится на место духовного. Отвердение и оплотенение материального мира есть уже результат смещения истинного центра в мире духовном. Гордый и эгоистический дух ввергается в материю. Материя и есть результат разорванности и разобщенности в мире, дитя вражды и ненависти. Злая похоть, бесконечное вожделение, страсти, не знающие насыщения, овладевают существами, ввергшими себя в мир раздора и злобы. Человек не может иметь источника жизни в себе самом — он имеет его или в высшем, или в низшем. Дьявол не имеет никакого самостоятельного источника жизни, он может только ввергнуть человека в состояние, в котором источник его жизни черпается из низшей природы. Низшая природа, когда она занимает свое место в мировой иерархии, не есть зло, она принадлежит божественному миру. Но когда низшая природа занимает место высшей природы, она становится злом, ложью. Звериная природа занимает свое место в иерархии божественного мира и предназначена к вечной жизни. Но когда человеком овладевает звериная природа, когда человек подчиняет свой дух низшей стихии, то она становится 117 злом. Зло определяется направленностью духа, а не самой природой. Соблазны зла всегда кончаются пустотой, смертью, скукой небытия. Зло всегда пресыщает, оно не знает утоления, ибо не имеет того, что может утолить. В этом его тайна. Но нелегко разгадать эту тайну человеку, когда он находится в состоянии лжи. Человек не понимает, почему он находится во власти дурной бесконечности похоти жизни, жизни же самой не получает. Злые страсти порабощают человека, человек становится одержимым. В злой страсти человек никогда не определяется из свободы духа. И когда человеку кажется, что он свободен в своих злых страстях, он переживает самый страшный самообман, он находится в царстве лжи, в царстве призраков. Он принимает за свободу самое страшное рабство. Злая жизнь есть лживая, призрачная, небытийственная, подневольная жизнь. Зло лежит в глубине человеческой природы, в глубине духа. Но когда дух человеческий определял себя ко злу, он уже не из себя, не из своей свободы определяет свою жизнь, он раб, он одержим, он находится во власти сил, которых сам не видит и не понимает; он имеет господина, которому служит. И собственными природными силами человек не может освободиться от власти этого господина. Это не значит, что в человеке не сохранились положительные творческие духовные силы, силы добра. Духовная природа человека искажена, больна, подорвана, но она сохранилась, она не окончательно уничтожена. В человеческой природе произошло смещение божьего замысла, божьей идеи, божьего образа и подобия с первоначальным ничто, с древним небытием, из которого творческий акт Божий вызвал человека к жизни. Но в человеческой природе осталась способность к восприятию света, осталось страстное стремление к божественному. Только потому возможно откровение, возможно спасение. Зло не окончательно овладело человеческой природой. Человеческая природа двойственна, она принадлежит к двум мирам, к миру духовному и миру природному. И после отпадения человек не окончательно порвал с Богом и Бог продолжает действовать на него и сообщает свою возрождающую благодатную энергию. Человек не окончательно принадлежит к царству небытия, он сохраняет связь с бытием, в нем действует бытие, и он тоскует по бытию. В сердце человека Бог и дьявол борются. И падший человек остается богоподобным существом. Человек и зло пережил, как существо высшего порядка, как высший дух. Отрицательные последствия зла в человеке обличают в нем высшую природу, предназначенность его к высшей жизни. И до явления Христа в мире языческом возможна была высшая духовная жизнь и великое напряжение творчества. Эллинская культура это непререкаемо, эмпирически доказывает. В Платоне действовала высшая духовная природа человека, явлена была тоска человеческого духа по Богу и божественной жизни. Человеческая природа сохраняет свою самостоятельность, она нужна для дела Божьего в мире. Но окончательная победа над силами зла не может быть достигнута природными силами человека, оторванного от Бога. § Христианство есть религия искупления и потому предполагает существование зла, горя бытия. Нельзя опровергать христианство существованием зла и страдания в мире. Христос потому и явился в мир, что мир во зле лежит. И христианство учит, что мир и человек должны нести крест свой. Страдание есть последствие зла, греха, но страдание есть также путь избавления от зла. Для христианского сознания страдание само по себе не есть непременно зло, есть и божественное страдание, страдание самого Бога, Сына Божьего. Вся тварь стенает и плачет и ждет избавления. Этот факт лежит в основе христианства и нельзя этим фактом опровергать христианство. Противники христианства обычно указывают на то, что явление Христа-Спасителя не принесло миру избавления от страданий и зла. Прошло почти два тысячелетия после явления Искупителя, а мир по-прежнему истекает кровью, человечество корчится в муках, зло и страдание еще увеличилось. Этот старый еврейский аргумент кажется победоносным. Истинным Мессией представляется тот, кто избавит человечество окончательно от зла и страданий на земле. Но христианство признает и положительный смысл тех страданий, которые переживает человечество в своей земной судьбе. Христианство никогда не обещало счастья и блаженства на земле. Христианские пророчества о земной судьбе человечества довольно пессимистичны. Христианство никогда не утверждало насильственного, принудительного осуществления мировой гармонии, Царства Божьего на земле. Христианство в высочайшей степени признает свободу человеческого духа и без участия свободы человеческого духа не считает возможным осуществления Царства Божьего.

Если правда Христова не осуществляется в мире, то в этом повинна не правда Христова, а неправда человеческая. Религия любви не повинна в том, что в нашем природном мире царит ненависть. Христианство не повинно в том, что человек его искажает. Нет, невозможно возражать против христианства фактом существования неисчислимых зол и страданий жизни. Христианство есть религия свободы и потому не допускает насильственного искоренения зла и страданий. Христианство осмысливает страдания и избавляет от зла. Но избавление предполагает участие в нем человеческой свободы. Рационально нельзя понять тайны искупления, как нельзя понять никакой тайны божественной жизни. Юридическое, судебное учение об искуплении, которое, начиная со Св. Ансельма Кентерберийского, играет такую роль в католическом богословии, и от которого не вполне свободно и богословие православное, есть рационализация тайны искупления, уподобление ее тем отношениям, которые существуют в природном мире.

Это судебное понимание было лишь приспособлением небесной истины к уровню природного человека. Это – не духовное понимание. Не достойно понимать мировую трагедию как судебный процесс между Богом и человеком, возбужденный Богом за формальное нарушение Его воли человеком. Это есть перенесение на божественную жизнь, всегда бездонно-таинственную, языческих представлений о родовой жизни и родовой мести. Бог в языческо-ветхозаветном сознании представляется страшным властителем, карающим и мстящим за непослушание, требующим выкупа, заместительной жертвы и пролития крови. Бог представляется по образу и подобию ветхой, языческой человеческой природы. Для этой природы особенно понятна ярость, месть, выкуп, жестокое наказание. На юридическую теорию искупления положили неизгладимую печать римские и феодальные понятия о восстановлении чести[66].

За формальное нарушение Божьей воли начинается судебный процесс, и Богу нужна уплата; нужно дать ему удовлетворение такого размера, которое в силах умилостивить гнев Божий. Никакая человеческая жертва недостаточна для удовлетворения и умилостивления гнева Божьего. Только жертва Сына Божьего соответствует размерам содеянного преступления и вызванного им оскорбления Божьего. Все это совершенно языческие представления, перенесенные в христианство. Такое понимание тайны искупления носит внешнеэкзотерический характер. Языческий мир шел к искуплению, явленному в христианстве, в нем было великое ожидание. Но в языческих религиях было не духовное, а природное, натуралистическое понимание искупления. Предчувствие замутнено было ограниченностью природного мира. Язычество уже признавало искупительный характер кровавой жертвы. Бог требовал кровавых жертвоприношений. Кровавые жертвоприношения умилостивляли и питали богов. Божество как бы хотело человеческой крови и человеческих страданий. В таком понимании кровавых жертвоприношений сказывалась вся ограниченность натуралистических религий. Божество воспринималось через природу и на него ложилась печать отношений и свойств природного мира. Через Сына Отец Небесный открывается не как судья и властелин, как бесконечная любовь. «Не послал Бог Сына Своего в мир, чтобы судить мир, но чтобы мир спасен был через Него», «Ибо Я пришел не судить мир, но спасти мир»[67]. Искупление, совершенное Сыном Божьим, не есть суд, но есть спасение. Спасение не есть суд, а есть преображение и просветление природы, облагодатствование и обожение ее. Спасение не есть оправдание, а есть достижение совершенства. Идея Бога, как судьи, не духовна, а душевна. Судебное понимание искупления имеет смысл лишь для природного человека. Для духовного человека открывается иной аспект Бога. Нельзя приписывать Богу свойства, которые считаются предосудительными и для людей, — гордость, эгоизм, самодурство, злопамятство, мстительность, жестокость. Природный человек сделал образ Бога чудовищным. Для судебного понимания искупления религия Христа есть все еще религия закона, и в ней самая благодать понимается законнически, а не онтологически.

В христианстве искупление есть дело любви, а не судебной справедливости, жертва бесконечной любви Божьей, а не умилостивление, не уплата. «Так возлюбил Бог мир, что отдал Сына Своего Единородного, дабы всякий, верующий в него, не погиб, но имел жизнь вечную»[68]. Бухарев исходит из того, что агнец заклан от начала мира, и высказывает замечательную мысль, что вольная жертва Сына Божьего изначально входит в замысел миротворения[69]. Сам Бог изначально хочет страдать с миром. Судебное понимание мирового процесса превращает искупление в дело судебной справедливости. Бог требует, чтобы Ему была воздана справедливость, требует уплаты за понесенный урон, требует жертвы, соответствующей размерам содеянного преступления. В таком понимании не преодолевается языческое представление о жертве. Жертва Христа, тайна искупления с трудом вмещается в человеческое сознание. Крест – для иудеев соблазн и для эллинов безумие – и в христианском мире продолжает смущать, и понимание его преломляется в сознании ветхозаветно-языческом. Особенно на католической теологии лежит печать римского язычества с его юридическим формализмом[70]. Законническое сознание с трудом преодолевается внутри христианства. Человек нуждается в законе и естественно склонен все понимать законнически. Христос совсем не отвергает и не отрицает закон, но Он открывает духовный мир, в котором действительно, реально преодолевается закон, преодолевается благодатной любовью рi благодатной свободой. Свобода же неблагодатная, низшая свобода не может отрицать закона, она подчинена его действию. Христианство не есть религия закона, но эта истина не значит, что мы должны исповедовать аномизм. Сфера действия ветхозаветного закона и сфера действия новозаветной благодати – разные сферы. Но именно потому нельзя ветхозаветно-законнически понимать новозаветную благодать. Закон и судебная справедливость не понимают внутренней тайны отношений между Богом и человеком. В Новом Завете открывается, что Бог ждет не формального исполнения закона, а ответной свободной любви человека. Закон есть изобличение греха, он есть преломление воли Божьей в греховной природе, а не выражение первичной тайны отношений Бога к человеку. В искуплении открывается эта тайна. Судебное понимание искупления полагает, что грех может быть прощен человеку, гнев Божий может утихнуть от жертвы, принесенной Сыном Божьим. В таком понимании искупления отношения между Богом и человеческой природой остаются внешними, в человеческой природе ничто существенно не меняется. Но грех не может и не должен быть прощен. Не Бог не может простить человеку греха, а человек не может сам себе простить греха и отступничества от Бога и Его великого замысла[71]. Бог не знает гнева, и всепрощению Его нет предела. Но у человека остается его высшая духовная природа, богоподобная природа, и она не мирится с низостью и падением, она оскорблена изменой Богу, предательством древнего человека, предпочтением темного ничто божественному свету. Человек жаждет искупить свой грех, чувствует свое бессилие, ждет искупителя и Спасителя, который вернет его к Богу. Духовная природа человека требует не прощения греха, а реального преодоления и уничтожения греха, т. е. преображения человеческой природы, внутреннего ее просветления. Смысл искупления – в явлении Нового Адама, нового Духовного человека, явлении любви, неведомой старому Адаму до грехопадения, в преображении низшей природы в высшую, а не в урегулировании внешнесудебных отношений между старым Адамом, его ветхой греховной природой и Богом, не в прощении и не в удовлетворении, даваемом одной стороной для другой. Смысл явления Христа в мире – в реальном преображении человеческой природы, в основании нового рода духовного человека, а совсем не в установлении закона, за исполнение которого даруется духовная жизнь. Через явление Христа в мир реально достигается духовная жизнь. Тут нет места для внешних отношений, это может быть понятно лишь имманентно-духовно. Человек жаждет новой,, высшей, вечной по своему достоинству жизни, жаждет жизни в Боге, а не урегулирования внешних отношений и счетов с Богом. Это и есть стадия новозаветного откровения. Центральна в христианстве не идея оправдания, а идея преображения. Идея оправдания слишком много места занимала в западном христианстве, в католичестве и протестантизме. В христианстве восточном, в греческой патристике была в центре идея преображения теозиса.

Явление Христа и искупление духовно может быть понято лишь как продолжение миротворения, как восьмой день творения, как явление Нового Адама, т. е. как процесс космогонический и антропогонический, как обнаружение божественной любви в творении, как новая стадия в свободе человека. Явление нового духовного человека не может быть лишь результатом естественной, натуральной эволюции человеческой природы, хотя оно ею и подготовляется. Это явление предполагает прорыв из иного, духовного мира, из вечности в наш природный мир, мир времени. Естественная эволюция природного мира и природного человечества оставляет в замкнутых пределах природной действительности. Первородный грех, зло, лежащее в основании этого мира, оставляет в этой замкнутости, приковывает к дольному миру. Освобождение может прийти только сверху, из иного мира. Энергия мира духовного, мира божественного должна войти в нашу природную, греховную действительность и преобразить нашу природу, разорвать грани, разделяющие два мира. Небесная история входит в земную историю. Земная история размыкается. В истории человеческого рода, рода старого Адама, должно было подготовляться принятие нисходящего из иного мира Нового Духовного Человека, должно было совершаться духовное подготовительное развитие. В мире природном, в природном человечестве должна была явиться чистая восприимчивость к божественному началу, просветленная женственность. Дева Мария, Божья Матерь и была таким явлением просветленной, софийной женственности, в которой род человеческий принял в свои недра Сына Божия и сына человеческого. В Христе-Богочеловеке, Новом Адаме, бесконечная Божья любовь встретилась с ответной любовью человека. Тайна искупления есть мистерия любви и свободы. Если Христос не только Бог, но и человек, а этому учит нас христологический догмат о богочеловечестве Христа, то в искуплении действует не только Божья природа, но и человеческая природа, небесная, духовная человеческая природа. Через Христа-Богочеловека раскрывается нам, что человек принадлежит не только земному, но и небесному роду, что духовный человек через Сына пребывает в глубине божественной действительности. В Христе, как Абсолютном Человеке, в себе заключающем весь духовный род человеческий, все множество человеческое, духовный человек делает героическое усилие победить грех и его последствие, смерть через жертву и страдание, и ответить на Божью любовь. Человеческая природа во Христе соучаствует в деле искупления. Жертва есть закон духовного восхождения. И в роде Христовом, в новом духовном роде, открывается новый период в жизни творения. Адам пошел путем испытания свободы и не ответил на Божий зов свободной и творческой любовью. В Адаме не раскрылся еще духовный человек. Христос, Новый Адам, отвечает Богу на Его любовь и открывает путь этого ответа для всего своего духовного рода. Искупление есть двуединый, богочеловеческий процесс. Без человеческой природы, без свободы человека тайна искупления не может совершиться. И тут, как и повсюду в христианстве, тайна богочеловечества Христа есть ключ к истинному пониманию. И окончательно эта тайна разрешается в Божественной Троичности, в Духе разрешаются отношения между Отцом и Сыном. Зло нельзя победить без участия свободы человека, и зло подрывает и искажает свободу, с помощью которой нужно победить зло. Это есть основная антиномия, которая разрешается в тайне богочеловечества Христа. Сын Божий, Вторая Ипостась Божественной Троичности, своей крестной мукой преодолевает противоположность между человеческой свободой и божественной необходимостью. На Голгофе, в страстях Сына Божьего и Сына Человеческого свобода становится силой Божьей любви, и спасающая мир сила Божьей любви 122 просветляет и преображает человеческую свободу. Истина, явленная как жертва и любовь, без насилия делает нас свободными, она создает новую, высшую свободу. Свобода, которую дает нам Истина Христова, не есть дитя необходимости. Искупление не может быть понято как возвращение человеческой природы в первобытное состояние, которое свойственно было Адаму до грехопадения. Такое понимание делает бессмысленным мировой процесс. Он оказывается чистой потерей. Но новый Адам, новый духовный человек, выше старого Адама, не только Адама падшего, но и Адама до грехопадения, он обозначает высшую стадию миротворения. Тайна бесконечной любви и новой свободы не могла быть еще ведома старому, первобытному Адаму. Эта тайна раскрылась лишь в Христе. Явление же Христа не может быть обусловлено исключительно отрицательными причинами – существованием зла и греха, оно есть положительное откровение высшей стадии миротворения. Искупление не есть возвращение к райскому состоянию до грехопадения, искупление есть переход к высшему состоянию, к обнаружению высшей духовной природы человека, не бывшей еще в мире творческой любви и творческой свободы, т. е. новый момент миротворения. Творение мира не было завершено в семь дней, это был лишь один из эонов в судьбе творения. Мир динамичен, а не статичен, в нем возможны достижения новой высоты. Ветхозаветная картина миротворения не раскрывает полноты Божьего творчества. И новозаветное сознание не должно быть подавлено ветхозаветными границами в понимании творения. Творение мира продолжается, мир вступает в новые зоны. И явление Христа есть новый эон в судьбе мира, новый момент не только в антропогонии, но и в космогонии. Не только человеческая природа, но и весь мир, вся космическая жизнь изменилась после явления Христа. Когда капля крови, пролитой Христом на Голгофе, упала на землю, земля стала иной, новой. И если мы не видим этого чувственными очами, то по греховной ограниченности нашей восприимчивости. Вся мировая жизнь и вся человеческая жизнь уже иная после явления Христа, представляет новое творение. Это понять может лишь богословие, освобожденное от подавленности ветхозаветным сознанием. Искупление и есть единственная возможная теодицея, оправдание Бога и Божьего творения. Без свободы как бездны ничто, как бесконечной потенции не могло бы быть мирового процесса, новизны в мире.

В духовном понимании искупления преодолевается вампирическое отношение к Богу. Весь языческий мир снизу шел к тайне искупления и предчувствовал явление Искупителя. Уже в тотемизме дана была природная, натуралистическая евхаристия, поедали своего бога. Но предчувствуемое и чаемое искупление, мутно отраженное в природных стихиях, было связано с кровавыми жертвами и было вампирично. Языческий бог жаждал крови. И человек растерзывал и поедал своего бога. Язычество знало страдающих богов-искупителей. Но Диониса растерзывали менады, служительницы его культа. В христианстве, где искупление подлинно совершилось, евхаристическая жертва носит существенно иной характер. Христос есть Агнец, принесенный в жертву за грехи мира. Но распяло Христа и пролило Его кровь зло мира, злые в мире. Христиане же приносят бескровную жертву, жертву любви. Приобщение к плоти и крови Христа не носит вампирически-натура123 диетического характера. В искуплении и в евхаристии дух возвышается над природным круговоротом. В Христовом искуплении действуют сверхприродные силы, силы иного мира, проникающие в наш природный мир и преображающие его. Но в христианском сознании, все еще подавленном природной необходимостью, остается непреодоленным языческое понимание кровавой жертвы. У Ж. де Местра, напр., очень ясно сближение и почти отождествление между христианской евхаристической жертвой и языческой кровавой жертвой. Пролитие крови невинного искупает грехи виновных. Человек должен за все платить Богу. Это очень свойственно католическому сознанию. В таком понимании остается элемент вампирический в отношении к крови невинного. Но кровь невинного есть великая жертва любви. И мы призваны соучаствовать в этой жертве. Жертва носит духовный характер. Мы внутренне, мистически приобщаемся к Христу, соучаствуем в совершенном им деле. Дух Христов, дух Нового Адама, действовал уже в языческом мире, на вершинах языческих религий, в победах духа над природой, в орфизме, в Платоне, в великих язычниках, но только в христианстве был окончательно явлен, конкретно-реально, во плоти. В христианстве есть два духовных типа, которые кладут свою печать на понимание тайн христианской веры. Один тип переживает прежде всего страх гибели, чувствует себя под карающим мечом и ищет личного спасения, избавления от гибели. Другой тип прежде всего ищет высшей божественной жизни, Божьей правды и Божьей красоты, преображения всего Божьего творения, явления новой твари, нового духовного человека. Первый тип, более ветхозаветный, склоняется к судебному пониманию искупления. Второй тип, более новозаветный, склоняется к онтологическому пониманию искупления, как нового момента в миротворении, как явления нового духовного человека[72]. Эти два духовных типа, два направления духа противоборствуют в христианстве. Так Климент Александрийский, эллин по духу, стремился не столько к прощению грехов, сколько к созерцанию Бога и слиянию с Богом. Бл. Августин прежде всего стремился к прощению грехов, к оправданию[73].

Для победы над злом нужно видеть зло, обличить его. Неведение зла и отрицание зла ослабляет силу сопротивления. Человек должен научиться различать духов. Человек находится во власти бесов, которые нередко являются в образе ангелов света. Но есть другая опасность, опасность исключительной концентрации на зле, сгущения его в себе и вокруг себя, видения его повсюду, преувеличения его силы и соблазнительности. Происходит какая-то непрерывная медитация над злом. Человек погружается в атмосферу мнительности и подозрительности. Он начинает более верить в силу дьявола, чем в силу Божью, в антихриста более, чем в Христа. Образуется крайне нездоровая духовная направленность, разрушающая положительную и творческую жизнь. Зло действует на человека не только через его отрицание, но и через крайнее его преувеличение. Ошибочно и вредно создавать ореол зла. В борьбе со злом человек заражается злом, подражает своему врагу. Мнительность, подозрительность и злоба в отношении к злу и злым является новой формой зла. Борьба со злом по греховности человеческой природы легко сама порождает новое зло. И очень трудно человеку, борющемуся со злом* самому остаться в добре, не заразиться злом. История народов полна злом, порожденным борьбой против зла, все равно, консервативной или революционной. И ко злу должно быть не злое, а просветленное отношение. И к самому дьяволу нужно относиться по джентльменски, благородно. Дьявол радуется, когда ему удается внушить к себе злые, т. е. дьявольские, чувства. Дьявол торжествует победу, когда с ним борются злыми, дьявольскими способами. Он внушил людям обманчивую идею, что можно злом бороться против зла. И образуются злые окружения в борьбе человека против зла, и человек погрязает в этих окружениях, они целиком овладевают человеком. Средства борьбы незаметно подменяют те цели, во имя которых ведется борьба. То, что человеку представляется борьбой против зла, подменяет для него само добро. Государство призвано в мире бороться против зла и класть пределы проявлению зла в мире. Но государство легко приобретает самодовлеющий характер, превращается в самодовлеющую цель. Средства, которыми государство борется против зла, сами легко превращаются в зло, оказываются злыми средствами. И так бывает всегда и во всем. Самая мораль обладает способностью превращаться в зло, угашая творческую жизнь духа. Право, обычай, церковный закон могут калечить жизнь. Помешательство на зле и на необходимости бороться с ним насилием и принуждением порабощает человека злу, мешает достигнуть отрешенности*. И истинная духовная гигиена заключается в том, чтобы не погружаться в мир зла, а сосредоточиться на добре, на божественном мире, на видении света. Когда человек прежде всего и целиком занят всемирным масонским или еврейским заговором и повсюду видит его агентов, он духовно разрушает себя, перестает видеть мир света, мир божественный, наполняется злобными, мнительными и мстительными чувствами. Это – бесплодное и разрушительное направление духа. Не должно отдавать весь мир во власть дьявола и повсюду видеть дьявола. Осуждение повсюду зла и злых умножает зло в мире. Это достаточно раскрыто в Евангелии, но мы не хотим слушать то, что в Евангелии нам раскрывается. Зло нужно прежде всего видеть в самом себе, а не в других. И истинная духовная направленность заключается в том, чтобы верить в силу добра более, чем в силу зла, в Бога более, чем в дьявола. От этого нарастает в мире сила добра. Сила добра в мире возрастает от добрых чувств, а от злых чувств возрастает сила зла. Эта элементарная истина духовной гигиены очень плохо сознается людьми. Не только злоба против добра, но и злоба против зла разрушает духовный мир человека. И это нисколько не противоречит тому, что к злу должно быть беспощадное отношение и что с ним невозможно никакое примирение. Ложная направленность заключается в создании ада, в кристаллизации адского царства во имя борьбы за добро. Со злом нельзя бороться только пресечением и истреблением, зло нужно победить и преодолеть.

Наиболее радикальная победа над злом достигается изобличением его пустоты и небытия, тщеты и ничтожества всех злых страстей. Преувеличение силы и соблазнительности зла есть ложный путь борьбы. Зло соблазняет человека, но оно совсем не соблазнительно. Соблазнительность зла есть обман и иллюзия, и все силы духа должны быть направлены на изобличение этого обмана и иллюзии. Дьявол – бездарен, пуст, скучен. Зло есть небытие. Небытие же есть предел скуки, пустоты, бессилия. В последних пределах опыта зла это всегда изобличается: в конце всегда ждет небытие, пустота. Когда в борьбе против зла вы изображаете зло соблазнительным и сильным, но запрещенным и страшным, вы не достигаете последней и радикальной победы над злом. Зло, представляющееся сильным и соблазнительным, есть непобежденное и непобедимое зло. Лишь сознание совершенного ничтожества и абсолютной скуки зла побеждает его и вырывает его корень. Ни одна злая страсть не имеет бытия в конце своего осуществления. Всякое зло пожирает само себя, изобличает свою пустоту в своем имманентном развитии. Зло есть мир фантазмов. Это прекрасно изображал св. Афанасий Великий. Путь имманентного изобличения пустоты зла и имманентного его преодоления – самый радикальный путь. И человечество идет путями имманентного изобличения зла. И Нужно всеми силами духа изобличать скуку, пустоту, небытийственность всякого зла. Когда слишком много говорят о запретной соблазнительности зла, то этим делают его соблазнительным. Зло есть зло не потому, что оно запрещено, а потому, что оно есть небытие. Ветхозаветному сознанию зло представлялось прежде всего нарушением воли Божьей, т. е. запретом. Но для такого сознания не раскрывается, почему зло есть зло, в чем смысл противоположности между злом и добром. Нормативное понимание добра и зла не есть глубинное понимание. Добро и зло должно понимать онтологически. Лишь имманентное изобличение небытийственности и пустоты зла раскрывает смысл противоположности между добром и злом, дает познание того, что есть зло. Зло познаваемо лишь в опыте его познавания и внутреннего его преодоления, лишь в опыте раскрывается его зияющая бездна пустоты. Когда человек срывает плод с дерева познания добра и зла, он идет путем зла, нарушает формально волю Божью. Но на этом пути он познает тщету и пустоту зла, понимает, почему зло запрещено. Должно ли зло быть познано, возможен ли и допустим ли гнозис зла? Ветхозаветно-законническое сознание отрицает допустимость познания зла. Познание зла запрещено. Зло есть предел. Оно может быть понято лишь как запрет. Но человек пошел уже путем познания добра и зла, возврата нет к первоначальному состоянию райского неведения. И потому должна быть познана пустота зла, должно быть имманентно изобличено его небытие. С этим связана основная антиномия в отношении к злу.

Зло есть зло, оно должно сгореть в адском огне, с ним нельзя примириться. Таков один бесспорный тезис. А вот другой ему антиномический. Зло есть путь к добру, путь испытания свободы духа, путь имманентного преодоления соблазнов небытия. Первый тезис кристаллически ясный и безопасный. Второй тезис опасный и может породить муть. Не ведет ли познание зла к его оправданию? Если зло нужно, как необходимое и имеющее смысл, то оно оправданно. Если зло есть абсолютная бессмыслица и ни из чего невыводимо, то оно непознаваемо и его нельзя осмыслить. Как выйти из этой трудности? И еще антиномия. Христос явился в мир, потому что мир во зле лежит. Искупление, т. е. величайшее событие мировой жизни, с которого начинается новый духовный человеческий род, обусловливается существованием зла, так как если бы не было зла, то не было бы и Избавителя от зла, не было бы явления Христа, не была бы явлена небесная Любовь. Зло оказывается двигателем и возбудителем мировой жизни. Без зла осталось бы на веки веков первобытное райское состояние первого Адама, в котором не были бы раскрыты все возможности бытия, и не явился бы новый Адам, не была бы раскрыта высшая свобода и любовь. Добро, победившее зло, есть добро большее, чем то, которое существовало до явления зла. Эта трудность проблемы зла никогда не была побеждена богословским сознанием, она была затушевываема и замалчиваема. Чтобы найти выход из этой трудности, нужно ее сначала признать, т. е. стать лицом к лицу с антиномичностью зла для нашего религиозного сознания. Эта трудность неразрешима в понятии, непреодолима для разума, она связана с тайной свободы. Антиномия зла разрешима лишь в духовном опыте. Достоевский необычайно глубоко это понимал. Я могу идти к высшему добру через зло. Опыт зла, изобличающий его пустоту, может привести к величайшему добру. Через изживание зла я могу познать истину, добро в самой большой полноте. В сущности, и отдельный человек, и целые народы, и все человечество идут этим путем, изживают опыт зла и на опыте познают силу добра, высоту истины. Человек узнает ничтожество зла и величие добра не по формальному закону или запрету, а по опыту, в жизненном пути. Вообще ведь ничего нельзя познать никаким другим путем, кроме духовно-опытного. Но какие отсюда можно сделать выводы для моего духовного пути? Могу ли я себе сказать: я пойду путем зла, чтобы обогатить свое познание, чтобы прийти к еще большему добру. Когда я начинаю сознавать зло, как положительный путь к добру, как положительный метод познания истины, я погибаю, я бессилен изобличить его ложь, тьму и пустоту. Опыт зла лишь в том случае может быть для меня путем к добру, если в опыте этом я познаю и изобличаю ложь, ничтожество, небытийственность зла и отрицаю его; как способ обогащения моего духа, сжигаю его. Опыт зла обогащает мой дух именно в изобличении зла, в совершенном его отрицании. Тогда в духовном опыте находит себе разрешение антиномия, связанная со злом. Обогащает духовную жизнь не само зло, ибо небытие не может дать никаких богатств, обогащает имманентное изобличение пустоты зла, обогащает страдание, в котором сгорает зло, пережитая трагедия, свет, увиденный во тьме. Всякое же самодовольство во зле, любование им, как путем к высшему состоянию, есть гибель, движение к небытию и лишает человека обогащающего опыта. Познать зло значит познать его небытие, и потому познание зла не есть его оправдание. Лишь беспощадное и страдальческое изобличение зла и огненное его истребление в себе делает зло путем к~добру. Не зло есть путь к добру, а на опыте совершающееся его изобличение и познание его небытия есть путь к добру. Но мы принуждены безбоязненно признать, не боясь парадоксии, что зло имеет положительный смысл. Смысл зла связан со свободой. Без этого невозможна теодицея. Иначе мы должны будем признать, что миротворение не удалось Богу. Принудительная райская невинность не могла сохраниться, она не имеет цены, и к ней нет возврата. Человек и мир проходят через свободное испытание, через свободное познание и свободно идут к Богу, к Царству Божьему.

Христианство учит прежде всего беспощадному отношению к злу в себе. Но, истребляя зло в себе, я должен быть снисходителен к ближнему. Максималистом я должен быть в отношении к себе, а не к другим. Ложный морализм и заключается в этом максимализме в отношении к другим людям. Я должен, прежде всего в себе и в своей жизни, явить силу и красоту добра, а не осуждать других за то, что в них не явлена эта сила и красота; когда она и во мне не явлена, не принуждать их к тому, к чему я сам себя не мог принудить. Ложь внешних политических и социальных революций заключается в том, что они хотят уничтожить зло внешне, оставляя его внутренне нетронутым. Революционеры, равно как и контрреволюционеры, и не думают начинать с преодоления и истребления зла в себе, они хотят преодолеть и истребить зло в других со стороны его вторичных и наружных проявлений. Революционное отношение к жизни есть совершенно поверхностное отношение, не знающее глубины. Ничего радикального, т. е. проникнутого в корень вещей, в революциях нет. Революции в значительной степени являются маскарадами, в которых происходят переодевания. Но то, что находится под максимально новыми одеждами, остается ветхим. Революции не столько побеждают зло, сколько по-новому перераспределяют зло и вызывают к жизни новое зло. Революции имеют и добрые последствия, после них начинается новая эра, но добро рождается тут не из революционной энергии, а из пореволюционной энергии, образовавшейся в результате осмысливания опыта революции. Зло преодолимо лишь изнутри и духовно. Преодоление зла связано с тайной искупления. Оно побеждается лишь во Христе и через Христа. Мы побеждаем зло, лишь приобщаясь к Христу и соучаствуя в Его деле, принимая на себя Его крест. Зло непобедимо никаким внешним насилием. И если учение Л. Толстого о непротивлении злу ошибочно, то потому лишь, что он смешал два разных вопроса – вопрос о внутренней победе над злом и вопрос о внешних границах, полагаемых проявлениям зла в мире. Внешне и принудительно можно и должно полагать пределы проявлениям зла, напр., не допускать убийства и насилия одного человека над другим, но этим еще не побеждаются внутренние источники зла, не преодолевается сама воля к убийству и насилию. В истории христианского мира очень злоупотребляли противлением злу насилием, верили в то, что мечом можно победить зло. Но это было результатом смешения двух царств – Царства Божьего и царства кесаря, перенесением путей царства кесаря на пути Царства Божьего, нарушением границ между Церковью и государством. Государство призвано ставить внешние границы проявлениям злой воли, но победить зло оно не может, оно принадлежит природному миру, в зле и грехе лежащему, оно существует потому, что существует зло, и нередко само творит зло.

Проблема зла упирается в последнюю антиномию. Зло есть смерть, и смерть есть последствие зла. Победить зло в корне значит вырвать жало смерти. Христос победил смерть. И смерть должна быть нами свободно принята, как путь жизни. Смерть есть внутренний момент жизни. Нужно умереть, чтобы ожить. Смерть есть зло, как насилие надо мной внешнего, низшего природного мира, которому я подчинил себя своим грехом и злом, своим отпадением от высшего источника жизни, жизни вечной. Но вольно, без бунта принимая смерть как неизбежное последствие греха, я духовно побеждаю ее. Смерть становится для меня моментом внутренней мистерии духа. Смерть изнутри и духовно совсем иное значит, чем извне, как факт природного мира. Христос, не знавший греха, свободно принял Голгофу и смерть. И я должен идти этим путем. Соучаствуя в жизни и смерти Христа, я побеждаю смерть. Внутренне, духовно, мистически смерти нет, смерть есть мой путь к жизни, путь распятия греховной жизни, ведущий к жизни вечной. Приобщаясь к первоисточнику жизни, я побеждаю разрушительные последствия смерти. Для христианского сознания смерть есть не только зло, но и благо. Ужасна была бы бесконечная жизнь в этом греховном и злом природном мире, в этой плоти. Такая жизнь была бы духовной смертью. Преображение нашей природы и воскресение к вечной жизни, жизни в Боге, есть последний предел устремления воли к добру, к истине, к красоте. Преображение жизни мира в вечную жизнь есть последняя цель. Путь к ней лежит через вольное принятие смерти, через крест, через страдание. Христос распят над темной бездной, в которой бытие смешано с небытием. И свет, идущий от распятия, – есть молния во тьме. От света этого идет просветление всей тьмы бытия, победа над тьмой небытия.

ЧАСТЬ ВТОРАЯ

ГЛАВА VI. БОГ, ЧЕЛОВЕК И БОГОЧЕЛОВЕК

Начинать философствовать и богословствовать следовало бы не с Бога и не с человека, ибо оба эти начала оставляют разорванность непреодоленной, а с Богочеловека. Первичный феномен религиозной жизни есть встреча и взаимодействие Бога и человека, движение от Бога к человеку и от человека к Богу. В христианстве находит этот факт наиболее напряженное, сосредоточенное и полное свое выражение. В христианстве раскрывается человечность Бога, Очеловечение Бога есть основной процесс в религиозном самосознании человечества. На первых стадиях этого сознания Бог мог представляться подобным силам природы, животным, растениям. Тотемизм был откровением бога-животного. Возникновение же сознания человекоподобия Бога было обратной стороной сознания богоподобия человека. Бог без человека, Бог бесчеловечный был бы Сатаной, не был бы Троичный Бог. Основной миф христианства есть драма любви и свободы, разыгравшаяся между Богом и человеком, рождение Бога в человеке и рождение человека в Боге. Явление Христа-Богочеловека и есть совершенное соединение двух движений, от Бога к человеку и от человека к Богу, окончательное порождение Бога в человеке и человека в Боге, осуществление тайны двуединства, тайны богочеловечности. Тайна религиозной жизни непостижима вне двуединства, вне встречи и единения двух природ с сохранением их различности. Для сознания монистического, монофизитского непонятен самый первичный религиозный феномен, как феномен религиозной драмы, религиозной тоски и религиозной встречи, как тайны преображения и соединения. Также непонятен первичный религиозный феномен для сознания дуалистического. Тайна отношений между Богом и человеком невместима ни для монистически-пантеистического, ни для дуалистического сознания. Для одного сознания все находится в изначальном отвлеченном единстве и тождестве, для другого сознания все безнадежно разорвано и несоединимо, внеположно одно для другого. Бессилие монизма и дуализма понять тайну богочеловечности, тайну двуединства, есть бессилие рационального сознания и рационального мышления. Для рационального понятия о Божестве существует только отвлеченное Абсолютное, лишенное внутренней конкретной жизни, внутреннего драматизма отношений между Богом и Его Другим, завершенных в Третьем. Живой Бог и драматизм божественной жизни существует лишь для символически-мифологического мышления и сознания. Для такого лишь сознания Бог и человек стоят лицом к лицу, живые лица и отношения между ними есть жизнь, конкретная жизнь, полная драматизма, свойственного всякой жизни. Отвлеченный теизм, который был формой отвлеченного монотеизма, мыслит Бога и божественную жизнь как небесную монархию или небесный империализм, т. е. приписывает Богу гордое самовластие, самозамкнутость и самодовольство. Но такого рода небесный монархизм находится в явном противоречии с христианским учением о Св. Троице и ее внутренней жизни любви. Устроение земной жизни по образу такой небесной монархии есть утверждение самовластия и деспотии, а не утверждение триединой любви. Традиционное катафатическое богословие было подавлено мышлением в рациональных понятиях, и потому для него оставалась закрытой внутренняя жизнь Божества, из которой только и постижимо творение мира и человека, т. е. отношение Бога к своему другому. Творение мира и человека понимается экзотерически, внешне. Экзотерически-рационалистическое богословское сознание принуждено принять жестокую концепцию, согласно которой Бог без всякой нужды, по прихоти, без всякого внутреннего в нем движения сотворил мир, что творение Его ничтожно и внебожественно и что большая часть творения обречена на гибель. Богословское учение впадает в рационалистический дуализм, обратный полюс рационалистического монизма.

Лишь мистико-символическое богословие возвышается до эзотерического понимания тайны миротворения, как внутренней жизни Триединого Божества, как нужды Бога в своем другом, в друге, в любящем и в любимом, в любви, осуществляемой в тайне Триединства, которая одинаково есть вверху и внизу, на небе и на земле. Богословское и метафизическое учение об абсолютной бездвижности Божества, об абсолютном покое в Боге есть экзотерическое и рационалистическое учение, оно указует на границы всякого логического понятия о Божестве. Но глубже мышление о Божестве как о coincidentia oppositorum[74]. Так и мыслили все мистики. Так мыслил и Бл. Августин. Абсолютный покой в Боге соединен в Нем с абсолютным движением. Лишь для нашего рационального сознания, в нашем природном мире, покой исключает движение, движение делает невозможным покой. Абсолютное же совершенство Божества совмещает в себе абсолютный максимум покоя с абсолютным максимумом движения. Рационалистическому сознанию движение в Боге представляется противоречащим совершенству Бога, несовершенством и недостатком в нем. Но о Боге возможно лишь антиномическое мышление, в Боге тождественны противоположности. Тоска Бога по своему другому, по любимому и по его свободной ответной любви есть показатель не ущербности и неполноты в бытии Бога, а именно избыточной полноты и совершенства Его бытия. Абсолютную полноту и совершенство нельзя мыслить статически, отвлеченно, можно мыслить лишь динамически, конкретно, как жизнь, а не как субстанцию. Мистическое, апофатическое богословие помогает такому мышлению о Боге, оно расчищает для него почву. Но и апофатическое богословие может оказаться лишь достижением высших форм отвлечения и отрешения нашего познания Бога от всякого конкретного содержания. Учение о Боге Плотина было все же отвлеченным и отрешенным. Но для христианского сознания путь отрешенного и отвлеченного познания Бога есть лишь очищение и подготовление для положительного символически-мифологического понимания конкретной жизни в Боге. Богословско-метафизическое учение об абсолютной бездвижности Божества, которое представляется традиционным и официально признанным, находится в явном и разительном противоречии с сущностью христианской мистерии. Христианство в глубине своей не мыслит отношений между Богом и человеком, Богом и тварным миром в отвлеченных и застывших статических категориях. Для христианства эти отношения есть мистерия, мистерия же непостижима для отвлеченной мысли, невыразима в застывших категориях. В центре христианской мистерии стоит крест на Голгофе, крестная мука и крестная смерть Сына Божьего, Спасителя мира. Учение об абсолютной бездвижности Божества находится в противоречии с мистическим фактом страстей Господних. Христианство есть религия страдающего Бога. Хотя страдает не Бог-Отец, как думали патрепассионисты[75], но страдание Бога-Сына есть страдание во внутренней жизни Св. Троицы. Учение об абсолютной бездвижности Божества есть отвлеченный монотеизм, и оно противоречит христианскому учению о Троичности Божества, о внутренней жизни в Божественной Троичности. Это учение находится под влиянием Парменида и элеатов. Постижение Бога, как Троичного, есть постижение внутреннего, эзотерического движения в Боге, совсем, конечно, не похожего на движение, которое совершается в нашем природном мире. Внутренние отношения между Ипостасями Св. Троицы динамичны, а не статичны, они раскрываются, как конкретная жизнь. И тайна миротворения может быть сокровенно, эзотерически постигнута лишь из внутренней жизни

Божественной Троичности, из внутреннего движения Божества, из Божественной динамики. Когда мы приближаемся к этим тайнам, то все находится на острие, и очень легко с острия этого ниспасть в ту или иную бездну. Тогда получается для церковного сознания еретический уклон. Официальное богословское учение и было, в сущности, закрытием путей познания, на которых так легки еретические уклоны, было предохранительной педагогической мерой. Но всякий еретический уклон есть рационалистическое мышление о тайнах Божьих, есть бессилие вместить антиномизм, связанный со всякой мыслью о Боге. Еретические учения всегда рационализируют духовный опыт, всегда подавлены одной какой-либо его стороной. Христианские мистики этого не делают. Они высказывают самые дерзновенные мысли, которые пугают обыденное сознание, иногда кажутся безумными, более противоречащими обыденной вере, чем учения еретические. Но подлинные мистики вдохновенно описывают глубины духовного опыта, самую первичную мистерию жизни, они не строят понятий, они не сглаживают антиномичности духовной жизни. В этом все значение мистики и вся трудность ее для нашего сознания. Св. Симеон Новый Богослов говорит: «Прииди, всегда пребывающий неподвижным и ежечасно весь передвигающийся и приходящий к нам». Этими словами, трудными для официальной богословской доктрины, он выражает истину духовного опыта, совпадение в Боге покоя и движения. Тут нет никакой метафизики, основанной на понятии, тут непосредственно выражается самый первичный опыт духовной жизни. Томизм отрицает потенцию в Боге и, следовательно, возможность движения, он строит совершенно рационалистическое, на аристотелевской философии основанное учение о Боге, как чистом акте. Но если Бог есть чистый акт, то непонятно миротворение, непонятно творческое действие в Боге[76]. Томизм противоположен мистике. Ограниченность богословских учений связана была с тем, что катафатическое переносилось на апофатическое.

Когда христианство учит о Троичности Божества и об искупительной жертве Сына Божьего, оно допускает процесс в Боге, божественную трагедию. Процесс божественный совсем иной, чем процесс, совершающийся в нашем разорванном времени. Процесс в божественной вечности не противоречит божественному покою. Божественная жизнь есть в вечности совершающаяся божественная мистерия. Она раскрывается в нашем духовном опыте. Внизу отображается то, что совершается наверху. И в нас, в нашей глубине совершается тот же процесс, который совершается на небе, процесс богорождения. Великие германские мистики делали различие между Богом (Gott) и Божественностью (Gottheit). Этому учил Экхарт. Беме учил об Ungrund'e[77], лежащем глубже Бога. Смысл различия между Богом и Божественностью совсем не в том, что это есть какая-то метафизика, онтология Божества. Истина эта может быть выражена лишь в терминах духовного опыта и духовной жизни, а не в категориях застывшей онтологии. Как застывшая онтология, она легко принимает еретический уклон. Экхарт описывает раскрывающиеся в мистическом опыте соотношения между Богом и человеком. Бог есть, если есть человек. Когда исчезнет человек, исчезнет и Бог. «Раньше чем стать твари, и Бог не был Богом». Бог стал Богом лишь для творения. В изначальной бездне Божественного Ничто исчезают Бог и творение, Бог и человек, исчезает сама эта противоположность. «Несущее бытие по ту сторону Бога, по ту сторону различимости». Различение Творца и творения не есть еще последняя глубина, это различение снимается в Божественном Ничто, которое не есть уже Бог. Апофатическая, мистическая теология идет глубже Творца в Его соотношении с творением, глубже Бога в Его соотношении с человеком. Творец возникает вместе с творением, Бог возникает вместе с человеком. Это есть теогонический процесс в божественной Бездонности. Он есть обратная сторона процесса антропогонического. Ангелус Силезиус говорит: «Я знаю, что без меня Бог не может просуществовать ни одного мгновения. Если я превращусь в ничто, то Он от нужды испустит Дух». Он же говорит: «Я так же велик, как Бог, Он так же мал, как я». Эти дерзновенные слова великого мистика-поэта и в то же время ортодоксального католика могут смутить и испугать. Но нужно понять их смысл. Мистиков не так легко понять. У них особый язык, и язык этот универсален. И нельзя мистику перевести на язык метафизических и богословских систем. Ангелус Силезиус не строит никакой онтологии и теологии, он лишь воспроизводит мистический опыт. Он говорит о бесконечной любви между Богом и человеком. Любящий не может просуществовать без любимого ни одного мгновения. Любящий погибает, когда погибает любимый. Изумительные слова Ангелуса Силезиуса рассказывают о мистической драме любви, о бесконечной напряженности отношений между Богом и человеком. Мистика всегда говорит языком опыта. И всегда бывает ошибочно, всегда означает непонимание, когда мистиков истолковывают метафизически и теологически, когда их относят к каким-либо доктринальным направлениям. Все великие христианские мистики, без различия исповеданий, учили о том, что в вечности, в глубине духовного мира совершается божественный процесс, в котором возникают отношения между Богом и человеком, рождение Бога в человеке и рождение человека в Боге, встречаются любящий и любимый.

Это – истины духовного опыта, истины жизни, а не метафизические категории, не онтологические субстанции. Движение в Боге, которое раскрывается в духовном опыте, не есть процесс во времени, в нем ничего не следует одно за другим. Это есть в вечности происходящее идеальное свершение, вечная божественная мистерия жизни. Только символически-мифологическое понимание отношений между Богом и человеком приближает нас к этой божественной мистерии. Метафизически-понятийное понимание этих отношений закрывает тайну внутренней жизни. Отвлеченной метафизике почти недоступен персонализм. Бог есть живая личность. Человек есть живая личность.

Отношения между Богом и человеком в высшей степени живые и интимные отношения, конкретная драма любви и свободы. Такой живой персонализм всегда бывает мифологичен. Встреча Бога с человеком есть мифологема, а не философема. Эта встреча нашла себе наиболее острое выражение у ветхозаветных пророков, а не у греческих философов. Мышление наше имеет непреодолимую склонность к отвлеченному монизму, для которого нет живой личности Бога и живой личности человека, нет драматизма религиозной жизни. Пророки и мистики, апостолы и святые поведали миру о тайнах самой первичной жизни, божественной мистерии. Они рассказали миру о своем духовном опыте, о своих встречах с Богом. Это и есть живые истины религиозной жизни. Богословская и метафизическая переработка этого первичного религиозного опыта есть уже вторичное, опосредствованное. В богословские доктрины проникают уже категории и понятия, которые рационализируют живой религиозный опыт, и в них легко обнаруживается уклон то к отвлеченному монизму, то к отвлеченному дуализму. Богословский теизм, закрепленный в понятии и абсолютизирующий внеположность, внебожественность творения, есть такая же рационализация божественных тайн, как и пантеизм, отождествляющий Творца и творение. Отрешенность от чувственной конкретности, от множественности и подвижности природного мира, обращенность к пребывающему миру идей не есть еще последняя и высшая стадия духовного опыта и духовного созерцания. Платон и Плотин не поднялись еще до божественной мистерии жизни. Дальше и выше лежит духовная конкретность, самая первожизнь. В истории христианского сознания и христианского богословия переплетаются эти два момента – отрешенность в мышлении и идеях и духовная конкретность, мистерия жизни. Наследие эллинского духа слишком подавляет христианское сознание мышлением, отрешенным и очищенным от жизненной конкретности, т. е. дает преобладание метафизике над мифологией. Но в основе христианства лежит мифологема.

В духовном опыте раскрывается тоска человека по Богу. Душа человека ищет высшего бытия, возврата к источнику жизни, на духовную родину. Самое страшное, когда нет ничего выше человека, нет божественной тайны и божественной бесконечности. Тогда наступает скука небытия. Образ человека разлагается, когда исчезает в душе человека первообраз, когда нет в душе Бога. Искание человеком Бога есть вместе с тем искание самого себя, своей человечности. Человеческая душа мучится родовыми муками, в ней рождается Бог. И рождение Бога в человеческой душе есть подлинное рождение человека. Рождение Бога в человеческой душе есть движение от Бога к человеку, Бог нисходит в душу человеческую. И это есть ответ на тоску человека по Богу. Такова одна сторона религиозного первофеномена. Но религиозный первофеномен двуедин, в нем есть другая сторона, другое движение. В духовном опыте также раскрывается тоска Бога по человеку, по тому, чтобы человек родился и отобразил Его образ. Об этой Божьей тоске поведали нам великие мистики, описывавшие духовную жизнь. В мистике, а не в богословии раскрывается эта мистерия. Основная мысль человека есть мысль о Боге. Основная мысль Бога есть мысль о человеке. Бог есть тема человеческая, человек же есть божественная тема. Бог тоскует по своем другом, по предмету своей бесконечной любви, ждет ответа на свой божественный зов. Бесконечная любовь не может существовать без любимого и любящего. Рождение человека в Боге есть ответ на Божью тоску. Это есть движение от человека к Богу. Вся сложность религиозной жизни, встреча и общение между Богом и человеком, связана с тем, что есть два движения, а не одно – от Бога к человеку и от человека к Богу. Если бы религиозная жизнь была основана только на одном движении от Бога к человеку, на одной воле Божьей и на одном откровении Божьем, то она была бы проста и легко были бы достижимы цели мировой жизни, легко было бы осуществимо Царство Божье. Тогда не было бы мировой трагедии. Но рождение человека в Боге, но ответ человека Богу не может быть делом одного Бога, – это есть также дело человека, дело его свободы. По природе Бога, как бесконечной любви, по замыслу Божьему о творении, Царство Божие неосуществимо без человека, без участия самого творения. Самовластие на небе есть такая же неправда, как и на земле. Царство Божье есть царство Богочеловечества, в нем окончательно Бог рождается в человеке и человек рождается в Боге, и осуществляется оно в Духе. С этим связан основной миф христианства, миф в высшей степени реалистический, выражающий самую первооснову бытия, самый первофеномен жизни, мистерию жизни. Это – миф о двуединой природе и двуедином движении, о Богочеловеке и Богочеловечестве.

Отвечает на Божью потребность в любящем и любимом, в вечности, изначально рождающийся, равнодостойный Отцу Сын. Он есть абсолютный божественный Человек, Богочеловек. Не на земле только, не в нашем только природно-историческом мире Он Богочеловек, но и на небе, в божественной действительности, в Божественной Троичности. Так возносится человеческая природа, не наша грешная, падшая, ветхая природа, а духовная, небесная, чистая человеческая природа до недр Божественной Троичности. В Сыне, в божественном Человеке, в Богочеловеке заключен весь род человеческий, все множество человеческое, всякий лик человеческий. В нем таинственно-мистически примиряется противоположность между единым и множеством. Человеческий род в одном лишь своем аспекте есть род ветхого Адама, есть грешный, падший род нашего природного мира. В другом своем аспекте человеческий род есть род небесный, род духовного Адама, род Христов. Через рождение Сына в вечности весь духовный род человеческий, все множество человеческое и весь заключенный в человеке мир, космос отвечает на призыв Божьей любви, на Божью тоску по своему другому, по человеку. Миротворение не могло произойти в нашем времени, ибо наше время есть падшее время, оно есть дитя греха. Миротворение происходит в вечности, как внутренний акт божественной мистерии жизни. И ветхозаветное восприятие миротворения есть лишь отображение внутреннего акта божественной мистерии в сознании ветхого природного человечества. Человек, ниспавший в низшую природу, выбрасывается из недр божественной действительности. Христианское откровение возвращает человека внутрь божественной действительности. Через Сына возвращаемся мы в лоно Отца. От Христа идет новый род человеческий, Христов род, духовный род, в Духе рожденный и возрожденный. Христос в человеке и человек во Христе. Он – лоза, а я – ветвь, питающаяся от лозы. Весь возрожденный род человеческий находится во Христе, в Богочеловеке. В духовном же человеке, в духовном роде человеческом, в Богочеловечестве пребывает космос, все творение. Космос отделился от падшего человека и стал внешней, порабощающей его природой. Космос возвращается к возрожденному, духовному человеку. В духовном мире космос пребывает внутри человека, а не вне его, как человек пребывает внутри Бога. Человек по природе своей есть микрокосм, в нем заключены все сферы космической действительности, все силы космоса. В грехе и падении человек утерял сознание своей микрокосмичности, сознание человека перестало быть космическим и стало индивидуалистическим. Внешнему, природному человеку космос открывается лишь как внешняя природа, непонятная в своей внутренней жизни. Внутренняя жизнь космоса открывается лишь внутреннему человеку, как духовная действительность. И путь самопознания человека есть путь познания космоса, мира. Через Христа, через Логос, не только весь род человеческий, но и весь мир, весь космос обращается к Богу, отвечает на Божий призыв, на Божью потребность в любви. В человеке раскрывается тайна Библии, тайна Бытия[78].

Божественная мистерия не завершается в Двоичности, она предполагает Троичность. Отношение Бога к Другому осуществляется в Третьем. Любящий и любимый находят полноту жизни в царстве любви, которое есть Третье

Царство Божье; царство просветленного человека и просветленного космоса, осуществляется лишь через Третьего, через Духа Святого, в котором завершается драма, замыкается круг. Лишь в Троичности дана совершенная божественная жизнь, любящий и любимый создают свое царство, находят окончательное содержание и полноту своей жизни. Троица есть священное, божественное число, оно означает полноту, преодоление борьбы и разрыва, означает соборность и совершенное общество, в котором нет противоречия между личностями, ипостасями и единой сущностью. Тайна христианства есть тайна двуединства (богочеловечности), находящего свое разрешение в триединстве. Поэтому основа христианства в догмате христологическом о богочеловеческой природе Христа и догмате тринитарном о Св. Троице. Утверждение бытия есть жизнь Духа Святого и жизнь в Духе Святом. В Духе преображается и обожается человек и мир. Дух и есть сама Жизнь, Перво-Жизнь. Божественная мистерия Жизни и есть мистерия Троичности. Она совершается вверху, на небе, и она же отражается внизу, на земле. Повсюду, где есть жизнь, есть тайна Троичности, различение трех Ипостасей и абсолютное единство их. Мистерия Троичности отображается и символизируется повсюду в жизни человека и мира. Жизнь в существе своем есть и различение личностей и единство их. Полнота жизни есть соборность, в которой личность находит свое окончательное осуществление и полноту своего содержания. Встреча одного с другим всегда разрешается в третьем. Один и другой приходят к единству не в двоичности, а в троичности, обретают в третьем свое общее содержание, свою цель. Бытие было бы в состоянии нераскрытости и безразличия, если бы был один. Оно было бы безнадежно разорванным и разделенным, если бы было только два. Бытие раскрывает свое содержание и обнаруживает свое различие, оставаясь в единстве, потому что есть три. Такова природа бытия, первичный факт его жизни. Жизнь человека и жизнь мира есть внутренний момент мистерии Троичности.

Внутренняя жизнь Бога осуществляется через человека и мир. Внутренняя жизнь человека и мира осуществляется через Бога. Человек, стоящий в центре бытия и призванный к царственной роли в мировой жизни, не может иметь положительного содержания жизни, если нет Бога и нет мира, нет того, что выше его, и того, что ниже его. Человек не может оставаться одним, одиноким, самим с собой, не может лишь из себя черпать источник жизни. Когда человек один стоит перед бездной небытия, он поглощается этой бездной, он начинает ее ощущать в себе. Если есть только человек и его собственные одинокие состояния, то нет и человека, нет ничего. Замкнутый психологизм есть утверждение небытия, разрушение онтологического ядра человека. Человек не может на самом себе создать жизнь. Создание жизни всегда предполагает для человека существование другого. И вот если нет для человека Другого, высшего, божественного, то он определяет содержание самой жизни другим, низшим, природным. Отходя от Бога, от высшего мира, человек подчиняет себя низшему миру, становится рабом низших стихий. Подчинение человека природному миру и его стихиям есть извращение иерархического строя вселенной. Все смещается со своих мест, низшее заменяет место высшего, высшее низвергается вниз. Человек, царь вселенной, становится рабом природы, подчиняется природной необходимости. Человек выпадает из Бога. Мир выпадает из человека, становится внешней для него природой, принуждающей и насилующей, подчиняющей человека своим собственным законам. Человек теряет свою духовную независимость. Он начинает определяться извне, а не изнутри. Солнце перестает светить внутри человека, перестает быть светом для мира. Солнце перемещается во внешнюю для человека природу, и жизнь человека целиком зависит от этого внешнего света. Весь мир, отпавший от Бога, перестает светиться изнутри и нуждается во внешнем источнике света. Главным признаком грехопадения является эта утеря внутреннего света, эта зависимость от внешнего источника. Когда человек в Боге, то космос в человеке и солнце внутри, в своем центре. Когда человек отпадает от Бога, то космос отделяется от человека и становится для него внешней необходимостью. Космос перестает повиноваться человеку. Св. Симеон Новый Богослов говорит об этом: «Все твари, когда увидали, что Адам изгнан из рая, не хотели более повиноваться ему; ни луна, ни прочие звезды не хотели показываться ему; источники не хотели источать воду, и реки продолжать течение свое; воздух думал не дуть более, чтобы не давать дышать Адаму, согрешившему; звери и все животные земные, когда увидали, что он обнажился от первой славы, стали презирать его, и все тотчас готовы были напасть на него; небо устремилось было напасть на него, и земля не хотела носить его более. Но Бог, сотворивший всяческое и человека создавший – что сделал? Он сдержал все это творческой силой своею, и по благоутробию и благости своей не дал им тотчас устремиться против человека, и повелел, чтобы тварь оставалась в подчинении ему, и, сделавшись тленной, служила тленному человеку, для которого создана, с тем чтобы, когда человек опять обновится и сделается духовным, нетленным и бессмертным, и вся тварь, подчиненная Богом человеку в работу ему, освободилась от сей работы, обновилась вместе с ним и сделалась нетленной и как бы духовной». Так выражает великий мистик и святой связь человека с космосом, центральное место человека в космосе и утерю им этого места. Отходя от Бога и от духовного мира, человек теряет самостоятельность своей духовной индивидуальности, он подчиняет себя стихии рода, становится природным человеком, связанным законами жизни животного мира, он превращается в орудие родовой стихии, обрекает себя на жизнь в родовом быте, в родовой семье, в родовом государстве. Человек рождается и продолжает род свой, род природного, грешного Адама, подчиняясь бесконечной смене рождения и смерти, плохой бесконечности множества рождающихся и обреченных на смерть поколений. В стихии рода загубленными оказываются надежды личности на вечную жизнь. Вместо вечной жизни, вместо полноты жизни для личности достигается бесконечное дробление все вновь возникающих и погибающих поколений. Связь рождения и смерти в стихии рода оказывается нерасторжимой. Рождение несет в себе семя смерти, растерзание индивидуальности, гибель ее надежд. Рождающий сам обречен на смерть и обрекает на смерть рождающихся. В стихии рода, на которой покоится жизнь грешного, природного человечества, нет победы над смертью, нет достижения нетленной жизни. Рождающий пол, подчиняющий человека природной закономерности и соединяющий его с животным миром, есть дитя греха и отпадение от Бога. Через рождение несет человек последствия греха, искупает грех, но не побеждает смертной, тленной природы, не достигает бессмертной, вечной жизни. Новый духовный род, род Христов не есть род, рождающий на земле по законам животного мира, род, вечно соблазненный влечением низшей природной стихии распавшегося мира. Отпадение человека от Бога и было утерей целостности и целомудрия, девственности человека, утерей андрогинного образа, который есть образ бытия Божественного. По гениальному учению Я. Бёме, человек утерял свою Деву, Софию, и Дева отлетела на небо. От человека-андрогина отделилась, отпала женственная природа и стала для него внешней природой, предметом мучительного влечения и источником рабства человека. В целостном, целомудренном, в Боге пребывающем человеке женственная природа была заключена внутри, как его Дева. Тут повторяется то же, что и с отношением человека к космосу. Грех есть прежде всего утеря целостности, целомудрия, разорванность, раздор. Целостность, мудрая целостность и есть целомудрие, девственность, т. е. соединенность внутри человека мужской и женской природы. Сладострастное влечение, чувственность, разврат явились в мире результатом утери целостности, внутреннего раздвоения и раздора. Все стало внешним одно для другого. Внешним стала и мужская и женская природа. Женская стихия есть внешняя, притягивающая и соблазняющая стихия, без которой не может жить мужская природа. Человек не может оставаться дробным, разорванным, не может быть половиной, непреодоленным полом. И мучится род человеческий в своей жажде воссоединения, восстановления целостного, андрогинного образа человека. Но в стихии разорванного рода никогда не достигается целостность и не восстанавливается андрогинный образ, никогда не утоляется тоска человека по вечности, по обретению своей Девы. В каждом человеке, мужчине и женщине, остается двуполость, в разных пропорциях соединенная, и этим определяется вся сложность половой жизни человека, ее четырехч ленность. Учение Я. Беме о Софии и есть учение о Деве и об андрогинном, т. е. целостном и девственном, образе человека. «Из-за похоти своей Адам утерял Деву и в похоти обрел женщину; но Дева все же ждет его, и, если только он захочет вступить в новое рождение, она с великой честью вновь примет его»[79]. «Премудрость Божия есть вечная Дева, а не жена, она – беспорочная чистота и целомудрие и предстает, как образ Божий и подобие Троицы»[80]. «Дева – извечна, несотворенна, нерожденна; она есть Божья премудрость и подобие Божества»[81]. «Образ Божий – мужедева, а не женщина и не мужчина»[82]. «Христос на кресте освободил наш девственный образ от мужчины и женщины й в божественной любви обагрил его своей небесной кровью»[83]. «Христос за тем был рожден Девою, чтобы снова освятить женскую тинктуру и претворить ее в мужскую, дабы мужчина и женщина стали мужедевами, как был Христос»[84]. София есть вечная девственность, а не вечная женственность. Культ Софии есть культ Девы, а не женственности, которая есть уже результат грехопадения и раздора. Поэтому культ Софии почти совпадает с культом Девы Марии, Божьей Матери. В Деве Марии женственная природа стала девственной и родила от Духа. Так рождается новый духовный род человеческий, род Христов, род бессмертный, побеждающий дурную бесконечность рождений и смертей. Через Деву Марию и через рождение Ею Сына Божьего и Сына Человеческого открывается путь для восстановления целостного человеческого образа, образа андрогинного. Это есть путь целомудрия, чистоты, девственности, путь мистической любви. В христианстве всегда было глубоко учение о девственности, культ девственности и всегда недостаточно глубоко учение о браке, освящение деторождения. Раскрытие положительного, мистического смысла любви между мужчиной и женщиной (эроса, а не агапе) принадлежит к проблематике христианского сознания. Догматически не раскрыт мистический смысл любви, и то, что мы находим об этом у учителей Церкви, бедно и убого[85]. Святоотеческое христианство учит достигать девственности через аскезу, но совершенно не раскрывает мистического смысла любви, как пути достижения девственности, восстановления целостного образа человека, обретения бессмертной жизни. Христианство справедливо оправдывает и освящает брак и семью грешного человеческого рода, оно и обезопашивает и одухотворяет жизнь падшего пола. Но о преображении пола, о явлении нового пола не говорит ничего. Это остается сокровенным в христианстве, как и многое другое. Святость материнства имеет космическое значение, но вопроса не решает. Пропасть между любовью родовой, рождающей и любовью мистической, обращенной к вечности, создает антиномию для церковного, христианского сознания. Церковь учит, что в Деве Марии падший, разорванный пол становится просветленной девственностью и просветленным материнством и принимает в себя Логос мира, рождающийся от Духа. Но отсюда как будто бы не было сделано никаких выводов о положительных путях просветления и преображения ветхой стихии рода., стихии пола. Не раскрывается положительный религиозный смысл любви, связь любви с самой идеей человека как целостного существа. Это есть результат неполной раскрытости антропологического сознания в христианстве. Любовь, как и многое другое в творческой жизни человека, остается неосмысленной и неосвященной, неканонической, как бы внезаконной, обреченной на трагическую судьбу в мире. Христианское учение о браке и семье, как и христианское учение о власти и государстве, имеет глубокий смысл для греховного природного мира, для родовой стихии, в которой пребывает человек, изживая последствие греха. Но этим даже не затрагивается проблема смысла любви, природа которой не связана ни с физиологическим влечением, ни с деторождением, ни с социальным благоустройством человеческого рода. Любовь по природе своей занимает то же место, что и мистика. Она – аристократична, духовна и также непереводима на пути демократического, душевно-телесного устроения человеческой жизни. Но любовь связана с самой первичной идеей человека. Религиозный смысл любви приоткрывается лишь в символике отношений между Христом и Церковью[86].

Христианство есть религия Божественности Троичности и религия Богочеловечества. Оно предполагает веру не только в Бога, но в человека. Человечество есть часть Богочеловечества. Бесчеловечный Бог не есть Бог христианский. Христианство существенно антропологично и антропоцентрично, оно возносит человека на небывалую, головокружительную высоту. Второй Лик Божий явлен как лик человеческий. Этим ставится человек в центре бытия, в нем полагается смысл и цель миротворения. Человек призван к творческому делу в мире, к соучастию в Божьем деле, в деле миротворения и мироустроения. У христианских мистиков было дерзновенное видение центрального и высшего положения человека в мире.

На высочайших высотах христианского сознания открывается, что человек не только тварь, что он больше чем тварь, что через Христа, вторую Ипостась Св. Троицы, он внедрен в божественную жизнь. Только христианское сознание признает вечность человека. Человек наследует вечность в Божественной действительности, он не может быть преодолен, не может эволюционно перейти в другой род, в ангела или демона. Вечный лик человека находится в недрах самой Божественной Троичности. Вторая Ипостась Божества есть божественная человечность. Христианство преодолевает инобытие, чуждость, устанавливает абсолютную родственность между человеком и Богом. Трансцендентное делается имманентным. В Христе, как Богочеловеке, раскрывается свободная активность не только Бога, но и человека. Поэтому всякое монофизитство, принижающее или отрицающее человеческую природу, есть отрицание тайны Христовой, тайны двуединства, богочеловечности. Все слабости, уклоны и неудачи христианства в истории связаны были с тем, что христианское человечество с трудом вмещало тайну Богочеловечества, тайну двуединой природы и легко склонялось к практическому монофизитству. И в христианский период мировой жизни сознание человеческое остается пораженным монизмом, мышление легче всего к нему склоняется. Так, германский идеализм начала XIX века, одно из самых могущественных проявлений философского гения человечества, поражен ересью монофизитской, склоняется к монизму, отрицающему самобытность человеческой природы. Это ставит границы германскому идеализму. Фихте и Гегель признают лишь божественную природу и отрицают человеческую природу, которая для них есть лишь функция Божества. В сущности познает у них само Божество, а не человек. В «Я» Фихте, в «Духе» Гегеля человек в своей конкретности исчезает. Но последовательный идеалистический монизм должен отрицать и человека и Бога, признавать лишь безликое, абстрактное, божественное. Монизм отрицает брачную тайну религиозной жизни, т. е. противоречит первичному феномену религиозного опыта. Это монофизитство германского идеализма было заложено уже в протестантизме. Лютер склонялся к монофизитству, он отрицал свободу человеческого духа, отрицал активность человека в религиозной жизни, в конце концов, отрицал всякую самобытность человеческой природы[87]. Уже у Бл. Августина были уклоны, которые давали основания для принижения человеческой природы. Устанавливая различие между Творцом и творением по признаку неизменяемости и изменяемости, он изменение считает дефектом и видит в изменении ухудшение. Божественное бытиё неизменно и потому совершенно. Человеческое бытие изменяющееся, но изменяться оно может лишь к худшему, к лучшему оно не может изменяться. Грехопадение и было изменением к худшему. К лучшему же человеческая природа может измениться лишь под действием благодати. Таким образом, Бл. Августин отрицает творческую природу человека, он не видит в человеке творческой свободы. Это учение Бл. Августина, выработанное под влиянием борьбы с пелагианством[88], дает повод к принижению человека. Совсем по-другому принижает человека католическая антропология, выраженная в томизме. Человек сотворен естественным природным существом, и потом актом благодати ему сообщены сверхъестественные духовные дары. Эти дары отнимаются у человека после грехопадения, и человек становится природным, недуховным существом, для которого все духовное оказывается внешним. Таким образом, выходит, что человек не сотворен духовным существом, имеющим образ и подобие Божье. Но человек есть духовное существо.

Можно установить три типа понимания отношений между Богом и человеком. 1) Трансцендентный дуализм подчиняет внешне волю человеческую – воле Божьей. Две природы остаются чуждыми, разорванными, внеположными. 2) Имманентный монизм метафизически отождествляет волю человеческую и волю Божью, отрицает всякую самобытность за человеческой природой и видит в человеке лишь одно из проявлений жизни Божества. Человек есть лишь преходящий момент в раскрытии и развитии Божества. 3) Творческий христианский, богочеловеческий антропологизм признает самостоятельность двух природ, Божьей и человеческой, видит взаимодействие Божьей благодати и человеческой свободы. Человек, как Божье другое, дает свободный ответ на Божий зов, раскрывая свою творческую природу. И внутри христианства можно открыть эти три типа, в большей или меньшей степени выраженные. Третий тип понимания отношений между Богом и человеком наиболее труден для рационального сознания, наиболее антиномичен. И это очень затрудняет и обременяет христианское учение об искуплении, христианское понимание дела мирового спасения и избавления. Тут можно было бы установить два типа понимания, которые в чистом виде трудно встретить. Бог через организованное действие благодати помогает человеку, утерявшему свободу в грехопадении, спастись, победить грех. Это понимание в крайних своих формах приводит даже к оправданию насилия и принуждения в деле спасения. Но есть другое понимание смысла мировой жизни. *Бог ждет от человека свободного ответа на свой зов, ждет ответной любви и творческого соучастия в одолении тьмы небытия*. Человек должен проявить величайшую активность своего духа, величайшее напряжение своей свободы, чтобы исполнить то, чего Бог от него ждет. Это понимание дает религиозное оправдание человеческому творчеству. В христианстве соединены оба понимания, и они не могут быть разделены. Через Христа-Богочеловека, Искупителя, Спасителя мира, оба движения от Бога и от человека, от благодати и от свободы соединяются. Бог энергией благодати помогает человеку победить грех, восстанавливает подорванную силу человеческой свободы, и человек из глубины свободы дает ответ Богу, раскрывает себя для Бога и тем продолжает дело миротворения. Человек не раб и не ничтожество, человек – соучастник в Божьем деле творческой победы над ничто. Человек нужен Богу, и Бог страдает, когда человек этого не сознает. Бог помогает человеку, но и человек должен помогать Богу. Это и есть эзотерическая сторона в христианстве.

Боятся противоположного: когда учат об обожении человека и соединении с Богом, боятся пантеизма и исчезновения самостоятельности человека, когда учат о свободе и самостоятельности человека, отличного от Бога, боятся дуализма и гордыни человека.

В духовном опыте, в глубине его раскрывается не только потребность человека в Боге, но и потребность Бога в человеке. О, конечно, «потребность» плохое слово, как плохи все человеческие слова, когда мы говорим о Боге. Мы говорим символическим языком, переводим несказанную тайну на язык нашего опыта. Можем ли дерзать раскрывать психологию Бога, внутреннюю Его жизнь или навеки должны ограничиваться пониманием внешнего отношения Бога к миру и человеку? Священное писание, в отличие от богословской доктрины, полно психологии Бога, говорит об аффективной, эмоциональной жизни Бога. Для Библии отношение между Богом и человеком есть страстная драма, драма между любящим и любимым, в которой не только человек, но и Бог переживает страсти, испытывает гнев, печаль, радость. Бог Авраама, Исаака и Иакова, в отличие от Абсолютного философов и Бога богословов есть антропоморфный Бог, Бог движущийся, а не бездвижный. Песнь песней, вдохновлявшая мистиков, есть изображение страстей мистической любви, эмоциональной божественной жизни. Христианским мистикам раскрывалась внутренняя жизнь Бога, и они находили слова для описания внутренних переживаний Бога. У великих католических мистиков, например у Св. Иоанна Креста, можно найти более интимное понимание отношений между Богом и человеком. Бог Св. Иоанна Креста не есть бездвижное и бесстрастное Абсолютное. И в эллинской философии Гераклит в своем учении об огненном движении был ближе к Богу христианскому, чем Парменид, Платон; Аристотель или Плотин, которые подавили все системы христианской теологии. Л. Блуа говорит, что Бог – одинокий и непонятый страдалец, он признает трагедию в Боге. Любовь к Богу подсказала ему эти дерзновенные слова. Бог страдает и истекает кровью, когда не встречает ответной любви человека, когда свобода человека не помогает Богу в Его творческом деле, когда не Богу отдает человек свои творческие силы. Как повышается ответственность человека от этого сознания! Человек должен думать не только о себе, о своем спасении, о своем благе, он должен думать и о Боге, о внутренней жизни Бога, должен приносить Богу бескорыстный дар любви, должен утолить Божью тоску. Это есть долг благородства. Мистики возвышались до этого бескорыстного отношения к Богу, соглашались перестать думать о своем спасении, готовы были даже отказаться от спасения и принять адские муки, если этого требует любовь к Богу. Удивительная вещь: богословие так боится признать движение в Боге, тоску в Боге, трагедию в Боге и учит о неизменяемости и бездвижности Бога, но это же богословие строит судебную теорию искупления, по которой жертва Христа есть умилостивление гнева Божьего, удовлетворение обиды Божьей. Как будто бы гнев Божий и обида Божья не есть аффективная жизнь в Боге, не есть движение сердца Божьего! Почему допущение обиды Божьей менее унижает Бога, чем допущение тоски Божьей. Это – разительное противоречие в богословских доктринах. И объясняется оно не желанием возвысить Бога, а желанием унизить человека и держать его в трепете. Бог ждет от человека безмерно большего, чем учат обычные доктрины об искуплении и исполнении воли Божьей. Не ждет ли Бог, что человек в свободе раскрывает свою творческую природу? Не сокрыл ли Бог от себя то, что раскроет человек в ответе на Божий зов? Бог никогда не насилует человека, не ставит границ человеческой свободе. Замысел Божий о человеке и мире в том, чтобы человек свободно, в любви отдал Богу свои силы, совершил во имя Божье творческое деяние. Бог ждет от человека соучастия в деле миротворения, в продолжении миротворения, в победе бытия над небытием, ждет подвига творчества. И те, которые возражают против этого тем, что задачи человека исчерпываются смирением перед волей Божьей и исполнением воли Божьей, попадают в круг безвыходного формализма. Да, конечно, человек должен смирить свою волю перед волей Божьей, должен преодолеть эгоцентризм во имя теоцентризма, должен до конца исполнить волю Божью. А что, если воля Божья в том, чтобы человек, одаренный творческой свободой, на которой запечатлен образ и подобие Божье, соучаствовал в миротворении в восьмой его день, что, если Бог ждет от человека подвига свободного творчества и требует от человека раскрытия всех заложенных в нем сил? Такова воля Божья, и человек должен ее исполнить. В Евангелии говорится о талантах, которые нельзя зарывать в землю, и которые должно вернуть приумноженными. Апостол Павел учит о разнообразных дарах человека. Не во имя свое, а во имя Божье, во имя воли Божьей – человек должен быть свободен духом и должен быть творцом. Но тайна творчества человека, тайна творческой его природы остается сокровенной, она не раскрыта прямо в священных письменах. Если бы тайна творчества человека была раскрыта и запечатлена в Священном писании, то не было бы свободы творчества, не было бы подвига творчества, невозможно стало бы то, чего ждет Бог от человека. Творческое признание человека в мире требует акта его свободного самосознания, и оно должно нести с собой абсолютную прибыль в бытии.

Творчество человека, продолжение миротворения не есть своеволие и бунт, а есть покорность Богу, принесение Богу всех сил своего духа. Творческая любовь человека к Богу не только ждет от Бога спасения и молит Его о нужде человека, но и отдает Богу бескорыстно весь избыток своих сил, всю бездонную свою свободу. И если человек не принесет Богу этого творческого дара, не будет активно участвовать в деле создания Царства Божьего, если окажется рабом, если зароет таланты в землю, то миротворение не удастся, то не осуществится замысленная Богом полнота богочеловеческой жизни, то Бог будет тосковать и страдать, будет неудовлетворен в отношении своем к своему другому. Человек должен не только о себе думать, о своем спасении, но и о Боге, о Божьем замысле, т. е. должен быть более бескорыстным в религиозной жизни, менее вампирическим, более свободным от проецированного на небо эвдемонизма. Когда человек думает только о себе, только о человеке, о человеческих нуждах, о человеческом благе, о человеческом спасении, то он принижает человека, Божью идею о человеке, отрицает творческую природу человека. Когда человек думает о Боге, о Божьей нужде, о Божьей тоске по любви, о Божьих ожиданиях от человека, то он возвышает человека, осуществляет идею человека, утверждает творческую природу человека. Такова парадоксия отношений между Богом и человеком. Человек есть Божья идея. Именно личность есть Божья идея, образ и подобие Божье в человеке, в отличие от индивидуальности, которая есть понятие натуралистически-биологическое. И чтобы понять человека, понять самого себя, человек должен обратиться к Богу, должен отгадать Божью идею о себе и все силы свои направить на осуществление этой идеи. Бог хочет, чтобы человек был, Бог не хочет быть одиноким. Смысл бытия – в преодолении одиночества, в обретении родственности, близости. В этом существо религиозного опыта, религиозной жизни. Человек поистине призван не только искать Божьей помощи, спасаться от гибели, но и помогать Богу в осуществлении замысла Божьего о мире. Но природный человек не в силах осуществить своего творческого призвания, сила его подорвана грехом, свобода его ослаблена. Творческая сила, творческая свобода человека восстанавливается через искупление в роде Нового Адама, в духовном человеке. Эта творческая сила, способная ответить на Божье требование, окончательно и полностью обретается через новое духовное рождение, лишь во Христе. Естественное человеческое творчество никогда не стоит на высоте Божьей идеи о человеке, Божьего ожидания от человека, оно пребывает в дольнем мире. Вполне раскрыть свое творчество и обратить к Богу может лишь человек, восстановивший свою целостность, свою девственность, свой андрогинный образ. Тогда только преодолевается разрыв между человеком и космосом, между мужской и женской стихией. В природном, падшем человеке творчество искажено и замутнено. Не во всяком творчестве человек осуществляет волю Божью, раскрывает Божью идею о человеке. Бывает творчество, которое все более и более искажает образ человека. Истинное творчество предполагает аскезу, очищение и жертву. Падший й самодовольный человек нередко творит не во имя Божие, а во имя свое, т. е. создает призрачное, лживое бытие, творит небытие. И никогда творчество во имя самого себя не может удержаться в срединной человеческой сфере, оно неизбежно раньше или позже превращается в творчество во имя иного, лживого бога, во имя дьявола. Поэтому оправдание религиозного смысла творчества не есть оправдание всякого творчества, – есть и злое, небытийственное творчество. Это приводит нас к вопросу об оправдании религиозного смысла творчества в культуре, в деяниях человеческих в истории. То, что совершается на вершинах или в глубинах духовного мира, совершается и внизу, в нашей исторической действительности.

Святоотеческая антропология не раскрыла до конца христианскую истину о человеке, не сделала из христологического догмата всех выводов в отношении к человеческой природе. Судебное понимание христианства прикрыло его онтологически-антропологическое понимание. Между тем как истинная антропология заключена уже в истинной христологии. Христологическое и антропологическое сознание во всем подобно друг другу. От того, как вы мыслите о Христе, будет зависеть и то, как вы мыслите о человеке. Человеческая личность в подлинном смысле этого слова существует только во Христе и через Христа, только потому, что существует Христос-Богочеловек. Онтологическая глубина человека связана с тем, что Христос не только Бог, но и человек. Этим внедрена человеческая природа в жизнь Божественной Троичности. Положительное учение о человеке только и может быть выведено из догмата о Богочеловечестве Христа и об единосущии Сына Отцу. До конца раскрытая христологическая антропология будет христологией человека. Род Христов, род духовного человечества должен иметь и антропологическое сознание, вкорененное в сознании христологическом. Но святоотеческий период христианства, весь устремленный вверх, к Богу и отталкивающийся от греховной природы человека, весь поглощенный героической борьбой с этой греховной природой, по духовной структуре своей мог раскрыть учение о Св. Троице и о Христе, но не мог раскрыть соответствующего учения о человеке. Отцы Церкви разрабатывают по преимуществу отрицательную антропологию, учение о греховной природе ветхого Адама, о путях борьбы со страстями. И в истории мистического гнозиса эзотерическое учение о человеке можно найти лишь в линии Каббалы, Я. Беме, Фр. Баадера, только в мистике, получившей семитическую прививку, а не в мистике Плотина, Экхарта, квиетистов. Положительное святоотеческое учение о человеке возносится уже на последнюю вершину – к стяжанию благодати Духа Святого, просветлению твари и обожению человека. Но творческая природа человека, лежащая между этими двумя полюсами, пока остается религиозно неосвященной, она отнесена в сферу секулярную. Природа человеческая утверждает себя и выражает себя вне религиозного освящения и осмысливания, она идет своими путями, она раскрывается в реакции против средневекового подавления человеческой свободы.

В средние века природа человеческая духовно была выше и сильнее, чем в новое время. Тогда-то и накопилась творческая сила человека. Но свобода человека не была еще вполне испытана и не дала еще своего согласия на осуществление Царства Божьего. Творческие силы человека не нашли еще себе полного выражения. Гуманизм, как явление внутри христианского мира, явился потому, что в христианстве не была еще раскрыта вся правда о человеке, что осталась прикровенность и сокровенность человеческой природы, неосвященность и нёвыраженность ее. Явление гуманизма в христианском мире есть парадоксия, и, понятно, оно должно быть парадоксально. Гуманизм нового времени глубоко отличается от гуманизма античного, и явиться он мог только в христианский период истории. Он связан с какой-то мучительной и неразрешенной христианской темой. Христианское человечество не могло отказаться от того раскрытия человеческого образа, которое совершилось в Греции, в греческой культуре, трагедии, философии. Гуманизм есть ложное антропологическое сознание, он зародился в отпадении от Бога, и в нем заключены яды, которые несут с собой опасность истребления человека. И вместе с тем гуманизм есть путь свободы человека, путь испытания творческих сил человека, путь самораскрытия человеческой природы. Человек не мог удовлетвориться святоотеческим и схоластическим антропологическим сознанием и начал сам открывать и освящать в себе творческую природу, которая не была открыта и освящена свыше. Общество человеческое не могло продолжать жить в принудительной теократии. Природа человеческая осталась языческой, не просветленной и не преображенной. И теократия, Царство Божье не достигалось реально, а лишь ознаменовывалось в условных знаках и печатях. Раньше или позже неизбежно должно было наступить обнаружение подлинных реальностей, подлинного состояния человечества. Секуляризация гуманистического периода истории не сама есть источник зла, не она создает отпадение от Бога всех сторон человеческой культуры и общества, – она лишь обнаруживает истинное положение вещей, называет все своими именами. В средневековой теократии, очень высокой по своему духовному типу, не была раскрыта правда о человеке. И потому теократия должна была рухнуть. Новое человечество пошло путем, на котором оно должно было испытать до конца злые плоды человеческого самоутверждения и человеческого уединения. Должен был человек раскрыть до конца все возможности своей земной жизни, чтобы на опыте все узнать и обличить. В гуманизме скрыта роковая диалектика, влекущая его к его конечной судьбе. Человек в своем уединении и оторванности, в гордыне самоутверждения не может найти бесконечных источников жизни, не может найти сил для охранения и утверждения своего образа. Гуманизм понимает человека исключительно как природное существо, как сына природного мира. Гуманистическая антропология есть антропология натуралистическая. Гуманистическое самосознание не видит уже в человеке существа, принадлежащего к двум мирам, к двум порядкам бытия, точку пересечения горнего духовного мира и дольнего природного мира. Для гуманистического сознания человек перестает быть загадкой и тайной, опытным опровержением самодостаточности этого мира. Гуманизм отрицает первородный грех и потому не понимает самого возникновения природного мира. Гуманистическое сознание окончательно водворяет человека на территории этого мира, поселяет его на плоскости земли. Если святоотеческая антропология имела (не принципиальный, но фактический) уклон к монофизитству в одну сторону, то антропология гуманистическая есть монофизитство в сторону полярно противоположную. Богочеловеческая полнота и целостность христианской истины не была вмещена человечеством. Христианская истина разрывалась, исполнялась то заповедь любви к Богу без заповеди любви к человеку – и тогда искажалась сама любовь к Богу, то заповедь любви к человеку без заповеди любви к Богу – и тогда искажалась сама любовь к человеку. Монофизитски, монистически нельзя понять природу человека. Природа человека двойная, двуединая, земная и небесная природа, она несет в себе образ зверя и образ Божий. И когда человек отвергает в себе и стирает образ Божий, то он не может долго сохранить в себе образ человеческий, он дает в себе преобладание образу звериному. Человек, потерявший опору в Боге, подчиняется зыбким стихиям мира сего, которые раньше или позже должны его захлестнуть и поглотить. Сама идея человека может быть конституирована лишь через идею Бога[89]. Человек и есть идея Бога, и он онтологически существует лишь в этом своем качестве. Человек не может быть лишь человеческой идеей или идеей природного мира. В таком качестве он лишается онтологической опоры и погибает. Вот почему духовная гордыня человека есть первоисточник зла и греха и ведет к истреблению самого образа человека. Природный человек не может удержать своего качественного своеобразия, своей единственности в иерархии бытия, когда он окончательно отрицает духовного человека, когда теряет опору в ином мире. Гуманизм переживает период цветения серединного гуманистического царства. Это есть наиболее творческий период гуманизма, в котором обнаруживаются творческие силы человека, накопившиеся еще в религиозном средневековье. Французский гуманизм XVII века был христианский гуманизм, к гуманистам причисляют Св. Франциска Сальского[90]. В Ренессансе человек не окончательно еще порывает с высшим миром, он несет еще в себе образ Божий. В период переходного самосознания, в период расцвета гуманизма раскрываются положительные стороны гуманизма – подъем человеческого творчества, преодоления жестокости, унаследованной от варварства, усиление «гуманности», которая стала возможной лишь в христианском мире. В гуманизме есть неосознанная положительная правда, правда человечности, но смешанная с ложью и неправдой. Гуманизм выше бестиализма. Это всегда нужно помнить. И неправда гуманизма не может быть побеждена через реакцию бестиализма[91]. Преодоление гуманизма есть переход к высшему состоянию, к полноте христианской правды, правды богочеловеческой, а не возврат к тому состоянию, в котором христианство было затемнено преломлением в варварской стихии. Гуманизм двойственен по своей природе и по своим результатам. В гуманизме раскрывались положительные человеческие силы, силы свободной человечности, которые входят в христианство и являются неосознанной частью самого христианства; и отрицательные начала, которые окончательно разрывают с божественным миром и уготовляют истребление человека. Свободная наука развилась в недрах гуманизма. Но гуманизм в XIX и XX веках на вершинах своего отрицательного развития переходит в свою противоположность, приходит к отрицанию человека, к истреблению всего, что почиталось гуманностью[92]. Такой переход гуманизма в свою противоположность мы видим в крайней, предельной форме в коммунизме, его можно открыть во всех характерных течениях нашей эпохи – современной науке, философии, морали, складе быта, технике. Образ человека расшатан в конце гуманистической эпохи в технической цивилизации. Человеку грозит гибель. И спасти человека, охранить его образ может только христианство, через богочеловеческую истину, только христианское возрождение.

Новое время не создавало уже никаких христианских ересей. И можно даже подумать, что религиозный индифферентизм этого периода истории делает невозможным возникновение религиозных ересей. Но это взгляд поверхностный. Со времени явления Христа вся мировая жизнь стоит уже под знаком христианства и нет уже ничего безразличного в отношении к христианству. Новое время создало великую *ересь гуманизма*. Ересь эта могла возникнуть лишь на христианской почве, и она отвечает на религиозный вопрос о человеке. Это – антропологическая ересь. Гуманизм вошел в мир с религиозными претензиями. Ереси всегда ведь ставили какой-то важный и жизненный вопрос, на который церковное сознание не дало еще ясного и вполне раскрытого ответа. Ереси имели огромное значение для положительного раскрытия догматов, они возбуждали догматическое творчество Церкви. И всегда в ересях была какая-то частица истины, но до крайности преувеличенная и смешанная с ложью. Ересь есть нарушение равновесия, неспособность вместить полноту, принятие части за целое, рационализация темы, поставленной в духовном опыте. Церковное сознание отвечает на ереси, дает формулы, вмещающие сверхрациональную полноту, указующие на правильный, здоровый духовный опыт и путь. На ересь гуманизма церковное сознание не дало еще своего положительного ответа, не раскрыло еще всех заключенных в христианстве возможностей для разрешения религиозной проблемы человека. И нет никаких оснований отрицать, что церковное сознание раньше или позже ответит на ересь гуманизма догматическим раскрытием истинной христианской антропологии. Вся острота вопроса лежит в том, действительно ли ставит гуманизм серьезную и глубокую религиозную тему. Слишком немногие люди церковного сознания понимают всю серьезность и глубину этой темы. Мир остается разорванным; с одной стороны, церковный мир и церковное сознание, с другой стороны, гуманистический мир и гуманистическое сознание. Эти два мира не встретились еще лицом к лицу в постановке и решении религиозной проблемы человека. Лишь у отдельных гениев такой предельной остроты достигает постановка проблемы человека, что сталкиваются непосредственно христианство и гуманизм. Таков Достоевский, таков Ницше. Они очень разные, но одинаково служат религиозному антропологическому сознанию, одинаково преодолевают нейтральную сферу, далекую от неба и от ада, от Бога и от дьявола. Преодоление столкновения идеи Богочеловека и человекобога должно во всей ясности и полноте поставить религиозный вопрос о человеке. Но ответ церковного сознания на ересь гуманизма будет существенно отличаться по своему характеру от тех ответов, которые давала Церковь на прежние ереси. В церковном ответе на *ересь гуманизма* должна раскрыться истина о творческой природе человека. Но в таком раскрытии христианской истины о творческом призвании человека неизбежно будет принадлежать исключительная творческая активность самому человеку. И потому естественно предположить, что человек уже подготовляет своей творческой активностью ответ на религиозную проблему о человеке, но что Церковь внешне еще не признала этой работы своей органической частью своего богочеловеческого дела. Церковь есть Богочеловечество, и потому в деле движения Церкви к полноте должна играть роль и творческая активность самого человека. Без «человеческого» не может быть исполнения Церкви, без «человеческого» не может обойтись Бог. Но человек может Богу отдать свою свободную творческую активность, а может отдать ее дьяволу, духу небытия. Свободная творческая активность человека в гуманистический период носит двойственный характер, она направлена к двум противоположным царствам. Таков трагический процесс истории. В гуманизме есть истина самого христианства, самой Церкви. Но в гуманизме же зарождается религия, противоположная христианству, религия антихриста, религия, в пределе своем убивающая и человека и Бога. В необходимости различить эти две стихии, эти два противоположных начала вся мука человека. И в разрешении этой мучительной проблемы многое предоставлено самому человеку, его свободе, его выбору. Дары религиозного познания, дары гнозиса принадлежат не церковной иерархии, не ангельскому чину, а чину человеческому, творческому гению человека. И дары эти совсем не пропорциональны степени святости. Этому учит нас духовная история человечества.

Самосознание человека и раскрытие его духовных сил определяются не только его отношением к Богу, но и его отношением к природе. Человек в исторической судьбе своей стоял в разных отношениях к природе. Можно установить три периода, в которые по-разному определялось отношение человека к природе: 1) Первичная погруженность человека в природу, первобытно-космическое сознание общей жизни с жизнью природы; 2) Выделение из природы, противоположение человека природе и духовная борьба с ней; 3) Обращение к природе для овладения ею, материальная борьба с природой. Этим трем периодам соответствуют разные понимания природы. В первый период природа одушевлена, населена добрыми и злыми духами, жив Великий Пан. Первобытная магия есть наука и техника, соответствующая этой стадии отношений человека к природе. Человек уже борется с природными силами за жизнь, но борется в закономерном общении с духами природы. Это – анимизм. Человек не ставит еще себя выше природы. В тотемизме, как первоначальной форме религиозной жизни человечества, человек поклоняется животному, как покровителю социальной группы, клана. В скульптурных изображениях человеческий образ не отделен еще от образа звериного, смешан с ним. Этому периоду и соответствуют, язычество, политеизм, дробление для человеческого сознания Божьего образа в природной множественности. Открываются боги природы, и жизнь человека от них зависит. Но уже в языческом мире обнаруживалось стремление человека духовно возвыситься над природой и освободиться от демонов природы. Начинается второй период, окончательно выявляющийся в христианстве. Человек в процессе своего освобождения и возвышения отделяется от души природы, пытается стать на ноги, приобрести духовную независимость, найти точку опоры, основу своей жизни не во внешнем природном мире, а во внутреннем духовном мире! Лишь чрез искупление может приобрести человек духовную независимость, может возвыситься над властью природных стихий. Искупление, которое принес с собой Христос, означает совсем иное отношение к природе. Умирают боги природы, Великий Пан уходит в глубину природы и остается надолго в пленении, в заточении. Нужно было оттолкнуться от природы, победить в себе язычество. Нужно было освободиться от демонолатрии, от власти демонов природы, которые терзали древний мир и внушали ужас. Язычество совсем не было исключительно радостной жизнью в божественной природе, язычество было и ужасом и смертельным испугом перед демонами и таинственными силами природы. Маги пытались подчинить эти демонические силы своей власти, и древние культы пытались умилостивить богов. Но в мире языческом не могло быть достигнуто истинное духовное освобождение. Чтобы укрепить духовного человека и дать ему иную основу жизни, христианская Церковь противоположила человека демонизму природы и воспретила человеку общение с духами природы. Нужно было оградить человека от власти космической бесконечности. Вторичным результатом такого отношения к природе была механизация природы. Зависимость от природы, языческое отношение к природе делали невозможным научное познание природы и техническое овладение природой. Это стало возможным лишь в христианском мире. Как это ни парадоксально звучит, но именно христианство сделало возможным развитие естествознания и техники. Наука и техника есть плод освобождения человеческого духа от власти природы, от демонолатрии. Демонов природы нельзя было ни научно познавать, ни технически ими владеть. Их» можно было только магически связывать или умилостивлять их кровавыми жертвами. Анимизм делал невозможными науку и технику в иной форме, кроме магии. В период средневековья созерцался еще космический порядок, но средневековое сознание было проникнуто религиозно-моральным дуализмом. Средневековый человек вел духовную борьбу с природой в себе и вокруг себя. Человек проходил через суровую аскезу. В аскезе он укрепляет и сосредоточивает свои внутренние духовные силы. Выковывается человеческая личность. Но и в первый и во второй периоды космос существует для человека. Третий период начинается с Ренессанса. Человек вновь обращается к природе. В нем пробуждается жажда познания тайн природы. Человек в гуманизме вновь сознает себя природным существом, но природным существом, желающим быть господином природы. На этом пути подготовляется грядущая техническая власть человека над природой, которая явится плодом ренессансного развития естествознания. Природа делается внешней и более чуждой человеку, он совершенно перестает ощущать душу природы, и природа перестает быть космосом, становится предметом, конструируемым и познаваемым математическим естествознанием. На этом пути природа становится мертвым механизмом. И человека нашего времени страшит уже не демонизм природы, не духи природы, а мертвящий механизм природы.

Механическое миросозерцание, которое только и стало возможным благодаря духовной победе христианства над природой, делается силой, враждебной христианству. И внутри христианства живет упование на иной, четвертый период в отношении человека к природе, когда человек вновь обратится к внутренней жизни природы, вновь увидит божественный космос, но соединит это с духовной властью над природой и ее стихиями, т. е. утвердит свое царственное положение в мире. В новой истории культура, всегда имеющая религиозную основу, всегда символическая по своей природе, всегда предполагающая бескорыстное созерцание и бескорыстное творчество, начинает переходить в цивилизацию, всегда секуляризированную, всегда наивно-реалистическую, всегда корыстную и одержимую волей к жизненному могуществу и жизненному благополучию. Цивилизация и есть предел механизации человеческой жизни и механизации природы. В ней умирает все органическое. Механика, созданная могуществом человеческого знания, покоряет себе не только природу, но и самого человека. Человек уже не раб природы, он освобождается от власти органической родовой жизни. Но он становится рабом машинной цивилизации, рабом им созданной социальной среды. В цивилизации, как последнем результате гуманизма, начинает погибать образ человека. Культура бессильна бороться с возрастающей властью цивилизации, ибо обнаруживается воля к самой жизни, к изменению и преображению жизни. Культура же не преображает жизнь, она лишь создает великие ценности, творческие ценности жизни, философии, искусства, государственных и правовых учреждений и т. п. Происходит раздвоение в обнаружении воли к самой реальной жизни, к ее преображению: с одной стороны, воля к социальному и к техническому преображению жизни в безбожной цивилизации, с другой стороны, воля к религиозному преображению жизни, к духовному просветлению мира и человека. Эти две воли борются в мире. Такова схема отношений человека и природы.

Человек есть Божье творение, и метафизически он предшествует природному миру и его исторической судьбе. Человека нельзя вывести из природного развития мира. Но в природном мире человек имеет свой путь развития. Ниспавший в дольний природный мир человек лишь в постепенном процессе развития поднимается и обретает свой образ. В этом – истина эволюционизма. Падший человек смешался с низшей природой и утерял свой образ. Он начинает свою природную жизнь с самых низших стадий животной жизни. Личность человеческая пробуждается от того бессознательного и обморочного состояния, в которое его ввергло отпадение от Бога, лишь мучительным и длинным процессом борьбы и роста. В древней Элладе, где на мгновение было достигнуто человеком как бы отображение утерянного Эдема, впервые б мире, языческом, поднялся человек, и начал обрисовываться его образ в прекрасных пластических формах. Долгое время границы человеческой природы оставались неясно обозначенными. Образ человека был еще неустойчив, он не отделился еще от образа богов и от образов природы животной. Нет еще ясной дифференциации между героем, богом и человеком. Герой не просто человек, он полубог.

Через образование богов и героев совершался в Древней Греции процесс антропогонический. Чтобы возвыситься над низшим животным состоянием, чтобы выйти из первоначальной смешанности образа человека и образа зверя, человек должен был принять в себя образ бога или полубога начало, которое сознавалось как сверхчеловеческое[93]. Если в поздний час европейской гуманистической истории Ницше стремился перейти от человека к сверхчеловеку, т. е. опять хотел смешать образ человека с образом бога, героя, то на заре гуманизма греческого человек рождался из сверхчеловека. В греческой скульптуре дано было откровение человеческого образа в красоте, человек вышел из того состояния недифференцированности и смешанности человека с животным, которое было свойственно Востоку. Человеческая культура Запада началась в Греции. И в основе этой культуры лежит арийский миф, столь отличный от библейского семитического мифа, – миф о Прометее. Миф о грехопадении первочеловека глубже, первозданнее, предмирнее мифа о Прометее. Грехопадение Адама определяет самое существование природного мира и его судьбу. Миф о Прометее открывает нам духовный феномен, совершившийся уже в падшем, природном мире, как важный, определяющий момент в исторической судьбе человечества на грешной земле. Миф о Прометее не метафизический, а культурный миф, миф о возникновении человеческой культуры. В нем сверхчеловек, герой борется с богами и демонами, с духами природы, со стихиями природы во имя человека и человеческой культуры. Человек и человеческая культура начинают существовать в этом природном мире лишь через похищение огня с неба, огня, принадлежащего богам, через присвоение человеку высшего начала, которое берется силой. Прометей освобождает человека не от Бога, который остается для него сокрытым, а от богов природы, от власти стихий, он отец человеческой культуры. Его титаническая борьба с богами не есть борьба с Богом. Поэтому миф о Прометее совсем не может быть противополагаем мифу библейскому, на котором основано христианство, – эти мифы относятся к совершенно разным планам. Прометеевское начало в человеке есть вечное начало, и без него не было бы человека. Отпавший от Бога человек должен был подниматься через раскрытие и утверждение прометеевского начала. Без прометеевского начала человек остался бы нераскрытым, он остался бы в первоначальной недифференцированности и смешении. Человек должен был выйти из покорности богам природы. Это был путь, которым шел древний человек к христианству, к явлению Нового Адама. Образ человека только и мог открыться через героическое, титаническое начало, восставшее против богов. Это есть космическая борьба, через которую в муках рождается человек. Миф о Прометее есть великий антропологический и антропогонический миф. Без Прометея не было бы в мире культуры, не было бы творчества человека. И миф о Прометее должен получить свое христианское освящение[94]. Миф о грехопадении Адама говорит об отношении человека к Богу. Миф о Прометее говорит об отношении человека к природе. Отпавший от Бога человек и должен был быть поставлен перед природой и ее властителями в то положение, в какое был поставлен Прометей. Так раскрывается в греческом мифотворчестве судьба человека. В античной трагедии, великом явлении мирового духа, стоит также человек перед судьбой, перед роком. Античная трагедия есть откровение о подвластности падшего, греховного человека неотвратимой судьбе и о борьбе человека с этой судьбой. Через дионисическую трагедию, через трагическое страдание героя человек пытается выйти из подвластности роковым природным стихиям. Героя ждет трагическая гибель, ее избежать нельзя. Но в самой трагической гибели есть катарсис, очищение, искупление. Через трагедию шел античный человек к христианству, в котором находит трагедия разрешение. Греческая трагедия поведала миру о великом трагизме человеческой жизни, человеческой судьбы, и это было откровением для древнего мира, это выводило его за его пределы, обращало его к иному миру. Многообразными путями раскрывался человеческий мир в греческой культуре, утверждался античный гуманизм, подготовлялся человек для принятия истины христианства, истины о Богочеловечестве. Античный титанизм и героизм не мог разрешить проблемы человеческой судьбы, он только ее ставил. Разрешение это достигается лишь в религии Богочеловека и Богочеловечества. Христианский подвижник, святой достигает той последней победы над «миром», над стихиями природы, роком, которые были трагически недостижимы для героя и титана. Трагический герой идет к гибели. Христианский святой идет к воскресению. Образ человека в античной культуре раскрывался через взаимодействие и борьбу дионисического и аполлонического начал. Дионисическое начало и есть та первичная стихия жизни, без которой не имеет человек истоков жизни. Преизбыточность дионисической силы жизни рождает трагедию, разрывает границы всякой индивидуальности, всякого образа. Дионисический культ – культ оргийный. В нем человек ищет избавления от зла и муки жизни через растерзание индивидуальности, через гибель личности, через погружение в первичную природную стихию. Религия Диониса есть религия безличного спасения. Дионисическое начало само по себе не может выработать человека, не может утвердить и сохранить образ человека. И исключительное преобладание дионисической стихии и дионисических культов возвращали античного человека на Восток, к восточной недифференцированности человека. Личность человека, образ человека выковывались через религию Аполлона, бога формы и границы. Личность зарождалась в аполлоновой религии. Аполлоново начало есть по преимуществу личное начало. Это есть также начало аристократическое. Эллинский гений формы связан с культом Аполлона. Но исключительное преобладание аполлонова начала грозит утерей связи с дионисическим началом. Эллинский гений не дал себя растерзать дионисической стихии, не поддался влиянию Востока, он подчинил дионисическую стихию аполлонической форме, ограничивающей дионисическую стихию. Красота связана с аполлоническим началом. Дионисическое начало само по себе некрасиво[95]. Космос есть красота, потому что в нем сочетается дионисическая стихия с аполлонической формой. Человек есть красота, имеет образ и подобие Божье, потому что в нем дионисическая стихия аполлонически оформлена. Равновесие между дионисическим и аполлоническим началом есть идеальная цель. Эллинский мир умл достигать этого равновесия. Но опасность нарушения равновесия грозила с противоположных сторон. Если исключительное торжество начала дионисического грозит растерзанием человека и гибелью личности, то же исключительное торжество начала аполлонического грозит человеку бессодержательным формализмом, исключительно формальной культурой, александризмом, своеобразным античным позитивизмом. Аполлоново начало есть начало границы, для него закрыта бесконечность. Бесконечность раскрывается для начала дионисического, но в бесконечности этой неразличима верхняя и нижняя бездна. Античный мир никогда не вышел из противоборства эпох противоположных начал, и спасти человека от подстерегающей его гибели он не мог.

Окончательное раскрытие и утверждение человеческой личности возможно лишь в христианстве. Христианство признает вечное значение и вечную ценность человека, индивидуальной человеческой души и ее судьбы. Душа человеческая стоит дороже, чем все царства мира. В душе заключена бесконечность. Христианство явилось в мир прежде всего как религия спасения человека для вечности, и потому уже оно полно внимания к человеческой личности, к человеческой душе, полно заботы о ней – оно никогда не может рассматривать человека как простое средство и орудие для каких-либо целей, как преходящий момент космического или социального процесса. Только христианству свойственно такое отношение к человеку. Христианское сознание основано на признании исключительного значения за единичным и неповторимым. Только в христианстве и существует единичное и неповторимое, индивидуальное в своем вечном значении. Единичный и неповторимый лик каждого человека существует лишь потому, что существует единичный, и неповторимый лик Христа-Богочеловека. В Христе и через Христа раскрывается вечный лик всякого человеческого существа. В мире природном, лик раздроблен и всегда обращается в средство для родовых природных процессов. Только христианскому сознанию свойствен подлинный антропологизм, и в христианстве лишь осуществляется то, к чему шел античный мир. Но прохождение пути искупления, освобождение души человеческой от греха и от власти низших стихий, духовное укрепление человеческой личности до времени закрывали творческое призвание человека. Святоотеческое сознание было занято путями спасения души, а не путями творчества. Церковное сознание давало внутреннюю религиозную санкцию тому состоянию человеческой души, которому имя – святость; но не давало религиозной санкции тому состоянию человеческой природы, которому имя – гениальность. Святость – антропологична, она есть высшее достижение человеческой природы, просветление и обожение ее. Этим святость отличается от священства, которое есть не человеческое, а ангельское начало. Но есть ли путь святости и достижение святости единственный религиозный путь человека и единственное религиозное достижение? Можно ли сказать, что вся творческая жизнь человека, не лежащая непосредственно на пути святости, лишь попускается по греховности человеческой природы, но положительного религиозного оправдания не имеет? Это очень мучительный вопрос внутри христианского сознания, и нерешенность этого вопроса делает жизнь человеческую разорванной и в значительной части своей неосвященной. Путь гениальности, путь творческого вдохновения остается мирским, секулярным, несакральным, неосвященным путем. Религиозный смысл гениальности, как высшего проявления человеческого творчества, остается нераскрытым. Что означает для христианского сознания существование наряду со святыми, с подвижниками, со спасающими свою душу – гениев, поэтов, художников, философов, ученых, реформаторов, изобретателей, людей, занятых прежде всего творчеством? От этого вопроса нельзя так легко отмахнуться, сказав, что христианство совсем не отрицает науки, философии, искусства, общественной жизни и пр. Вопрос этот несоизмеримо более глубок, этот вопрос затрагивает самую глубину метафизики христианства, его догматического сознания. Есть ли творческое вдохновение положительный духовный опыт, обнаружение положительного призвания человека? Ждет ли Бог от человека творчества, творческого подвига? Творчество не может только попускаться или извиняться, оно должно положительно религиозно оправдываться. Если человек делается великим творцом только потому, что по греховной слабости не может идти путями святости, то творчество осуждено и должно быть отвергнуто. Если человек делается поэтом или философом только потому, что по греховности и слабости своей не может идти единственным истинным путем, путем подвижничества и святости, то поэт и философ осуждены перед лицом христианского сознания, то творческое дело их должно быть отвергнуто, как тлен, суета и пустота. О, конечно, каждый человек должен идти путем очищения, путем борьбы со своей низшей природой, путем аскезы и жертвы. Никакое творческое деяние, никакое познание, никакое искусство, никакое открытие нового и небывалого невозможно без самоограничения, без возвышения над низшей природой человека. Сотворить что-нибудь в жизни может лишь тот человек, который предмет своего творчества поставил выше самого себя, истину предпочел себе. Это – духовная аксиома. Поэт может быть очень грешным человеком и может низко падать, но в момент поэтического вдохновения, в момент подлинного творческого горения он возвышается над своей низостью, он преодолевает себя. Это есть мотив пушкинского «Пока не требует поэта к священной жертве Аполлон». В творческой жизни есть своя праведность, без которой творчество разлагается, есть свое благочестие, без которого творец теряет свою силу. Но острота религиозной проблемы творчества лежит в том, есть ли смирение единственная истинная основа духовной жизни, или есть еще какая-то другая основа, из которой рождается творчество? Феноменологическое и психологическое описание творчества решительно принуждено отрицать, что через сам по себе взятый духовный феномен смирения возможно творчество в какой-либо сфере жизни. Акт смирения лежит в первооснове духовной жизни христианина. Через смирение преображается греховная природа человека, побеждается эгоцентризм. Этот духовный процесс происходит и в творящем. И творящий должен через смирение, через отрешенность, через жертву своей самостью просветлять свою природу, освобождаться от тяжести греха. Нужно выйти из самодовольства, чтобы возникла самая потребность в творчестве. Но само творчество, самый творческий подъем означает другой момент духовной жизни, духовного опыта. Творящий в момент творчества не думает уже о победе над грехом, он чувствует уже себя освобожденным от тяжести. Само творчество есть уже не смирение и аскеза, а вдохновение и экстаз, благодатное потрясение всего человеческого существа, в котором обнаруживается и разряжается положительная духовная энергия. Вопрос о религиозном оправдании творчества есть вопрос о религиозном оправдании творческого вдохновения, творческого экстаза, как духовного опыта. Творчество религиозно оправданно и осмысленно, если в творческом вдохновении, в творческом подъеме человек отвечает на Божий призыв, на Божье требование, чтобы человек творил, соучаствуя в Божьем творчестве. Когда на призыв к творчеству отвечают призывом к смирению, то вопрос оказывается непонятым и снятым с обсуждения. Никогда еще ученый не делал открытия, философ не прорывался к сущности и смыслу мира, поэт не писал поэмы и художник картины, изобретатель не делал изобретения и общественный реформатор не создавал новых форм жизни в состоянии смирения, в переживании своей греховной слабости, своего бессилия и ничтожества. Творческий акт предполагает совершенно иные духовные состояния: переживание преизбыточности творческой силы, непосредственного подъема творческой силы человека, целостности в духовной настроенности. Творец может в тот же период жизни смиренно молиться, каяться в своих грехах, подчинять свою волю воле Божьей и переживать творческое вдохновение и сознание своей творческой силы. В творческом вдохновении и экстазе есть огромная отрешенность, победа над тяжестью греха, есть внутренняя целостность и забвение о себе. В творческом вдохновении и экстазе может быть даже большая отрешенность, чем в смирении, может быть прежде всего дума о Боге, а не о себе. Спасение души, искупление греха есть еще дума о себе. Творчество же по внутреннему своему смыслу есть дума о Боге, об истине, о красоте, о высшей жизни духа. Богу мало того, чтобы человек спасал свою душу от греха. Ему нужно, чтобы человек в положительном раскрытии своей природы обнаружил творческую любовь к Богу. Но Бог не может желать унижения человека. Подлинное творчество никогда не может быть творчеством во имя свое, во имя человеческое. Подлинное творчество всегда есть творчество во имя того, что выше человека, во имя Божье, хотя бы имя Божье для человеческого сознания было прикрыто истиной, красотой, справедливостью и пр. Творчество жертвенно по своей природе, и судьба творческого гения в мире – трагическая судьба. Творчество человека, как и все в мире, как и сама организация христианской Церкви в мире, обладает способностью заболевать, извращаться и вырождаться. Когда человек начинает творить во имя свое, когда он самоутверждается в творчестве, когда он не хочет жертвы и аскезы, перед творчеством разверзается бездна пустоты. Тщеславие подстерегает творящего и извращает его творческую природу. В современном духовном падшем мире поистине ужасна пустота, небытийственность литературы, искусства, мысли, философии, новшеств жизни, общественного строительства, ужасна беспредметность творчества. Артистизм современного человека в научной мысли, в искусстве, в формальном праве и политической жизни, в технике есть выражение безнадежной, страшной оторванности творческого процесса от бытия, от Бога, равнодушие к тому, что онтологически есть к чего нет. Это есть творческий упадок, и он закрывает для современного сознания самую постановку проблемы религиозного смысла творчества. Творчество современного человека в большинстве случаев религиозно бессмысленно и беспредметно и для людей христианского сознания соблазнительно.

Творчество в современной цивилизации вызывает против себя религиозную реакцию.

Внутри христианского мира всегда сталкивались и боролись два течения – обнаружение творческого духа человека и монофизитская реакция против этого духа. Это религиозное монофизитское течение есть и в наши дни. Оно не видит религиозной проблемы человека и не в силах победить гуманизм. Победить гуманизм может лишь положительное раскрытие правды о человеке и его творческом призвании. Монофизитское принижение и отрицание человека неизбежно вызывает реакцию гуманистическую, гуманистическое самоутверждение и самораскрытие человека. Монашески-аскетическое христианство, основанное на антропологии святоотеческой, и даже не на всем святоотеческом учении, а лишь на части его, признающее подвижничество единственным духовным путем человека, брезгливо и пугливо отвращается от всех путей человеческого творчества, не может вывести из мирового кризиса гуманизма, который есть лишь обратная сторона мирового кризиса христианства. Мистико-аскетическое миросозерцание нередко бывает прикрытым манихейством. Ответственное христианское сознание нашего времени не может делать вид, что со времени вселенских соборов и споров учителей Церкви ничего особенного не произошло с миром и человеком, никакие новые темы не встали перед религиозным сознанием, все осталось на своих старых местах и лишь грех человеческий все искажает теперь, как искажал и раньше. Нет, сложен и длинен путь человека, он пережил трагедию, неведомую прежним, более простым эпохам, объем опыта его бесконечно расширился, и психея человека очень изменилась, совсем новые темы встали перед человеком. На усложненные запросы новой души нельзя ответить так, как отвечали некогда отцы Церкви в совершенно иную эпоху. Человеческий элемент в Церкви меняется и развивается. Ныне нужно творчески продолжать дело старых учителей Церкви, а не повторять старые их ответы на старые вопросы. Христианство не может жить дальше, если оно останется в состоянии эпигонства и упадочничества, если оно будет жить лишь старым капиталом, не накопляя новых богатств. Врата адовы не могут одолеть христианства потому, что в нем есть вечный и неиссякаемый источник творческих сил. Но христианское человечество может пережить состояние упадка. Монофизитская реакция и есть такой упадок. Ницше был жертвой упадочного монофизитства в христианстве, отрицания человека и его творческого пути. Его мучила творческая жажда, и он не нашел ее религиозного оправдания. Он восстал на Бога, потому что по сознанию его Бог не допускает творчества. Он знал только то старое христианское сознание, которое было враждебно творчеству человека. Церковь на поверхности своего сознания как бы не заметила длинного пути, которым шел человек, оказалась недостаточно внимательна к изменениям души человека. Церковь, в дифференциальном, а не интегральном смысле, не признала положительной творческой работы человека своей, как бы забыв свою богочеловеческую природу. Страшно изменился человек, новыми грехами он болеет, новыми муками мучится и новой творческой любовью хочет любить Бога. А представители старого закостенелого церковного сознания думают, что перед ними все та же старая неизменная душа, с исключительно старыми грехами и вопрошаниями. Человек прошел через Гамлета и Фауста, через Ницше и Достоевского, через гуманизм, романтизм и революционизм, через философию и науку нового времени, и зачеркнуть пережитого нельзя. Когда пережитый опыт преодолевается более высоким состоянием, то он входит в это состояние. Это – закон жизни. Ткань души делается иной. Душа стала бесконечно чувствительнее, в ней с новыми грехами и соблазнами явилась также сострадательность ко всему живому, которой не знала более грубая душа прежних времен. Эта новая чувствительность распространилась и на отношение человека к самому себе. В мире происходит двойственный процесс, процесс демократизации и процесс аристократизации души.

Раньше или позже должен быть дан положительный религиозный, христианский, церковный ответ на творческую тоску человека. С этим связана судьба христианства в мире. Христианство само бесконечно усложнило психею человека, но не дало еще ответа на эту усложненность. Нужно всегда различать подземное, глубинное действие христианства в истории и надземное, вошедшее в церковное сознание его действие. Явление в мире Христа влечет за собой охристовлениё всего космоса, а не только создание видимых церковных границ. И повсюду мы видим это двойное действие Христовых сил. Так, христианство внесло в мир любовь между мужчиной и женщиной, новую романтическую влюбленность, неведомую древнему миру. Но сознание церковное не ответило на вопрос о религиозном смысле любви. Христианство выковывало человеческую личность и сделало возможным нарождение неповторимой индивидуальности, которая так утончилась в новое время. Но церковное сознание как бы продолжает игнорировать развитие индивидуальности, трагическую судьбу индивидуальности в мире. С другой стороны, новое время развивает индивидуальность и доводит до величайшего напряжения чувство индивидуальности и вместе с тем давит и нивелирует индивидуальность, подчиняет ее массам. Мы живем в этих противоречиях и страдаем от них. Человек в процессе развития, который представляется вполне естественным, натуральным, выходит из родового бытия и родового сознания и переходит к сознанию личному и индивидуальным формам творчества жизни. Отсюда идут и большие изменения в стиле христианства. Христианство находится в переходном состоянии, и оно утеряло прежнюю строгость и цельность стиля. Христианство наше не может быть родовым христианством. Старый родовой строй, старое родовое сознание разлагается. Новый же коммунистический род принимает в себя антихристов образ. Индивидуальность человеческая раздавлена между остатками старого рода и зачатками нового рода. Возврата к старой сращенности между христианством и родовым строем жизни, родовым государством, родовым бытом быть не может. Возврат этот всегда есть бессильная реакция. Новой стадии в судьбе человека и человеческого общества должен соответствовать и новый стиль христианства. Преходящий историко-психологический стиль христианства нельзя абсолютизировать, нельзя считать его вечным. Не должно бесконечное порабощать конечному, духовное навеки скреплять с преходящими природными формами. Ложный классицизм, ложный консерватизм всегда подчиняет бесконечный дух конечной форме и конечную форму принимает за самое существо божественного. Против этого ложного классического стиля справедливо восстает романтизм со своей тоской по бесконечному, со своим нежеланием примириться с конечным. Мы живем в эпоху, когда невозможен уже статический классический стиль христианства, когда конечная форма быта мешает выражению бесконечного бытия. Наше христианство уже иное, вечное и новое, и оно ищет нового стиля выражения. Оно неклассично, нестатично, потому что оно обозначает бурное духовное движение, напряженный динамизм, не нашедший еще себе адекватной символики. Христианство на вершине новой истории есть неизбежно христианство, пережившее развал и крах гуманизма, бури революции, великое напряжение раздвоенной человеческой мысли, искания человеческой свободы и творчества. Старый стиль культуры в нашу катастрофическую эпоху уже невозможен. Нельзя преходящие формы быта почитать за вечное бытие. Христос пришел для всего мира, для всех людей и для всех эпох. Христианство существует не только для простых душ, но и для душ сложных и утонченных. Теперь приходится об этом напоминать. Преобладающий стиль православия долгое время был приспособлен к более простому и грубому состоянию души. Но вот усложнилась и утончилась душа человека. Что делать этой душе? Неужели для нее не приходил

Христос и не для нее существует истина христианства? Истина христианства существует для всех и для вся; но статический стиль христианства той или иной эпохи может быть обращен лишь к определенному типу души. Так, русское старчество выработало себе стиль, который не для всякой души пригоден, оно имело свои типические души. И замечательно, что такое глубокое явление, как старчество, было бессильно ответить на творческую тоску человека. И могут возникать новые формы старчества. Оно не могло вполне совладать с душой Достоевского. Никогда иерархическое начало в Церкви, начало священства не может разрешить религиозную проблему творчества. Творчество есть обнаружение человеческого начала, человеческой природы. Религиозную проблему творчества может разрешить лишь сам человек, и он не может ждать разрешения этой проблемы от какого бы то ни было авторитета, от какой бы то ни было нечеловеческой иерархии. Разрешение религиозной проблемы творчества будет *человеческим* разрешением. *Но проблема в том и заключается, чтобы разрешение ее было человеческим, шло от человека к Богу, а не от Бога к человеку.* Человечество в христианский период истории раздавлено и разорвано противоречием: христианство без человеческого творчества и человеческое творчество без христианства, Бог без человека и человек без Бога. Любовь к Богу нередко превращали в ненависть к человеку. Движение христианства к полноте есть преодоление этой разорванности, есть положительное раскрытие Богочеловечества, соединение двух движений, сочетание христианства и творчества. И наступают времена, когда все яснее и яснее становится, что лишь в христианстве и через христианство может быть спасен самый образ человека, ибо стихии мира сего истребляют образ человека. Творчество человека возможно и оправданно, когда оно есть служение Богу, а не себе, когда оно есть соучастие в Божьем творчестве. Проблема эта связана с глубинами богосознания, с преодолением остатков манихейского метафизического дуализма, резко противополагающего Бога и творение, Церковь и мир. Всякое подлинное бытие вкоренено в Боге и вне Бога есть лишь небытие, зло и грех, а не природа.

ГЛАВА VII. МИСТИКА И ДУХОВНЫЙ ПУТЬ

Если слово «мистика» происходит от слова «тайна», то мистика должна быть признана основой религии и источником творческого движения в религии. От непосредственного и живого соприкосновения с последней тайной рождается религиозный опыт. Омертвение религиозной жизни преодолевается, и возрождение религиозной жизни достигается возвратом к последней тайне бытия, т. е. к мистике. В мистике религиозная жизнь еще огненная, не остывшая и не окостеневшая. Все великие зачинатели и творцы религиозной жизни имели первичный мистический опыт, мистические встречи лицом к лицу с Богом и божественным. В огненном мистическом опыте Апостола Павла раскрылось существо христианства. Мистика есть питательная почва религии, и религия истощается, когда совершается отрыв от этой почвы. Но фактические отношения между мистикой и религией в истории были очень сложны и запутанны. Религия боялась мистики, нередко видела в ней источник ересей. Мистика как бы мешала организующей работе религии и грозила опрокинуть нормы религии. Но вместе с тем религия нуждалась в мистике и всегда узаконяла свою форму мистики как вершину своей собственной жизни, как цвет ее. Есть официально дозволенная и рекомендованная православная мистика, католическая мистика и мистика религий нехристианских. Религиозное вероисповедание всегда пытается подчинить своим религиозным нормам вольную и часто буйную стихию мистики. Так сложны отношения между мистикой и религией. Сложность эта в наше время еще усилилась тем, что мистика стала модной и что слово это употребляется в совершенно неопределенном, туманном и безответственном смысле. Введение мистики в литературу нашего времени имело роковые последствия. Мистику захотели сделать принадлежностью утонченной и усложненной культуры. Но этим совершенно искажена была ее вечная природа. Мистика не есть рафинированный психологизм, не есть иррациональные душевные переживания, не есть просто музыка души. И христианская религия справедливо восстает против такого смысла мистики. Психологизм конца XIX и начала XX века противоположен смыслу мистики, как противоположен всем смыслам. Но если мы обратимся не к современным литературным произведениям, а к вечным и классическим образцам мистики, то мы должны будем прежде всего признать, что мистика имеет не душевную, а духовную природу, что она не психологична, а пневматична. В мистическом опыте человек всегда выходит из своего замкнутого душевного мира и приходит в соприкосновение с духовной первоосновой бытия, с божественной действительностью. В противоположность тем протестантам, которые любят придавать мистике индивидуалистический характер и отождествлять ее с религиозным индивидуализмом, нужно сказать, что мистика есть преодоление индивидуализма и выход из индивидуалистического состояния. Мистика есть глубина и вершина духовной жизни, есть особого рода качествование духовной жизни. Мистика интимно-сокровенна, но не индивидуалистична. Виндельбанд однажды выразил представлявшееся ему противоречие германской мистики таким образом: она исходит из индивидуального и вместе с тем признает индивидуальность грехом. И действительно, мистика глубоко индивидуальна и вместе с тем преодолевает индивидуализм как грех. Но это есть противоречие в плане душевном и перестает быть противоречием в плане духовном.

Нужно настойчиво утверждать, что мистика не есть субъективное состояние, она есть выход из самой противоположности между субъективным и объективным. Мистика не есть субъективная романтика. Мистика не есть мечтательные субъективные переживания. Мистика в высшей степени реалистична, трезва в распознании и раскрытии реальностей. Настоящий мистик лишь тот, кто видит реальности и отличает их от фантазмов.

Прежде всего надлежит установить коренное различие между мистикой и магией. Эти совершенно различные сферы легко смешиваются. Мистика имеет природу духовную, магия же – природу натуралистическую. Мистика есть общение с Богом, магия же есть общение с духами природы, с элементарными силами природы. Мистика есть сфера свободы, магия же есть сфера необходимости. Мистика отрешенна и созерцательна, магия же активна и завоевательна. Магия учит о скрытых силах природы человека и мира, но никогда не углубляется до божественной основы мира. Мистический опыт и есть духовное освобождение от магии природного мира. Мы закованы в природной магии, которую не всегда опознаем. Научная техника имеет магическую природу и магическое происхождение, и за ней стоит магическая психология покорения природных сил. Магия по принципу своему отлична и часто противоположна религии, хотя в религию могут привходить магические элементы[96]. Более глубокое понимание природы всегда магично.

Магические энергии повсюду действуют в мире. Мистика сопоставляется с магией вследствие существования ложной мистики. Существуют два типа ложной мистики – мистика натуралистическая и мистика психологическая, мистика природы и мистика души. Оба эти типа не доходят до подлинной глубины мистического опыта' в них остается замкнутость природного и душевного мира. Подлинная мистика есть мистика духовная. В ней преодолевается ложный магизм и ложный психологизм. Лишь в глубине духовного опыта человек соприкасается с Богом, выходит из границ природного и душевного мира. Но мистика не может быть просто отождествляема с духовной жизнью, духовная жизнь шире по своему объему. Мистикой может быть названа лишь глубина и высота духовной жизни. На этой глубине и на этой высоте человек прикасается к последней тайне. Мистика предполагает тайну, т. е. неисчерпаемую, невыразимую, бездонную глубину. Но она также предполагает возможность живого прикосновения к этой тайне, жизнь с ней и в ней. Признание существования тайны и отрицание живого опыта тайны есть отрицание мистики. Спенсер признает, что в основе бытия лежит непознаваемое, т. е. некая тайна. Но он позитивист, а не мистик, и непознаваемое для него есть лишь отрицательная граница. Тайна мистики не есть непознаваемое и не означает агностицизма. И человек соприкасается с мистической тайной жизни не на плоскости гносеологии, – там соприкасается он лишь с непознаваемым, – он соприкасается с тайной в самой жизни, опыте, общении. Тайна не есть отрицательная категория, не есть граница. Тайна есть положительная бесконечная полнота и глубина жизни. И когда тайна исчезает, все делается плоским, ограниченным, лишенным измерения глубины. Тайна притягивает человека к себе, раскрывается возможность вживания в нее и общения с ней. Лик Божий обращен к тварному миру как Тайна, и увидеть Лик Божий мы можем лишь как Тайну.

Мистика основана на допущении внутреннего родства, близости, общности между человеческим духом и Божьим духом, между творением и Творцом, на преодолении трансцендентного разрыва и внеположности. И мистика всегда обозначает в опыте достигнутую и пережитую имманентность, а не трансцендентность Божества. Поэтому мистика всегда имеет другой язык, чем богословие, и выражает другой опыт. Поэтому мистика с богословской точки зрения всегда может быть заподозрена в еретических уклонах. Но мистика лежит в глубине, к которой не применимы более поверхностные богословские критерии еретичности. Мистиков всегда заподозривают в уклоне к пантеизму. И когда пытаются рационализировать мистиков, перевести их на богословский и метафизический язык, то легко приходят к пантеизму. Пантеизм есть в сущности глубоко рационалистическое учение. Мистика же всегда говорит языком парадоксальным и антиномическим, для мистики одинаково существуют и тождество между тварью и Творцом, и пропасть между ними. Мистика так же не вмещается в рамки пантеистического монизма, как не вмещается и в рамки теистического дуализма. Теология и метафизика, официально господствующие в церковном сознании, особенно в сознании католическом, строят систему онтологического дуализма между Творцом и творением, между сверхъестественным и естественным. Все распределено и разделено, никакое смешение не допускается. Правда, Св. Фома Аквинат допускает и мистику наряду с естественной философией и теологией и на нем можно обнаружить влияние ареопагатики[97]. Но метафизически-теологическая система томизма очень неблагоприятна для мистики, она закрепляет те противоположения, которые мистика стремится преодолеть, для нее допустима мистика, как особая дифференцированная область, но христианство не мистично.

В чем сущность мистики? *Мистика есть преодоление тварности*. Это есть самое глубокое и самое существенное определение природы мистики. В мистическом опыте нет более непреодолимого дуализма сверхъестественного и естественного, божественного и тварного, в нем естественное становится сверхъестественным, тварное обоживается. Но преодоление тварности, совершенное соединение с Богом не означает исчезновения человека и различия двух природ. Преодолевается лишь тварное ничто. Мистика и есть учение о пути преодоления естественного, тварного бытия, учение о путях обожения (θεωσις) человека и мира. И это свойственно всякой мистике, в этом сходятся мистики всех времен, всех вероисповеданий. Религия сохраняет трансцендентно-дуалистическое противоположение между Богом и человеком, Творцом и творением. Религиозное благочестие основано на дистанции, на переживании своей тварной ничтожности[98]. Мистика раскрывает, что трансцендентное противоположение Бога и человека, сознание тварного ничтожества, замкнутость круга природного мира не есть последняя истина, не есть окончательное выражение тайны жизни, тайны бытия. Имманентизм свойствен всякой мистике, но это совсем особый имманентизм, совсем не тот, который известен по разного рода имманентистским гносеологиям. Это есть имманентность Духа Святого тварному миру. Мистика также сверхконфессиональна по своей природе, хотя и существуют конфессиональные типы мистики, которые означают свой конфессионально-индивидуальный способ преодоления конфессиональной ограниченности. Есть глубина мистики, в которой сходятся не только конфессиональные типы мистики христианской, но и типы мистики языческой. Орфизм и Плотин, мистика индусская и суфизм, Св. Симеон Новый Богослов и Св. Иоанн Креста, Экхарт и Я. Беме в чем-то сходятся между собой, перекликаются из разных миров и часто говорят одним и тем же языком. Это – неоспоримый факт, как бы он ни был неприятен фанатикам мистики конфессиональной.

Преодоление тварности, тварного ничто мы находим у самых ортодоксальных мистиков православия и католичества. Великий мистик православного Востока Св. Симеон Новый Богослов говорит: «Благодарю Тебя, что Ты, сущий над всеми Бог, сделался единым духом со мной неслитно, непреложно, неизменно»[99]. Вот что говорит он о свете, который видит в мистическом опыте: «Этот свет не от мира, ни вообще что-либо из мира, и не тварь, так как он несозданный и пребывает вне всех тварей, как нетварный среди тварных вещей». А вот какими словами описывает Св. Симеон Новый Богослов мистическое соединение и слияние с Богом, преодоление тварности: «Однако, если я и Тот, с Кем соединился я, стали едины, то как назову я себя Богом, который двояк по природе и един по Ипостаси, так как он двояким меня создал? Сделав же двояким, Он двоякое поэтому имя, как видишь, мне дал. Смотри различие: я – человек по природе и Бог по благодати». «Он весь внезапно пришел, невыразимо соединился, неизреченно сочетался и без смешения смешался со мною, как огонь в железо, и как свет в стекло». «Откуда иначе божественный огонь может упасть в твое сердце и возгореться в нем, и его, возжечь и воспламенить, и соединить, и сочетать с Богом, сделав творение нераздельным с Творцом». Мистический путь ведет к преображению и просветлению твари. «Я наслаждаюсь Его любовью и красотою, и исполняюсь божественного наслаждения и сладости. Я делаюсь причастным света и славы: лицо мое, как и Возлюбленного моего, сияет, и все члены мои делаются светящимися. Тогда я делаюсь красивее красивых, богаче богатых, бываю сильнее всех сильнейших, более великим царей и гораздо честнейшим чего бы то ни было видимого, не только земли – и того, что на земле, но и неба и всего, что на небе». «Ибо ум, погружаясь в Твой свет, преосветляется и делается светом, подобным славе Твоей, и называется Твоим умом; так как удостоившийся сделаться таковым удостаивается тогда и ум Твой иметь и делается с Тобой безраздельно единым». «Он (Создатель) и все тело твое совершенно обестленет и сделает тебя Богом по благодати, подобным Первообразу». «И руки у меня несчастнейшего и ноги мои – Христос. Я же жалкий – и рука Христова и нога Христова. Я двигаю рукой и рука моя есть весь Христос, ибо Божество Божества слилось со мной нераздельно; двигаю ногою и вот она блистает, как Он». Об одном подвижнике Св. Симеон Новый Богослов говорит: «Ибо он имел всего Христа и сам весь был Христом и все свои члены и члены всякого другого, по одному и все вместе, он всегда созерцал, как Христа, и оставался неподвижным, невредимым и бесстрастным, как сам будучи всецело Христом, так и усматривает Христа во всех крестившихся и облекшихся во всего Христа»[100]. В экстатической мистике Св. Симеона Нового Богослова описываются вершины преодоления тварности, просветление и обожение твари. Те же состояния описываются в известной беседе Мотовилова со Св. Серафимом Саровским[101], когда оба они были в Духе Святом. Мотовилов видит Св. Серафима лучезарным, светящимся, благоуханным. Мистика католическая отличается по своему типу от мистики православной. Но и великий католический мистик Св. Иоанн Креста говорит о преодолении тварности, о соединении с Богом. «Этот выход наполнил меня счастием; я тотчас же был поднят до чисто божественных состояний и до интимной беседы с Богом; а это значит: мое понимание перешло из состояния чисто человеческого в состояние божественное. Ибо, соединяясь с Богом через это очищение, я не имел уже познания слабого и ограниченного, как оно было раньше; но я познал через божественную премудрость, с которой соединился. Моя воля также вышла из себя и стала в некотором роде божественной; ибо соединенная с божественной любовью, она любит не через свои первоначальные силы, а через силу духа Божьего»[102]. «Состояние божественного соединения состоит в том, что воля души целиком преображается в волю Божью, так что воля Божья делается единственным принципом и единственным мотивом, которые действуют во всех вещах, так, как будто бы воля Божья и воля души – одна воля». Состояние union divine[103], которое описывает Св. Иоанн Креста и все католические мистики, и есть преодоление тварности. В мистике Экхарта преодоление тварности находит себе классическое выражение. Доминиканец Денифль показал, что Экхарт был в гораздо большей степени ортодоксальный католик, чем думали до сих пор, и в своих вновь открытых богословских трактатах был вполне томистом. И вот что говорит Экхарт: «Бог не желает от тебя ничего большего, как чтобы ты вышел из себя самого, поскольку ты тварь, и дал бы Богу быть в тебе Богом». «Выйди же ради Бога из самого себя, чтобы ради тебя Бог сделал то же. Когда выйдут оба – то, что останется, будет нечто единое и простое»[104]. Язык экхартовской мистики допускал окончательное преодоление различия между Творцом и творением, между Богом и человеком в последней глубине мистического гнозиса: «Несущее бытие по ту сторону Бога, по ту сторону различности. Там был я только самим собой, там хотел я самого себя и видал самого себя, как того, кто создал вот этого человека. Там я первопричина себя самого, моего вечного и временного существа. Только в этом я родился... По вечной сущности моего рождения, я был от века, есмь и в вечности пребуду... В моем рождении рождены были все вещи; я был сам своей первопричиной и первопричиной всех вещей. И желал бы, чтобы не было ни меня, ни их. Но не было бы меня, не было бы и Бога». Тот же дух у великого германского мистика и в то же время страстного католика Ангелуса Силезиуса: «Я должен быть Словом в Слове, Богом в Боге». «Я так велик, как Бог, Он так же мал, как я». «Всякий Христианин должен быть тем же Христом». «Кто Бога хочет, должен Богом стать». «У Бога только боги принимаются». Все эти отрывки из разнообразных мистиков, количество которых можно было бы до бесконечности умножать, написаны особым языком мистики. И язык этот непереводим на язык метафизики и теологии, на язык разума. Это – описание мистического пути, мистического опыта, мистических событий и встреч. Пусть рациональная теология и рациональная метафизика верно говорит о трансцендентной бездне между творцом и творением, между миром сверхприродным и миром природным. Мистика сверхразумная не менее верно говорит о возможности преодоления этой трансцендентной бездны. И одна истина не отрицает другой. Они выражают лишь разные моменты пути, разные состояния опыта. Мистика не отменяет догматов, но она идет в глубину большую, чем та, для которой вырабатываются догматические формулы. Мистика глубже и первичнее богословия. Но в мистике есть, конечно, свои опасности и срывы.

В мистике все становится внутренним, все вбирается внутрь, нет уже ничего внешнего. В мистике нет объективирования. Мистика освобождает от природного и исторического мира, как внешнего для меня, и вбирает весь материально-природный и исторический процесс в духе. Пережить что-нибудь мистически и значит пережить внутренне-духовно, как событие в глубине духа. В мистическом пути угасает весь внешний, предметный, объективированный мир, наступает ночь чувственности и ночь разгула, и все раскрывается лишь внутри духовного и божественного мира. Последние реальности раскрываются лишь в мистике, и в ней выходит человек из мира вторичного и отображенного, мира знаков. И то, что в религии, в богословии, в культе было еще символично и ознаменовано в плоти, то в мистике становится реалистично, открывается как последняя глубина первичной жизни. Только в мистическом созерцании и мистическом единении достигается божественная жизнь. Мистика предполагает символическое сознание и символическое миропонимание, и мистика преодолевает символизм, выходит из символов к реальностям. Поверхностное сознание считает религию более реалистической, чем Мистику. Но тут слова берутся не в последней глубине. Религия всегда имеет мистическую основу и сторону. Нет религии без мистической встречи с реальностями. Но положительная религия всегда обращена к природно-исторической жизни народов, всегда имеет социальную природу, всегда организует жизнь человеческих масс, всегда предполагает коллектив[105]. Религия есть социально организованное установление связи, родства, общения с Богом, предполагающее разделенность и трансцендентное противоположение. Религия всегда воспитывает, водительствует, устанавливает иерархические ступени духовной жизни, всегда учит путям, всегда помнит, что духовная жизнь слагается не только по линии восхождения к Богу, но и по линии нисхождения к грешному миру. В религии неизбежны элементы гетерономные. Религия обращена ко всему человечеству, к народным массам, к малым сим, она всем несет истину и свет, она существует не только для духовной аристократии, для избранных. И в религиозном опыте, который представляется нам гетерономным и авторитарным, есть свое благочестие и благоговение. В каждом из нас есть элементы гетерономной религиозности. И Церковь мудро осуждает гордыню на мистическом пути. В религии всегда есть не только гетерономность, но есть и экзотеризм. Религия есть не только откровение, но и прикровение. Божественные тайны и мистерии раскрываются по ступеням, в меру духовного роста людей, в меру вместимости их сознания. Но за экзотерическим всегда стоит сокровенное. Мистика есть эзотерика религии,— она сокровенна. Религия должна существовать для всех, в этом ее тяжкий долг. Мистика может существовать и для некоторых, для немногих, в ней все уже берется по существу. Мистика – аристократична. Гетерономные и экзотерические элементы религии легко вырождаются, и в религиозной жизни начинает иссякать дух. Тогда необходимо обратиться к мистике, к более сокровенному и эзотерическому в религиозной жизни, к первоистокам. Такова одна сторона отношений между мистикой и религией. Но есть и другая сторона. Не всякая мистика хороша. Мистика тоже может разлагаться и вырождаться. И безрелигиозная мистика, в которой нет уже Логоса, легко вырождается и ввергает в тьму, в нижнюю бездну. Мистика может быть выражением хаоса, прикрытием нижней, а не верхней бездны. Может быть мистика, основанная на смешении духовного с душевным и даже телесным, в которой дух нечист и замутнен. Существуют оргиастические типы мистики, в которых духовное погружено в душевную и телесную стихию и порабощено ей. Такова мистика древних культов Диониса, такова мистика хлыстов. Языческая мистика прорывалась к духовности, но не достигала ее. И внутри самого христианства есть мистическое упоение, освященное плотью, в котором бесконечный дух порабощен конечному, есть лжемистическое переживание теофаний.

Мистика есть великая проблематика в христианском мире. Где начинается мистика, там кончается сфера догматической ясности, общеобязательности. Очень сложны отношения между мистикой и Церковью. Церковь, и православная и католическая, не отрицала мистики, но всегда ее боялась и всегда была подозрительна к мистическим течениям. Внешняя, официальная церковность обычно враждебна мистике. И трудно найти что-либо мистическое во внешних бытовых христианах. Мистические основы христианства отрицаются в казенном богословии, и рационализм очень распространен среди иерархов Церкви. Отрицают мистичность христианства, но пытаются обезвредить мистику тем, что устанавливают официально дозволенные формы мистики. Существует официальная церковная мистика, православная и католическая. И всегда остается огромная сфера христианской мистики, которая признается подозрительной или осуждается окончательно. Такова мистика типа гностического, которая всегда находится во вражде с богословием и нарушает установленное иерархическое соподчинение разных сфер, и мистика типа профетического. Есть двоякое понимание мистики. Мистика есть особая, дифференциальная форма духовной жизни и духовного пути, вершина духовного пути и цвет духовной жизни. Мистика в таком понимании предполагает особого рода дисциплину и этапы мистического пути.

Цель мистики в этом смысле слова есть созерцание Бога и соединение с Богом. Официально дозволенная форма церковной мистики связана с этим пониманием мистики. Церковная мистика связана с аскетикой так тесно, что мистические и аскетические творения смешиваются. Так, собранные в «Добротолюбии» отрывки святоотеческой литературы в подавляющей своей части являются аскетическими, а не мистическими. Аскетика учит путям борьбы со страстями, преодоления природы ветхого Адама, учит тому, что исходит от человека. Мистика же говорит о созерцании Божества и соединении с Божественным, учит о том, что исходит от Бога. В восточной аскетике, узаконенной Церковью, были великие мистики. Таковы прежде всего Св. Макарий Египетский, Св. Максим Исповедник, Св. Симеон Новый Богослов. Но в большей части аскетической литературы никакой мистики нет, до нее не доходят.

У Св. Иоанна Креста, который является классическим образцом ортодоксальной католической мистики, такие книги, как «La montee du Mont Carmel» и «La nuit obscure de l'âme», являются прежде всего аскетическими, а «La vive flamme de l'amour»[106] – чисто мистическая книга. Мистика, санкционированная Церковью, есть духовная вершина и увенчание жизни великих, особенными дарами одаренных святых. Католическая Церковь, в которой все так организовано и оформлено, прекрасно организовала и оформила и свою мистику, отводя ей свое место[107]. Мистика не должна быть разлита по всем иерархическим ступеням, не должна быть положена в основу нашего миросозерцания, она должна знать свои границы. Но есть совсем другое понимание мистики, которое занимает огромное место и которого нельзя вычеркнуть из жизни. Мистика может быть понята как первооснова жизни, как всеобъемлющее чувство жизни и понимание жизни – она повсюду разлита, повсюду есть. Мы со всех сторон окружены тайной, и повсюду символы этой тайны. Острое ощущение этой глубокой таинственности всей жизни есть также мистика. Существуют мистически одаренные люди, которым даны харизмы мистического мироощущения и миропонимания, независимо от достижения святости. Можно быть святым и не иметь мистической одаренности, и можно иметь мистическую одаренность и не быть святым. Это есть все та же волнующая нас проблема о человеческой даровитости, о харизмах, ничем не заслуженных, о гениальности, которая не является результатом совершенства и святости. Не только существуют мистически одаренные люди, но существует мистика, свойственная человеческой природе вообще, ибо человек есть существо духовное и он принадлежит не только этому миру, но и мирам иным. И потому история духовной жизни и духовной культуры человечества знает мистиков и мистическое творчество, не связанных с особой мистической дисциплиной и особым мистическим путем. Достоевский был мистиком по своему чувству и пониманию жизни, по характеру своего творчества, хотя он не шел особым мистическим путем и не знал особой мистической дисциплины. Его мистика принадлежала по преимуществу типу профетическому. Мистиками были Фр. Баадер, Ж. де Местр, Вл. Соловьев, Л. Блуа, но они были далеки от святости.

Можно еще так формулировать отдельные типы мистики. Есть мистика, как путь совершенствования души, духовного восхождения, приближения к Богу, и есть мистика, как познание тайн бытия, божественных тайн. В официально признанной церковной мистике всегда исключительно преобладает первый тип. Момент морально-аскетический, очистительный господствует. Мистика этого типа учит прежде всего отрешенности от «мира» и сосредоточенности на Боге. Но существует мистика гностическая, и история ее дала миру великих творческих гениев. Достаточно назвать Плотина, Каббалу, Экхарта, Я. Беме. Что с ними делать? Гностическая мистика всегда вызывала к себе подозрительное отношение в церковном сознании. Богословие всегда было ревниво к мистическому гнозису и считало его лжеименным знанием. И этим осуждался один из величайших даров, каким только был наделен свыше человек. Германская мистика – одно из величайших явлений в истории человеческого духа – была гностична, в ней раскрывалось духовное знание, постижение Божьих тайн вне установленных разделений метафизики и теологии. История человеческого духа, история человеческой культуры свидетельствует, что дар мистического гнозиса, дар мистического созерцания тайн бытия есть особый дар, совсем нетождественный со святостью. У Я. Беме был дар мистического гнозиса несоизмеримо больший, чем у Св. Франциска или Св. Доминика, больший, чем и у Св. Фомы Аквината, хотя тот и был философ. И если у Св. Серафима Саровского был дар мистического созерцания тайн космической жизни, то это определялось не его достижениями святости, а особой индивидуальной харизмой. В христианском сознании не решен до конца вопрос о даре, о дарованиях, о гениальности как явлении человеческого духа. Это видно на примере дара мистического, гениальности гностической. Необычайный дар Плотина или Я. Беме мог быть дан только от Бога, и он нужен для дела Божьего творения. Церковное сознание из-за соображений педагогических стремится подчинить мистику закону. Но из мистики законнической оказываются исключенными величайшие мистические дары.

Гейлер устанавливает различие между мистическим и профетическим типами[108]. Само различие очень важно, но терминология условна. Следует не противополагать профетический тип мистическому, а установить особый тип профетической мистики. Это есть мистика с сильным преобладанием эсхатологических и апокалитических мотивов. Это есть мистика, прозревающая в тайны будущего, в тайны судеб человечества и мира, обращенная к концу вещей. Мистика профетическая наиболее отлична в христианстве от мистики сакраментальной. Мистика сакраментальная, освящающая по преимуществу – консервативна, мистика же профетическая по преимуществу – реформаторская по своему духу. В истории христианства никогда не угасала окончательно профетическая мистика, она представляла сокровенную традицию в христианстве и с ней связано было творческое движение в Церкви. Христианство родилось в мире из эсхатологической мистики первоначальной христианской общины. Сознание незавершенности христианского откровения, недостроенности Церкви и возможности нового откровения в христианстве, творческого в нем движения связано с профетической мистикой. Это есть форма мистики, которая менее всего узаконена в церковном сознании, и наиболее ортодоксальная церковная мистика обычно не является профетической, как не является и гностической. Проблематическое в христианстве и есть профетическое в нем. Возможно ли пророчество в новозаветную, христианскую эпоху? Очень распространено мнение, что пророчество возможно было лишь в ветхозаветные времена, что пророчество могло быть лишь о явлении Мессии, Христа-Спасителя. Но как бы забывают, что к священным книгам Нового Завета принадлежит Апокалипсис, Откровение Св. Иоанна, книга пророческая. Забывают, что в христианстве есть пророчество о втором пришествии Христовом, о конце мира, о преображении и просветлении мира, о новом небе и новой земле. Священство всегда имело тенденцию отрицать пророчество. И пророчество по духу своему не может быть подчинено священству, не может от него зависеть. Пророчество свободно, оно не связано с иерархическим началом, оно всегда есть личное, индивидуальное вдохновение, личная, индивидуальная человеческая одаренность. Пророк не ангельский чин, как священник, а чин человеческий. Защита прав пророческого сознания, пророческой функции в христианстве была центральной идеей Вл. Соловьева, он ставит пророчество наряду со священством и царством. Дух пророческий противоположен духу законническому в христианстве. И всякая обращенность наша ко Второму Пришествию, ко Христу Грядущему, к Воскресению овеяна духом пророческим. В этой эсхатологической мистике также преодолевается самочувствие и самосознание человека как тварного ничтожества. Профетическая мистика есть мистика Духа Святого. Это есть русский тип мистики по преимуществу, она свойственна русскому православному духовному миру и родилась на духовной почве православия, хотя официальное православие, официальная иерархия и могут быть ей враждебны. Это приводит нас к различению конфессиональных типов христианской мистики, мистики православной и мистики католической.

Различие между православием и католичеством нужно искать прежде всего в различии духовного опыта и духовного пути, в сфере мистики. Весь христианский мир в глубине своей един. Мистика православная и мистика католическая – одинаково христианские мистики. Но разными духовными путями шли эти два мира к одной и той же цели и выработали два духовных типа. Православная мистика есть стяжание благодати Духа Святого, есть мистика Духа Святого. В ней преображается и просветляется, обоживается человеческая природа изнутри. Это есть мистика сердца как центра духовной жизни. Ум должно положить в сердце, тогда лишь достигается духовная целостность. Христос входит в сердце, и через охристовление сердца изменяется вся человеческая природа, человек становится новой тварью. Идея Θεωσις'а[109] лежит в основании православной мистики. Православная мистика обращена к преображению твари. Она предполагает суровый аскетический подвиг, героическую борьбу против ветхого Адама. Но православная мистика – белая, светлая, радостная, ей открывается тайна Божьего творения. Благодать Духа Святого стяжается через смирение, а не через страдание. Католическая мистика более христоцентрична и более антропологична. Это есть по преимуществу евхаристическая мистика. В католичестве вообще есть некоторый субордоционализм в понимании природы Духа Святого. Дух Святой часто отождествляют с благодатью. Католическая мистика есть подражание Христу, переживание страстей Господних. Отсюда стигматы, которые невозможны в православии. В католической мистике очень существенна жертва, соучастие в деле искупления через человеческое страдание, через сверхдолжные заслуги. В католической мистике более разработан путь человека, путь его восхождения. Путь этот очень организован и дисциплинирован. В мистическом пути, в классической форме установлены три стадии: via purgativa, via illuminativa, via unitiva[110]. В мистической жизни неизбежно прохождение через то, что Св. Иоанн Креста называет nuit obscure, ночь чувств, ночь разума, умирание для мира. Православная мистика не знает этой «темной ночи», как особого раздельного состояния и этого мистического пути. Православная аскетика, очень суровая, не есть еще погружение в «темную ночь». «Темная ночь» предполагает более напряженный антропологизм мистического пути. «Темная ночь» не есть пребывание в Духе Святом. В католической мистике, в жизни католических святых есть упоение страданием и жертвой, доходящее нередко до самоистязания. Нельзя отрицать своеобразного величия католической мистики, ее глубины и ее существенно христианского характера. Но тип ее иной, чем наш, и более антропологический. Классические образцы русской православной мистики можно найти у Св. Серафима Саровского и в чарующей по своей наивной простоте книжке неизвестного автора «Откровенные рассказы странника своему духовному отцу»[111]. Практика умной молитвы, молитвы Иисусовой стоит в центре православной мистики. В молитве этой Иисус проникает в наше сердце, и вся природа наша просветляется. Молитва Иисусова («Господи, Иисусе Христе, Сыне Божий, помилуй мя грешного») есть метод мистической концентрации. Католическая мистика, проходя через разные этапы, через «темную ночь», достигает union divine, слияния с Богом. В православной мистике путь иной. Нельзя сказать, что человек, проходя разные этапы духовного пути, подымается до соединения с Богом. Сказать нужно, что человек просветляется, обоживается через принятие внутрь себя Духа Святого. Имяславство[112] есть характерное течение православной мистики. В молитве Иисусовой присутствует сам Иисус. В имени Божьем заключена Божья энергия, которая переливается в человека, входит в него и изменяет его природу. Имя имеет онтологическое и в своеобразном смысле магическое значение. Различие, которое делает Св. Григорий Палама между сущностью Бога и энергией Бога, очень характерно для понимания православной мистики. Католичеству имяславство совершенно чуждо, как чужд ему платонизм. Но энергия Божья действует в человеке и мире, переливается в творение. Очень характерно, что для восточной мистики, как и для восточной патристики, не существует такой пропасти, такого резкого противоположения между естественным и сверхъестественным, как для католического сознания, как для схоластики, отпечатлевшейся в этом отношении и на католической мистике. Восточная патристика, впитавшая в себя дух платонизма, никогда не утверждала совершенной внебожественности естественного, природного. Унижение твари может быть лишь унижением тварью в себе греха, а не Божьего творения, не замысла Божьего. Внебожествен и противобожествен грех, зло, а не тварный мир, не космос, не естественное. Наш природный мир есть мир греховный и в греховности своей внебожественный. Но истинный мир есть мир в Боге. Панентеизм[113] лучше всего выражает отношение между Богом и миром. Пантеизм есть ложь, но в нем есть доля истины, и она выражена в панентеизме. Панентеизм только выражает состояние мира преображенного. Мир, человечество, космическая жизнь принципиально божественны, а не внебожественны, в них действуют Божественные энергии. Тварность преодолима. Преодолимо ничто, с которым связана тварность. Тварный мир может быть обожен. Но обожение может быть лишь делом благодати и свободы. Изначальное творение обоженного мира не знало бы свободы. Победа над грехом и злом есть обожение тварного мира. Злой, лживый природный мир прекращает свое существование, и раскрывается природа в Боге. Система томизма имеет тенденцию утверждать, кроме сверхъестественного, с одной стороны, и злого и греховного естества, с другой – еще естественное, как нейтральное, как принципиально внебожественное и противоположное сверхъестественному. Отсюда боязнь интуиции, как прорыва между естественным и сверхъестественным, подозрительное отношение к мистицизму, осуждение платонистического онтологизма. На этой почве, при этом сознании непонятно действие Божьей энергии в мире, непонятно преображение мира. Резкий дуализм естественного и сверхъестественного неблагоприятен мистике, и он связан с нераскрытостью Духа Святого, Третьей Ипостаси Св. Троицы. В Духе Святом раскрывается, божественность мира, божественность естественного, но просветленного, преображенного, обоженного. И недостаточно раскрыта божественность мира, потому что недостаточно раскрыт Дух Святой. Дуалистический момент в католической мистике порождает напряженный драматизм и антропологизм. Православная мистика совсем не драматична. Она знает морально-религиозный, а не онтологический дуализм. Православная мистика более родственна мистике германской, чем латинской католической мистике, хотя и менее гностична, чем последняя. И германская мистика в значительной степени католическая, а не протестантская. Экхарт, Таулер, Сузо, Рюисброк, Ангелус Силезиус – католики. Но это иной тип, чем мистика испанская, чем мистика латинская. И католическая германская мистика не получила такого признания й узаконения в католичестве, как мистика испанская. Я. Беме был лютеранин, но он не характерен для протестантизма, и он преследовался протестантскими пасторами. Он – сверхконфессионален, как сверхконфессиональны в известном смысле все мистики. Великое деяние германской мистики есть раскрытие природы духа, обнаружение духовной глубины, это духовная мистика по преимуществу. Германская мистика погружена в глубину духа и потому стоит по ту сторону противоположности естественного и сверхъестественного. Для Беме глубина противоположения лежит не в соотношении естественного и сверхъестественного, а в соотношении света и тьмы. Германская мистика лежит вне различения классических типов православной и католической мистики. Но мистика типа профетического, апокалиптического рождается по преимуществу на почве русского православия именно потому, что в православии более раскрывается природа Духа Святого. Ни католическая латинская мистика, ни мистика германская не благоприятны для профетизма и для апокалиптики.

Церковная мистика всегда есть организованная и дисциплинированная мистика, мистика как духовный путь восхождения к Богу. Но есть мистика неоформленная, неорганизованная, материя мистики, потенциальная мистика. Такая мистика составляет основную ткань жизни. Эти мистические потенции жизни актуализируются через мистическую дисциплину, через установление этапов мистического пути. Мистическое созерцание предполагает очищение и отрешенность. Аскетика есть необходимый подготовительный этап мистического пути.

Без нее невозможна сосредоточенность, концентрация. Лишь освобождение от власти «мира», от прикованности к мировой множественности дает созерцание Единого Божества. Человеку не дана возможность сразу погрузиться в созерцание иных миров. Но тут мы стоим перед основным парадоксом мистики, перед проблемой, которая не имеет готового решения, перед все той же проблемой человеческой одаренности. Есть мистический дар, который, как и всякий дар, даром дается человеку Богом. Мистика не дается трудовым усилием, им может быть достигнута лишь аскетика. Люди очень напряженной религиозной жизни и очень дисциплинированного и хорошо организованного религиозного пути могут быть мистически не одарены, лишены мистической чувствительности, мистической интуиции. Парадоксальность проблематики в том и заключается, что мистический дар есть gratia gratis data[114], и вместе с тем мистика предполагает в своих достижениях духовную дисциплину и духовный путь. То, что можно назвать «иллюминатством» и во что вкладывают иногда одиозный смысл, и есть вера в то, что возможно озарение человеческого ума, которое приходит, подобно блеску молнии. Есть натуральное, обыденное состояние ума, и есть озаренное состояние ума, в котором даны интуитивные прозрения. Это есть очень существенный вопрос для всякой религиозной философии. Религиозная философия всегда есть в известном смысле иллюминатство. И Св. Бонавентура, в отличие от Св. Фомы Аквината, утверждал, что подлинная философия возможна лишь при озарении ума верой[115]. Церковное сознание обычно утверждало мистику лишь для монахов и монастырей. Православные и католические мистические книги вышли из монастырских недр и предназначались для монахов, как руководство духовного пути. Возможна ли не монашеская мистика? Она фактически существует, и она занимает большое место в истории мистики. Но она берется под подозрение, как мистика гностического или профетического типа, неофициально церковного образа. Мистика есть особая проблематика в христианском сознании. Если будет в мире мистическое христианское возрождение, то оно не будет исключительно монашеским, оно будет возрождением и углублением мистического чувства жизни, мистического понимания мира. Ставится вопрос не только о мистике в христианстве, но о мистическом христианстве. Есть и опасность в мистических путях. Фантазмы в них могут быть приняты за реальность. Восточная мистика хорошо знает и описывает состояние прелести. Мистика может быть иллюзорна. Человек может не различать духов, и духи тьмы могут являться ему в образе духов света. В мистическом пути может сгуститься тьма, а не свет. Но духовная жизнь вообще опасна. Отсутствие духовной жизни более безопасно. Обывательская жизнь, бытовая внешняя религиозность – самое безопасное. Опасность есть во всякой творческой инициативе, и если бы не было опасностей, то духовная жизнь закостенела бы. Мистика есть второе рождение, рождение в духе. Этому учат все мистики. Более безопасно оставаться в первом рождении, в родовом быте и строе жизни. Мистическое переживание жизни выводит из этого быта и строя жизни. Наиболее безопасны формы религиозности, приспособленные к родовому строю жизни, к интересам людей, знающих лишь первое рождение. Мистика не организует жизнь людей и народов на земле. И поэтому она нередко сталкивается с религией, совершающей эту организующую работу.

Но в мистике есть другие опасности, с которыми связаны самые классические образцы. Мистика может принять формы не просветления, а угашения душевной жизни человека, человеческой психеи, т. е. конкретной множественности человеческих ликов. Это есть проблема отношения единого и множественного. Мистический путь всегда направлен от множественного к единому, от мира и человека к Богу. Это есть прежде всего путь отрешенности. В едином исчезает множественное, в духе исчезает душа. Но лик человеческий есть сращенность духовного с душевным и телесным. В иогизме, с одной стороны, в иезуитизме (мистика Игнатия Лойолы), с другой стороны, механизируется мистический опыт и угашается душевная стихия в человеке. Так же исчезала индивидуальная человеческая душа в квиетизме. Мистика единого, плотиновская, экхартовская, не решает вопроса о мистическом смысле человеческой индивидуальности, человеческой личности. Иной характер носит мистическая теософия Каббалы, Я. Беме, Сен-Мартена, Фр. Баадера. Наиболее проблематично в мистике ее отношение к проблеме человека и проблеме мира, к множественному тварному миру. Эта тревожная проблема ставится, когда мы вникаем в учение о любви большей части мистиков, в том числе и мистиков церковных. Мистики учат отрешенности от всякой любви ко всему тварному миру. Бесстрастие, безразличие ко всему тварному, ко всякой твари есть основное требование мистико-аскетической дисциплины. Св. Исаак Сирианин учит ожесточить сердце свое ко всякой твари, ко всему тварному, чтобы всем сердцем своим полюбить Бога. Тому же учит Св. Иоанн Креста. Экхарт ставит отрешенность выше любви, и в нем нет духа любви. Св. Василий Великий в своих наставлениях к монашеской жизни предостерегает монахов от всякой индивидуальной любви, любви к индивидуальному лику, индивидуальной душе человеческой, от всякой дружбы. Бесстрастие, безразличие ко всякому человеку и всему человеческому есть как бы основное условие подвижнического пути – основное требование аскетики. Человек – тварь, а ничего тварного не должно любить, не должно ни к какой твари привязываться. Существует огромное различие между евангельской моралью и моралью святоотеческой, аскетической. Лишь очень немногие, как Св. Франциск Ассизский и Св. Серафим Саровский, умели соединить аскетическую отрешенность и мистическое созерцание с любовью ко всему творению, ко всякой твари Божьей. Человеческая природа как будто бы не в силах была вместить полноты евангельского откровения, любви к Богу и любви к ближнему, к человеку. В святоотеческой аскетической литературе и в литературе мистической мы часто встречаем проповедь безразличной, бесстрастной, одинаковой любви ко всем, любви, не знающей лица человеческого, лица всякой твари. Св. Максим Исповедник говорит: «Блажен человек, который всякого равно любить может»[116]. Это есть как будто бы отрицание всякого избрания в любви, всякой индивидуализации любви, всякой дружбы. Любовь не утверждается, как путь, любовь должна быть безразличной, безликой, любовь есть увенчание пути. Путь же есть смирение. Это есть основная и самая мучительная проблема в христианской аскетике и христианской мистике, которые как бы изменяют Евангелию и апостольским посланиям и не хотят идти путем, указанным любимым учеником Иисуса Иоанном. Иоанново христианство, христианство любви по духу своему противоположно этому святоотеческому, мистико-аскетическому отяжелейте и ожесточению сердца. Всякую тварь, все Божье творение и всякое лило человеческое, именно лицо нужно любить в Боге и через Бога. Это не есть гуманистическая любовь, всегда ведь безликая и отвлеченная, это есть Христова любовь. Она была у Св. Серафима. Она и есть откровение Духа Святого в жизни человека и мира. И возможна новая мистика, которая по-иному обратится к творению, к человеческому миру, которая соединит отрешенность и созерцательность с просветленной любовью ко всему творению Божьему, к лицу человеческому. Это есть великая проблема христианского сознания, которая ставится мистикой. Есть мистика любви. Апостолом ее был Иоанн. Ей учил Апостол Павел. Христианство есть откровение о личности, об абсолютном значении индивидуальной человеческой души, есть религия любви к ближнему, рожденная из любви к Богу. И аскетика, которая иссушает человеческое сердце и делает его мертвым к Божьему творению, к индивидуальной душе, к человеческому лицу, не вместила в себя христианского света, христианской правды, приближается к аскетизму индусскому. Достоевский был у нас пророком иного духа, иной мистики. Это в традиции русского христианства, русского понимания дела Христова. Этому учил и Вл. Соловьев. Есть традиция мистической эротики. Она заложена в мифотворчестве Платона, она есть в Каббале, есть у Данте, у Св. Франциска Ассизского, есть в теософии Я. Беме, есть у Фр. Баадера, у Вл. Соловьева. Она связана с учением об андрогинном образе человека. К мистической эротике нередко примешивается муть. Но мистическая эротика глубоко вкоренена в христианской символике. Христианство учит духовной любви, но духовная любовь есть одухотворение душевного, а не уничтожение его. § На мистико-аскетическом пути может произойти сгущение тьмы от сосредоточенности на зле, на грехе, на ветхой природе. Истинная мистика преодолевает панический страх дьявола. Страх дьявола* пораженность и подавленность злом и есть переживание греховной, богооставленной тварности. Преодоление тварности есть преодоление страха дьявола, подавленности злом. Преодоление тварности и есть просветление тварности, изгнание из нее дьявола, отделяющего тварный мир от Бога. Путь преодоления дурной, греховной, отяжелевшей тварности есть, конечно, прежде всего путь аскезы, подвига и святости, но не только, это есть также путь творчества, путь озарения, путь экстатического подъема человеческой природы. Есть ли мистика творчества и есть ли мистический путь творческий путь? Это также входит в проблематику христианского сознания. Есть вечная мистика, и христианство должно возвратиться к вечным основам мистики, чтобы не закостенеть окончательно. Но мистическое возрождение христианства в нашу эпоху имеет свои особые задачи. Мистику обычно понимали как путь совершенной отрешенности от мира и человека и исключительной обращенности к Богу. Мистика должна победить «мир» в дурном смысле, в том смысле, в каком это слово употребляется в Священном писании и в литературе святоотеческой. Только языческая, оргиастическая мистика обращена к миру, к природе, к земле.

Но христианская мистика борется с этой языческой мистикой. И вот мы стоим перед вопросом: как христианский мистический путь может быть обращен к жизни космоса, к жизни человечества, возможно ли это? Преодоление тварности не есть угашение и уничтожение жизни космоса, жизни человечества, но есть ее просветление и преображение. Мистика дохристианская и внехристианская на вершине своей, у Плотина, уходит от множественного мира к Единому. Как последний великий эллин, Плотин боролся против дуализма гностиков, отрицавших красоту мира. Возможно, что тут он имел в виду и христианство. Плотин тем и велик, что уходил из умирающего и разлагающегося языческого мира в новый духовный мир и уносил туда с собой эллинскую идею красоты космоса. Разрешения проблемы он не нашел. Проблема, которая меня беспокоит, в усвоенной мной терминологии может быть выражена так, как в мире духовном может быть восстановлен и преображен мир природный в том, что есть в нем подлинно бытийственного, не иллюзорного? Как душевное может быть сращено с духовным? Для мистики этот вопрос стоит так: как в мистическом опыте и в мистическом пути утверждается духовно преображенный человек и космос? Бог хочет, чтобы не только он был, но чтобы был и человек, был космос, было Божье творение, не для времени только, но и для вечности. Обожение творения не есть его унижение и угашение. Человек и мир не погибают в Боге, а просветляются и преображаются, становятся окончательно бытием, освобождаются от небытия. Нужно не любить «мир», в евангельском смысле, освободиться от власти «мира», но нужно любить Божье творение, любить космос, любить человека. Монашески-аскетическое, брезгливое и недоброжелательное отношение к миру и человеку должно быть преодолено как неспособность вместить полноту христианской истины, как неумение следовать самому Христу. Евангельская мораль этого не допускает. Человек должен быть с людьми и миром, принять на себя бремя их трагической судьбы. И вместе с тем человек должен быть свободен от мира, отрешен от его страстей, должен быть монахом в миру. Есть монашески-аскетическая нелюбовь к человеку и к миру, непонимание того, что с человеком и миром происходит, глубокое несочувствие ко всем движениям, которые в мире совершаются. Это есть монашески-аскетическое самодовольство, ослабление любви. Любовь, как говорил Розанов, делается стеклянной. Такого типа монашески-аскетическая мистика есть мистика отвлеченная и по преимуществу негативная. Да и в большинстве случаев тут до мистики не доходит. Ибо в Боге, в соединении с Богом, не может не воскреснуть мир и человек, не может не быть достигнута вся полнота бытия. Так было отчасти у Св. Серафима, который был подлинным мистиком и который преодолел монашество черное во имя монашества белого. Об этом пророчествует Достоевский в образе старца Зосимы. И на путях мистики, как и повсюду, средства заслоняют цели, подменяют цели. Аскетика, враждебная человеку и миру, может заслонить и подменить цели мистического просветления и преображения в Боге. Она может возлагать на человека бремена неудобоносимые, слишком большие тяжести и духовно перенапрягать души. Трудность нашей духовной жизни и заключается в соединении отрешенности от множественности и сосредоточенности на едином с освобождением и преображением в Духе многообразия мира, многообразия человеческого. Два пути раскрываются перед человеком, и трудно ему их соединить. Один путь есть путь от мира и человека к Богу, от множественности и движения к Единому и к Бездвижной Вечности. Другой путь есть путь к миру и человеку, к множественности и движению. Греческая философия так и не могла разрешить проблемы, порожденной этими двумя путями. Платон не преодолевает дуализма двух миров, хотя в Эросе почувствовал возможность такого преодоления. Греческое мышление было подавлено элеатски-парламенидовским пониманием бытия как единого и бездвижного, и в этом оно оказало подавляющее влияние на христианское богословие. Но христианство в принципе признает разрешимость тревожащей нас проблемы и побеждает дуализм. Полнота христианской истины не была вмещена христианским человечеством, не была вполне вмещена даже мистиками и святыми. И мы по-новому стоим перед тем, перед чем стояли еще греки, Платон и Плотин. Разрешение возможно лишь в Христовой любви, в полноте любви. Творчество человека есть также проявление любви, Эроса соединяющего и просветляющего. Задача духовной жизни, необычайно трудная, непосильная природному человеку, есть задача соединения вольной духовной отрешенности и сосредоточенности на Едином и Вечном, непрестанной внутренней умной молитвы, с просветляющей и преображающей любовью к Божьему миру, к человеку, с творчеством жизни космоса и человечества. Вершина мистического пути есть не только соединение с Богом, но через это соединение обращение к миру и человеку, ко всякой Божьей твари, исполнение любви и творчества. Любовь и есть творчество. Так исполняется заповедь Христа о любви к Богу и любви к человеку. В творческой любви должны обнаружить себя все дары, все харизмы, данные Богом человеку. «Дары различны, но Дух один и тот же. Одному дается Духом слово мудрости, другому – слово знания, тем же Духом; иному вера, тем же Духом; иному дары исцелений, тем же Духом; иному чудотворения, иному пророчество, иному различение духов, иному разные языки, иному истолкование языков»[117]. И тот же Апостол Павел говорит нам в научение: «Духа не угашайте. Пророчества не уничтожайте. Все испытывайте. Хорошего держитесь»[118]. Монашески-аскетическое христианство вело иногда к угашению духа и к отрицанию даров, т. е. к страшному дуализму и неоправданности жизни, неоправданности творчества, неоправданности всего нашего отношения к миру и человеку. Такова проблематика мистики. Мистика должна освободить человеческий дух от состояния подавленности, от состояния неоправданности творческого пути духа. И мистика сама нередко ведет к подавлению человеческой природы и осуждению творческой жизни человека. Мистический опыт, мистическое переживание жизни в глубине своей ощущает тварность, природность, как состояние греха, как пребывание вне Бога. В Боге, преодолевается тварность, преодолевается природное бытие. В Боге есть уже иная человеческая природа, новая, восстановленная в своей творческой силе. В опыте мистическом вбирается внутрь духа природный и человеческий мир, ничто уже не противостоит, как внешний предмет. В истинной мистике происходит освобождение от подавленности чуждым и внеположным. В мистическом опыте все переживается мною, как мое, как глубоко внутреннее. Мистика и есть вхождение в глубину духовного мира, в котором все по-иному, чем в мире природном, нет разорванности, ничто не внешне одно для другого. Вне меня нет ничего, все во мне и со мною, все в глубине меня. Но эта мистическая истина совсем противоположна всякому субъективизму, психологизму, солипсизму, она меньше всего означает, что нет ничего, кроме меня, и все есть лишь мое состояние. Истина эта означает, что раскрывается реальный духовный мир, в котором все вложено в сокровенную глубину и всякая реальность раскрывается в своей внутренности, а не внешности. Я во всем и все во мне. Вся ориентировка жизни меняется, все перемещается. Мистически переживать жизнь значит ничего не переживать уже в состоянии подавленности противостоящей мне и внешней для меня реальностью, как то бывает в мире природном, но переживать все, как мою собственную сокровенную судьбу, как совершающееся в глубине, которая мне ближе;' чем я сам. Мистика противоположна реализму историческому. Но есть мистика истории. Вся история мира есть история моего духа, в духе нет внеположности моей истории и истории мира. Это не значит, что я исчезаю как реальность и смешиваюсь со всем, превращаясь во все. Это значит, что я получаю окончательную реальность и бытие лишь там, где нет уже ничего для меня внешнего, чуждого, непроницаемого, мертвого, где осуществляется царство любви, в котором получает свое окончательное бытие всякий лик. Мы вступаем в эпоху новой духовности, которая будет обратной стороной ослабления духовности в мире. И этой эпохе духовности в христианстве будет соответствовать и новая форма мистики. Нельзя уже будет возражать против повышенной духовной и мистической жизни тем, что греховна человеческая природа и что сначала нужно преодолеть грех. Невозможно уже будет в мире внешнее, бытовое христианство. Повышенная духовная и мистическая жизнь и есть путь победы над грехом. И мир вступает в катастрофический период выбора и разделений, когда от всех христиан будет потребовано повышение и напряжение их внутренней жизни. Внешнее, бытовое, серединное христианство разлагается. Но усиливается и укрепляется вечное, внутреннее, мистическое христианство. И само церковное христианство по-иному должно будет определить свое отношение к мистике и к внутренней духовной жизни. Религия может быть не мистической лишь в периоды устойчивого внешнего быта. Религия неизбежно мистична в период катастроф и потрясений cfaporo бытового уклада. И в самой мистике начинает преобладать тип мистики параклетической[119]. Эпоха новой духовности в христианстве может быть лишь эпохой великой и небывшей еще манифестации Духа Святого.

ГЛАВА VIII. ТЕОСОФИЯ И ГНОЗИС

Слова часто вызывают ложные ассоциации, не соответствующие их онтологическому смыслу. Так случилось и со словом «теософия». Слово это многозначно. Современные модные «теософические» течения испортили прекрасное слово «теософия» и заставили забыть существование подлинно христианской теософии, истинного богомудрия. Через всю историю христианства проходит теософическая традиция. Первым христианским теософом в глубочайшем смысле слова, первым представителем истинно христианского гнозиса в отличие от гностиков ложных был Апостол Павел. Климент Александрийский и Ориген были христианскими теософами и гностиками. В ареопагетических творениях и в средневековой мистике можно найти подлинную христианскую теософию. Великий Я. Беме, несмотря на свои нецерковные уклоны, должен быть назван подлинно христианским теософом и совсем не в том смысле, в каком именует себя таковым Штейнер или А. Безант. Фр. Баадер и Вл. Соловьев в более близкое нам время были настоящими христианскими теософами. Теософична Каббала и она оказала огромное влияние на христианскую мистику. Великими теософами мира античного были Гераклит и Платон, а в период заката античного мира – Плотин. Все это были люди, действительно опьяненные Божественной мудростью. Мистическое, несхоластическое богословие всегда было истинной теософией. Теософично всякое созерцание, синтезирующее философию и религию. Но сразу же можно почувствовать, что современная теософия не походит на теософию старую. Слишком мало общего по духу, по стилю имеют Блаватская и Р. Штейнер с Гераклитом и Плотином, с Оригеном и Дионисием Ареопагитом, с Мейстером Экхартом и Я. Беме, с Фр. Баадером и Вл. Соловьевым.

Это – совсем другая формация, другая порода. На современных теософических писаниях не лежит печать творческого вдохновения, опьяненности Богом. Теософические книги скучны и неталантливы, они написаны в стиле учебников минералогии и географии, их почти невозможно читать. Современные выученики теософии заучивают наизусть термины этой географии духовных миров, постоянно принуждены справляться с этими духовными Бедекерами, рискуя перепутать название и невпопад давать имена горам и рекам духовных миров. Последовательность перевоплощений земли очень легко спутать, очень легко смешать Юпитера, Венеру и Меркурия, так как затруднительно перевести все это на язык жизненного духовного опыта. Огромная масса теософов и антропософов не имеет собственного ясновидения и не созерцает в памяти мира космическую эволюцию, а просто заучивает книгу Штейнера «Акаша-Хроника»[120] или другую теософическую книгу. Это создает в корне ложное направление духовной жизни. Теософия злоупотребляет не принадлежащими ей по праву именами. В теософии А. Безант так же трудно найти Бога, как трудно найти человека в антропософии Р. Штейнера. Прочтите большую часть теософических книг, и вы не найдете в них имени Божьего. Так много говорится о строении и эволюции космоса, о сложном составе человека, об образовании человека в результате космической эволюции и о перевоплощении, но ничего не говорится о Боге. Теософия с большим правом могла бы наименовать себя космософией, учением о составе и развитии космоса. Теософия ничего и не признает, кроме космоса, она вполне монистична. Для нее нет Бога, а есть только божественное. Космос со всеми своими планами и есть божественное. В космосе растворен человек, подчинен человек целиком космическим процессам.

На современной теософии лежит неизгладимая печать той умственной эпохи, в которую она возникла. Возникла же она в эпоху торжества натурализма и эволюционизма, рационализма и материализма. Современное теософическое течение, которое началось с Блаватской, сразу же захотело утвердить особого рода духовный натурализм и духовный эволюционизм. Оно не восстало против навыков мысли человека XIX века, не потребовало от него никаких жертв, никакого подвига веры, никакого духовного переворота. Духовный мир должен быть завоеван мирным, эволюционным путем. Интеллектуализм современного человека, вся его mentalite[121] вполне оправданны и подтверждены. Теософское знание должно быть синтезировано с натурализмом, эволюционизмом, почти что с материализмом современной науки. Штейнер вышел из Геккеля и почитает его, как своего учителя. Теософическое сознание принимает самый вульгарный монизм, разрушенный работой более утонченной философской мысли. Поразительно, что теософия соединяется с самыми вульгарными философскими течениями и чуждается философии более сложной и глубокой. Современная теософия сразу приняла популярный Характер, рассчитывая на не особенно высокий культурный уровень. Современная теософия обращается к душам, зараженным эволюционизмом, позитивизмом, натурализмом, т. е. течениями, стоящими намного ниже современного более высокого философского сознания, современной более высокой духовной культуры. Этим теософы нередко оправдывают невысокий, вульгаризированный характер своей литературы. Можно даже услышать от более тонких антропософов, что Штейнер, самый значительный из теософов, пишет свои книги для дураков, а настоящие, глубокие свои слова он говорит для более посвященных. И вместе с тем, несмотря на низкий уровень популярной теософической литературы, несмотря на шарлатанство, которое нередко примешивается к этой литературе, к теософии нужно отнестись более серьезно и увидеть в ней серьезный симптом. Возрастающая популярность теософии связана с кризисом науки и кризисом христианства. Это есть симптом глубокой неудовлетворенности современного человека и поворота его к духовному миру. И официальная наука, и официальная церковность недостаточно серьезно относятся к теософии и к связанному с ней оккультизму. Популярность теософии вполне понятна в нашу синкретическую эпоху. Теософия находит самый легкий путь эволюционного перехода от современного атеизма, материализма, натурализма к признанию и познанию духовных миров. Теософия перебрасывает человека через бездну, отделяющую два мира. Она проповедует совершенствование, развитие новых органов восприимчивости, но это совсем не то, что в пути религиозном или мистическом. Теософия не требует отречения от разума века сего. Она потакает инстинктам современного не высококультурного, а среднекультурного человека, который хотел бы расширить свои владения и умножить свои богатства, слегка прикоснувшись к духовному миру. Теософическое движение никогда не может стать народным, и никогда теософия не удовлетворит духовную жажду народов. Народы могут жить лишь религиозной верой. Но в современной теософии отсутствует и истинный духовный аристократизм. Ею питается среднекультурный слой.

Популярная теософия основана на противоречии экзотерического эзотеризма. Теософические книги только и занимаются тем, что делают эзотерическое экзотерическим и рассказывают о последних тайнах таким языком, каким описательное естествознание рассказывает о предметах природного мира. Именно теософия-то и не дает ощущения трепета перед тайной. Теософический эзотеризм представляет собой не столько тайну, сколько секрет. Подлинный же эзотеризм совсем ничего не скрывает и не делает ни из чего секрета, он утверждает тайну, которая раскрывается на большей глубине в зависимости от духовного подвига, от духовной одаренности, от духовного уровня и стадии духовного пути. Различие между эзотерическим и экзотерическим подлинно существует, и оно вечно, о нем говорит Апостол Павел. Есть более сокровенное и более внешнее понимание христианства. Эзотерическое в христианстве почти совпадает с мистическим. Христианские мистики и были настоящими эзотериками. Недоступные простым христианам созерцания мистиков не представляют секрета и не скрываются. Но чтобы до конца понять мистиков, нужно иметь схожий с ними опыт. Чтобы понять сокровенную сторону христианства, нужно иметь сознание, обращенное к иному миру. Но в теософии и в оккультизме, имеющем религиозные притязания, эзотеризм носит двусмысленный характер. Различие между эзотерическим и экзотерическим относительное. Эзотеризм претендует хранить сокровенную истину и тайну от профанации и непонимания господствующего сознания масс, которые не могут этой истины и этой тайны вместить. Но что эзотерично в современной теософии: божественная ли мудрость или натуралистический монизм, и какому господствующему вероисповеданию противополагает себя этот эзотеризм, – христианской ли Церкви или современному позитивизму и материализму? Быть может, тайна в том, что Бога нет, а есть лишь природа, бесконечный космос? Теософические книги дают очень большие основания для такого понимания ее эзотерической стороны. В этом Блаватская и Штейнер радикально отличаются от Я. Беме и Сен-Мартена. В эпоху языческого политеизма эзотеричен был монотеизм, истина единобожия охранялась от масс, не способных до нее возноситься. В эпоху господства церковного христианства эзотеричен бывал натуралистический монизм. Остается неясным и двусмысленным, что эзотерично в нашу смутную и смешанную эпоху, лишенную единой, целостной, господствующей веры. Теософия что-то скрывает от церковного сознания и что-то скрывает от сознания материалистического. Но то, что открывается в теософии, когда вы идете вглубь ее эзотеризма, всегда оказывается той или иной формой духовного натурализма, духовного эволюционизма и духовного монизма. Р. Штейнер – монист не менее, чем Геккель, и он натурализирует божественные тайны. Но монизм у него связывается со своеобразным манихейским дуализмом. Верно в оккультизме то, что различие между эзотерическим и экзотерическим прежде всего связано со ступенями сознания. Оккультизм прав в своем динамическом понимании природы сознания. Статичность сознания с его устойчивыми границами есть лишь временное и преходящее образование. Мы окружены невидимыми и неведомыми силами, и лишь до времени сознание наше закрыто для их восприятия. Сфера оккультного и магического существует, мир пронизан действием оккультно-магических сил. Это должно быть признано независимо от того, как оцениваются эти силы. Сама положительная и трезвая наука все более и более признает существование «метапсихического»[122]. Но научный оккультизм мало общего имеет с религиозными притязаниями оккультизма и теософии.

Глубоко и радикально различаются между собой христианство и теософия во взглядах на человека. Нет ничего общего между христианской и популярной теософической антропологией. И необходимо до последней остроты довести это столкновение двух жизнепониманий перед лицом судьбы человека. Христианство антропоцентрично и в истинном смысле антропософично. Человек есть высшая иерархическая ступень бытия, он выше ангельской иерархии. Сын Божий воплотился в человека, а не в ангела. Человек извечен и наследует вечность, он образ и подобие Бога, а не природы, он не возникает и не исчезает в космической эволюции. Человек не есть продукт эволюции, не есть дитя природы и происходящих в ней процессов. Человек – «дитя Божье». Род человека не может быть преодолен новым родом, родом сверхчеловека, ангела или демона. Одна иерархия не может эволюционно перейти в другую иерархию.

Божья идея о человеке не может быть изменена, она может быть только или осуществлена, или загублена. Человек наследует вечную, божественную жизнь. Через Христа-Богочеловека человек имеет корни в самой глубине Божьей жизни. Человек может стать непосредственно лицом к лицу перед Богом, и никакая космическая эволюция не разделяет их. И если что-нибудь эзотерично в христианстве, то совсем не то, что человек есть продукт космической эволюции и может быть космической эволюцией преодолен, что новый мировой эон будет стоять уже под знаком другого, сверхчеловеческого рода, а то, что человек 1– более чем простая тварь, что человек – Божье другое, что Вторая Ипостась Св. Троицы есть предвечный, в вечности рожденный Человек. В Каббале была истинная теософия – антропософия и истинный эзотеризм. Такой эзотеризм чужд современной теософии всех видов и оттенков, – у нее есть свой собственный эзотеризм, поощряющий гордость человека во времени и принижающий его в вечности. Христианский взгляд на человека – иерархический, а не эволюционный. Человек не есть преходящая, дробная часть космоса, ступень космической эволюции, он выше космоса, не зависит от космической бесконечности. Весь космос принципиально заключен в человеке. Теософическое сознание хотя и признает космические иерархии, но оно вполне эволюционно, для него каждая иерархическая ступень может переходить в другую, оно не знает иерархических дистанций. Теософия в преобладающих своих течениях радикально отрицает христианскую идею человека. Для нее человек не извечен и не наследует вечности. Вечен космос, человек же временен и преходящ. Человек соответствует лишь одному из эонов космической эволюции. Его не было в предшествующих зонах и не будет в последующих зонах. Человек подавлен инфра- и супрамирами. Корни человека во времени, а не в вечности, в космосе, а не в Боге. Теософическое сознание – монистично, монофизично, оно признает лишь единую природу – безликий божественный космос. Человек – продукт космической эволюции и орудие космической эволюции. Он слагается и разлагается в космическом процессе. Человек – складное существо, он слагается из физического, эфирного, астрального тела и безликого духовного «я». Человек есть лишь временный синтез космических сил. По строению своему он напоминает складные пасхальные яички, вставляющиеся одно в другое. Твердого духовного ядра человек не имеет, ядро это не человеческое, безлико-космическое. Для антропософического сознания, образовавшего свое наименование от имени человека, под знаком человека стоит лишь один из мировых эонов, который будет преодолен. Этот космический период есть как бы распавшийся Антропос. Мир этого зона образуется из частей распавшегося Антропоса. Но такое крайнее по видимости преувеличение значения человека совсем не обосновывает абсолютного и вечного значения человека. Это лишь игра космических сил. Последующие эпохи совсем не будут стоять под знаком человека, и образуется иной, совсем не человеческий род. Существует иерархия духов, которая выше человека и водительствует им[123]. Между Богом и человеком стоит сложная иерархия ангелов и демонов, которая делает невозможным непосредственное богообщение. Да и Бога совсем нет, есть лишь обожествленная космическая иерархия. Свобода человеческого духа не охранена от демонолатрии. Дух человеческий остается во власти демонов природы. Теософия и антропософия вновь восстанавливают древнюю демонолатрию. Это есть отмена дела христианского освобождения человеческого духа и возврат к старому полуязыческому, полухристианскому гностицизму. Человек тонет и исчезает, образ человеческий замутняется в бесконечных космических иерархиях и эволюциях, в бесконечной смене эонов. В таком мироощущении и миропонимании нет ясного образа человека, нет личности. И теософия всех оттенков и антропософия отрицает личность человека, враждует против личного начала во имя космического коммунизма. Она усложняет и запутывает проблему, искажая различие между личностью и индивидуальностью. Для христианского сознания именно личность есть духовная категория, индивидуальность же есть категория биологическая. Личность для теософов, как и для философской школы Э. Гартмана, есть, в сущности, результат ущемленности духа материей, физическим телом и потому должна быть преодолена последующей эволюцией. Взятое из Индии теософическое учение о перевоплощении разрушает целостное бытие личности. Временный синтез космических сил, осколков планетарных эволюций, распадается на составные части, и образуется новый синтез, новое сложение. Но единства и целости личности, ее единичности и неповторимости нет. Теософы правы, когда учат о сложном составе человека, о присутствии в нем всех космических наслоений. Правы они и тогда, когда в природном человеке не могут увидеть твердого и пребывающего ядра личности. Личность есть Божья идея о человеке, и вечная судьба человека связана с этой единой Божьей идеей. Образ личности лежит в Боге, а не в природном мире, не в природной субстанциальности. Но для теософов между божественным бытием и человеческим лежит бесконечная эволюция духовных миров. Да, в сущности, эта бесконечная эволюция и есть само божественное бытие.

Невозможно мгновенное соприкосновение человека с божественным бытием, невозможен мистический опыт обогащения. Теософия принуждена отрицать, что единый и неповторимый, целостный лик человека заложен в Боге, есть Божья идея. Для нее лик человека есть всегда результат сложных процессов в мире. Теософическое, как и антропософическое, сознание отрицает человека, как вечный замысел, как вечное имя. В этом теософия подобна коммунизму. Популярная теософия есть натурализм, перенесенный на духовные миры, натуралистический монизм типа Геккеля. Поэтому Штейнер считает возможным сказать, что Геккель исправил и усовершенствовал Я. Беме. У Беме было христианское учение о человеке, о Перво-Адаме. У Штейнера, прошедшего через Геккеля, уже окончательно исчезают следы христианского учения о человеке. Человек произошел из полурыбы, полузмия, как говорит Э. Шюре. Такого рода антропогенезис не имеет уже ничего общего с христианством. Натуралистический эволюционизм теософов противоположен платоновскому учению об идеях, о родовом бытии, об иерархии бытия. Теософия так же антииерархична, как и всякий эволюционизм, она не признает изначальности и вечности вида и потому отрицает изначальность и вечность человека. Это есть духовный дарвинизм. Для иерархического христианского сознания человек не развился из животного и не может эволюционировать в сверхчеловека. Человек может падать и может развиваться и восходить, но он будет человеком и в Царстве Божьем[124].

Уже было выяснено, что антропология наша будет той или иной в зависимости от того, какой будет наша христология. Наше отношение к человеку определяется нашими отношениями к Христу. Человек доходит до абсолютного самосознания лишь через Христа-Богочеловека. Теософическая христология такова, что она приводит к отрицанию человека. Теософия или стоит на дохристианском, индусском сознании и видит в Иисусе Христе одного из великих учителей, или строит натуралистическую христологию и видит в Христе космический импульс. Но все формы теософии одинаково разрывают Иисуса и Христа и отрицают богочеловечество. Блаватская терпеть не могла христианства, и браманизм считала более высокой формой религиозного сознания. Современная теософия начала приспособлять теософию к христианству[125]. В браманизме была своя дохристианская религиозная истина. В современной теософии ее уже нет. Штейнер считает свою теософию христианской. Он признает, что с явления Христа начинается новая мировая эпоха, и даже готов признать реакционной восточную теософию. Но христология Штейнера носит натуралистический и эволюционный характер. И потому так же натуралистична и эволюционна его антропология. Человек – сборный, слагающийся из осколков планетарных эволюций. И человек и земля – лишь этапы космической эволюции. Человек перевоплощается, не сохраняя своего лика, ядра своей личности. И так же перевоплощается земля. Нигде и ни в чем нет единого и целостного лика, нет онтологического ядра. Личность слагается и разлагается, перевоплощается в другие личности. И весь род человеческий слагается и разлагается, перевоплощаясь в иной, не человеческий уже род. В человеке есть физическое тело, общее у нас с минералами, эфирное, общее с растениями, астральное, общее с животными, и «я», общее у нас с Божеством[126]. Все эти составные части разъединяются, и тогда личность исчезает. Духовное «я» не есть личность, личность образуется лишь в соединении с физическим, эфирным и астральным телом, как преходящий, временный эволюционный синтез элементов, слагающихся и разлагающихся. Иисус и Христос разделены и соединяются в момент крещения. Но и образ Иисуса дробится, так как, по Штейнеру, существует два младенца Иисуса. Христос как Логос, как космический агент перевоплощается из Зароастра в Иисуса. Христология Штейнера есть своеобразное модернизированное восстановление древних ересей: с одной стороны, манихейства, с другой стороны, несторианства, для которого две природы во Христе оставались раздельными. Штейнер отрицает тайну богочеловечества Христа, Его целостного Лика. Христос не Личность, а импульс, космический агент. Так у Штейнера, у других же теософов Иисус Христос стоит в линии Будды, Зароастра и других великих посвященных. Теософия и антропософия видит Христа не в Боге, не в Божественной Троичности, а в природе, в космическом процессе. Христос для этого сознания не божествен, а космичен.

Космическая бесконечность поглощает Лик Христа. Но она поглощает и лик человека. Лик человека разделяет судьбу Лика Христа. Бог и человек одинаково тонут в космосе. Таково космософическое сознание, ложно присваивающее себе имена теософии и антропософии. Это сознание прежде всего хочет знать не Бога и не человека, не личность, а безлико-космическое, тождественное с безлико-божественным. Нет иерархических пределов, границ, дистанций, и потому нет целостности какого бы то ни было бытия, все смешано, все есть во всем и все во все переходит. Таково древнее индусское сознание, которое совершенно подавило сознание теософическое. Тут истина мистики, истина единства, внутренности и глубинности духовного мира натурализируется и вульгаризируется.

Теософия принуждена отрицать бесконечное значение индивидуальной души, она не признает непреходящего значения за индивидуальным именем человека. Она не приняла внутрь себя христианского откровения о личности, осталась в периоде дохристианском и внехристианском. И даже Штейнер, который любит говорить о Христовом импульсе и о мировой эпохе, стоящей под знаком Христа, христианского откровения о личности не знает и само христианство воспринимает в дохристианском духе. Христианство персоналистично, для него всякое бытие есть личность, неповторимое конкретное существо. Теософия и антропософия антиперсоналистичны. Антропософическое учение об ego, о духовном «я» не есть учение о личности. Это ego – совершенно безличное, оно слагается с телами разных планов и потом отделяется от них. Личность человеческая есть лишь временное сложение. Теософии свойствен своеобразный коллективизм, она утверждает антииерархический коммунизм бытия. Лик человека затемнен и раздроблен дурной бесконечностью миров. Поэтому теософическое сознание не знает тайны христианской любви. Также не знает тайны любви индусская религия и философия. Тайна любви есть тайна личности, проникновение в единственный и неповторимый лик другого человека, видение этого лика в Боге. Только любящий видит лицо любимого. Для нелюбящего лицо человеческое всегда искажено и закрыто. Лишь через любовь можно увидать красоту человеческого лица. Любовь не есть утверждение тождества, раскрытие одной и той же основы во мне и в другом, tat twam asi[127], как то утверждает религиозное сознание Индии. Если «я» и «ты» одно и то же, то моя любовь к тебе есть лишь моя любовь к самому себе. Тут нет одного и другого. Любящий и любовь его всегда предполагает его другого, выход из себя к другому, тайну соединения двух, обладающих самобытной реальностью. Вечный и абсолютный образ любви дан в Божественной Троичности. И он не может быть дан в отвлеченном монотеизме или пантеизме. Теософия, в сущности, отрицает и «меня» и «тебя». Любовь всегда есть отношение личности к личности. Если нет личности, то нет и любви. Бессмертие, воскресение, вечность личности есть требование любви, утверждение бытия любимого в Боге, т. е. в вечности. Для теософического сознания, которое учит о космическом сложении и разложении личности, о составном и преходящем ее характере, нет бессмертия личности. Личность, любовь и бессмертие в духовном опыте даны в единстве, связаны неразрывно между собой. Любовь имеет вечный смысл, если она направлена на вечное существо и эту вечность утверждает своей энергией. Теософии, как и религиозному сознанию Индии, чужда и непонятна тайна единичности, однократности, неповторимости. Для теософии все повторимо и множественно. Нет единой, единственной, неповторимой личности Иисуса Христа, и нет единой, единственной, неповторимой личности человека (имярек). Существует множество и многократность перевоплощений Христа. Существует такое же множество и многократность перевоплощений человека. Существует множество и многократность перевоплощений земли. Множествен состав человека. Нет однократных событий в истории, которые и придают ей единственный смысл. Смысл и индивидуальность истории связаны с однократностью ее событий, прежде всего с однократностью явления Христа. Вся конкретная духовная жизнь основана на этой единичности, однократности и неповторимости. Индусское, дохристианское сознание не видит личности и не понимает истории, потому что не знает единичности, однократности и неповторимости. Совершенно так же и теософия не знает личности и не понимает смысла истории. Она находится во власти дурной бесконечности и повторяемости. Она не хочет знать конца, божественной вечности, от которой получает свой смысл все единичное, личное в истории. Кошмар бесконечных эволюций есть отрицание всякого смысла единичного и личного бытия. Отрицание божественного конца, исхода связано также с отрицанием абсолютной тайны. Тайна погружает нас в божественную абсолютность. Отрицание тайны погружает нас в бесконечность мирового процесса. Все тут связано одно с другим – личность, единичность, вечность, тайна. Утверждение тайны не есть агностицизм. В познании возможно бесконечное движение в глубину. Но всякий гнозис упирается в тайну. Это значит, что всякий гнозис приходит к Богу. Бог же есть тайна, и в ней все находит свой конец. Теософический же гнозис никогда не приходит к Богу, он до бесконечности погружен в мир, в космическую эволюцию. Или мир находит свой конец в Боге, или мир бесконечен. Если мир находит свой конец в Боге, то последнее разрешение погружено в тайну, к которой нужно отнестись с религиозным благоговением. Если мир бесконечен, то нет последней тайны и разрешения, то нет и религиозного благоговения. Теософия, как она выразилась в своей популярной литературе, утверждает бесконечность мира, не знает Бога, как исхода мира, не знает тайны, а знает лишь секрет. Секрет же, когда он приоткрывается, оказывается все тем же учением об эволюции бесконечных миров, обоготворением самого мира. Нет личности человека, нет личности Бога, а есть лишь безликая космическая божественность, божественность среднего рода. Теософический гнозис не хочет знать антиномии религиозного сознания, он устанавливает эволюционную непрерывность. Теософия космична, она и человека и Бога познает как космический процесс. Христианство же прежде всего исторично, оно освобождает познание Бога и человека от подавленности космической безмерностью, оно утверждает единичность и однократность, на которых и основана история в отличие от природы.

Теософия не знает тайны свободы. Свобода не лежит для нее в основе мира. Поэтому не понимает она и зла, смотрит на зло исключительно эволюционно. Штейнер в начале своей деятельности написал книгу «Философия свободы»[128]. В книге этой нет никакой свободы. Свобода в ней есть результат необходимости. Человек приходит к свободе в результате эволюции, но не исходит от свободы. Первой, изначальной свободы Штейнер не знает. Чувствуется очень сильно влияние Геккеля и Макса Штирнера. И ни в одной теософической книге нельзя найти изначальной, первой свободы. Дух человеческий закован в космической эволюции. Человек освобождается в космической эволюции, но это и значит, что свобода есть результат космической эволюции. Человек не есть образ и подобие Божье, и потому ему не присуща свобода, как вечная изначальная основа его бытия. Человек – дитя мирового процесса, и потому космическая необходимость движет им. Штейнер, правда, говорит, что человек должен быть свободен и будет свободен. Но это лишь краткий миг в космическом процессе. Ведь человек обречен на исчезновение. Его не было и его не будет, он будет заменен высшими иерархиями, он перейдет в иной род, новый эон сменит человека. И зачем человеку свобода при таком понимании бытия, если он складное существо, если безликое духовное «я» привходит в человека как один из слагаемых элементов. В конце концов, теософы смотрят на свободу так, как смотрят обыкновенные эволюционисты, которые тоже ведь хотят, чтобы человек был освобожден, стал свободен в результате эволюции. Отрицая свободу, теософия принуждена отрицать и зло. И на зло теософия усваивает себе преимущественно эволюционный взгляд, сочетая его иногда с манихейством. Если нет свободы, то нет и зла. Теософы склоняются то к эволюционно-натуралистическому монизму, то к манихейскому дуализму. Но и монизм и дуализм одинаково бессильны не только разрешить, но и поставить проблему зла. Дуализм тоже ведь натуралистически понимает зло, т. е. видит в нем особую, самобытную сферу бытия, низшую дурную природу. Духовное же понимание зла всегда связано со свободой. Не из природы, а из свободы произрастает зло, и потому оно иррационально. Так смотрит христианство. Для теософии же зло объясняется из космической эволюции, оно победимо в космической эволюции. Проблема зла так же тонет в космической бесконечности, как и проблема человека, как проблема Бога. В результате нет свободы, нет зла, нет человека, нет Бога, а есть лишь космический процесс, бесконечная смена мировых эонов, бесконечное сложение и разложение мировых планов. Есть потенциальная бесконечность, но нет бесконечности актуальной, есть космическая бесконечность, но нет божественной бесконечности, вечности.

Теософия отлична от христианства прежде всего в том, что христианство есть религия благодати, теософия же безблагодатна. Теософическое миросозерцание носит законнический, а не благодатный характер. Путь, которому научает теософия, и которым идут теософы, есть исключительно путь снизу вверх. Природный человек делает нечеловеческие усилия добраться до духовных миров, по темной лестнице подымается он вверх. Но ни один луч света не падает сверху и не освещает этот путь во тьме. Темными коридорами и лестницами идет человек к свету, не получая помощи. Человеческая судьба подзаконна и безблагодатна. Натуралистическая закономерность доходит до самой глубины духовной и божественной жизни. Справедливость отождествляется с натуралистическим законом, с законом духовной природы. Карма и есть такой натуралистический закон человеческой судьбы, из власти которого человек не может вырваться. Человек должен в бесконечных перевоплощениях в будущем изживать последствия своих бесконечных перевоплощений в прошлом. Прошлое как бесконечность тянется в будущее, оно непреодолимо. Карма есть естественный закон духовной эволюции, выражение подзаконности безблагодатной человеческой судьбы и вместе с тем карма есть закон справедливости, справедливое воздаяние, пожинание последствий посеянного, изживание содеянного. Для теософического сознания закон природы и закон нравственный совпадают. Вы можете считать кошмарной и безысходно мрачной перспективу бесконечных кармических перевоплощений и эволюций, но самое теософическое учение основано на оптимистическом предположении, что в естественной эволюции духовных миров всегда осуществляется благой закон, всегда торжествует космическая и божественная справедливость. Теософия не видит вторжения свободно-иррационального начала зла в мировую жизнь и потому не нуждается в благодатном освобождении от власти зла. Все трудовое, нет ничего дарового. Благодать — даровая, и потому для теософии она непонятна и неприемлема. Кармическая справедливость, подчиняя человека естественной космической эволюции, отрицает также творческую избыточность. Человеческая природа призвана не к творчеству, а к развитию, к эволюции, к изживанию в будущем прошлого. Христианство во всем этом радикально отличается от теософии. Христианство есть религия благодати, преизбыточествующей и даровой благодати. В тайне искупления преодолевается кармическая подзаконность и кармическая справедливость человеческой судьбы. Христианство есть религия любви, а не религия справедливости. В христианстве преодолевается закон — и закон природы, и закон справедливости. Человек, приобщенный к тайне искупления, человек, принявший в себя Христа и к Христову роду причастный, не подвержен уже кармическому закону, не принужден уже в будущем, в бесконечных эволюциях, изживать прошлого, преодолевать его закономерным, справедливым, длительным процессом. Разбойник на кресте, мгновенно обратившийся к Христу, не подвластен уже кармической закономерности и справедливости, он в один миг проходит духовный путь, который по закону духовной эволюции и закону справедливости должен был пройти в длительном ряду перевоплощений, он, проживший грешную, преступную жизнь, будет с Христом в раю, в лоне Отца Небесного. С теософической точки зрения необъяснима и неприемлема судьба евангельского разбойника, хотя теософы и говорят о сокращении кармы. В судьбе разбойника отменяется закон кармы. И глубочайшая сущность христианства — в этой отмене закона кармы, в благодатном преодолении подзаконной судьбы человека. Христианство изымает человека из-под власти времени и временных процессов. Теософия же оставляет человека во власти времени и временных процессов. Ни в одной теософической книге нельзя найти не только решения, но и постановки проблемы отношения времени и вечности. Теософия как будто знает бесконечность, но не знает вечности. Человек остается отделенным от Бога бесконечностью космического процесса, он не приобщается мгновенно к вечности, к Божественной жизни, он остается прикованным к жизни космической. Христианская церковь ставит человека непосредственно лицом к лицу перед Богом и открывает путь непосредственного богообщения. Этот путь богообщения раскрывается прежде всего в молитве. В опыте молитвенном – человек стоит перед Богом без посредства космических иерархий и космических эволюций, он выходит из времен в вечность, из жизни мира в Божью жизнь. Опыт молитвенного богообщения не имеет оправдания в теософическом сознании. Молитва в теософии приобретает совсем иной смысл. Она есть лишь одна из форм медитации. Подчиняя человека космической эволюции, отрицая изначальность абсолютного света в человеке, теософия делает невозможным постижение смысла, Логоса мировой и человеческой жизни. Смысл нельзя понять из эволюции. Эволюция предполагает смысл, возвышающийся над всяким временным процессом и предшествующий ему. Свет, смысл должен быть в начале, а не в конце пути, он должен освещать путь человека. Теософия ведет человека путем космической эволюции, смысл которой остается непонятным. Путь человека остается темным, и неизвестно, к чему он приведет. Свет, смысл в конце бесконечной эволюции не освещает и не осмысливает пути. Человек есть орудие непонятных для него космических агентов. Логос не возвышается над космическим процессом, и нет у человека пути приобщения к Логосу. Логос есть лишь один из космических агентов. Смысл постигается лишь через вечность, через бесконечность его нельзя постигнуть. В бесконечности тонет всякий смысл. У человека не оказывается точки опоры в вечности, все его корни погружены в бесконечное время. Безблагодатность теософии делает непостижимым смысл мира и смысл жизни человека. Во имя кого и во имя чего человек должен проходить свой путь эволюции? В сущности, теософия не знает откровения, и этим определяются все ее особенности. Христианство менее оптимистично, чем теософия, потому что признает иррациональное начало зла в мире и не верит в естественную благостность закона духовной эволюции. И христианство бесконечно радостнее и светлее теософии, потому что верит в благую весть об избавлении от зла мира и о наступлении Царства Божьего. Идея Царства Божьего не играет никакой роли в теософическом учении. Эсхатология остается нераскрытой. Теософическое учение о карме, о бесконечных эволюциях и перевоплощениях и даже слиянии с безликим Божеством не дает разрешения конечной судьбе человека. Искупление для теософического сознания как будто бы не совершилось, так же мало совершилось, как и для сознания индусского, хотя теософы живут в христианскую эпоху мировой жизни. Для теософов мир остается заколдованным в магии, в магической необходимости. Теософическое миросозерцание магично, а не мистично. Теософия в христианском мире есть реакция дохристианских духовных начал, но так как она есть синкретизм, то она впитывает в себя и христианские начала, неизбежно искажая христианские идеи человека, свободы, благодати. Теософы, конечно, признают неверной и извращенной такую интерпретацию их миросозерцания и их духовного типа. Они укажут на то, что теософия учит о древней мудрости, предшествующей всей эволюции нашего мира, о великих посвященных и учителях, руководящих эволюцией мира и человечества. Мне это известно, но нисколько не убеждает меня в том, что смысл мировой эволюции таким образом раскрывается человеку и изначально освящает его путь. Отношение к древней мудрости и к посвященным водителям остается авторитарным, мы тут имеем дело с сокрытым, с секретом.

Теософические и оккультические течения, которые делаются все более и более популярны, ставят перед христианским сознанием проблему гнозиса. В этом положительное значение этих течений. В популярности теософии повинно и само христианство или, вернее, христианское человечество. Теософия соблазняет тем, что отрицает учение о вечных адских муках, столь неприемлемое для нравственного сознания современного человека. Она соблазняет также попыткой решить вопрос о происхождении, развитии и судьбе души, которое в церковном сознании не имеет определенного и приемлемого разрешения. Соблазняет также теософия примирением между верой и знанием, религией и наукой. На поверхности остаются те, которые думают, что проблема гнозиса разрешена официальным богословием. В церковном сознании остается силен агностицизм, который есть результат борьбы против гностицизма. Официально господствует в христианском мире убеждение, что в ортодоксально-церковном богословии отложился и кристаллизовался дозволенный гнозис, всякий же другой гнозис признан недозволенным и еретическим. Но ведь богословие по своей природе и своему методу не есть гнозис. В богословии результаты познания заранее известны, они добыты не из самого процесса познания, и богословие призвано лишь защищать и обосновывать эти заранее известные результаты. В церковном богословии совершенно не раскрыто учение о космосе и лишь очень односторонне раскрыто учение о человеке. Космология всегда носила в христианстве контрабандный характер. Учение о Софии есть одна из попыток заполнить пробел. И замечательно, что все космологические учения в христианском богословии и христианской философии всегда вызывали к себе подозрительное отношение. Официальное богословское сознание предпочитало научный позитивизм и механическое учение о природе всякому космологическому гнозису. Из страха обожествления мира соглашались его совершенно обезбожить. В христианстве нового времени установился конкордат между религией и наукой, относительное равновесие и мир. И господствующее христианское сознание нового времени отражало на себе утерю чувства космоса и способности к его созерцанию. Мир средневековый, подобно миру античному, видел в природе космос, космический порядок, иерархическую систему. Человек нового времени утерял способность созерцать космос, природа превратилась для него в предмет познания со стороны математического естествознания и практического воздействия со стороны техники. Церковное сознание в наше время все более и более теряет космический характер. Церковь начинают понимать как общество верующих, как учреждение, догматы начинают истолковывать моралистически, в таинствах видят исключительно их психологическую и социальную сторону и не видят стороны космической. Номинализм в церковном сознании побеждает реализм. Реальность космоса исчезает и сосредоточивается исключительно на реальности психической и социальной жизни. Религию ценят прежде всего практически, как социально организующую силу. Из богословия исчезает учение о Церкви как мистическом теле Христовом, теле космическом, а не только социальном. В христианство и церковное сознание незаметно проникает позитивизм. Образуется особого рода церковный, богословский позитивизм, в котором нельзя уже найти мистического чувства жизни. И замечательно, что этот позитивизм в понимании природы давно уже проник в христианство, и можно даже сказать, что он возник на почве христианства. «Шестиднев» Св. Василия Великого, толкование на книгу Бытия, представляет собой своеобразный позитивизм. Это есть натуралистический трактат своего времени, нечто вроде Геккеля для научного уровня той эпохи. Позитивизм и натурализм «Шестиднева» Св. Василия Великого особенно бросается в глаза, если его сопоставить с «Mysterium magnum» Я. Беме[129], которое тоже есть толкование на книгу Бытия. У Св. Василия Великого мы находим описательное естествознание, у Я. Беме – космологический гнозис. Но гнозис Я. Беме не признается церковным сознанием и остается на подозрении. Древнее знание утеряно в современном христианстве и в современной науке. В этом правы оккультисты. Как понять отношение между гностицизмом и агностицизмом в христианском сознании?

И доныне в христианском сознании не выяснены последние результаты спора гностицизма и агностицизма. Официально господствующая теология отрицает и гностицизм и агностицизм и пытается утвердиться в средней сфере. Но в средней, промежуточной сфере нельзя долго удержаться. Церковное догматическое сознание вырабатывалось в борьбе с гностицизмом. Этим очень многое предопределилось. Антигностицизм стал в известном смысле агностицизмом. Познание тайн космической жизни было запрещено церковным сознанием. Догматическая работа учителей Церкви и Вселенских Соборов не была гнозисом, в ней вырабатывались формулы для нормального религиозного опыта, и выработка эта совершилась путем опровержения ложных учений. В сознании церковном с гнозисом крепко ассоциировалась искривленность религиозного опыта, лжеимянкое знание. Христианская Церковь прежде всего ставила себе задачу выделения человека из природы и освобождение от власти стихий и демонов. Церковный агностицизм и был защитой человеческого духа от власти природных стихий и демонов, от космической бесконечности, грозящей поглотить человека. Это есть борьба за человека, за его образ и лик, за свободу его духа. Вот почему нельзя презрительно относиться к церковному агностицизму и слишком легко его критиковать, – нужно понять смысл его. Церковное сознание легче мирится с механическим пониманием природы, с научным позитивизмом, чем с гностицизмом, с гностической космологией. Церковь боится власти магии над человеческой душой и хочет освободить дух от этой власти. Старые гностики были во многих отношениях замечательные мыслители, и у них можно найти много интересного. Учителя Церкви были, конечно, несправедливы к гностикам и искажали их[130]. Валентин был гениальным человеком, это видно и по крайне пристрастному изложению Св. Иринея Лионского. Но у гностиков человек не был освобожден от власти космической иерархии духов и демонов, оставался заколдованным в магии, их отношение к космосу оставалось языческим. В сущности гностики не были христианскими еретиками, они были языческими мудрецами, синкретически впитавшими в себя и элементы христианской мудрости. Но они никогда не приняли в себя основной тайны христианства, тайны искупления человека, тайны преображения низшей природы в высшую. Мировоззрение гностиков в сущности остается статическим, они не понимают христианского динамизма. У гностиков можно найти зачатки эволюционного учения, у них есть исторические эпохи и периоды. Это очень ценно у гностиков, но это не есть христианский динамизм, который учит преосуществлению, преображению низшей природы в высшую. В космических процессах для гностиков тонул и дробился и образ Бога, и образ человека. Космос в его бесконечно сложном иерархическом строении, в его бесконечных зонах подавлял не только человека, но и Бога. Церковное сознание восстало против такого рода гностицизма во имя Бога и во имя человека, оно не соглашалось отдать человека на растерзание космическим силам. Духовное освобождение от власти космических сил стало признаком церковного сознания и церковного опыта. Чтобы ^понять тайну преображения низшего в высшее, нужно освободить человека от подавленности космическим законом. И пока человек не стал духовно на ноги, не укрепился в своей самостоятельности и независимости от природной стихии, не соединил своей духовной природы с Богом, церковное сознание поставило границы для гностического проникновения человека в тайны космической жизни. Гностицизм утверждал гордость пневматиков и самопревозношение их над психиками и плотскими, но он не нашел путей одухотворения души и плоти, преображения их и принятия их внутрь духа.

Последствием церковного агностицизма в умственной истории человечества явилось развитие позитивной науки, естествознания и техники, механизация природы и механическое учение о природе. Христианство освободило в человеке такого рода силы, которые потом восстали против самого христианства. Такова трагическая судьба человека. И сейчас еще люди церковного сознания часто предпочитают позитивную механику и физику, в которой не видят никакой опасности для христианства, гностической космологии; которую считают конкурирующей с христианством. Но связь христианства с механическим пониманием природы не имеет принципиального значения. Ниоткуда не следует, что христианство в принципе не допускает гнозиса, не терпит познания космических тайн. Это совсем не заключено в догматическом сознании Церкви. Климент Александрийский и Ориген были христианскими гностиками. То же можно сказать про Св. Григория Нисского и Св. Максима Исповедника. И христианский гнозис принципиально возможен. Христианство не может допускать возврата к языческому пониманию природы, к демонолатрии, к власти магии над человеческим духом, к растерзанию образа человека стихийными духами природы. Но и для христианского сознания природа – живая, а не мертвая. Сказано: будьте мудры как змии, и кротки как голуби. Этим утверждается змеиная мудрость, гнозис. И эта змеиная мудрость вполне соединима с простотой сердца. Христианство отрицает, что человек может прийти к Богу и Божьим тайнам путем непрерывного и эволюционного мышления, оно признает, что на путях богопознания человек переживает духовную катастрофу, изменяющую его сознание и мышление, переживает опыт веры, в котором обличается мир невидимых вещей. Но после опыта веры открывается возможность знания. Вера не отрицает гнозиса; вера в духовном опыте раскрывает путь для гнозиса. Этот вопрос стоит для нас совсем не так, как он ставится в официально господствующем католическом сознании. Это сознание утверждает, что Бог познается не только через откровение, но и через естественные силы человеческого разума. В этом – основа системы томизма. Это и есть рационализм, не желающий знать антиномичности для разума всякого богопознания. Ватиканский Собор постановил: «Анафему всякому, кто говорит, что Бог единый и истинный, наш Творец и Господь не может быть через сотворенные вещи достоверно познан естественным светом человеческого разума». Это беспокойное постановление, осуждающее фидеизм, осуждающее таких католических мыслителей, как Ж. де Местр, который был иррационалистом, закрепляет в церковном сознании рационалистический натурализм, мышление о Боге в рационально-натуралистических категориях. Так признается обязательной натуральная теология. Православному сознанию такая постановка вопроса чужда, и оно не знает обязательной рациональной доктрины, подобной томизму. Этот рационалистический натурализм есть порождение агностицизма, и он направлен против всякого гнозиса. Бог и тайна божественной жизни совершенно непознаваемы, но в природе, в творении рационально-натуралистическим путем можно получить доказательства бытия Божьего, можно узнать о натуральном богопознании, между верой и знанием, религией и наукой. Этот конкордат между сверхъестественным и естественным порядком не расширяет, а суживает сферу гнозиса, он основан на неверии в возможность просветления разума, в возможность познания духовного, познания в Духе, познания богочеловеческого. Но если возможен христианский гнозис, то он может быть только духовным знанием, знанием мистическим, а не знанием естественно-рациональным. На православном Востоке не происходило такой интенсивной работы мысли, какая происходила на католическом Западе. Православный Восток не выработал четкой и замкнутой в себе доктрины. И вместе с тем Восток гностичнее Запада, более верит в возможность мистического гнозиса, который на Западе нередко представляется еретическим. Восточные учителя Церкви гностичнее западных учителей Церкви. И на духовной почве православия скорее может развиться христианский гнозис, чем на духовной почве католичества. Об этом свидетельствуют русские религиозно-философские течения. Христианский агностицизм, который целиком остается и закрепляется и в католическом рационализме, имел свой смысл и свое оправдание. Но могут наступить в христианстве времена, когда ему пора кончиться, ибо он делается опасным. Этот христианский агностицизм утверждал своеобразный прагматизм незнания. Нужно ограничить восприимчивость человека и возможность познания, чтобы человек не был оглушен космическим громом и ослеплен космическим светом. Мы защищены толстокожестью, нечувствительностью, отсутствием органов для восприятия того, что для нас опасно, для чего мы духовно не созрели. Незнание так же может быть защитой, как и знание. Если бы могли увидеть и узнать в мире то, чего мы не видим и не знаем, то мы бы не выдержали этого, мы были бы растерзаны стихиями мира. Ясновидение опасно, оно могло быть доступно лишь немногим, и оно предполагает большую духовную подготовку. Человек не выдержал бы, если бы видел ауру окружающих людей. Но могут наступить времена, когда незнание станет опаснее знания, толстокожесть опаснее чуткой восприимчивости. Прагматический смысл незнания может потерять свое значение. И тогда вступает в свои права прагматизм знания. Знание нужно, чтобы защищать себя от враждебных сил мира. Нужно не только механическое знание природы, вооружающее нас техникой, но знание внутренней жизни космоса, внутреннего строения мира. Для знания этого человек должен быть духовно укреплен, должен иметь ум Христов, не естественный рациональный ум, о котором говорит Ватиканский Собор, а ум просветленный. Тогда не грозит человеку опасность быть растерзанным космическими стихиями, попасть во власть демонов.

Христианский гнозис есть гнозис, основанный на приобретении ума Христова, на богочеловеческом познании во Христе и через Христа. И мы уповаем, что такое познание возможно. Лжеимянной гнозис можно победить только истинным гнозисом, гнозисом Христовым. Этому поучают нас христианские мистики. Наступают времена, когда нейтральная наука уже будет невозможна, когда наука будет или христианской, или черной магией.

В теософии есть верное задание и есть клочья каких-то древних знаний. Теософия связана с оккультизмом. Оккультизм же не есть только современная мода, он представляет очень древнюю традицию, проходящую через всю историю человеческого духа. В так называемых оккультных науках совсем не все есть лишь шарлатанство. Сфера оккультного существует, существует магия как реальная сила в природном мире. И в человеке и в космосе есть оккультные, скрытые силы, еще не изученные наукой. И современная наука в течение последних десятилетий расширяется в сторону изучения оккультных явлений в человеке и природе. Все более раскрывается сфера подсознательного, которую знали древние люди, но которая закрылась для нового человечества. Наука начинает вводить в сферу своего изучения магические явления, которые долгое время считали пережитками суеверий и продуктом шарлатанства. Дю-Прель, представитель научного оккультизма, уже давно утверждал, что наука должна неизбежно вернуться к своим магическим истинам, что магия и есть неизвестное естествознание[131]. Такие явления, как телепатия, ясновидение, животный магнетизм, сомнамбулизм, материализация и пр., делаются предметами научного изучения. Наука принуждена признать факты, которые она раньше отрицала. Общество психических исследований в Англии давно уже занимается такого рода фактами. И много интересного в этом направлении сделано психиатрами и невропатологами[132]. Официально господствовавшая точка зрения, которая ставила непереходимые границы для знания и заранее определяла, что не может быть дано в опыте, рушится, и изобличается ее догматический и суеверный характер. Мы признаем теперь безграничность опыта и не верим более в запреты рационалистического эмпиризма. Мы искусственно закрыли себя для восприятия целого рода оккультных явлений природы, которые воспринимались в прежние времена, когда сознание не было так подавлено рационалистическими ограничениями. Наука принуждена расширить свои границы до бесконечности и исследовать все явления, как бы ни казались они ей необычайными, оккультными, почти чудесными. Природа мира и природа человека бесконечно богаче силами, чем это представляло себе научное сознание просветительной эпохи. Сфера подсознательного окончательно вошла в сферу научных исследований. И эта сфера представляет бездонный источник. Все творчество человеческое связано с подсознательным. Развитие науки в эту сторону подтверждает многое, что утверждалось в предании наук оккультных. Наука родилась из первобытной магии. Но магия не окончательно растворилась в науке. Она имела и собственную дифференцированную линию развития. Существует не только магия дикарей, но и магия людей цивилизованных. Линия эта была параллельна линии развития науки. Но наступает момент, когда эти параллельные линии встречаются, и опять наука на вершине своей воссоединяется с магией. Мы присутствуем при этом процессе. Популярность оккультических и теософических течений есть лишь его симптом. Оккультизм, как расширение сферы знания о мире и человеке, не противоречит принципиально христианству, так как христианство вообще не противоречит знанию, науке. Оккультизм не более противоположен христианству, чем физика или психология. Но оккультизм принципиально сталкивается с христианством и вызывает со стороны христианского сознания резкую реакцию всякий раз, когда он выступает с религиозными притязаниями подменить собой религию, когда он хочет заменить собой христианство. Оккультизм, как религия, есть антипод христианству, обратная христианству религия. То же следует сказать и про спиритизм, который может быть научным исследованием, а может быть и лжерелигией, как у Алана Кардека. Лжерелигиозный оккультизм встречает со стороны христианского сознания то же возражение, какое встречало учение старых гностиков. Наше богопознание, наша христология и наше понимание призвания человека не могут зависеть от оккультных знаний. Оккультные знания исследуют лишь скрытые силы природы, но они не решают последних вопросов бытия. Опасные стороны оккультизма, переступающего свои пределы, мы видим в теософических созерцаниях космической жизни. Теософия анатомирует человека и космос, разлагает всякую органическую целостность и созерцает трупность мира. Это не есть живое созерцание и живое знание. Жизнь умирает от прикосновения теософов и оккультистов, претендующих познать последние тайны. Они видят клочья бытия, но им не дано увидеть целостных ликов бытия. Теософия претендует на очень широкий синтез, но в действительности она по преимуществу аналитична, анатомична, – она раздирает живые ткани мирового тела и препарирует их. Этому соответствует крайний схематизм теософической доктрины. В этих схемах, которые нужно заучивать наизусть, есть жуткая мертвенность. Теософия дает схематические чертежи трупа мира, в котором все разложено на составные части. Тайны же сложения этих составных частей в живое тело, в целостный организм теософия не знает. Теософия есть не синтез религии, философии и науки, а смешение их, при котором нет ни настоящей религии, ни настоящей философии, ни настоящей науки.

Оккультизм целиком должен быть отнесен к сфере науки, расширяющей свои исследования. Но ни в коем случае от него не может зависеть религия. Истинный христианский гнозис предполагает положительные религиозные основы, он черпает свою силу из откровений духовного мира, он действительно соединяет религию, философию и науку, не делая веру зависимой от ложной науки, от лжеимянного знания. Сознание личности может быть и должно быть расширено. И этому расширенному, разомкнувшемуся сознанию личности будет соответствовать иное понимание природы. Природа перестанет восприниматься статически замкнутой. Но утверждение космичности сознания имеет и свои опасные стороны. Размыкание личности до объема космоса может привести к утере границ личности, к поглощению личности космической бесконечностью. Христианское сознание может допустить лишь такого рода космический гнозис, в котором природа личности останется ясной, незамутненной, нерастворенной в космических стихиях. Проблема гнозиса в христианском сознании обоюдоострая. Нераскрытость, запретность гнозиса в христианском сознании дает преобладание лжеимянному гнозису, порождает теософическое учение, в котором отдельные истины ложно синтезированы. Но ложной теософии нужно противопоставить истинную христианскую теософию.

Оккультизм прав, когда он видит в природе не механизм, а иерархию духов. Прав также оккультизм, когда он отрицает единственность, замкнутость и застылость нашего мирового зона. Не только для сознания позитивистического, но и для сознания официально-церковного мир, творение как бы отождествляется с нашим мировым эоном. Но не существует резких граней, отделяющих наш эон от того, что было до него, что будет после него и что находится вне его. На заре мировой жизни природа не была еще так материализована, так затвердела, как в эволюции нашего мирового дня. Оккультные предания говорят об этой расплавленности мира, и в них скрыты истины, забытые нашим религиозным и научным сознанием. В начале мировой жизни сознание человека было сонным, сновидческим, грезившим. И этому состоянию сознания соответствует отсутствие резких граней между нашим миром и мирами иными. В этом отношении есть элементы истины и в Акаше-хронике. Затверделость материальной природы в наш мировой день не есть последняя истина о природе. И в христианском сознании неизбежен кризис материалистического понимания природы. Ныне страшит человека мертвый механизм. Оккультизм стоит на ложных путях в созерцании живой, одухотворенной природы, но он верно ставит самую проблему. Натурфилософы и теософы эпохи Возрождения более верно подходили к тайнам природы, чем современные люди. Я. Беме понимал жизнь космоса как протекающую в категориях добра и зла, греха и искупления, тьмы и света, т. е. в категориях духовной жизни. На том же пути стоял Парацельс, у которого можно найти много глубокого. И нам многому нужно у них учиться. Теософия и космология Парацельса и Я. Беме бесконечно выше теософии и космологии А. Безант или Р. Штейнера. Космос можно понять лишь как духовный организм. Нужно увидать дух в природе и природу в духе. В субъективном нужно познать объективное, в духовном – материальное, в антропологическом – космическое. Космология всегда была основана на узрении внутреннего тождества между духом и природой, т. е. на понимании природы как явления духа. Учение о Софии в русской религиозной мысли и есть одна из попыток вернуть христианство к космическому сознанию, дать во Христе место космологии и космософии. Софианство имеет симптоматическое значение, как попытка преодоления церковного позитивизма. Это есть одно из выражений христианского платонизма, внедрение в церковное сознание платоновского мира идей, платоновского учения о мировой душе, платоновского реализма, в противоположность номиналистическому вырождению христианства. Ведь нужно признать, что церковное сознание в своих господствующих, официальных формах не верит в реальность космоса, смотрит на мир так же, как смотрит позитивизм, и предпочитает моралистически истолковывать христианство. Космическая природа Церкви совершенно закрыта для этого сознания, видна лишь ее социальная природа. Но софианство принимает формы, в которых проблема космоса грозит окончательно поглотить проблему человека. Свобода и творческая активность человека исчезают в софианском направлении. Центральная религиозная проблема нашей эпохи есть все-таки проблема человека, а не Софии и не космоса. Софиология должна быть связана с проблемой антропологической. И в этом великим учителем может быть Я. Беме. Он больше значения имеет для нашего сознания, чем Платон. Учение о Софии Я. Беме менее пантеистично, чем учение о Софии русских православных софианцев. Повторим вкратце то, что было уже сказано об учении Беме о Софии, и сделаем свои выводы. София есть Дева человека, девственность (Virginitat) человека[133]. София есть вечная девственность, а не вечная женственность. Человек – андрогинен, когда в нем есть его Дева, когда он девствен, целомудрен, целостен. Падение человека-андрогина есть утеря им его Девы. Дева отлетела на небо, на земле же появилась женщина, которая в материнстве искупает свою вину. Женственная стихия вечно соблазняет и притягивает утерявшую целостность мужскую природу, с ней она стремится соединиться, никогда не получая удовлетворения. Человек попадает во власть родовой стихии, подчиняется натуральной необходимости. Утеря Девы есть вместе с тем утеря свободы человека. Целостность, целомудрие есть свобода. Природный, натуральный мир не софиен, не девствен, он женствен, в нем царит не премудрая женственная стихия. Но небесная Дева вновь входит в этот природный мир в образе Девы Марии, и от нее в Духе зачинается род нового Адама, в котором премудрая девственность и святое материнство должны победить дурную женственность. Почитание Софии – Небесной Девы сочетается с почитанием Божьей Матери, Девы Марии. От нее рождается Бог и Человек, в котором впервые в истории природного мира является абсолютная девственность, абсолютная целостность, т. е. андрогинность человеческой природы. Душа мира женственна, а не девственна, душа мира пала, но в душе мира, как и в душе человека, возможно восстановление девственности.

Дева Мария являет девственное начало мировой души. Космософия и есть познание девственности мировой души, т. е. вечной красоты мировой души. София есть Красота. Красота есть Небесная Дева. Просветление и преображение тварного природного мира есть явление Красоты. И когда великое искусство проникает в красоту космоса, за внешним уродством природного мира – оно созерцает девственность, софийность мира, Божью идею о нем. Но софийность мира связана с софийностью, с девственностью человека. Современное русское учение о Софии как будто бы отрицает, что человек есть центр мира, что космос в нем, – это не мужественное учение, подчиняющее мужественный дух женственной души. Но от софийности человека, т. е. освобожденности его от дурной женственности, зависит, будет ли мир софиен или антисофиен. Мы по-новому должны вернуться к космическому чувству и сознанию. Но задача христианского гнозиса – в установлении идеального равновесия между тео-софией, космо-софией и антропо-софией. Мистика, оккультизм и религия сосуществуют в человеческом сознании. Мистика – непосредственное богообщение, созерцание Бога и соединение с Богом, Оккультизм – общение со скрытыми силами космоса и космическое развитие. Религия – организованное отношение человечества к Богу и иерархически-нормативный путь богообщения. Я. Беме более других гностиков соединяет в себе моменты мистический, оккультический и религиозный. Поэтому гнозис его наиболее приближается к истинному христианскому гнозису, несмотря на некоторые уклоны его. Эзотеризм и экзотеризм не исключают друг друга, экзотеризм должен быть понят из глубины эзотеризма.

Теософия есть религиозный синкретизм. Такого рода течения обычно возникают в эпоху религиозных кризисов и исканий. Отрывки древних знаний и оккультных преданий сплетаются с современным сознанием, с современным натурализмом и рационализмом. Наиболее отталкивает претенциозность теософии и антропософии, надмение знанием, которого не имеют, требование особенного отношения к теософическим и антропософическим книгам, не похожего на отношения к другим книгам, вечное утверждение, что непосвященные ничего не могут понять в теософических учениях. Духовная настроенность теософов не христианская, в ней есть ложная возвышенность и ходульность. Теософия соблазняет братством людей и народов, которого не осуществляет. Но такого рода духовные течения предшествуют сильному религиозному свету.

ГЛАВА IX. ДУХОВНОЕ РАЗВИТИЕ И ЭСХАТОЛОГИЧЕСКАЯ ПРОБЛЕМА

Обсуждать проблемы по существу очень мешают разнообразные ассоциации, которые иногда отталкивают нас от самой постановки проблемы. Люди очень мало свободны в своем мышлении, оно искажается эмоциональностью. Так, религиозная мысль отталкивается от самой постановки и беспристрастного обсуждения проблемы развития, потому что развитие ассоциируется с эволюционной теорией и теорией прогресса XIX века. Эволюционизм и прогрессизм заслонили идею творческого развития духа. Внесение принципа развития в религиозную жизнь считается модернизмом, приспособлением к современному безрелигиозному эволюционизму. Вот что необходимо прежде всего установить: можно отрицать эволюционную теорию, но невозможно отрицать самый факт развития в мире. Следует также установить различение между развитием духа и эволюцией природы. Мы справедливо критикуем теорию прогресса и видим в ней лжерелигию, подменяющую религию христианскую[134]. Но следует напомнить о том, что идея прогресса религиозного, христианского происхождения, что она есть лишь секуляризация и искажение христианской мессианской идеи, христианского искания и ожидания Царства Божьего. Идея прогресса есть телеологическая религиозная идея, предполагающая абсолютную цель всемирной истории и абсолютный ее смысл. На почве позитивизма эта идея, в сущности, лишена всякого значения и совершенно противоречива. Для позитивизма допустимо говорить лишь об эволюции, лишенной цели и смысла. Прогресс же предполагает духовные ценности, которые возвышаются над ним и определяют его смысл. Это истина элементарная и давно установленная. Но недостаточно обращают внимание на то, что сама идея прогресса, т. е. движения к абсолютной, верховной цели исторического процесса, стала возможной лишь благодаря христианству, что она никогда не могла бы родиться на почве сознания эллинского. История движется к центральному и абсолютному по своему значению событию – явлению Христа, и она далее движется от Христа к последнему, завершающему событию всемирной истории – ко Второму Пришествию Христа. Этим определяется существование эпох во всемирной истории, духовного прогресса в истории. Так конструируется внутренний, духовный динамизм истории. История мира не есть только внешняя, лишенная смысла эволюция, т. е. перераспределение элементов мира, в котором не обнаруживается никаких абсолютных смыслов и ценностей. В истории мира есть динамика смысла, есть Логос, определяющий внутреннее движение. Христианство мессианично и эсхатологично, т. е. динамично, прогрессивно в глубоком, духовном смысле слова. Христианство есть движение ко всеразрешающему концу. Христианство не эволюционно в современном смысле слова, в нем нет эволюции, определяемой природной необходимостью. Но христианство в высшей степени динамично. Этот динамизм был чужд греческому сознанию. Христианство явилось в мир не как статическая, неподвижная истина, сразу данная в окончательном и готовом виде: оно явилось в мир как динамическая, раскрывающаяся и развивающаяся истина. Не сразу понятно было, кто такой Христос, не сразу раскрылось догматическое учение Церкви, не сразу создалась литургия и оформилась церковная организация. Сама Церковь Христова есть продукт развития, она развилась из первоначальной эсхатологической идеи Царства Божьего. Были ступени, периоды в развитии и раскрытии христианства. Это нужно считать окончательно установленным, и этой истины нет никаких оснований бояться. Абсолютная истина христианства нимало этим не колеблется. И также нет никаких оснований отрицать, что может быть дальнейшее развитие и раскрытие христианства в мире. В христианском откровении заложены огромные потенциальные богатства, и они могут актуализироваться в мире, раскрываться в истории. Каждое слово Евангелия есть лишь семя, лишь начало бесконечного процесса развития. Если христианство в прошлом было в высшей степени динамично, то оно может быть столь же динамично и в будущем. Остановка динамики, развития есть лишь показатель духовного ослабления, окостенения. В Церкви может быть и должно быть догматическое развитие. На этом с большой убедительностью настаивали кардинал Ньюман и Вл. Соловьев. Не все вопросы решены. Христианство не завершилось и не завершится до конца времен. Завершение христианства есть наступление Царства Божьего. Но когда мы ищем Царства Божьего, движемся к нему, мы находимся в состоянии развития, мы не можем быть в состоянии статическом. Существование статического православия и статического католичества есть призрак и самообман, это есть лишь объективация и абсолютизация временных духовных течений и периодов в Церкви, не более.

Когда творческие задачи не ставятся, тогда обозначается духовный упадок, иссякание и угашение духа. Все великие деятели христианского мира были в свое время «модернистами». Это не значит, что они потворствовали духу времени, разуму века сего, но это значит, что они ставили и решали творческие задачи своего возраста христианства. И Св. Фома Аквинат был в свое время «модернистом», как «модернистом» был Св. Афанасий Великий. В христианстве модернизм[135], т. е. соответствие с духовным возрастом, всегда связан с глубиной, а не поверхностью времени, он будущее всегда связывает с прошлым. Самая идея развития или прогресса связана с существованием религиозных эпох, со ступенями откровения. Уже само различение религиозных эпох Ветхого Завета и Нового Завета, язычества и христианства означает признание самого факта духовного развития, есть установление периодов и эпох. Гностическая идея эонов сама по себе очень плодотворна и делает возможным философию истории. Явление Христа разделяет историю мира на два основных периода, два космических зона, из которых каждый может, в свою очередь, иметь подразделения. И самый этот духовный факт, духовный первофеномен мирового процесса означает существование духовного развития, динамического процесса в истории. Статическое понимание мира делает непонятным и невозможным факт явления Христа, который есть факт космогонический. Статическое понимание мировой жизни рождается из статического понимания структуры сознания. Статизм онтологический и метафизический, оправданный и богословием, порожден верой в то, что неподвижное сознание известного периода, известного духовного возраста есть вечное и неизменное сознание. Но от взора такого сознания ускользает самая природа духовной жизни. Ибо духовная жизнь есть движение, динамика, развитие; развитие не во внешнеэволюционном смысле перераспределения элементов извне, а во внутреннем, духовном, творческом смысле. Не существует навеки установленного и неизменного миропорядка, как то представляется статическому, замкнутому сознанию. Бытие есть жизнь и дух. Дух есть огонь, вечно разгорающееся и движущееся пламя жизни. Статическое миропонимание хочет изобразить мир потухшим вулканом. Но миротворение не закончилось. Человек творчески соучаствует в деле Божьего миротворения, и последствия этого мы воспринимаем как развитие. Библейское ветхозаветное сознание видело лишь часть миротворения и по ограниченности сознания принимало его за все миротворение, понимало его как законченное. Эта ветхозаветная космогония передалась и самому христианству, которое с трудом от нее освобождается. Ветхозаветное космогоническое сознание не вмещает тайны свободы, и потому оно не видит творческого развития, оно всегда себе представляет мир законченной системой, неизменным порядком. Но творческое развитие в мире возможно, потому что есть бездонный, уходящий в неизъяснимую глубь источник свободы. Творческое развитие, творческое движение в мире не только возможно, но и неизбежно, потому что человек несет в себе образ Творца, Его свободы и творческой силы. Происходит творческое раскрытие того, что потенциально заложено в глубине свободы, в глубине духа. Развитие предполагает потенцию. Это есть развитие совсем иного порядка, чем развитие, о котором учат Дарвин, Спенсер и Геккель, это не есть натуралистическая эволюция, это есть развитие или раскрытие из духа. Развитие из свободы совсем не то означает, что развитие из необходимости, оно не есть необходимое развитие, оно есть творчество, лишь извне видимое как развитие. Развитие есть лишь внешнее выражение того, что происходит внутри, внутри же происходит творческое, из свободы идущее духовное раскрытие и развертывание. Никакого мирового закона развития или прогресса не существует. Оптимистическое учение о непрерывности мирового развития и мирового прогресса есть совершенно натуралистическое, а не духовное учение, и оно не может быть согласовано с учением о свободе человеческого духа, о свободе творения. В мире действует домирная свобода, действует иррациональная сила и потому в мире развивается и нарастает не только добро, но и зло. Поступательного, прогрессивного, по прямой восходящей линии совершающегося торжества доброго, божественного начала в мире не происходит. Добро есть дело свободы, а не необходимости. Развиваются и прогрессируют отдельные элементы, начала, организмы, но развитие и прогресс не есть необходимый закон жизни всего мира. Преобладавшие в XIX веке теории эволюции и прогресса упрощали проблему развития и истолковывали ее в духе натуралистического оптимизма. Этот натуралистический оптимизм совершенно отрицает связь развития со свободой и творчеством, порывает с реальными источниками развития. Эволюционизм не знает субъекта развития и приходит к отрицанию того, что развивается. Эволюционизм статичен, он проецирует в прошлое иерархические ступени современного природного порядка, вытягивая их в хронологический ряд. Он не понимает тайны генизиса. Дикарь, как и животное, и растение, – наши современники. На заре же мировой жизни все было безмерно таинственнее, все было иным. Возрасты человечества, эпохи человеческого духа в истории не означают непременно прямого духовного улучшения, поступательного осуществления Царства Божьего в мире. Самый переход от мира дохристианского к миру христианскому не есть еще нравственное улучшение, не значит, что люди победили зло и постепенно приблизились к Царству Божьему. Это есть наступление нового духовного возраста человека, раскрытие новых духовных сил, новой борьбы добра со злом, нового добра, но и нового зла. Античные люди были спокойнее, уравновешеннее, покорнее судьбе, чем люди христианского мира. Мера, гармония, красота, пластичность формы греков были утеряны в христианском мире. Многое развилось, раскрылось, а другое закрылось и регрессировало. Некоторые древние знания были утеряны, а наряду с этим развились новые знания, неведомые древним. Многие способности древних людей утеряны как будто бы навеки. Человек новых времен стал менее вынослив, менее мужествен, более боязлив, чем люди прежних эпох. Это есть очень сложный процесс и его никак нельзя понять, как по прямой линии происходящее нарастание положительного и исчезновение отрицательного. Духовное развитие человека и человечества совершается через раскрытие противоречий и противоположностей. Это есть процесс трагический, чего не понимает эволюционизм и прогрессизм. За духовным развитием стоит свобода, и она бесконечно усложняет процесс. Мы видим лишь внешнюю сторону, поверхность развития. Но то, что совершается в глубине духовной жизни, есть сложный творческий процесс, в котором свобода обращена к добру и злу, к Богу и дьяволу. Мы видим эту сложность по процессу развития в новой истории, по судьбе христианства в истории. В глубине происходят изменения, наступают новые времена и эпохи, есть духовное развитие, но нет прогресса в том смысле, в каком это утверждали люди XIX века. Прогресс неизбежно сопровождается и регрессом, развитие сочетается с разложением. Нарастает новая и более утонченная духовность, и вместе с тем духовность идет на убыль, мир материализируется. Но мир, Божье творение есть становление, есть абсолютное становящееся в отличие от абсолютного сущего.

Можно ли говорить о законе развития? В том смысле, в каком это утверждает натуралистический эволюционизм, закона развития не существует. Развитие, как сказано уже, определяется изнутри, а не извне, из духа, а не из природы, из свободы, а не из необходимости. За развитием, как внешней картиной, мы обнаруживаем творческий процесс, а творческий процесс не закономерен, не подзаконен. И все же что-то вроде диалектического закона можно приложить ко всякому развитию. Так раскрывается путь, которым совершается всякий прирост в мире, всякое обогащение в жизни мира. Источником обогащающего развития является жизненный опыт, пережитое и испытанное. Основная истина о тайне развития выражена в афоризме Л. Блуа, который приведен во введении к этой книге. Страдание можно преодолеть, но никогда не преодолеется то, что было пережито страдание. Все испытанное можно преодолеть, но никогда не преодолеется то, что что-то было испытано. Всякий опыт обогащает, хотя бы обогащение было отрицанием этого опыта. И самый опыт зла, когда зло преодолено и изобличено, обогащает и приводит к высшему добру. Опыт сомнения, когда оно преодолено и побеждено, приводит в более высокому качеству веры. Опыт переживания противоречия и раздвоения, когда они преодолеваются и побеждаются, приводит к высшему единству. После опыта революции я не могу уже вернуться к дореволюционному состоянию. Пережив кантовскую философию, я не могу уже вернуться к докантовской философии. После опыта гуманизма я не могу его совсем зачеркнуть. После романтизма нельзя уже вернуться к старому классицизму. Испытав свободу, я ничего уже не могу принять по необходимости. Единство достигается через противоречие. Все завоевывается испытанием. Без опыта нет в жизни движения, движение не может происходить по априорным нормам. Не допускать до опыта, до испытания значит отрицать в мире развитие жизни, значит закреплять статическую неподвижность. Духов нужно испытывать. Мир и человек должны пройти через великие испытания. Таков путь. Великое значение германского идеализма, коренящееся в германской мистике, было в том, что он открыл диалектическое движение духа. Значение опыта противоречия относится к проблематике христианского сознания. Это есть проблема преодоления первоначальной наивности в религиозной жизни, проблема соединения искушенного знания с твердой верой. Признает ли христианство путь испытания, или христианство есть априорная статическая система, охраняющая от пути испытания, от опыта, т. е. от творческого развития? Я знаю, что преобладает в христианстве взгляд статический, страшащийся опыта движения мира и запугивающий его роковыми последствиями, и я мучусь этим. Это мое мучение тоже есть опыт, и от опыта этого что-то должно родиться. В истории христианства безмерно злоупотребили методом охраны малых сих от соблазнов. Творческое развитие отрицали именно во имя охраны малых сих от соблазнов. От соблазнов не охранили, ибо опыт жизни нельзя предотвратить никакими силами мира, жизнь нельзя подморозить, христианство же довели до окостенения и окаменения. И малые сии более всего соблазняются теперь тем, что христианство исключительно статично и враждебно всякому движению жизни. Искусственными заграждениями нельзя предотвратить нового опыта, испытаний жизни, изживаний противоречий, нельзя удержать человека под стеклянным колпаком. Нельзя удержать человека и мир в полусонном состоянии, в бытовой косности. Развитие в мире неизбежно, неотвратимо происходит, потому что пробуждается творческая свобода человека, потому что опыт человеческий усложняется и расширяется, потому что раскрываются противоречия жизни. Мир не есть замкнутая система, на него действует со всех сторон бесконечность. И бесконечность порождает в нем новый опыт, ставит все новые и новые противоречия, которые должны быть преодолеваемы в испытаниях. Бездонная тема бесконечности должна быть просветлена. Человек предназначен к тому, чтобы испытывать бесконечность и осмысливать ее высшим смыслом, вносить свет в истоки тьмы. Развитие определяется существованием изначального ничто. Человек предназначен не для статического пребывания в навеки установленном порядке, а для испытания всех сил, для упражнения свободы.

Какой смысл свободы, если она должна бездействовать и ни в чем не проявлять себя? Свобода ведет к опыту, к испытанию, к изживанию противоречий, т. е. к творчеству и развитию. Отрицание творчества и развития в христианстве всегда связано с отрицанием свободы. Система Св. Фомы Аквината, в сущности, принуждена отрицать свободу как несовершенство, все сводить к необходимости истины и потому принуждена отрицать развитие. Мы проникнем в самую глубину проблемы развития в христианстве как проблемы свободы, если поставим ее со стороны отношения Бога к человеку и миру, т. е. творению. Хочет ли Бог, чтобы человек и все творение испытывали свою свободу, в опыте раскрывали свои силы, или Бог хочет лишь того, чтобы человек и все творение формально повиновались Его воле, исполняли Его закон? С решением этого вопроса связано преодоление рабских форм богосознания и богопочитания, последнего остатка идолопоклонства в мире. Идолопоклонническая религия страха ведет к отрицанию творческого развития, к ужасу перед новым опытом, к созданию заграждений для процессов жизни. Статическая метафизика и статическая мораль в христианстве были экзотеричны и отражали лишь временный опыт, лишь преходящий период в истории христианства. Но человеческая ограниченность делает относительное и временно абсолютным и вечным. Это есть одна из форм человеческого самоутверждения, человеческого довольства своей ограниченностью, человеческой боязни бесконечности духовного мира. Именно творчество и есть трансцензус, выход из человеческой замкнутости и ограниченности. Эзотерична духовная бесконечность, экзотерична конечность, ограниченность, предельность. Экзотерично статическое миросозерцание. Но также экзотерично миросозерцание эволюционное в том смысле, как его утверждает позитивизм, утверждает современная наука. Эволюционизм так же отрицает свободу, отрицает творчество, отрицает новый опыт в глубине бытия, как и миросозерцание статическое. Гегель уловил какую-то истину в своем учении о развитии через противоположности, через примирение противоположностей в высшей стадии развития. Но и в гегелевском саморазвитии духа была замкнутость, была натурализация духовной жизни в ее бездонной таинственности и бесконечности. А натурализация духовной жизни всегда экзотерична, никогда не сокровенна. Истину о развитии мы можем выразить лишь в терминах духовного опыта, духовного пути, а не в категориях метафизики. Метафизики развития нельзя построить, ибо она всегда будет закрывать и ограничивать духовный опыт, который бездонен и бесконечен, сокровенен и не покрывается никакими категориями. И несомненной истиной является лишь то, что никакой опыт, добрый или злой, не пропадает даром, что он всегда входит в последующую стадию развития; что не бывает совсем бесплодно испытание человека, что нет возврата к состояниям, бывшим до испытания; что идти можно лишь вперед, что и реакция в духовной жизни есть новое, а не старое.

Для христианского сознания существует развитие не только индивидуальное, но и историческое, социальное, мировое развитие. Само христианство есть один из этапов — самый центральный — мирового откровения. Весь мир наш есть один из этапов бытия, самой первожизни. Лишь экзотерическому сознанию представляется этот «мир» всем миром, всем Божьим творением. В сознании средневековом, в мире Фомы Аквината и Данте, идея порядка (ordo) закрывала идею развития, творческого процесса. Мир воспринимался как вечный порядок, установленный Богом. В новое время идея развития заменила собой идею порядка, неизменной космической иерархии. Более полная истина заключается в совмещении идеи космической иерархии и развития. Мир есть не только космос, но и космогония. Наш мировой эон есть космогонический процесс. И в самом мире есть зоны антропогонического процесса. Эти зоны или эпохи атропогонии существуют не только в истории мирового религиозного сознания, но и в истории христианства. Явление Христа в мире есть центральный факт антропогонии, раскрытия образа человека. Но раскрытие человеческого самосознания произошло в христианстве не сразу, оно имело свои эпохи. Нет никакого основания утверждать, что этот процесс закончился. Развитие во времени существует уже потому, что полнота невместима во времени, а в вечности, и во времени раскрывается частями. Христианство не до конца актуализировалось, в нем есть огромная потенциальная энергия. Консервативное течение в христианстве не выносит самой идеи существования творческой потенциальной энергии, для него все выявлено, все актуализировано навеки. Этим обедняется христианство. Дорожат как будто бы малым объемом христианства, малыми его возможностями. Задача наша совсем не в том, чтобы приспособить христианство к современному эволюционизму, как то делают некоторые «модернисты», а в том, чтобы раскрыть из глубины христианства самобытный принцип развития, существенно отличный от натуралистического эволюционизма.

Если христианская Церковь есть Богочеловечество, то новый опыт человечества, раскрывавшийся в борениях духа, в противоречиях, в испытаниях человеческой свободы, должен войти в новую христианскую эпоху. Так раскрывает себя человечество. И оно призвано Богом к тому, чтобы свободно себя раскрыть. Но вся трудность и мучительность вопроса в том, *что* в этом опыте от Бога и для Бога и что от дьявола и для дьявола. Тайна свободы в том и заключается, что свобода может обратиться к Богу и против Бога. И новая история в этом отношении необычайно сложна. Творческое развитие духа, свободное раскрытие сил человека нельзя понимать нормативно и законнически, как осуществление извне данной нормы, как покорность предвечно установленному порядку. Это есть свободное соучастие человека в Божьем деле.

В творческом духовном развитии есть то новое, что дает свобода человека Богу, что Бог ждет от человека. Жизнь духа не есть вековечный натуральный порядок, но есть творческий динамический процесс. Духовное развитие возможно, потому что есть свобода. Источник развития – не трансцендентное бытие, как неподвижная норма, а бездна (Ungrund) – которая должна быть просветлена, в которой рождается свет. Интеллектуалистическое понимание природы духа ведет к отрицанию возможности развития. Интеллектуализм склоняется к признанию раз навсегда установленного порядка. Остается лишь понимание развития, как количественной перестановки в материальном мире, как внешней эволюции. Дух признается неспособным к развитию. Но развитие в истинном смысле слова есть развитие духа, есть раскрытие скрытых, сокровенных сил из глубины, а не перестановка во внешнем мире. Эволюционизм не знает свободного творческого субъекта и совсем не признает тайны творчества из свободы духа. В религиозной жизни, конечно, нет эволюции в современном смысле. Христианство не эволюционирует. Нет в религиозной жизни и прогресса, как необходимого благостного процесса, осуществляющего абсолютную норму, верховную цель будущего. Духовное развитие есть динамика, основанная на свободе, а не на необходимости. Для эволюционной теории развитие есть природная необходимость. Для теории прогресса развитие человечества есть моральная необходимость поступательного осуществления нормы, неизбежного приближения к цели. Но это есть одинаково отрицание свободы духа и творчества. Развитие в христианстве не есть необходимый процесс, это есть раскрытие изнутри свободы духа, прорыв духовного мира в мир природный. И в природном мире духовное развитие представляется прорывом трансцендентного начала в наш мир. Развитие не есть имманентное самораскрытие природы. Имманентно в природе происходит лишь перераспределение частей. Развитие есть победа духа над природой, понятая как акт свободы, а не необходимости, понятая изнутри духа, а не из внешней природы. Упование на то, что в христианстве может быть развитие, есть упование, что дух еще более раскроет себя из свободы и обнаружит себя в мире природном, что может быть преодолеваема прикованность христианства к природному миру. Отрицание возможности развития в христианстве есть результат прикрепления духа к природным формам, неведение огненной природы духа. Огненную природу духа лучше других понимали Гераклит и Я. Беме и, конечно, Достоевский. И у них больше правды, чем у Парменида или Фомы Аквината и чем у Гегеля или Спенсера. Но для христианского сознания центральной является не идея прогресса и развития, а идея просветления и преображения.

Духовный мир есть огненный поток, творческая динамика в свободе. Но в мире природном отяжелевает движение духа и принимает формы эволюции. Подлинное творческое движение всегда совершается по вертикали, по линии глубины. По горизонтали же, по поверхности, оно только проецируется, объективируется. И потому источник творческого развития всегда в глубине духа. На поверхности, в линии горизонтальной – движение происходит потому, что передвигаются точки, в которых идет вертикальное движение из глубины. Одно из самых печальных заблуждений эволюционной теории заключается в том, что источник движения, развития всегда видели в факторах, действующих извне. Эволюционизм XIX века никогда не мог дойти до ядра бытия и в нем увидеть энергию, порождающую развитие. Эволюционный метод и заключается в том, чтобы все более и более идти на поверхность, видеть источник жизни не внутри самой жизни, а вне ее, в чем-то совсем на жизнь не похожем. И когда вы нашли источник жизни, источник движения во внешнем, то в этом внешнем тоже не оказывается никакого внутреннего источника жизни и нужно дальше идти вовне, искать внешних толчков, чтобы объяснить развитие. Эволюционная теория занята исключительно горизонтальным движением и ищет источник развития в горизонтальной линии. Она имеет дело с вторичным, а не с первичным, с проецированием, а не с творческой инициативой. Внесение принципа развития в христианство не может быть подчинением христианства внешней эволюции, эволюции по горизонтальной линии мира, определяющейся внешними по отношению к христианскому духу факторами. В этом смысле христианство антиэволюционно. Но принцип развития в христианстве может быть производным от свободной, огненно-динамической, творческой природы духа. Внутри, в глубине всегда происходит творчество из свободы, то же, что нам представляется развитием, происходит лишь вовне, в горизонтальной линии, проецируется на плоскости. Развитие есть категория экзотерическая. На плоскости нашего мира происходит развитие. Но там же мы встречаем и статичность, неподвижность, окостенение. В самом духе, во внутреннем мире нет ничего неподвижного, все в движении, но нет и развития, эволюции во внешнем смысле слова. Там ничто не определяется внешними факторами, все идет из глубины. Внешний процесс развития в христианстве в том смысле, в каком я об этом говорю, означает лишь, что нет разрыва между двумя мирами, вечным и временным, что вечность может прорываться во время и время может входить в вечность. Статичность всегда означает замкнутость мира, закупоренность в себе, навеки установленную границу. Мы говорим: происходит догматическое развитие Церкви. Это значит, что в глубине накопился новый религиозный опыт, что огненная природа духа прорывается вовне, в формы этого мира. Вовне это принимает форму развития. Когда по вертикальной линии, т. е. в измерении глубины, происходит творческое движение духа, накопился новый опыт, тогда неизбежно развитие по горизонтальной линии, по плоскости мира, тогда нельзя уже его задержать. Вырабатывается новое вино духа, и для него нужны новые мехи.

Бывают эпохи, когда в мире происходит как бы перевоплощение. Такова наша эпоха. Тлеют старые одежды человечества, разлагается историческая плоть. Старая плоть не может уже держать в себе души. Мир как бы развоплощается, и трудно предугадать, как он будет вновь воплощаться. Этот процесс развоплощения сопровождается гибелью пластической красоты жизни. Жизнь становится безобразной и часто безобразной, теряет формы. Роковым симптомом является гибель архитектурного стиля. Красота исчезает не только из жизни, но и из искусства. Футуризм громко возвещает смерть красоты в искусстве. Эстетическая восприимчивость обостряется в эпохи раздвоения и развоплощения. Но умирает предмет эстетической восприимчивости. То, что происходит в современной цивилизации, — материализация и механизация жизни, и есть процесс развоплощения, гибель органической исторической плоти. Погибает форма конкретной органической сращенности. Материализация человеческой жизни есть не воплощение, а развоплощение. Машина, техника есть могучее орудие этого развоплощения. Машина отрывает дух от плоти. В машинной цивилизации души людей становятся бесплотными. Машина разрушает пластические формы исторической плоти, она заменяет органическое механическим. Разрушается весь бытовой уклад христианского мира. И многим, прикованным к этому быту и отождествляющим его с бытием, это представляется гибелью христианства, гибелью мира. В действительности же кончается и погибает бытовое, родовое христианство. Потрясаются самые основы родового быта[136], с которым христианство было исторически сращено. Но за внешними потрясениями бытового уклада, который представлялся вечным, скрыты духовные процессы, духовный опыт. Бытовое, родовое христианство разлагается потому, что дух перерос его. Но вечная истина христианства от этого не колеблется нимало. Христианство не может себя навеки связать со старой и преходящей исторической плотью, с родовой стихией и родовым строем жизни. В жизни духа вырабатывается вечно новое вино, и оно проливается бесплодно, когда им наполняют обветшалые мехи. Этот процесс развоплощения и перевоплощения мира мы не можем рассматривать, как его рассматривает теория прогресса, для которой переход к будущему всегда есть благостный процесс. Это – двойственный процесс, в нем действуют злые силы, но достигаются и положительные завоевания духа.

С точки зрения теории развития приходится признать, что машинная цивилизация ведет к регрессу человеческой организации, к ослаблению человека. В прежние времена человек был гораздо более вооружен с точки зрения антропологической, был сильнее, организация его была изощреннее, чем на вершинах цивилизации. Прогресс социальный сопровождается биологически-антропологическим регрессом. Совершенствование переносится с человека на социальную среду. Человек делается совершенно беспомощным и безоружным без технических средств социальной среды. Поэтому развитие должно быть признано двойственным процессом, если смотреть на него с объективной антропологической точки зрения. И вопрос делается очень сложным, если рассматривать каждую отдельную историческую эпоху. Так, процесс новой истории глубоко двойствен по своему смыслу. Развитие и прогресс новой истории сопровождается ослаблением духа, обращением человека к временной земной жизни. Народы стали менее религиозны. Они не способны уже к священному безумию средневековья. Рассудочность разрушала в человеке духовный мир. Жадность к использованию земной жизни, похоть земных благ владеет человеком новой истории. Такова одна сторона процесса новой истории. Но есть и другая. Новая история и происходящий в ней процесс развития есть накопление огромного нового опыта человечества. Усложнилась и развернулась, развилась человеческая душа. Уменьшилась грубость и жестокость прежних веков, пробудилась большая человечность. Новая сострадательность явилась в мир, сострадательность не только к людям, но и к животным. Пробудилась новая, более чуткая и утонченная совесть, которая не мирится с жестокостью, с насилием, с ложью, которая требует любви и свободы. Почему христианство, православное и католическое, не добивалось изменения общественных отношений в христианском духе, в духе христианской любви, почему оно часто так энергично поддерживало строй жизни, основанный на антихристианских началах насилия и жестокосердия, почему христианство в истории так часто бывало с богатыми и сильными мира сего против бедных и слабых? Не христианство виновно в этом, виновны христиане. Жестокосердная, грубая и ограниченная человеческая душа, полная еще полузвериных инстинктов насилия, исказила христианство и наложила на него свою печать. Это искажение христианской истины, эта неспособность вместить в себя полноту небесной истины принимала иногда очень возвышенные формы любовного попечения и заботы о вечном спасении души. Панический страх вечной гибели, не только своей, но и ближнего, определил насилия и жестокости, которыми надеялись купить избавление и спасение. Но за долгий процесс истории изменилась человеческая душа, внутренно смягчилась под тайным, неприметным воздействием христианства, хотя бы внешне и отступала от христианства. Положительное развитие человеческой души есть дело самого христианства. Но гуманистический прогресс не только уменьшал жестокость, освобождал от насилий, утверждал достоинство человеческой личности, но также привел к новым жестокостям и насилиям, к нивелировке индивидуальности, к безличной цивилизации, к безбожию и бездушию, к отрицанию внутреннего человека. Действительно народилась новая душа, требующая большей сострадательности ко всему живому, большей мягкости. Новые чувства развились. Современные, новые христиане с трудом уже мирятся с верой в ад и в вечные адские муки. Постоянное напоминание о вечной гибели и вечных адских муках для средневекового человека имело значение воспитывающее и дисциплинирующее, удерживало' людей в Церкви. Современную душу нельзя уже воспитывать и привлекать к Церкви запугиванием вечной гибелью и вечными адскими муками. Наоборот, педагогически лучше как можно меньше говорить об аде, так как идея вечности адских мук стала препятствием для вхождения в Церковь. Современный человек предпочитает идти в теософию и принять учение о перевоплощении. Но по сравнению с прежними эпохами современная душа стала менее цельной, раздвоенной, познавшей противоположности, маловерной, более слабой и нередко более поверхностной. Христианство стоит ныне перед совсем новыми душами, и это требует изменения способов воздействия на человеческие души. Душа человека к концу новой истории познала все соблазны, все сомнения, она прошла через все испытания, через все противоречия жизни, она спускалась в подполье и объята была тьмой. Христианская же Церковь, и православная и католическая, в своих господствующих течениях по-прежнему, по старым воспоминаниям, по инерции продолжает стоять на охранении своего стада, массы человеческой от соблазнов, от опасного опыта, от душевного усложнения, от умственного развития. Но основная задача, которая стоит сейчас перед христианством, заключается совсем не во внешнем охранении от соблазнов, а в преодолении соблазнов изнутри, совсем не в недопущении людей до испытаний, 204 а в выходе из испытаний, в обретении духовно плодотворных результатов испытаний. Никакими силами нельзя остановить развития, со всеми заключенными в нем противоположностями, нельзя предохранить от развития. Бог сам хочет развития, хочет раскрытия всех возможностей, хочет испытаний человеческой свободы, расширения и углубления опыта. Христианская Церковь вечна, но она должна считаться с фактом развития в мире, с изменениями человеческой души, с возникновением нового сознания. Если возможно в мире христианское возрождение, то оно начнется не с охранения старых душ от соблазнов и испытаний, а с возвращения к христианству новых душ, прошедших через соблазны и испытания. Христианское возрождение принесет с собой блудный сын, вернувшийся к Отцу. Мы стоим совсем не перед опасностью ухода от христианства и неизбежности ограждения от соблазнов. Мир давно уже ушел от христианства и соблазнился всеми возможными соблазнами. Мы стоим перед жаждой преодоления соблазнов и возвращения к христианству. Охранять от соблазнов, не допускать до испытаний есть величайший анахронизм. Мир уже не христианский, народы уже не христианские народы, христианство уже внешне не господствует в мире. Нужно видеть мир таким, каков он есть, нужно признать совершившийся факт. Это первая наша обязанность. Наша эпоха совсем не есть охранительная эпоха. Смешон страх перед свободой выражения соблазнительных идей, когда соблазнительные идеи давно стали господствующими в мире. Ныне господство, а значит, и охранение в мире будет принадлежать не христианству, а враждебному христианству атеизму, социализму, механической цивилизации. Господствующее церковное сознание как будто бы еще не поняло, что произошло с миром, отстало на несколько столетий. Христианская апологетика в методах своих так отстала, что она может быть лишь вредна, может лишь мешать возврату к христианству. Христианское возрождение может быть связано лишь с чувством творческой молодости, а не охранительной старости. Новую душу уже трудно чем-либо испугать, – она прошла через предельные соблазны человекобожества, через религию гуманизма, через марксизм, через ницшеанство, социализм и анархизм, через эстетизм и оккультизм. Для нее приход к Богу, к христианству есть не охранение, а духовная революция. Из глубинной и бездонной свободы приходит душа к Богу, к Христу. Это движение современной души гениально показал Достоевский. Вся великая русская литература говорит об искании Бога свободной душой, пораженной соблазнами и изобличающей их. Духовное развитие нельзя остановить, через него нужно пройти. Душа человеческая стала иной после всего испытанного, после трагического изживания темы гуманизма, с новыми запросами и муками. Старый стиль христианства уже не соответствует строю современной души. Но вечной истины христианства эта душа ищет. Не в силу внешнего, горизонтального движения, а в силу внутреннего, вертикального движения по-иному определяются отношения между Богом и человеком. Отношение к злу меняется, оно делается более духовным и внутренним, менее внешним и законническим. Нельзя уже верить в то, что зло может быть предотвращено или побеждено внешним, насильственным путем. Положительная духовная сила должна предотвратить зло, не допустить изнутри до ложного пути, пути зла. И мы должны иметь волю к тому, чтобы эта духовная сила была в нас максимальной. Но если творческой духовной силы нет, то путь испытаний зла и его последствий неизбежен и имеет провиденциальное значение. В этом 205 смысл всех революций. Революции нельзя противоположить внешнего насильственного охранения, это есть всегда бессильное и обреченное на гибель отношение к жизни. Революции можно противоположить лишь положительную творческую духовную силу, реформирующую и преображающую жизнь. Если этой силы не оказалось, то революция решается Промыслом Божьим. Также и в личной жизни человека. И в ней неизбежна победа соблазнов, революции, если нет положительной творческой духовной жизни. Человека нельзя внешне, принудительно оградить от «мира'» и его соблазнов. Он погружен в «мир» и его соблазны и должен изнутри, в свободе их преодолеть. Каждый из нас разделяет судьбу мира и человечества. Никого нельзя поставить под стеклянный колпак. Все стеклянные колпаки уже разбиты, все перегородки сметены. Человек ввергнут в мир, в судьбу человечества, должен принять на себя ответственность за всех, должен работать в мире для преображения мира. И благодать Божья действует внутри свободы человека, изнутри ее преображает. § С проблемой духовного развития связана проблема эсхатологии, проблема конечной судьбы человеческой души и мира. Новая христианская душа не может нравственно примириться с старой эсхатологией. Очень трудно принять метафизику, по которой вечная судьба души решается окончательно ее временной жизнью от рождения до смерти. При таком понимании наша краткая земная жизнь оказывается ловушкой и достоинство вечности определяется ничтожно малым опытом времени. В христианстве нашей эпохи не может уже в такой мере определять всю жизнь ужас адских мук, в какой определял ее в религиозном сознании средневековья. Это есть один из результатов пережитого духовного процесса. И для нашего сознания это прежде всего не догматический вопрос, а вопрос нравственно-духовный. Вопрос совсем не в том, что мы опять хотим, подобно Оригену и Св. Григорию Нисскому, построить теорию апокатастазиса[137]. Все переносится из сферы богословско-метафизической, разрешающей последние тайны человеческой судьбы при помощи рациональных категорий (Ориген пытался дать рациональную эсхатологию), в сферу нашей духовной направленности, нашей нравственной воли. Мы должны стремиться не только к личному спасению, но и к всеобщему спасению и преображению. Вопрос о том, будут ли все спасены и как наступит Царство Божье, есть последняя тайна, неразрешимая рационально, но мы должны всеми силами нашего духа стремиться к тому, чтобы все были спасены. Спасаться мы должны вместе, миром, соборно, а не в одиночку. И это очень соответствует духу православия, особенно русского. Н. Федоров в своем учении о воскресении и об условности апокалиптических пророчеств гениально выразил истину о направленности нашей воли к всеобщему спасению. Это есть великий нравственный прогресс, преодоление трансцендентного религиозного эгоизма. Воля к всеобщему спасению есть проявление любви. Мы не строим онтологию всеобщего спасения, в которой всеобщее спасение оказывается необходимым. Мы сознаем, что величайшие трудности тут связаны с проблемой свободы. Идея ада имеет свое обоснование не в Божьем суде и каре, не в идее справедливости, как то было у Фомы Аквината, а в человеческой свободе. Бог не может насильственно спасти человека и насильственно вогнать его в рай, Бог не хочет насилия над человеческой свободой. Человек может свободно предпочесть мучения вне Бога блаженству в Боге, он имеет как бы право на ад. Такова психология ада. Ад есть невозможность любить Бога вследствие направления человеческой свободы, отвращение от Бога и отделенность от Него, замкнутость в себе. Идея вечных адских мук родилась из того опыта, в силу которого всякая адская мука, которую мы переживаем еще в этой жизни, представляется нам вечной. Мука же невечная не была бы адской мукой. Адскость и есть бесконечность, неведение конца. Это есть вечность мучения, заключенная в мгновении, а не в длительности. Трансцендентная онтология рая и ада есть лишь объективирование в категориях природного мира духовного опыта и духовного пути, это есть учение натуралистическое. Учение об адских муках есть порождение той варварской и жестокой эпохи, которая на земле видела справедливость в утверждении казней, пыток и жестоких наказаний. В идее ада и рая есть представление о духовной жизни, как о натуралистических сферах. Ад Данте весь еще проникнут дохристианскими, языческо-натуралистическими элементами. Но эсхатология должна быть освобождена от натурализма и выражена в терминах духовной жизни. Духовную же жизнь мы понимаем творчески-динамически. Отсюда и совсем иное понимание задач осуществления Царства Божьего, Правды Христовой. Царство Божье не есть натуралистическое бытие, равно как и ад не есть натуралистическое бытие. Царство Божье есть жизнь духа. И ад есть лишь духовный опыт, духовный путь. Ад есть неразрешенность духовного пути, безвыходность, которая представляется вечной, бесконечной, ад есть трагедия человеческой свободы. Если экзотерично и рационалистично разрешение эсхатологической проблемы, которое дает традиционное богословие, то и точка зрения бесконечного развития, бесконечной эволюции не менее рационалистична и экзотерична. Она разжижает нашу жизнь и делает ее духовно ненапряженной. Нет ничего мучительнее эсхатологической проблемы в религиозной жизни и религиозной мысли. Три эсхатологических кошмара грезятся человеку: кошмар религиозный – вечные адские муки; кошмар оккультически-теософический – бесконечная эволюция, перевоплощение через бесконечные миры; кошмар мистический – исчезновение человеческой личности в Божестве. И неизвестно, какой кошмар легче. Иногда кажется, что человек готов согласиться на ад, чтобы этой дорогой ценой отказаться от кошмара бесконечных эволюций или от кошмара окончательного растворения в Божестве. В религиозной идее зла было глубокое утверждение личного бытия. Это есть основная антиномия и апория, к которой приводит эсхатологическая проблема. Если мы до конца утверждаем личность и свободу, то мы приходим к возможности ада. Легко преодолеть идею ада, но этим также снимается личность и свобода. С другой стороны, наша личность и наша свобода не мирятся с вечными адскими муками, наше нравственное сознание протестует против адских мук хотя бы для одного человеческого существа. Я еще могу допустить возможность адских мук для себя и нередко переживаю их предвкушение. Но с трудом могу допустить их для других. Возможно еще допустить адские муки с точки зрения человека, но невозможно их допустить с точки зрения Бога. Уже Ориген думал, что Христос не примирится с гибелью хотя бы одного существа, что крестная мука его продлится до спасения всех[138]. И это очень глубоко. Другая апория заключается в следующем. Перед личностью должна быть раскрыта возможность бесконечного развития, вечного творческого обнаружения своей природы. Но бесконечность развития, отсутствие конца и исхода, воспринимается личностью как кошмар, как невозможность достигнуть Царства Божьего. Эта апория указывает на неразрешимость эсхатологической проблемы рационалистически-натуралистическим путем. Она разрешима в Царстве Божьем, которое нельзя мыслить натуралистически. Проблема происхождения, судьбы, и конца души не имеет еще в христианстве окончательного догматического разрешения. Таинственна не только конечная судьба души, но и ее происхождение, ее истоки. Традиционно-богословский взгляд, что душа человеческая творится Богом в момент физического зачатия, так жалок, что на нем не стоит серьезно останавливаться. Вечная истина есть в орфическом учении о душе, которое выражено Платоном. Необходимо допустить предшествование душ в духовном мире, извечность души в духовном мире. Душа человеческая не есть дитя времени, она есть дитя вечности. Но несовместимо с христианским сознанием учение о перевоплощении на земле. Оно дробит личность и вносит натуралистическое понимание в духовную жизнь. Тут мы встречаемся с границами возможного внесения в христианство принципа развития. Когда принцип развития пытается разрешить тайну происхождения и конечной судьбы человеческой души, он переходит в натурализм и враждебен христианству. Отрицание же духовного развития есть отрицание того, что человек должен совершенствоваться, должен достигать совершенства, подобного совершенству Отца Небесного, отрицание искания и осуществления Царства Божьего. Но границей принципа развития является тайна, охраняющая божественную жизнь. Проблема эсхатологическая упирается в различие, которое должно быть установлено между бесконечностью и вечностью. Бесконечность перевоплощений и бесконечность адских мук остаются в природном мире, вечность же принадлежит миру духовному, бытию божественному. И не может быть злой, дьявольской, адской вечности наряду с вечностью божественной[139].

ГЛАВА X. ЦЕРКОВЬ И МИР

Есть ли Церковь онтологическая реальность? Катехизисы ничего не дают для понимания природы Церкви. Онтология Церкви совсем еще почти не раскрыта. Это – задача будущего. Бытие Церкви не было еще настолько выявлено и актуализировано, чтобы сделать возможным построение онтологии Церкви. Да и возможно ли определение природы Церкви? Церковь извне нельзя вполне увидеть и понять, нельзя вполне рационально определить, сделать проницаемой для понятия. Нужно жить в Церкви. Она постижима лишь в опыте. Она не дана нам с принудительностью, как внешняя реальность. И то, что внешне улавливается как Церковь, то не есть она в своей сокровенной природе. Церковь не есть храм, построенный из камня, не есть духовенство, иерархия, не есть общество верующих или приход, состоящий из людей, не есть учреждение, регулируемое правовыми нормами, хотя все это привходит в бытие Церкви. Церковь не имеет внешних признаков и границ, которые выражали бы ее внутреннюю природу и отличали бы ее от всего остального бытия. Церковь имеет и физическую, и психическую, и социальную стороны, но через эти стороны действительности нельзя определить ее природу. Церковь не есть видимая вещь, она не принадлежит к миру видимых вещей, она не есть эмпирическая действительность в том смысле, в каком есть эмпирическая действительность: камни, растения и животные. Церковь есть невидимая вещь, она принадлежит к миру невидимых вещей, обличаемых верою, она сокровенная духовная реальность. Правда, Церковь существует для всех, как внешняя эмпирическая реальность, к ней определяют свое отношение, с ней борются, как с реальностью, враги Церкви, в Церковь не верящие. Но совсем в другом смысле признают они Церковь реальностью, чем те, которые в

Церковь верят и в ней живут. Но извне, но принудительно, чувственно видны лишь камни, лишь ритуал, лишь учреждение, лишь люди, облеченные в церковный чин. Но подлинная, бытийственная реальность Церкви сокровенна, мистически пребывает за гранями внешних камней Церкви, иерархии, обрядов, соборов и пр[140]. Природа церкви – духовная. Церковь принадлежит миру духовному, а не миру природному. Но это не значит, конечно, что Церковь не воплощается, не делается видимой в мире природно-историческом, что она остается невидимой, как того хотят протестанты. Церковь постигается мной в опыте, опыт же церковный начинается, когда я преодолеваю узость, замкнутость моего душевного мира, когда я вхожу в единство великого духовного мира, преодолеваю разрыв и разделение, побеждаю время и пространство. Духовный мир и духовный опыт сверхиндивидуальны и сверхпсихичны и потенциально церковны. Духовная жизнь метафизически социальна, а не индивидуалистична. И Церковь имеет духовно-социальную природу. Она социальна не во внешнем, а во внутреннем смысле этого слова. Церковный опыт соборен. Соборность есть онтологическое качество Церкви. В церковном опыте я не один, я со всеми братьями по духу, повсюду и во все времена жившими. Я сам очень узок и мало знаю, опыт мой не имеет широты и не объемлет полноты и многообразия бытия, и многих определяющих духовных встреч я сам по себе не имел. Вот я написал книгу, но в книге этой я уловил отдельные лишь лучи света, увидал лишь отдельные стороны истины. Но я могу выйти из себя, метафизически перейти пределы самого себя, могу приобщиться к опыту родных мне по духу, к опыту сверхличному. В опыте религиозно-церковном, во встрече с Христом, человек не одинок, не предоставлен своей узости, он со всеми теми, которые когда-либо этот опыт имели, со всем христианским миром, с апостолами, со святыми, с братьями во Христе, с умершими и живущими. К Церкви принадлежат не только поколения живущих. К ней также реально принадлежат и все умершие поколения – все они живы в Церкви, со всеми ими есть реальное общение. Это есть существенный признак Церкви. В Церкви, в соборном духе происходит биение единого сердца. В Церкви происходит единое узнавание Христа, встреча всех с одним и тем же Христом и получение от того же Христа единой и единящей силы. Христос в нас, и мы во Христе. Мы составляем единый род Христов, новый духовный род человеческий, род Нового Адама. И этот новый род Христов обладает умом Христовым, умом иного качества, чем наш ограниченный, душевный человеческий ум. И через ум Христов мы узнаем то, что не могли бы узнать своим умом. В Церкви, в человеке, живущем в Церкви, происходит изменение природы, природа становится духовнее, человек входит в иной порядок бытия. В Церкви, в новом духовном роде человеческом действует не только ум Христов, но и Христова любовь, и Христова свобода, неведомые миру природному, роду ветхого Адама. Церковь есть порядок любви и свободы, единство любви и свободы. В природном мире свобода и любовь разъединены, свобода не хочет знать единства, она утверждает себя в отъединении, единение же и единство принимают форму принуждения и насилия. Порядок же бытия церковного, его духовный мир не знает принуждения и насилия, не знает свободы, восставшей против единства, против любви. Церковь, выявляясь и воплощаясь в мире природном и историческом, может принимать формы, свойственные этому миру, может заимствовать от него начало принудительное и насилующее. Но не такова ее внутренняя природа, не такова ее сокровенная сущность. Церковь есть мистическое тело Христово. Принадлежать к Церкви – значит быть членом тела Христова, быть клеткой этого мистического тела, быть органом этого мистического организма. Принадлежа к мистическому телу Христову, мы получаем ум Христов, любовь Христову, свободу Христову, которых не имеем и не знаем в природном мире, в душевной нашей замкнутости. Жизнь Церкви основана на священном предании, на преемстве. Через предание входим мы в единый духовный мир, в жизнь нового духовного рода. Предание и есть сверхличный, соборный опыт, творческая духовная жизнь, переходящая от поколения к поколению, соединяющая живых и умерших, побеждающая смерть. В мире царит смерть. В Церкви же нет смерти. Предание есть воскрешающая память, победа над смертью и тлением, утверждение вечной жизни. Предание Церкви не есть внешний авторитет, не есть что-то нам навязанное. Предание есть изнутри идущее, реальное, бытийственное преодоление разрыва времени, уловление вечности в смертоносном потоке времени, соединение прошлого, настоящего и будущего в единой вечности. Жизнь в предании Церкви есть жизнь в вечности, есть восприятие и узнавание реальностей изнутри, а не извне. Прошлое узнается не извне, не через внешние отрывки сохранившихся памятников, подлежащих разлагающей исторической критике, а изнутри, через священную память, через внутренние встречи, через соборную духовную жизнь, побеждающую все разрывы, все внеположности. Предание не есть авторитет, предание есть творческая жизнь духа. Авторитет есть категория, приложимая лишь к миру природному, миру разрыва и вражды. Авторитет ничего не значит в мире духовном или значит лишь из свободы идущее смирение и послушание. Авторитарное предание есть лишь перевод с языка духовного мира на язык мира природно-исторического, приспособление к ветхому роду.

Церковь не есть одна из реальностей, существующих наряду с другими, не есть «что-то» в историческом и мировом целом, раздельная предметная реальность. Церковь есть все, вся полнота бытия, полнота жизни мира и человечества, но в состоянии охристовления, облагодатствования. Церковь имеет космическую природу и забвение этой космической природы есть признак упадка церковного сознания. Понимание Церкви, как лечебного заведения, в которое души поступают на излечение, есть недостойное понимание. Отрицают космическую природу Церкви те, которые видят в Церкви лишь учреждение. Но они-то и должны быть признаны упадочниками. В Церкви растет трава и цветут цветы. *Церковь есть охристовленный космос.* В космос вошел Христос, был распят и воскрес. И все изменилось в космосе, он стал новым. Весь космос проходит свой путь распятия и воскресения. Охристовленный космос, в котором побеждается хаос, есть красота. Потому и Церковь может быть определена, как красота, подлинно бытийственная красота. И всякое достижение красоты в мире есть в глубоком смысле оцерковление. Красота есть цель мировой жизни, есть обожение мира. Красота спасет мир (Достоевский). Достижение красоты и означает спасение мира. Интегральное понимание Церкви есть понимание ее как охристовленного космоса как красоты. И лишь дифференциальное понимание превращает ее в учреждение. Но Церковь до осуществления Царства Божьего имеет и раздельное существование. Церковь должна возвышаться над непросветленными стихиями мира и не может с ними смешиваться. Церковь есть прежде всего Церковь невидимая, внутренняя, мистическая. Она принадлежит духовному, а не природному порядку. В этом своем качестве Церковь еще потенциальна, непроявлена. Мистически Церковь лишь частично выявлена, актуализирована. Философия Аристотеля и Св. Фомы Аквината понимает отношение между потенцией и актом так, что потенция есть всегда несовершенство, материя, не подлинное бытие, акт же есть подлинное и совершенное бытие. В Боге нет потенции, Бог есть чистый акт. Отсюда католически-томистское сознание должно признать подлинным и совершенным бытием Церкви ее актуализированность и выявленность, историческую воплощенность. Мистической Церкви как бы не существует. Она оказывается потенцией, т. е. несовершенством, материей, полубытием. Аристотель очень благоприятен для абсолютизации исторических воплощений, для закрепощения бесконечного конечному. Но возможно другое понимание потенциальности. Оно раскрывается в германской мистике и германской философии, у Я. Беме, у Шеллинга. Потенциальность есть глубина бытия, сокровенная таинственная его основа, в потенциальности всегда более, а не менее, чем в актуализированном и выявленном. При таком понимании в Боге есть потенция, Бог не есть чистый акт. И в Церкви есть потенция. Церковь потенциальная, невыявленная, не актуализированная есть безмерно больше, чем ее актуализированная и выявленная часть. Подлинная основа Церкви мистична, погружена в бездонность и бесконечность. Историческая Церковь не покрывает собой всей полноты бытия Церкви, Церкви мистической и потенциальной. Только при таком понимании потенции раскрывается бездонность и бесконечность бытия, преодолеваются давящие границы конечного. Христианство было прорывом за грани конечного, открытием бесконечного и бездонного. В христианском сознании материя жизни преобладает над формой жизни. Этим существенно отличается христианство от эллинства. Схоластика была попыткой наложить эллинскую форму на христианскую материю жизни, т. е. ограничить бесконечную потенциальность жизни, бесконечное творчество, признать подлинным бытием лишь то, что стало актом, в чем материя окончательно подчинилась форме. На Востоке христианство никогда не пережило такого возрождения. Аристотеля, такого господства эллинской формы. Традиции платонизма, которая была исконной на Востоке, открываются иные перспективы. Но и на Востоке и в православии церковное сознание слишком подавлено ограничениями актуализирующей формы и боится потенциальности. На Востоке был инертный консерватизм. Понимание отношений между потенцией и актом, иное чем аристотелевски-томистское, нимало не ведет к отрицанию необходимости актуализации, выявления, воплощения, – оно только расширяет сферу возможных актуализаций и отрицает исчерпанность бытия сферой актуализированного. Церковь не только мистична и потенциальна. Она также есть Церковь видимая, воплощенная, выявленная. Церковь так же исторически воплощается, как воплощается Христос. Но историской видимостью и воплощенностью не исчерпывается внутреннее бытие Церкви. Церковь видима в видимой жизни Христа, она видима в жизни святых, в таинствах, в иерархии, в церковных общинах, в соборах и пр. Актуализация, оформление, выявление есть положительная прибыль, обогащение, завоевание. Но это не означает закрытия бесконечности и бездонности, отрицания того, что в сокровенном заключено более, чем в раскрытом и выявленном, что в эзотерическом больше, чем в экзотерическом. Путь Беме был недостаточно ортодоксален, и учение его было замутнено, но он во всяком случае был более христианин, чем Аристотель. Античный, эллинский мир боялся бесконечности и всегда защищался от нее. В мире христианском раскрылась бесконечность, материя жизни. Беме весь в этой бесконечности, развернувшейся после христианского откровения. В церковном сознании борются два начала – эллинское, античное, аристотелевское начало ограничивающей формы, исчерпанной и завершенной актуализации, и собственно христианское, мистическое начало бесконечности, потенциальности жизни, подлежащей все новым и новым творческим актуализациям. Нужно помнить, что сама актуализация и воплощение Церкви в истории зависит от реакций человеческой природы, от границ человеческого сознания, подвижного и динамического, от духовной направленности человека. Видимая Церковь есть лишь частичная актуализация Церкви невидимой, лишь частичное, неполное оформление материи церковной жизни человечества и мира. Церковь не является и не раскрывается во всей полноте своего бытия, своих возможностей. Полная актуализация, воплощение й раскрытие Церкви есть преображение космоса, явление нового мира, достижение Царства Божьего. Во внутреннем заключены большие богатства, чем во внешнем. У католиков есть учение о различии между душой и телом Церкви. Душа Церкви шире, вместительнее тела Церкви. К душе Церкви принадлежат все те, у кого воля направлена к Богу и божественному, хотя бы сознание их не было церковным и даже христианским и они не принимали участия в видимой, воплощенной жизни Церкви. К телу Церкви принадлежат те, которые участвуют в таинствах Церкви, соподчинены ее иерархии. Это учение о душе Церкви есть корректив к католической концепции Церкви, обрекающей большую часть человечества на гибель. Но учение о душе Церкви должно довести до сознания той истины, что круг Церкви потенциальной, не выявленной, шире и богаче круга Церкви актуализированной и выявленной. Есть две точки зрения: или абсолютное и бесконечное проникает в относительное и конечное и освящает его, создает замкнутый сакральный круг, или конечное и относительное стремится к абсолютному и бесконечному и создает творческое движение. Первая точка зрения исключительно консервативно-сакраментальна, вторая же – творчески-профетическая. Полнота христианства заключает в себе обе точки зрения.

Воплощение есть символизация. Видимая Церковь есть символизация невидимой Церкви. Земная иерархия есть символизация небесной иерархии. Но символ всегда говорит о пребывающей за ним бесконечности. Оформленная и актуализированная, воплощенная в истории Церковь не есть вся бездонная глубина и полнота Церкви, дальше и глубже пребывает бесконечность. Бесконечное нельзя совершенно заключить в конечное. Этим сознанием отличается реализм символический от реализма наивного. Церковь есть тело Христово. Тело Христово обнимает всю бесконечность космической жизни, оно есть космическое тело. Таинства и догматы Церкви являются видимым выражением таинственной жизни космического тела Христова. Но догматы, как мы видели уже, лишь символические формулы истин духовного опыта, наиреальнейших встреч человека с Богом, с Христом. Но таинства – лишь видимые центральные точки теургических событий, совершающихся в жизни космической. Христос, Сын Божий, вечно распинается в космосе, и вечно приносится евхаристическая жертва. Церковь подводит к тайнам божественной жизни, но тайна эта остается непроницаемой для церковного рационализма и церковного юридизма. Церковь – двусторонняя по своей природе, ее нельзя понимать монофизитски. Церковь имеет не только божественную, но и космическую основу, она имеет не только сигнатуру Божества, но и сигнатуру мира. Церковь есть Бого-мир, Бого-человечество. Церковь не есть только Бог. И в космической, мирной основе Церкви должна быть достигнутая в космической жизни, в мире чистота, беспорочность, целомудрие.

Если бы не было в жизни мира этого достижения чистоты и целомудрия, то невозможно было бы Богорождение и Боговоплощение, явление в мир Сына Божьего. Не было бы той силы, которая принимает в себя Бога и вводит Его в мир. Богоявление не может быть внешним насилием над миром, мир сам должен раскрыться Богу. Мир шел к рождению и воплощению Сына Божьего, и он должен был создать чистую и целомудренную природу, которая примет в себя Бога. Дева Мария, Богородица, и есть та чистая и целомудренная природа в мире, та его естественная обоженность, которая и является космической основой Церкви. Церковь покоится не только на Христе, на Божьей благодати, но и на Деве Марии, на Богоматери, на душе космоса, достигшей чистоты и целомудрия, рождающей в Духе, а не в грешной природе. В Деве Марии мир и человечество достигают свободной обоженности не через особый акт благодати, изымающей из первородного греха, как учит католический догмат о непорочном зачатии, а через свободную премудрость самой твари. Бог мог бы актом всемогущей воли всех сделать целомудренными. Но Он хочет свободного достижения целомудрия, достижения целостности человеческой природы, и абсолютно достигнуто было это целомудрие лишь в Деве Марии. В Деве Марии мир и человечество ответили на зов Божий. Церковь имеет единую и вселенскую природу не только в божественной своей природе, но и в природе космически-человеческой. Дева Мария есть космическая женственная душа человечества[141].

Вселенская Церковь не вполне актуализирована, не вполне выявлена в Церкви видимой, в Церкви исторической. Иначе необъяснимо было бы разделение Церквей и вероисповеданий. Вселенская Церковь пребывает за всеми разделениями. Актуализация, оформление, выявление Церкви в истории, с одной стороны, есть процесс обогащения, исполнение всемирно-исторической роли христианства. Но с другой стороны, это есть и процесс умаления, неизбежного приспособления к среднему уровню народных масс. В Церкви огромную роль играла икономия. Для народного коллектива создавались все исторические тела, и все они носят сигнатуру серединности, общепригодности. Религия в мире есть создание народного коллектива и религиозных учителей, пророков. Поэтому в религиозной жизни возможно различение слоев народных и слоев духовно-аристократических. Видимая Церковь должна существовать не для избранного только меньшинства, а для всего человечества и всего мира. Это определяет все отрицательные стороны Церкви в истории, всю мучительность ее судьбы, всю отталкивающую соблазнительность ее истории. Церковь должна нисходить в низины мировой жизни, она не может оставаться на высотах, как хотят гностики, монтанисты и сектанты разных толков. Человеческий мир, в котором должна действовать Церковь, поражен языческим натурализмом, раздором и ограниченностью. И вселенская истина Церкви, действующая в мире и в человечестве, преломляется в языческом партикуляризме и в ограниченности природного мира и человечества. Великая историческая аберрация была в том, что собственную ограниченность человек слишком часто принимал за теофанию, за абсолютную святыню в исторической плоти. Церковь есть онтологическая реальность, духовный организм, реальное существо. В этом реальном существе, пребывающем не только на земле, но и на небе, не только во времени, но и в вечности, сращены две природы – Бог и мир, Бог и человечество. И потому Церковь, как реальное существо и организм, разделяет судьбу мира и человечества, болеет и развивается. Церковь есть благодатный порядок любви и свободы, но действует она в мире природном, в мире розни и принуждения. Этим определяется ее историческая судьба. Церковь принадлежит духовному порядку, но она внедрена в природный порядок и призвана его преображать. Таинства Церкви являются прообразами преображения всего мира. Лишь через таинства, через литургию, через евхаристию приобщается народный коллектив к глубине духовной жизни. Таинства совершаются в глубине космической жизни. Там совершается жертва Христа. Она совершается в каждом явлении жизни.

Но видимы таинства и сосредоточены они в точках таинодействия Церкви. И в этих точках они открываются для всех, для всего человечества. Всенародная религия – литургически-символична. Я не могу входить в Церковь на условиях, соглашаться войти лишь в Церковь небесную, или в Церковь, осуществившую совершенство на земле. Я не могу принять Церковь извне. Я могу принять ее лишь изнутри. И тогда не может быть договорных условий между мной и Церковью. Я хочу творческого развития, я не могу примиряться с застоем, с бездвижностью, с окостенением. Но это не может быть предметом моих внешних договоров с Церковью. Нужно принять Церковь внутренне и мистически. И тогда я увижу, что в Церкви возможно творческое развитие, что только в ней оно и возможно. Только интегральное понимание Церкви, как охристовленного космоса, как Церкви небесной и вечной, а не только Церкви исторического времени, освобождает от внешней подавленности Церковью, от внешней ее критики. Войти в Церковь – значит войти в вечный божественный миропорядок. Но войти в этот миропорядок не значит порвать с землей и историей, не значит уйти от мира, а значит участвовать в их преображении. Церковь – динамична, она есть творческий процесс. Остановка творческого процесса есть человеческая слабость и грех. В Церкви есть не только Петрово начало, но и начало Иоанново и Павлово. В Церкви никогда не умирает сокровенная Иоаннова традиция. В ней всегда живет не только временно-историческое, но и вечное Евангелие. Христос учил о наступлении Царства Божьего и призвал искать его прежде всего, он непосредственно не создавал в готовом виде исторической Церкви, земной ее организации[142]. Первохристианская община жила в эсхатологической атмосфере, в ожидании Второго Пришествия, наступления Царства Божьего. Церковная организация в историческом смысле слова ей не была нужна. Обоснование Церкви для земной жизни стало необходимо, когда осознано было, что предстоит еще долгий исторический путь, что время для пришествия Царства Божьего еще не наступило. Тогда понадобилась выработка органов для длительной исторической жизни. Непосредственные харизматические дары ослабели, и были выработаны каноны, по которым в непрерывающемся преемстве протекает апостольская благодать священства. Вместо Царства Божьего образовалась на земле Церковь. Но земная Церковь не должна быть отождествляема и смешиваема с Царством Божьим, она есть лишь путь. Идея Царства Божьего остается идеей эсхатологической, а не исторической. Царство Божье связано с Церковью неведомой, небесной, мистической.

Христос был явлением Богочеловека, совершенного Бога и совершенного человека, двух природ, соединяющихся в одном лице. Этим определяется Христианство как религия Богочеловечества, религия не монистическая. И в Церкви соединяются в один организм, в одну личность две природы – Божество и человечество. Церковь есть организм богочеловеческий, а не только божественный, есть богочеловеческий процесс. В Церкви действует не только Божья благодать, но и человеческая свобода, и человеческая активность. Без самого человека для Бога невозможно спасение человека и преображение мира. Монофизитское понимание Церкви отрицает взаимодействие Божества и человечества. Это монофизитское понимание более всего мешает раскрытию общения людей в любви как положительного содержания христианской, церковной жизни. Монофизитское понимание Церкви ведет к подавлению человеческого начала началом ангельским, т. е. к исключительному господству духовной иерархии, исключительному преобладанию священства в жизни Церкви. Клерикализм, иерократизм есть монофизитство в церковном сознании, принижение значения человечества в церковной жизни. В церковной жизни должна господствовать иерархия священства, т. е. ангельский, а не человеческий чин. На этой почве человеческое творчество оказывается невозможно в Церковной жизни, оно удаляется за ограду Церкви. Фактически человеческая активность и человеческое творчество были в жизни Церкви, и подавить его окончательно не было никакой возможности, но оно прикрывалось формами господства священнической иерархии. Папизм был напряженной антропологической активностью, но он никогда не хотел утверждать себя как человеческое начало. Монофизитское, одностороннее понимание Церкви опровергается уже тем, что в христианстве Бог открывается через Сына – Богочеловека, т. е. самое откровение предполагает человеческую активность, человеческую свободу, явленную в человеческой природе Христа. Христианская Церковь имеет богочеловеческий, а не только божественный исток. Церковь не существует без человечества, без человеческой природы, и человечество в Церкви есть не только объект воздействия Божьей благодати, но и субъект, активный, свободный, творческий субъект, отвечающий на Божий призыв. В Церкви есть постоянно движение не только от Бога к человечеству, но и от человечества к Богу. Этим определяется динамика церковной жизни, ее историчность. Церковь должна иметь незыблемую, божественную основу, и с этой основой связано священство. На изменчивой человеческой природе нельзя основать Церкви. Но Церковь должна быть и творческим, динамическим процессом. И это предполагает человеческую основу в Церкви, действие человечества в ней. Опыт познания, опыт нравственный, вся полнота опыта жизни возможна лишь в том случае, если разделяются судьбы человечества и мира. Церковь не есть априорное начало, предстоящее человечеству и миру, Церковь есть опыт. Если Церковь есть жизнь Богочеловечества, то она есть опыт, изживание судьбы мира и человечества, трагедии жизни. Что в Церкви живет и действует не только Божество, но и человечество – это истина элементарная и несомненная, которую признают все церковные люди, богословы всех христианских вероисповеданий. Но последовательные и радикальные выводы, которые отсюда вытекают, для многих исчезают и покажутся проблематическими.

Движение от человека к Богу, раскрытие человеческой свободы и человеческого творчества в Церкви принимает формы, которые, видимо, не введены в ограду Церкви. Многие творческие процессы жизни принадлежат лишь Церкви невидимой, лишь душе Церкви. Богочеловечество живет сложной жизнью. И не все стороны богочеловеческого процесса осознаны как церковные, как пребывающие в Церкви. Сознание Церкви остается по преимуществу дифференциальным, а не интегральным. Лишь «сакральная» сторона христианства официально признается церковной, «профетическая» же его сторона остается как бы вне видимой Церкви. Большая часть нашей жизни оказывается совершенно выпавшей из Церкви, и мы влачим дуалистическое, разорванное существование, переходя от одного, ритма к другому, из Церкви в мир и из мира в Церковь. Вся наша творческая жизнь остается в мире, а не в Церкви. В Церкви ли мы познаем, творим произведения искусства и созерцаем красоту космоса, совершаем нравственные оценки, делаем открытия и изобретения, в Церкви ли раскрывается и дает свой цвет романтическая любовь, достигается подлинная свобода, осуществляется справедливость и подлинное братство? Мы должны думать, что все подлинно бытийственное пребывает в Церкви. В Церкви все, что есть бытие, вся полнота бытия, и вне Церкви лишь небытие. Все подлинное творчество человека входит в Церковь, понятую в интегральном, космическом смысле. Проблема эта связана с тем, призван ли человек только к спасению или также и к творчеству. Для спасения души не нужен весь творческий процесс жизни. Не для спасения, а для Царства Божьего, для преображения мира нужно раскрытие творческой свободы человека. Так трудно осознать границы Царства, потому что доктрина о Церкви, в сущности, не раскрыта еще в христианстве. Раскрытие природы Церкви предполагает раскрытие религиозной антропологии, религиозного учения о человеке. Трудна проблема еще потому, что человеческое творчество, человеческая активность есть смешение бытия с небытием. И вся задача заключается в том, чтобы разделить в богочеловеческом процессе то, что от бытия, и то, что от небытия. В этой смешанности вся трудность церковного признания творческого человеческого процесса. Но смешение это порождено свободой человека.

Раскрытие жизни Богочеловечества в Церкви связано с христианским учением о Новом Адаме, о новом духовном человеке, о новом духовном роде человеческом, идущем от Христа. В господствующих формах церковного сознания признается лишь ветхий Адам, лишь натуральный род человеческий. Как будто бы оставалось не до конца осознанным, что во Христе и через Христа человек уже новая тварь и в нем раскрывается новая свобода и новая сила. После Христа первородный грех не имеет уже абсолютной власти над человеком, человек и космос принадлежат не только природному, натуральному порядку, разрыв между естественным и сверхъестественным преодолен. В природном мире, в человеке может раскрыться духовная жизнь, духовное творчество. И эта раскрывающаяся духовная жизнь, духовное творчество принадлежит богочеловеческой жизни Церкви. Все процессы жизни протекают в Церкви. В Церкви цветет красота космической жизни. В Церкви творил Шекспир, Гете, Пушкин, в Церкви человек осознал свою первородную свободу, в Церкви достиг вершины гнозиса Я. Беме, в Церкви пережил трагедию распятого Диониса Ницше, в Церкви расцветало человеческое творчество, когда оно было от бытия и для бытия. В Христе человек получил не только божественную, но и человеческую силу, стал вполне и до конца человеком, духовным существом, новым и вечным Адамом. Человек раскрывается лишь в Богочеловечестве, т. е. в Церкви. Но это может остаться неосознанным. Гете мог не сознавать, что все подлинно бытийственное в его творчестве протекает внутри Церкви и есть проявление жизни Церкви. Понимание христианства исключительно как религии личного спасения сдавливает и суживает церковное сознание, заслоняет жизнь Богочеловечества и творческий богочеловеческий процесс мира. В сущности, понимание христианства как религии личного спасения противоречит самой идее Церкви. Церковь лишается всякого онтологического и космического смысла. Это есть чистейший номинализм, отрицание онтологической реальности Церкви, человечества, Богочеловечества, космоса. Лишь понимание христианства как религии просветления и преображения всего мира и человечества благоприятно интегральному церковному сознанию, осознанию церковности творческой жизни человечества. И проблема наша совсем не в том, можно ли церковно допустить и оправдать творческую жизнь человечества, а в том, есть ли творческая жизнь человечества жизнь самой Церкви, но не осознанная еще вследствие умаленности церковного сознания. Новая история создала небывалый дуализм Церкви и мира, сакрального и профанного, религии и жизни, она разорвала старую органическую сращенность христианства с жизнью рода, с бытом. Это положение непереносимо для религиозного сознания, для религиозной совести. Жизнь обезбожена, жизнь остается неоправданной и неосвященной. Религия загнана в уголок души. Но этот болезненный процесс раскрывает новые возможности. Христианство отрывается от языческого быта, от ветхого, натурального рода, и этот мучительный процесс помогает одухотворению христианства, нарождению новой духовности в мире. В Церкви видимой и осознанной действует человеческая природа, действует старая греховная природа человека и нередко искажает и принижает христианство. Но не были до конца сделаны все выводы их христологического догмата. Все, что было тленного, дурного в исторической жизни Церкви, связано с непросветленной, неохристовленной человеческой природой. И в исторической жизни Церкви, как и в жизни мира, господствует большинство над меньшинством, т. е. менее одухотворенная часть человечества над более одухотворенной частью человечества. И это дурное влияние активности человека в жизни Церкви было великим препятствием для осознания богочеловеческой природы Церкви, для внутреннего освящения в ней творческого богочеловеческого процесса.

Св. Фома Аквинат думал, что человек принадлежит к низшей иерархии духов. Человеческий интеллект – самый низший род интеллекта. Для человека недоступно чисто интеллектуальное познание, ему нужен чувственный опыт для познания. Ангельское познание есть чисто интеллектуальное познание. Выше человека стоит ангельская иерархия. При такой точке зрения человек не занимает центрального положения в космической иерархии. И непонятно, почему Христос был Богочеловеком, а не Бого-ангелом. В метафизике христианства ставится беспокойный вопрос об отношении между ангельской и человеческой иерархией. Должно ли начало человеческое быть подчинено началу ангельскому как высшему? С ответом на этот вопрос связаны исторические судьбы человечества. Клерикально-иерократическое учение о Церкви, государстве, социальной и культурной жизни человечества и есть учение о преобладании и господстве ангельского начала над человеческим, ангельской иерархии над человеческой иерархией. Иерократизм в своей крайней и предельной форме сталкивается с идеей Богочеловечества и подменяет Богочеловечество Бого-ангельством. Иерократизм католической церкви противоречит центральному и верховному положению человека в иерархии бытия, раскрывшемуся в явлении Богочеловека, он мешает раскрытию жизни Церкви, как жизни Богочеловечества. Папоцезаризм, как и цезарепапизм, есть господство ангельского начала над человеческим. Эта система была бы истинной, если бы Христос был Бого-ангелом, а не Богочеловеком. Но Богочеловечество Христа противоречит иерократически-авторитарной системе и отвергает ее как соблазн. В этом отношении восточный цезарепапизм стоит в одной линии с западным папоцезаризмом. Император, как священный церковный чин, получивший особые харизмы на властвование, не есть человеческий чин, он есть чин ангельский. Человек в нем также не имеет значения, как и в священнике. Харизмы даются не человеку, они лишь символизируются в человеческом мире, даются же они ангельскому чину. Папа и император – ангельские, а не человеческие чины, медиумы, власть их не человеческая, в ней видят теофанию. Человек в них есть случайное и мешающее явление. Таким образом, активность приписывается ангельскому, медиумическому началу, человек же должен оставаться пассивным. Но в действительности иерархия, устанавливаемая Христом Богочеловеком, обратная. В центре бытия становится человек, а не ангел, и человек поднимается до недр Св. Троицы. Христос – абсолютный, небесный Человек, и Он не может быть подчинен ангельской иерархии. Ангельское начало – пассивное, передаточное, медиумическое, человеческое же начало активное, творческое. Ангельская иерархия священства нужна для жизни Церкви именно потому, что она пассивна, медиумична и не зависит от свободной активности, свойственной началу человеческому. Поэтому совершение таинств зависит от иерархии священства. Через посредство пассивной ангельской иерархии человек воспринимает действие благодатной Божьей энергии. Но это значение ангельской, священнической иерархии не может быть распространено на активную творческую жизнь человека в обществе и культуре. В собственном, строгом смысле слова ангельским чином именуется чин монашеский как предельное угашение человеческой природы. Но это проливает свет на природу иерархического начала. В духовно-религиозной жизни происходит подмена реализма символизмом. Ложный иерократизм, порождающий папоцезаризм и цезарепапизм, всегда есть символизм, а не реализм. В этом иерократическом символизме не обнаруживается реальная высота человеческого духа. Не святости – которая есть реальное достижение человеческого совершенства, приписывается господствующая и главенствующая роль в человеческой жизни, а священству – которое в человечестве лишь символизует небесную иерархию, ангельский чин. Так и император как священный чин, как «внешний епископ» Церкви не есть великий человек, могущественный человек, вождь, значение которого определяется человеческими качествами, а лишь символическое отображение не человеческой, ангельской иерархии. В истории эти явления порождены сращенностью Церкви с государством, смешением Царства Божьего с царством кесаря, внесением в христианство ложного, христианству чуждого монархического начала, которое восходит к язычеству, к первобытному тотемизму. Уклоны папоцезаризма и цезарепапизма представляют ложное решение антропологического вопроса, неверное учение о человеке, отрицание царственного значения человека и его активного, творческого призвания, подмену человеческого ангельским. Омертвение и вырождение христианства связано с этим исключительным господством иерократизма, с символизмом, мешающим торжеству реализма. Господство иерократизма связано еще с тем, что христианство было воспринято и развивалось в стихии рода, преломилось как религия родовая. Родовой характер христианства лучше всего сохраняется иерократическим началом, символизмом ангельской иерархии. Но стихия рода переживает метафизический кризис, она потрясена в своих основах. Христианство не может быть более родовой религией. Вера делается не наследственной, родовой, а личной. Христианство перестает быть народной религией в старом смысле слова, оно делается по преимуществу религией интеллигенции повсюду в мире. Это меняет характер христианства и колеблет иерократическое, символическое сознание. Последняя эсхатологическая идея христианства, последнее упование христианского мира есть всеобщее царственное священство, а не иерократия, не папская или императорская теократия, не монархия, – религиозное преображение человечества и мира, а не символическое отображение мира небесного. К всеобщему царству свободы, к религиозному преображению человечество идет иерархическим путем, оно подвергается воздействию Божьей силы и получает благодатные дары через иерархию священства. Но идет оно к реальному, а не символическому царству, к человеческой, а не ангельской иерархии. Всеобщее царственное священство, о котором говорит Апостол Петр, говорит Св. Макарий Египетский[143], есть иерархическое царство, но царство человеческой, а не ангельской иерархии. Но менее всего это значит, что принцип иерархический, принцип ангельской иерархии, не имеет своей великой миссии в истории. Ему безмерно многим обязано человечество, и без него оно не вышло бы из хаоса и духовного варварства.

Церковь по природе своей едина и одна, она такая же единичная и неповторимая реальность, как и личность, имеющая имя собственное. Церковь сознает себя вселенской Церковью. Вселенскость есть конститутивный признак Церкви. Церковь не может определить себя по географическим и этнографическим признакам, она не национальная, не восточная и не западная. Но сама вселенскость может быть разно понимаема. Можно понимать вселенскость в смысле распространенности по поверхности земли, в смысле количественном и требовать для нее внешнего организованного единства. Это есть горизонтальное понимание вселенскости. Им особенно дорожит католичество. Но возможно иное понимание вселенскости, которое более свойственно православию. Вселенскость есть качество, а не количество, это есть измерение глубины. Вселенская Церковь не требует внешнего единства, организации, распространенной по всему миру. Вселенскость может быть во внутреннем измерении всякой епархии. Вертикальное понимание вселенскости лучше может утверждать единство и вселенскость Церкви, несмотря на внешнее разделение. В человеческой стихии, в природном мире христианство не только индивидуализируется, что хорошо, но и находится в состоянии распада и разделения, что есть грех и зло. Церковь разделилась не в своей онтологической, всегда вселенской природе и не в божественной своей истине, а в человечестве, которое не в силах было вместить небесной полноты христианства и жило отдельными сторонами и частями истины. Разделение произошло в царстве кесаря. Царство Божье может быть лишь едино. Вражда вероисповеданий, вражда православной и католической церкви, вражда католичества и протестантизма есть вражда в царстве кесаря, в человечестве, погруженном в этот природный мир. В духовном мире эта вражда и разделение невозможны. Но духовный мир ущемлен и умален в этом природном мире. В этом видимом мире нет внешнего единства Церкви. Вселенскость Церкви, не вполне актуализирована, не вполне выявлена вовне. Не только разделение Церквей и существование инославных христианских вероисповеданий свидетельствуют об этой недостаточной выявленности и актуализированности вселенской Церкви, о ее скрытости и потенциальности, но и факт существования нехристианских вероисповеданий в мире, факт существования мира внерелигиозного и антихристианского. Внешне выраженная, выявленная, вполне актуализированная вселенскость Церкви была бы охристовлением всего человечества и космоса. В действительности это охристовление совершалось лишь частично. Вселенскость Церкви остается еще как бы незримой, зримо же лишь разделение. Лишь выдавая часть за целое, лишь отождествляя часть с целым, можно утвердить видимое единство вселенской Церкви. Но скрытость, невидимость вселенского единства Церкви не означает отрицания той истины церковного сознания, что и в видимом, в зримом действует вселенское церковное начало. Единства нет не в Церкви, а в царстве мира сего. «Божье» и «кесарево» перемешалось в исторических судьбах. Церковное разделение произошло на почве «кесаревых» начал, и церковного единения тоже ищут на почве «кесаревых» начал. Но плоть и кровь разделяет, соединяет лишь дух. До сих пор все проекты соединения Церквей были «кесаревыми» проектами и потому религиозно бессильными и вредными. Не в этой сфере произойдет соединение, оно произойдет лишь в духе и через действие Духа Святого.

Восточный и западный тип христианства определились не различиями догматическими и церковно-организационными, а разнокачественностью структуры духовного опыта. Различие же духовного опыта определялось различием человеческих стихий, которые воспринимали и преломили в себе христианство. Духовный опыт глубже и первичнее догматов. Церковная организация определяется духовной направленностью в жизни народов. Первично-жизненные, а не доктринальные и не организационные различия определили пути Востока и Запада. Восток и Запад – два жизненных духовных пути христианского мира. И существование этих двух путей предопределено в Божьем замысле о мировой истории. Духовно-жизненные, духовно-опытные различия Востока и Запада определились задолго до разделения Церквей. И это различие совсем не делало обязательным разделение Церквей. Различные типы христианства могли существовать в Единой Вселенской Церкви. Восточная патристика всегда очень отличалась от западной. В ней сильна была традиция платонизма, она была мистичнее, ее интересы были более онтологические и умозрительные. Догматы Церкви выработаны были главным образом восточными учителями Церкви. На Востоке были и все гностики и еретики, свидетельствующие о напряженном интересе к религиозному гнозису и к вопросам догматики и религиозной метафизики. На Западе не мог бы появиться Ориген или Св. Григорий Нисский. Там сильнее были традиции стоицизма и римского юридизма. На Западе интересовались главным образом вопросами церковной организации и в центре стоял вопрос о свободе и благодати, об искуплении и т. п. Если не считать гениального Бл. Августина, западная патристика не выдвинула ни одного крупного мыслителя. Там были лишь замечательные писатели, как Тертуллиан и Бл. Иероним. В типе восточного христианства всегда в центре стоял вопрос о преображении человеческой природы и природы мира, о Θεωσις'е. С этим связана большая космичность православия и большая устремленность ко Второму Пришествию Христа, к Воскресению. Восточные учителя Церкви, Климент Александрийский, Ориген, Св. Григорий Нисский, Св. Григорий Назианзин и др., сами по себе не выработали бы понимания христианства, как религии исключительно личного спасения, и не пришли бы к учению о спасении и блаженстве избранников в раю и вечной гибели всех остальных в аду. Это идея по преимуществу западная, а не восточная. Восточная мысль связана не столько с оправданием и спасением от гибели, сколько с преображением и обожением. Отсюда учение восточных учителей церкви об апокатастазисе. На Западе, в католичестве, а потом и в протестантизме, в центре всегда стоит вопрос об оправдании, о спасении добрыми делами или верой, о различных степенях участия свободы или благодати в деле спасения. Отсюда приобретает такое значение вопрос о критерии, об авторитете. Это есть юридический вопрос, вопрос социально-организационный. Вот этот юридический, социально-организационный вопрос никогда не интересовал особенно восточную религиозную мысль. Критерий и авторитет нужны для непреображенной природы, для природы отпавшей от Бога и противоположной Богу. Естественное остается отделенным от сверхъестественного, не преображенным, не охристовленным, дисциплинируемым извне. В действительности же естественного, как особой сферы бытия, не существует. Естественное есть лишь состояние греха, отпадение от Бога. Подлинное бытие человека и мира вкоренено в Боге. Так и мыслит Восток, в этом более правый, чем Запад. Западу свойствен бурный динамизм без предположения о преображении природы, об обожении. Западный человек хочет оправдания, а не обожения, т. е. как будто бы не ищет охристовления человеческого рода, охристовления космоса. Благодать как будто бы дает оправдание, но не дает преображения. Вот почему католичество всегда было более законническим, чем православие[144].

Есть различие в понимании благодати между православными и католиками. В православии благодать есть дар Духа Святого. В католичестве действие благодати слишком ограничено действием законной организации Церкви. В католичестве учение о Духе Святом почти отождествляется с учением о благодати. Природа Духа Святого как самостоятельной Ипостаси Св. Троицы почти не раскрыта. Православное сознание повсюду видит действие Духа Святого. Православие в глубине своей есть по преимуществу религия Духа Святого. Православию чужда идея жертвы и выкупа, столь сильная в католичестве. Отсюда и иное понимание действия Духа Святого. Действие Духа Святого есть преображение человеческой природы, просветление, рождение новой твари, а не примирение с Богом, не оправдание человека перед Богом. В сущности, благодать не может оправдать человека, потому что благодать есть даровое действие Божьей энергии на человеческую природу. Это действие может изменить человеческую природу, но не оправдать ее. Да и нужно ли Богу оправдание человека? Это есть измышление судебно-юридического человеческого мышления, ограниченного, невмещающего божественную истину христианства. Школьное богословие и в православии заражено идеей оправдания, хотя и в меньшей степени, чем в католичестве. Богословская доктрина думает, что человек спасается через Христа, примиряется с Богом через жертву Христа. Но на большей глубине открывается, что *человек спасается не через Христа, а во Христе*, в новом духовном роде, от Христа идущем, в новой духовной природе и новой духовной жизни. Христос есть прежде всего откровение новой духовной жизни, Царства Божьего. Оправдание же и спасение – подчиненные моменты духовного пути. Это легче понять на почве сознания православного, чем сознания католического. Запад более разделяет Божество и человечество, чем Восток, и вместе с тем более утверждает и выражает активность разделенного человечества. Отсюда необычайная и своеобразная активность антропологического начала в папизме. Отсюда и активность гуманизма, окончательно отделившего человечество от Бога. Это своеобразное несторианство[145]. Легко критиковать догматическую систему папизма, но обычно забывают, что папизм есть творимый западным христианским человечеством в истории миф. И миф этот стал могущественной силой исторического процесса, не отрицательной только, но и положительной.

Восточные христиане по структуре своего духа – платоники. Западные христиане – аристотелевцы. И это не есть различие доктрин и теорий, это – различие жизненное, опытное. Естественный порядок по аристотелевски-томистской концепции не пронизан божественными энергиями, он живет по своему закону и лишь подвергается церковно-организованному воздействию благодати извне. Мы не раз уже говорили, что весь путь Запада, не только католичества, но и всей западной культуры и общественности, основан на аристотелевском понимании отношения между формой и материей, потенцией и актом. Значение материк жизни и потенции бытия принижается. Материя (в греческом смысле) и потенция есть в значительной степени небытие. Подлинное бытие есть лишь материя, подчиненная форме. Совершенная жизнь есть акт. Потенциальная жизнь есть несовершенство. Отсюда актуализированность, оформленность, выявленность, организованность католичества и всей западной культуры. На Востоке же в православии, в России не все духовные силы актуализированы, выявлены, оформлены, многое остается потенциальным, скрытым, внутренним. И мы не считаем этого несовершенством и небытием. Восток склонен даже думать, что внутреннее, сокровенное, невыявленное есть в большей степени бытие, чем выявленное, актуализированное. Это есть огромное различие. Духовный путь Востока никак не вмещается в категории аристотелизма. Восток платонистичен. Для религиозного сознания Востока естественное вкоренено в сверхъестественное. Божья энергия пронизывает мир и обоживает его. Эмпирический мир вкоренен в мир идей, идейный же мир заложен в Боге. Поэтому существует небесный космос, небесное человечество, небесная Церковь, мир умных сущностей, мир идей, соединяющий Творца и творение, Бога и мир. Воинствующий характер католичества есть воинствование конечной формы, выявленного акта, есть организация бытия через подчинение материи форме, через актуализацию потенции. Жизнь человечества рассматривается как материя, подлежащая оформлению. Католическая Церковь в лице иерархии своей сознает себя началом формы, ей должна подчиняться материя жизни, хаос жизни. Все потенциальные силы жизни должны быть актуализированы, тогда только начинается подлинная жизнь, подлинное бытие. Задача жизни и есть это непрерывное оформление, актуализация. Запад понимает жизнь как акт, как выявление. Отсюда значение организации в католичестве, значение организации в западной культуре. Организация есть торжество формы, есть актуализация потенциальных сил. Иерархия понимается как войско, Церковь понимается как крепость. И душа человеческая должна устраиваться как крепость. Это войско и эта крепость должны охранять от хаоса материи, должны подчинять жизнь форме. Таков дух латинского католичества. Запад очень богат и многообразен, но преобладает этот дух. Православие не воинственно, не актуализировано. Оно более верит во внутренние, неорганизованные и невыявленные духовные силы. Преобладание начала формы и акта над материей и потенцией, как полубытием и полунебытием, есть античный пафос. Греки боялись бесконечного, как материи, как хаоса. Бесконечного боится и мир католический, и вся западная культура. Отсюда и понимание Царства Божьего как жизни Церкви в ее земной исторической судьбе. Царство Божье оформляется, организуется, актуализируется в жизни Церкви. Историческое сознание подавляет сознание эсхатологическое. Царство Божье не ищется и не ожидается как чудесное преображение мира в конце времен. В православии же более сохраняется эсхатологическое чувство Царства Божьего. Церковь не есть еще Царство Божье. Царство Божье чудесно придет в конце времен, оно связано со Вторым Пришествием Христовым. Потому-то в центре православия лежит вера в Воскресение и праздник Пасхи, ожидание преображения мира. Католическая Церковь не столько ждет пришествия Христа в силе и славе, сколько утверждает силу и славу Христа в Церкви без преображения мира.

И православие и католичество утверждают онтологическую реальность Бога, онтологическую реальность космоса, онтологическую реальность человека, онтологическую реальность Церкви. Когда православное и католическое сознание выговаривает словосочетание «вера в Бога», то ударение делается не на слове «вера», а на слове «Бог». Бог первичнее и реальнее моей веры в него. Церковь есть онтологическая реальность, а не общество верующих людей. Этот реализм и объективизм в католичестве начал вырождаться во внешний формализм и авторитаризм, подменяющий живой онтологизм. Протестантизм был восстанием субъективного мира человека против внешне навязанного и принуждающего авторитета. Центр тяжести религиозной жизни был перенесен в веру, во внутреннее отношение человека к Богу. В этом была своя несомненная правда. Но протестантизм не возвысился над противоположением субъекта и объекта, а оторвал субъект от объекта. Поэтому последствием протестантизма было разложение онтологических реальностей, торжество номинализма и индивидуализма. Религиозная энергия секуляризировалась и направлялась на творчество культуры. Культурные последствия реформации были очень значительны, религиозные же последствия непропорционально малы, несоответственно религиозной энергии и религиозной гениальности Лютера. В религиозной жизни начались процессы разложения. В либеральном протестантизме христианская религия искажается, превращается в профессорскую религию, в науку о религии. Протестантизм праведно восстал против авторитарности и гетерномности в религии, в нем была правда свободы духа, свободы совести. Но это была правда на одно мгновение. Дальше протестантизм пошел ложным путем разрыва с Церковью и преданием, отразительный протест возобладал над творческой реформой. Но, в сущности, нужно сказать, что индивидуализм свойствен не только протестантизму, но и всему западному христианству. Идея индивидуального спасения души, как и идея предопределения немногих к спасению, есть небесный, метафизический индивидуализм. Этому индивидуализму противостоит идея соборности, коллективности в самих путях спасения. В Церкви мы спасаемся миром, хором, со всеми нашими братьями. Мы стремимся ко всеобщему спасению, к спасению, т. е. преображению, всего космоса. Дух соборности в православии гораздо более выражен, чем в католичестве, хотя и не в казенной церковности. Православие решительно антииндивидуалистично. Этого не понимают католики. Но космическая соборность в православии не нашла себе надлежащего выражения в школьном богословии и в православной аскетической письменности. Она получила выражение лишь в русской религиозной мысли XIX века, у Хомякова, у Достоевского, у Бухарева, у Вл. Соловьева, у Н. Федорова.

Наша религиозная воля не может не быть направлена на воссоединение церквей, на преодоление греховной розни христианского человечества. Значит ли это, что мы должны стремиться выйти из состояния конфессионализма и перейти в состояние интерконфессионализма. Интерконфессионализм есть абстракция, он так же лишен всякого бытия, как и интернационализм. «Интер» ничего не значит, под этим не скрывается никакой сферы бытия. Интерконфессионализм может быть назван и междубытийственностью. Интерконфессиональная настроенность лишена творческой религиозной энергии. Лишь через пребывание в своем конфессиональном типе, через его углубление и расширение можно идти к подлинной вселенскости, к сверхконфессионализму. Это значит, что двигаться можно только в глубину и в высоту, а не вбок, в сторону, не по поверхности. Поэтому и мучительная проблема соединения церквей должна ставиться не внешне и не в плоскостном измерении, а внутренно, в измерении глубины. Церкви никогда не будут соединены путем уний, договоров церковных правительств, взаимных уступок и соглашений. Быть может, для подлинного соединения церквей не следует даже задаваться целью соединять церкви. Точка зрения Вл. Соловьева устарела, и он, в сущности, никогда не вживался в духовный мир католичества. Попытки соединения всегда вели лишь к усилению раздора и разногласия. Соединить Церкви может лишь Дух Святой. Событие это может быть лишь чудесным и благодатным, оно недостижимо одними усилиями людей. И менее всего способны соединить церкви церковные правительства, которые всегда и были источником разделения. Есть другой путь, которым и должен идти христианский мир. Это есть путь внутреннего духовного единения христиан всех вероисповеданий, обращение друг к другу в любви, внутреннего узнания друг друга, вживания в духовный мир других вероисповеданий. Лишь внутренний путь духовного единения, а не внешнийу путь единения церковно-организационного и догматического ведет к воссоединению христианского мира. Нужно стремиться прежде всего к изменению взаимных отношений между православными, католиками и протестантами, а не между церквами. Отсюда новая ткань вселенского христианства начнет образовываться. За раздельными христианскими вероисповеданиями существует единая вселенская Церковь. Это можно сознавать в глубине, оставаясь верным своему вероисповеданию. Границы вселенской Церкви не совпадают с видимыми границами исторических церквей разных конфессий. Душа Церкви едина, и в ней пребывают не только те, которые пребывают в разных телах Церкви, но и те, которые видимо находятся вне Церкви. Существует великое духовное братство христиан, к которому принадлежат церкви Востока и Запада, и все те, которых воля направлена к Богу и божественному, все, кто стремится к духовной высоте. Я хочу соединиться с Жанной д'Арк, но не хочу соединиться с епископом Кошоном, который ее сжег, хочу соединиться со Св. Франциском Ассизским, но не хочу соединяться с духовными лицами, которые его преследовали. Я могу соединиться с Я. Беме, великим мистиком, обладавшим детской простотой сердца, но не могу соединиться с лютеранским духовенством, преследовавшим Я. Беме. Так во всем и повсюду. И в деле воссоединения христианского мира огромное значение имеет мистика, мистическое углубление христианства, преодоление церковного позитивизма и материализма.

Два источника имеет религиозная жизнь человечества: народный религиозный коллектив и великие религиозные учителя, пророки. Этими двумя путями передается Божья сила и Божья энергия человечеству, всегда через человека или через человеческий коллектив. Это можно проследить на всей религиозной истории человечества. Начинается религиозная жизнь с общественной стадии, она имеет социальную природу, она раскрывается в клане и национальности, она сращена с народной родовой жизнью и жизнью мира природного. Но в исторической судьбе религиозной жизни наступает стадия субъективная, когда раскрывается религиозная личность, выделившаяся из коллектива и противящаяся ему. Тогда впервые нарождаются религии духа в отличие от религий природы. Великие религиозные учителя и пророки и были первыми провозвестниками религии духа. Она рождалась от пророческих религиозных индивидуальностей, а не от религиозного коллектива. Религиозный коллектив всегда был склонен к задержанию религии на объективно-натуралистической стадии. Пророческий гений отрывает религиозную жизнь от природно-коллективной основы, разрывает связь религии с государством, в нем всегда пробуждается религиозный индивидуализм и религиозный универсализм, неразрывно между собой связанные. Такой великой пророческой религиозной индивидуальностью, одним из первых великих религиозных учителей, был Зороастр. И в религии Зороастра религия духа начала возвышаться над религией природы. Но величайшими пророческими индивидуальностями были пророки ветхозаветные, которые обозначили новую стадию в ветхозаветном откровении. Пророк в отличие от жреца и священника всегда одинок, всегда проходит через момент острого разрыва с религиозным коллективом, с окружающей народной средой. Пророк по духовному своему типу представляется носителем субъективного начала в религиозной жизни по сравнению с объективным началом, носителем которого является религиозный коллектив. И лишь впоследствии те духовные начала, которые впервые были выражены пророческой индивидуальностью, получают объективное значение и религиозная жизнь вступает в объективную стадию. В профетизме зарождается религиозная жизнь и оседает в священстве. Пророческая религиозная индивидуальность по природе своей обращена не к прошлому и не к настоящему, а к будущему. Пророк всегда недоволен настоящим, обличает зло в окружающей действительности и ждет в грядущем торжества высших духовных начал, которые ему открываются в пророческом видении. В пророческом духе всегда есть своеобразный хилиазм, упование, на наступление Царства Божьего в мире. Пророк ждет судного дня и торжества правды. Пророческая стихия есть вечная стихия в духовной жизни мира. Он есть источник творческого движения в религиозной жизни, он не допускает окостенения и омертвения религиозной жизни. Пророк дышит стихией свободы. Он задыхается в окружающем его отвердом мире, но в своем собственном духовном мире он дышит свободно, полной грудью. Он всегда прозревает свободный духовный мир и ждет его проникновения в этот удушливый мир. Пророк прозревает судьбы человека и мира, разгадывает события мира эмпирического через созерцание мира духовного. Пророческий гнозис есть всегда философия истории, и философия истории возможна лишь как свободное пророчество. Пророк в отличие от святого погружен в жизнь мира и жизнь своего народа и разделяет судьбы мира и судьбы народа. Но он отрицает эту жизнь мира и жизнь народа, он обличает ее и предсказывает ей гибель. В этом трагизм жизни пророческой индивидуальности. Пророк обречен на страдание, он всегда несчастен, его всегда побивают камнями. Пророк в отличие от священника живет в буре и мятеже, он не знает покоя. Пророчество часто бывает враждебно священству. Пророчество не есть религия ритуала, не есть жреческая религия. Пророк в отличие от священника есть человеческий чин, он принадлежит человеческой иерархии, он есть боговдохновенный человек. Пророк не стремится к личному совершенству, святости и спасению, хотя и может находиться на высших ступенях духовного совершенства, пророк может быть святым, но может и не быть святым. Пророк не уходит из мира для спасения души. Он всегда стремится к совершенству человечества и мира, а не только личности. Публицистика в более высоком и глубоком смысле есть секуляризированное пророчество, и ветхозаветные пророки были первыми публицистами. В пророчестве всегда есть духовная революционность, которой нет в священстве. Пророк не действует успокаивающим образом, не несет мир душам. В пророческой психологии всегда есть разрыв. И потому пророческая стихия не может быть единственной и господствующей стихией в религиозной жизни. Мир не вынес бы огненного и опаляющего душу пророчества, и он должен охранить себя от исключительного его господства. Но без этого духа замерла бы окончательно духовная жизнь в мире. Лютер был натурой пророческой. Дух пророческий шире его религиозного понимания в узком смысле слова. В XIX веке пророческая стихия была у Достоевского, Вл. Соловьева и Н. Федорова, она была у Ж. де Местра, Карлейля, у Ницше, Л. Блуа, Киркегардта. Без такого рода людей духовное движение мира замерло бы. Есть пророчество в мире, мирское пророчество, пророчество, не входящее в Церковь огражденную, окруженную стенами. Это есть самая мучительная проблема церковного сознания. Как оправдать и осмыслить сознание пророческого служения? Быть может, для целей Божьего Промысла в мире и нужно, чтобы пророческое служение не виделось и не сознавалось как служение церковное, как в Церкви совершающееся. Но поистине, в более глубоком смысле, пророчество есть такая же церковная функция, как и священство. Лишь на поверхности пророк находится в конфликте с религиозным коллективом, с соборным церковным сознанием, в глубине же он есть орган Церкви и соборности. Но раскрыть это не так легко, это остается прикрытым, сокровенным. Гений связан глубоко с пророческим духом и имеет судьбу, схожую с судьбой пророческих индивидуальностей. Судьба гения есть столь же печальная и страдальческая, как и судьба пророка, он также обречен на одиночество, но и в нем действует мировой дух. Пророческое одиночество не есть индивидуализм.

Все будущее христианство, вся его способность к возрождению зависит от того, будет ли признано в христианстве пророчество и будет ли оно раскрыто. Христианское возрождение предполагает не только сакральный, священнический дух освящения жизни, но и пророческий дух преображения, действительного изменения жизни. Не от народного только коллектива, но и от пророческих индивидуальностей разных иерархических ступеней идет христианское движение. Священническая иерархия есть необходимая основа христианства, но она не может исключительно господствовать и подавлять пророчество. Обращенность к Христу Грядущему, ко Второму Пришествию есть пророческая сторона христианства, и ее нельзя из христианства устранить. Христианство за долгие столетия своей объективизации так отвердело в родовой, национальной, коллективной религии, руководимой исключительно именем священства, что дух пророческий в ней иссяк и даже стал представляться почти еретическим. В католичестве дух пророчества представлен исключительно женщинами: Св. Гильдегарда, Мария де Вале, Катерина Эммерих. Элементы натуралистические, элементы религий природных, а не духовных оставались в христианстве, и против них всегда восставал пророческий дух, устремленный к религии духа.

Возможно стало такое явление, что люди бывают православными или католиками, людьми конфессиональными, но очень мало христианами, почти нехристианами, ибо не духовно и не внутренне, а натуралистически и внешне приняли они свою веру. Такие люди более всего боятся пророческого духа, ибо дух этот грозит их натуралистически-бытовой, внешне-авторитарной религиозности. И самый Апокалипсис, пророческая книга Нового Завета, может быть истолкован не как символика духа, не внутренне, а внешне-натуралистически, почти материалистически. Тогда в апокалипсических настроениях не обнаруживается духа пророческого и творческого, а торжествует суеверный страх и отрицание жизни. Два образа восстают на вершинах духовной жизни человечества – образ святого и образ пророка. Выше этих образов человек не подымался. Оба эти образа необходимы для дела Божьего в мире, для наступления Царства Божьего. Оба духовных пути – и путь святости, и путь пророчества – входят в окончательное явление Богочеловечества, оба пути входят в интегральную жизнь Церкви, в свершение и исполнение Церкви. До времени, по непостижимому замыслу Божьему, пророчество действует вне видимого тела Церкви. Но наступают времена, когда в мире действующий пророческий дух будет признан духом церковным и из глубины Церкви исходящим. Так совершается религиозная судьба человечества – через трагедию, через видимые разрывы, через мучительную борьбу. Но идет человечество к плероме[146]; к обожению, к Царству Божьему. В мире борются два замысла о мире – Царства Божьего и царства мира сего. И необходимо во всем духовное различение этих двух замыслов. Хилиазм можно понимать чувственно и материалистически, и тогда он есть ложь и земная утопия. Построение Вавилонской башни, царство антихриста есть лжехилиазм. Мы его видим в коммунизме. Но в хилиастическом уповании есть и истинное ожидание Нового Иерусалима, положительного результата мирового процесса, исполнения Царства Божьего. Христианские пророчества не оптимистичны, они не оправдывают теории прогресса, они сурово обличают грядущее в мире зло, но они и не пессимистичны, они выше человеческого оптимизма и пессимизма, они обращены к явлению Христа в силе и славе.

ПРИМЕЧАНИЯ

1 – См.: Бердяев Н. Мое философское миросозерцание // Н. А. Бердяев о русской философии. Ч. Свердловск, 1991. С. 19.

2 – Бердяев Н. О рабстве и свободе человека. Париж, 1939. С. 9.

3 – Зеньковский В. В. История русской философии: В 2 т. Париж, 1989. Т. 1. С. 302.

4 – См.: Бердяев Н. Опыт эсхатологической метафизики. Париж, 1947. С. 108–109. Он же: О назначении человека. М., 1993. С. 276–277.

5 – См.: Хайдеггер М. Время и бытие. М., 1993. С. 200–201.

6 – Там же. С. 200.

7 – См., напр.: История философии в СССР: В 5 т. М., 1971. Т. 4. С. 83; а также в ряде предисловий к опубликованным в последнее время сборникам сочинений Н. А. Бердяева.

8 – Бердяев Н. О рабстве и свободе человека. С. 23.

9 – См.: Зеньковский В. В. История русской философии. Т. 2. С. 313.

10 – См. наст. изд. С. 225–227.

11 – Наст. изд. С. 93.

12 – Jaspers K. Freiheit und Autoritat. Luzern, 1951. S. 12.

13 – Бердяев Н. Опыт эсхатологической метафизики. Париж, 1947. С. 10.

14 – Публикуется по изданию: Бердяев Я. Философия свободного духа. Проблематика и апология христианства. Ч. 1–2. Paris: YMCA-Press (1927–1928).

15 – Ин. 4:23–24.

16 – «Страдание проходит, выстраданное не проходит никогда» (фр.) (Шоу L. Le Pelerin de l'Absolu, 1914).

17 – 1Кор. 3:2–3.

18 – См. Jaspers «Psychologie der Weltanschauungen»

19 – См. книги современных французских томистов – Jacques Maritain «Reflexions sur l'intelligence» и Garrigou-Lagrange «Le sens commun. La philosophic de l'etre et les formules dogmatiques», а также лучшего историка средневековой философии E. Gilson «Le thomisme» (Maritain J. Reflexions sur Intelligence et sur sa vie propre. Paris, 1924; Garrigou-Lagrange R. Le sens commun. La philosophic de l'8tre et les formules dogmatiques. Paris, 1909, 3-e ed.– 1922; Gilson E. Le thomisme. Introduction a l'etude de St. Thomas d'Aquin).

20 – Много интересного и ценного для выяснения различия между духом и природой можно найти у итальянского философа Джентиле, см. его книгу: «L'esprit acte pur» (Полное название главного сочинения основателя актуализма Дж. Джентиле о духе как чистом акте: «Theorie generate de l'esprit comme acte pur» Первое итальянское издание: «Teoria generale dello spirito come atto puro» вышло в Пизе в 1916 г). Но в нем слишком сильно влияние идеализма Фихте.

21 – В замечательном исследовании Э. Роде «Psyhe» (Rohde E. Psyche. Seelenkult und Unsterblichkeitsglaube der Griechen. Bd. 1-2, 1890–1894) рассматривается, как древнегреческое сознание пришло к идее души и ее бессмертия.

22 – 1 Кор. 2:14–15.

23 – 1 Кор. 15:44.

24 – знающее (ученое) незнание (лат.) (См. примечание к с. 62.).

25 – Ин. 14:20; Гал. 2:20 (неточное цитирование, следует читать: «И уже не я живу...»).

26 – Дильтей много верного и интересного говорит о науках о духе. См. его «Einleitung in die Geisteswissenschaften» (Dilthey W. Einleitung in die Geisteswis-

senschaften. Leipzig, 1883). Но он ошибочно отрицает возможность философии истории, которая должна быть поставлена в центре философии духа.

27 – «Die Religion des Geistes» Э. Гартмана (Hartmann E. von. Die Religion des Geistes, in: Religionsphilosophie. Bd. 2. Berlin, 1882, 2. Aufl. – 1907) есть антихристианское монистическое учение.

28 – Г. Коген верно говорит в своей «Ethik des reinen Willens» (Cohen H. Ethik des reinen Willens, in: System der Philosophic. Tl. 2. Berlin, 1904) о мифологическом происхождении идеи души, но делает отсюда неверные выводы, так как хочет изгнать все мифологическое.

29 – Ин. 14:6.

30 – Ин. 3:3,8; 4:23–24; 1 Кор. 15:22; Гал. 5:18.

31 – 1Ин. 2:15; 3:14; 4:8.

32 – Из стихотворения Вл. С. Соловьева «Милый друг, иль ты не видишь...» (1892).

33 – См. Max Schlessinger. Geschichte des Symbols. 1920 (Schlesinger M. Geschichte des Symbols. Berlin, 1912.).

34 – Creuzer F. Symbolik und Mythologie der alten Volker, besonders der Griechen, 1810–1812, 2. Aufl.– 1819–1823, 3. Aufl.–Bd. 1–4. Leipzig: Darmstadt, 1836–1843.

35 – Это прекрасно выражено в замечательной книге по философии религии, в книге Р. Отто «Das Heilige» (Otto R. Das Heilige. Uber das Irrationale in der Idee des Gottlichen und sein Verhaltnis zum Rationalen. Breslau, 1917).

36 – 1 Кор. 13:12.

37 – «Es sind iiberhaupt nicht die Dinge, mit denen der Mensch im mythologischen Pro-cess verkehrt, es sind im Innern des Bewusstseins selbst aufstehende Machte, von denen es bewegt ist...» (нем.) (Шеллинг Ф. В. Й. Введение в философию мифологии//Соч.: В 2 т. Т. 2. М., 1989. С. 335).

38 – Божество (нем.).

39 – Бездна, пропасть, безосновное (нем.).

40 – Очень хорошо говорит замечательный немецкий католический богослов Mathias Scheeben: «Gott wurde als eine tote Monos, eine starre, unbewegliche Einheit

erscheinen, wenn man Ihn nicht in der Dreifaltigkeit der Personen dachte» («Бог предстал бы мертвым единичным, застывшим, неподвижным единством, если бы Его представляли не в триединстве Лиц» {нем.}) (Scheeben M. Die Mysterien des Christentums, 1912).

41 — Св. Бонавентура дал более правду, чем Св. Фома Аквинат: для богопознания необходимо просветление и озарение интеллекта верой. См. Gilson «La philosophic de St. Bonaventure» (Gilson E. La philosophic de St. Bonaventure. Paris, 1924).

42 — См. Nicolaus Cusanus «Vom Wissen des Nichtwissens» (Бердяев приводит здесь немецкое название написанного на латыни известного трактата Николая Кузанского «De docta ignorantia» (1440)).

43 — Когда вы читаете прекрасную книгу A. Moret «Mysteres egyptiens» (Moret A. Mysteres egyptiens, 1913), то вас поражает сходство египетских мистерий с христианской литургией.

44 — В этом отношении была своя правда в «Теолого-политическом трактате» Спинозы (Спиноза Б. Богословско-политический трактат («Tractatus theologico-politicus»), 1670).

45 — В современной науке, открывающей сферу подсознательного, это можно считать установленным. Наука признает явления, признание которых несколько десятилетий тому назад считалось с точки зрения средне-нормального сознания сумасшествием или шарлатанством. См. Ch. Richet «Traite de Metapsychique»

46 — Дю-Прель верно говорит о подвижности и эволюции трансцендентального сознания.

47 — Эта неспособность допустить существенное изменение сознания сказалась в исследовании религии доцивилизованной. Тейлор и Фразер переносят на дикарей свойства своего сознания и своего умственного склада. Об этом много интересного говорит Леви-Брюль в своей книге «Les fonctions mentales dans les societes inferieures» (Ley-Bruhl L. Les fonctions mentales dans les societes inferieures. Paris, 1910.).

48 – Своеобразный эмпиризм типа Лосского или Джемса защищает религиозный опыт.

49 – Ин. 20:29.

50 – 1 Кор. 3:18–19.

51 – Наиболее ценна книга Ш. Секретана «La Philosophic de la Liberte» (Secretan Ch. La philosophe de la liberte. Vol. 1–2, 1848–1849).

52 – Субстанция есть категория натуралистической метафизики, а не естественных наук, которые могут обойтись без субстанции.

53 – См. замечательную книгу Лютера «De servo arbitrio» (Luther M. De servo arbitrio, 1525).

54 – См. мою книгу «Миросозерцание Достоевского» (Бердяев Н. Миросозерцание Достоевского (гл. III «Свобода»). Прага, 1923. С. 64–87).

55 – Мф. 17:26; Ин. 8:36, 32; 15:15; Иак. 1:25 (в тексте книги указан неправильный источник); 1Кор. 7:23; 2Кор. 3:17; Гал. 4:7; 5:13.

56 – «быть у самого себя» (нем.) («...свобода состоит именно в том, чтобы в своем другом все же быть у самого себя, быть в зависимости только от самого себя, определять самого себя» – Гегель Г. В. Ф. Энциклопедия философских наук. Т. 1. Наука логики. М., 1974. С. 124).

57 – Так думает обосновать свободу Лопатин во втором томе своих «Положительных задач философии» (Лопатин Л. М. Положительные задачи философии. Ч. 2. Закон причинной связи как основа умозрительного знания о действительности. М., 1891), книги во многих отношениях замечательной.

58 – Свобода меньшая (более низкая) и свобода большая (более высокая) (лат.).

59 – Бердяев имеет в виду, в частности, следующие слова героя «Записок из подполья»: «...я, например, нисколько не удивлюсь, если вдруг ни с того ни с сего среди всеобщего будущего благоразумия возникнет какой-нибудь джентльмен... с ретроградной и насмешливою физиономией, упрет руки в боки и скажет нам всем: а что, господа, не столкнуть ли нам все это благо-

разумие с одного разу, ногой, прахом, единственно с тою целью, чтоб все эти логарифмы отправились к черту и чтоб нам опять по своей глупой воле пожить!.. И с чего это взяли все эти мудрецы, что человеку надо какого-то нормального, какого-то добродетельного хотения?.. Человеку надо – одного только самостоятельного хотенья, чего бы эта самостоятельность ни стоила и к чему бы ни привела» (Достоевский Ф. М. Полн. собр. соч.: В 30 т. Т. 5. Л., 1973. С. 113).

60 – Можно не грешить, нельзя не грешить, нельзя грешить (лат.).

61 – Донатисты – участники религиозного движения в Северной Африке, основанного в нач. IV в. епископом Донатом (ум. ок. 355). Проповедовали аскетизм, уход от мирских дел, культ мученичества. Считали, что церковь лишается святости и таинства теряют свою силу, если они совершаются священнослужителями, в чем-то провинившимися перед нею. Боровшийся с этими представлениями Августин утверждал, что церковь объективна и действие благодати не зависит от уровня святости исполняющих обрядовые действия священников. Взгляды донатистов были осуждены Карфагенским собором.

62 – Полемика о свободе с протестантами у Moehler'a «Symbolique» и Denifle «Luther und Luthertum» (Moehler I. A. Symbolik oder Darstellung der dogmatischen Gegensatze der Katholiken und Protestanten, 1832, 10. Aufl.– 1921); Denifle II. Luther und Luthertum in derersten Entwicklung. Bd. 1, 1904, 2. Aufl.– 1906. Bd. 2, 1909.) осталась на поверхности, не углублена онтологически.

63 – Адам Кадмон (евр. «Адам, т. е. человек, первоначальный») – небесный Адам как духовный первообраз (сущность) Адама, созданного Богом «из праха земного» (и даже всего сотворенного мира).

64 – Плерома (греч. pleroma – полнота) – понятие христианской мистики (как ортодоксальной, так и еретической), означающее полноту божественного бытия в его совершенной раскрытости, «без ущерба и недостачи».

65 – Самое глубокое, что дала философия в исследовании зла, это Шеллинга «Philosophische Untersuchungen liber das Wesen der menschlichen Freiheit» (Полное название книги Шеллинга: 'Philosophische Untersuchungen tiber das Wesen der menschlichen Freiheit und damit zusammenhangenden Gegenstanden» (1809), рус. перев.: «Философские исследования о сущности человеческой свободы и связанных с ней предметах» (1908; см. также Шеллинг Ф. В. Й. Соч.: В 2 т. Т. 2. М., 1989. С. 86–158).

66 – На этом особенно настаивает митрополит Антоний, самый непримиримый враг юридической теории. См. его «Догмат искупления» («Догмат искупления» митрополита Антония (Храповицкого) был опубликован вначале в «Богословском вестнике», 1917; 2-е изд. – Сремски-Карловицы, 1926.).

67 – Ин. 3:17; 12:47.

68 – Ин. 3:16.

69 – См. А. Бухарев «О современных духовных потребностях мысли и жизни» (Бухарев А. (архимандрит Феодор). О современных духовных потребностях мысли и жизни, особенно русской. М., 1865).

70 – Но тем же духом проникнуто и православное «Догматическое богословие» Митрополита Макария (Первое издание «Православно-догматического богословия» Макария, митрополита Московского и Коломенского, т. 1–5, вышло в 1849–1853 (Спб.). Несколько ранее было опубликовано «Введение в православное богословие» (Спб., 1847)).

71 – Это прекрасно развито во II т. книги Несмелова «Наука о человеке» (Несмелов В. И. Наука о человеке.: В 2 т. Т. 2. Метафизика жизни и христианское откровение. Казань, 1903; 2-е изд. – 1907. См. статью-рецензию на эту книгу: Бердяев Н. Опыт философского оправдания христианства (О книге Несмелова «Наука о человеке»)// Русская мысль. 1909. Кн. 9. С. 54–72.

72 – В замечательной книге «Откровенные рассказы странника духовному своему отцу» говорится: «Боязнь

муки есть путь наемника. А Бог хочет, чтобы мы шли к Нему путем сыновним» (Не совсем точная цитата. Правильно: «Боязнь муки есть путь раба, а желание награды в царствии есть путь наемника» (Откровенные рассказы странника духовному своему отцу (из «Рассказа второго»). Paris, 1989. С. 47).

73 – См. прекрасную книгу E. de Faye «Clément d'Alexandrie» (Faye E. de. Clement d'Alexandrie, 2-e ed, 1906. О борьбе со злом силами зла см. подробнее: Бердяев Н. Кошмар злого добра (О книге И. Ильина «О сопротивлении злу силою»)//Путь. 1926. № 4. С. 78–87).

74 – Совпадение противоположностей (лат.).

75 – Патрипассионизм (от лат. pater – отец, passio – страдание) – раннехристианское учение о том, что в лице Иисуса Христа страдал сам Бог-Отец. Его носители выступали против догмата о Троице, считая, что ее ипостаси – лишь обозначение Отца в его различных отношениях к миру.

76 – Об этом хорошо говорит аббат Лабертоньёр в книге «Le realisme chretien et l'idealisme Grec» (Laberthonniere L. Le realisme chretien et l'idealisme grec, 1904). Шеебен говорит: «Gott ist von Ewigkeit her tatig, er schaut sich Selbst und liebt sich Selbst» «Die Mysterien des Christentums» («Бог действует испокон веков, он созерцает самого Себя и любит самого Себя»).

77 – Бездна, пропасть, безосновное (нем.).

78 – Сен-Мартен говорит: «La meilleure traduction qui puisse jamais exister de la Bible, c'est l'homme» («Человек – вот лучшее из когда-либо возможных толкований Библии» (фр.)).

79 – См. «Bohme's samtliche Werke». Herausg. von K. W. Schiebler. 1841, t. III. «Die drei Principien gottlichen Wesen».

80 – См. т. IV. «Vom dreifachen Leben des Menschen».

81 – Там же.

82 – См. т. V. «Mysterium magnum».

83 – Там же.

84 – Там же.

85 – В святоотеческой литературе можно указать лишь на «Пир десяти дев, или о Девстве» Св. Мефодия Патарского. Но у него глубоко лишь учение о девстве.

86 – «Смысл любви» Вл. Соловьева – самое замечательное, что было написано о любви. См. также гениальную и мало оцененную книгу Бахофена «Das Mutterrecht» (Bachofen J. J. Das Mutterrecht. Eine Untersuchung iiber die Gynaikokratie der alten Welt nach ihrer religiosen und rechtlichen Natur. Stuttgart, 1861), исследующую мужское и женское начало в первобытной религии.

87 – См. книгу Лютера «De servo arbitrio».

88 – Пелагианство – течение в христианстве, основанное монахом Пелагием (ок. 360–ок. 422), утверждавшим, что спасение человека достигается прежде всего не благодаря ниспосылаемой на него божественной благодати (как считал Августин), ибо таинства, например крещение, не имеют сами по себе искупительной силы, а через нравственные усилия самого человека.

89 – Об этом можно найти интересные мысли у Макса Шелера. См. его «Vom Umsturz der Werte» 1 Band «Zur Jdee des Menschen» и «Vom Ewigen im Menschen» (Scheler M. Vom Umsturz der Werte. Bd. 1. Leipzig, 1915, 2 Aufl.– Leipzig, 1919; Vom Ewigen im Menschen. Leipzig, 1921).

90 – Бремон говорит об «Humanisme devot» См. его «Histoire Litteraire du sentiments religieuse en France», т. I («Благочестивый гуманизм» (фр.). (Bremond H. Histoire litteraire du sentiment religieux en France depuis la fin des guerres de religion jusqu'a nos jours. Vol. 1. Paris, 1916).

91 – Бестиализм (от лат. bestia – животное, зверь) – возврат к животному состоянию, озверение; о различных формах бестиализма Бердяев пишет в книге «Судьба человека в современном мире», наст. изд., с. 325–327.

92 – Эта мысль подробно развивалась в моей книге «Смысл истории» (См.: Бердяев Н. Смысл истории. Опыт философии человеческой судьбы. Берлин, 1923. С. 178–221; М., 1990. С. 116–144).

93 – См. E. Rohde «Psyche. Seeienkult und Unsterblichkeitsglaube der Griechen». Род показывает, как раскрывалась душа и ее бессмертие.

94 – Некоторые западные учителя Церкви видели в мифе о Прометее языческое искажение идеи творения мира истинным Богом.

95 – Это утверждает В. Иванов, знаток религии Диониса и дионисический поэт.

96 – Фразер особенно настаивает на том, что магия предшествует религии.

97 – См. интересную книгу томиста Garrigou-Lagrange «Perfection chretienne et Contemplation selon St. Thomas d'Aquin et St. Jean de la Croix». Два тома (Garrigou-Lagrange R. Perfection chretienne et contemplation selon St. Thomas d'Aquin et St. Jean de la Croux. Vol. 1–2, 1923).

98 – Mysterium tremendum. R. Otto (точнее: mysterium tremendum et fascinosum – вызывающая трепет и ослепляющая (завораживающая) тайна (лат.). Этот термин был предложен немецким философом Р. Отто в его книге «Das Heilige» («Священное», см. примечание к с. 57) в качестве формулы для описания религиозного опыта. По мнению Отто, человек при встрече с таинственным испытывает одновременно чувства благоговейного страха и притяжения (зачарованности). Они представляют собой иррациональные (мистические, апофатические) моменты восприятия священного, наполняемые при формировании идеи божественного рациональным, понятийным содержанием).

99 – См. «Гимны».

100 – См. «Гимны».

101 – Эти беседы сначала были опубликованы С. Нилусом в связи с канонизацией Серафима Саровского в газете «Московские ведомости» за 1903 г. (18(31) июля. № 195; 19 июля (1 августа). № 196: 20 июля (2 августа). № 197), затем включены в его книгу «Великое в малом» (2-е изд., 1905; см.: Нилус С. Великое в малом. Записки православного. Сергиев Посад, 1992. С. 174–209) и, наконец, вышли отдельным изданием: О цели христианской

жизни. Беседы преп. Серафима Саровского с Н. А. Мотовиловым. Сергиев Посад, 1914.

102 – См. «Les oeuvres spirituelles de St. Jean de la Croix» 1864.

103 – Божественное соединение (фр.).

104 – Экхарт. «Духовная проповедь и рассуждения» (Мейстер Экхарт. Духовные проповеди и рассуждения. М., 1912. С. 25, 26 (см. также репринтное воспроизведение этого издания. М., 1991)).

105 – Дюркгейм прав, когда считает религию фактом социальным и возводит ее к обществу.

106 – Иоанн Креста (Хуан де ла Крус): «Восхождение на гору Кармил»; «Темная ночь души»; «Живое пламя любви» (фр.).

107 – См., напр.: Poulain «Des graces d'oraison. Traite de theologie mystique» Ему противоположен Sandreau «L'etat Mystique», представляющий другую школу (Poulain A. Des graces d'oraison. Traite de theologie mystique; Sandreau A. L'Etat mystique, 1903).

108 – См. Fr. Heiler «Das Gebet».

109 – Обожение (греч.).

110 – Исходит это от Дионисия Ареопагита, но влиял он очень сильно на западную мистику (путь очищения, путь озарения (просветления), путь единения (лат.). В «Ареопагитиках» («Corpus Areopagiticum»), сочинениях, написанных от имени Дионисия Ареопагита, первого епископа Афинского, обращенного в христианство апостолом Павлом (Деян. 17:34), а в действительности принадлежащих перу неизвестного автора V–нач. VI в. (его по традиции именуют Псевдо-Дионисий Ареопагит), о ступенях мистического опыта говорится в трактате «О мистическом богословии» (в рус. перев. «Таинственное богословие»//Христианское чтение. 1825. Ч. 20).

111 – См. примечание к с. 122 (Сноска 49).

112 – Имяславство (имяславие) – мистическое течение, для которого характерно особое почитание имени Божьего. Уходит своими корнями в раннее христианство, а

также в молитвенную практику восточного монашества, где особое значение придавалось «Иисусовой молитве», считалось, что благодаря многократному упоминанию имени Христа осуществляется мистическое соединение с ним.

113 – Панентеизм (от греч. pan en theos – все в Боге) – учение, согласно которому весь сотворенный мир пребывает в Боге, однако Бог не растворяется в мире, остается трансцендентным ему. Термин ввел немецкий философ К. Краузе (1781–1832), который пытался таким способом объединить теизм и пантеизм.

114 – Дарованная безвозмездно милость (благодать) (лат.).

115 – См. E. Gilson. «La philosophic de St. Bonaventure».

116 – См. «Добротолюбие», т. III Св. Максима Исповедника «О любви».

117 – 1Кор. 12:4, 8–10.

118 – 1Фес. 5:19–21.

119 – См. примечание к с. 371.

120 – Steiner R. Aus der Akasha-Chronik//Luzifer-Gnosis. Berlin, 1904.

121 – Склад ума, умонастроение (фр.).

122 – См., например, книгу Ш. Рише «Traite de Metapsychique», в которой признаются удостоверенными все оккультные явления вплоть до материализации.

123 – См. Р. Штейнер «Die Geistige Fiihrung des Menschen und der Menscheit» (Steiner R. Die geistige Fiihrung des Menschen und der Menschheit, 1911), где изложена и христология Штейнера.

124 – Различие между теософией Блаватской и А. Безант и антропософией Р. Штейнера, столь раздуваемое обеими сторонами, несущественно для характеристики основных начал. Но Штейнер интереснее.

125 – В книге А. Безант «Le christianisme Esoterique» (Besant A. Le christianisme esoterique (Esoteric Christianity) можно найти целый ряд истин, свойственных мистическому пониманию христианства, и в общем эта книга менее антихристианская, чем другая.

126 – См. Штейнер. «Die Geheimwissenschaft im Umrisse» (Steiner R. Die Geheimwissenschaft im Umrisse. Leipzig, 1910; в рус. перев. «Очерк тайноведения» (М., 1916).

127 – Это выражение из древнеиндийского религиозно-философского произведения «Чхандогья-упанишада» (VI–III в. до н. э.) переводится как «Ты есть то» (см. о нем далее на с. 437). По мнению А. Шопенгауэра, в нем сформулировано убеждение, что «моя истинная, внутренняя сущность существует в каждом живущем столь же непосредственно, как она в моем самосознании обнаруживается лишь мне самому» (Шопенгауэр А. Свобода воли и нравственность. М., 1992. С. 254).

128 – Steiner R. Die Philosophic der Freiheit. Berlin, 1894.

129 – Bohme J. Mysterium magnum, oder Erklarung liber das Erste Buch Moses, 1623, изд. 1640; см. также ссылку на эту книгу на с. 138. В 1946 г. книга Я. Бёме вышла в Париже на французском языке с приложением двух этюдов Бердяева о Бёме, опубликованных ранее на русском языке: Этюд I. Учение об Ungrund'e и свободе// Путь. 1930. № 20. С. 47–79; Этюд II. Учение о Софии и андрогине. Я. Бёме и русские софиологические течения//Путь. 1930. № 21. С. 32–62.

130 – См. E. de Faye «Gnostiques et gnosticisme» (Faye E de. Gnostiques et gnosticisme, 2-e ed., 1925).

131 – См. книгу Дю-Преля «Die Magie als Naturwissenschaft» (Du Prel C. Die Magie als Naturwissenschaft. Berlin, 1899); он решительно утверждает, что наука родилась из магии.

132 – Особенно школой Фрейда и Куэ и Бодуэна.

133 – Учение о Софии Я. Беме разбросано по его главным произведениям.

134 – Я радикально критиковал теорию прогресса в своей книге «Смысл истории».

135 – Слово «модернизм» я употребляю совсем не в специфическом смысле католического модернизма, который мне чужд по своим мотивам, а в смысле возможности новизны.

136 – В слова «родовой быт» я вкладываю метафизический смысл.

137 – Апокатастасис (греч. apokatastasis – восстановление) – понятие, существовавшее еще в античной космологии (прежде всего у стоиков) и связанное с представлениями о цикличности развития мира и его воссоздании после каждого очистительного мирового пожара. В Новом завете оно связано с ожиданиями конца света и «новотворения всего» («се, творю все новое» – Откр. 21:5).

138 – См. Denis. «De la philosophic d'Origene» (Denis J. De la philosophic d'Origene. Paris, 1884).

139 – В Священном писании говорится о «веке веков» (τον αιωνα τον αιωνος). Но останется загадкой и тайной, есть ли зон эонов вечность. Ад есть зон и зон эонов, но это еще не значит, что он есть вечность и что невозможны новые зоны.

140 – Об этом очень хорошо говорится в книге P. Peter Lippert S. J. «Das Wesen des Katholischen Menschen».

141 – Моя книга была уже вполне закончена, когда я прочел книгу о. С. Булгакова «Купина неопалимая» (Булгаков С. Купина неопалимая. Опыт догматического истолкования некоторых черт в православном почитании Богоматери. Париж, 1927). Я увидел, что в основном взгляде на Божью Матерь я схожусь с ним, хотя учение о Софии не удовлетворяет меня.

142 – В этом отношении много верного утверждает историческая критика, не понимая религиозного смысла своих утверждений. Много есть верного у Зома, Яуази, А. Сабатье, Гейлера и др., но они придают исторической истине характер как бы отделения от церковного сознания.

143 – Св. Макарий Египетский говорит: «Как при пророках всего достаточнее было помазание, потому что помазуемы были цари и пророки, так и ныне люди духовные, помазуемые небесным помазанием, делаются христианами по благодати, чтобы им быть царями и пророками небесных тайн».

144 — Есть, конечно, в католичестве не только мистики, но и теологи, у которых чувствуется иной дух, это особенно видно в немецкой католической теологии. У Мёлера, у Шеебена, из современников у Гуардини чувствуется более органическое и мистическое понимание Церкви.

145 — Несторианство – течение в христианстве, основанное патриархом Константинопольским Несторием (ок. 380–451), утверждавшим, что Иисус Христос был рожден человеком (поэтому Мария не может быть почитаема как «матерь Божья») и лишь затем, преодолев человеческие слабости, обрел божественную природу, стал мессией, при этом божественное начало в нем, по существу, отделено от человеческого. Взгляды Нестория были осуждены Эфесским вселенским собором (431).

146 — См. примечание к с. 107.

НИКОЛАЙ АЛЕКСАНДРОВИЧ БЕРДЯЕВ

Николай Александрович Бердяев (1874–1948) — один из наиболее ярких представителей религиозной философии XX века, мыслитель, чьи идеи оказали значительное влияние на развитие мировой философской и теологической мысли. Его жизнь была наполнена драматизмом, творческими поисками и постоянным стремлением к осмыслению вечных вопросов бытия.

Родился Николай Бердяев в Киеве в семье аристократов. Уже в раннем возрасте он проявил интерес к философии и литературе. В 1894 году он поступил в Киевский университет, где изучал естественные науки, однако вскоре переключился на философию. Молодой Бердяев увлёкся марксистскими идеями, что привело его к участию в революционном движении. За это он подвергся аресту и был отправлен в ссылку. Этот опыт стал переломным моментом в его жизни: разочаровавшись в материализме, он начал искать ответы на философские вопросы в религии.

С начала XX века Бердяев становится одной из ключевых фигур религиозной философии. Он сотрудничал с такими известными мыслителями, как Сергей Булгаков, Павел Флоренский, Владимир Соловьёв, участвовал в «Религиозно-философских собраниях» в Санкт-Петербурге. Его труды, такие как «Смысл творчества», «О назначении человека» и, конечно, «Философия свободного духа», стали значительными вехами в развитии русской философии.

После революции 1917 года Бердяев продолжал активно работать в России, однако в 1922 году был выслан из страны на так называемом «философском пароходе». Он обосновался во Франции, где жил до конца своей жизни. Несмотря на трудности эмиграции, Бердяев написал свои лучшие произведения, которые получили признание во всём мире.

Его философия основывается на идеях персонализма, экзистенциализма и христианского гуманизма. Бердяев уделял особое внимание вопросам свободы, творчества, метафизики зла и эсхатологии. Его наследие продолжает вдохновлять философов, теологов и всех, кто интересуется духовными аспектами человеческого существования.

Православная библиотека – Orthodox Logos

- *Песня церкви - Праведники наших дней* – Артём Перлик
- *Сказки* – Артём перлик
- *Патристика* – Артём Перлик
- *Следом за овцами - Отблески внутреннего царства* – Монахиня Патрикия
- *Откровенные рассказы странника духовному своему отцу*
- *Семь слов о жизни во Христе* – праведный Николай (Кавасила)
- *О молитве* – святитель Игнатий (Брянчанинов)
- *Об умной или внутренней молитве* – преподобный Паисий (Величковский)
- *В помощь кающимся* – святитель Игнатий (Брянчанинов)
- *Христианство по учению преподобного Макария Египетского* – преподобный Иустин (Попович), Челийский
- *Философские пропасти* – преподобный Иустин Челийский (Попович)
- *Священное Предание: Источник Православной веры* – митрополит Каллист (Уэр)
- *Толкование на Евангелие от Матфея* – святой Феофилакт Болгарский, архиепископ Охридский
- *Толкование на Евангелие от Марка* – святой Феофилакт Болгарский, архиепископ Охридский
- *Толкование на Евангелие от Луки* – святой Феофилакт Болгарский, архиепископ Охридский
- *Толкование на Евангелие от Иоанна* – святой Феофилакт Болгарский, архиепископ Охридский
- *Таинство любви* – Павел Евдокимов

- *Мысли о добре и зле* – святитель Николай Сербский (Велимирович)
- *Миссионерские письма* – святитель Николай Сербский (Велимирович)
- *Живой колос* – праведный Иоанн Кронштадтский (Сергиев)
- *Дидахе. Учение Господа, переданное народам через 12 апостолов*
- *Домострой* – протопоп Сильвестр
- *Лествица или Скрижали духовные* – преподобный Иоанн Лествичник
- *Слова подвижнические* – преподобный Исаак Сирин Ниневийский
- *Миссионерские письма* – святитель Николай Сербский (Велимирович)
- *Точное изложение православной веры* – преподобный Иоанн Дамаскин
- *Беседы на псалмы* – святитель Василий Великий
- *Смысл жизни* – Семён Людвигович Франк
- *Философия свободы* – Николай Александрович Бердяев
- *Философия свободного духа* – Николай Александрович Бердяев

www.orthodoxlogos.com

www.ingramcontent.com/pod-product-compliance
Lightning Source LLC
Chambersburg PA
CBHW060546080526
44585CB00013B/465